国家社科基金重大项目阶段性研究成果

走进中国大报

报业融合转型的中国样本

CHINESE NEWSPAPERS:
Case Studies on Press Convergence and Transformation

辜晓进 著

南方日報出版社
NANFANG DAILY PRESS
中国·广州

图书在版编目（CIP）数据

走进中国大报 ：报业融合转型的中国样本 / 辜晓进著. -- 广州 ：南方日报出版社，2025. 5. -- ISBN 978-7-5491-3048-1

Ⅰ. G219.21

中国国家版本馆CIP数据核字第2025KT2517号

ZOUJIN ZHONGGUO DABAO:BAOYE RONGHE ZHUANXING DE ZHONGGUO YANGBEN

走进中国大报：报业融合转型的中国样本

著　　者：辜晓进
出版发行：南方日报出版社
地　　址：广州市广州大道中289号
出 版 人：周山丹
出版统筹：刘志一
责任编辑：郭海珊　严文玮
封面设计：韩湛宁
责任校对：阮昌汉　符文达
责任技编：王　兰
经　　销：全国新华书店
印　　刷：佛山市浩文彩色印刷有限公司
成品尺寸：170 mm×250 mm
印　　张：33.25
字　　数：500千字
版　　次：2025年5月第1版
印　　次：2025年5月第1次印刷
定　　价：88.00元

投稿热线：（020）87360640　　读者热线：（020）87363865
发现印装质量问题，影响阅读，请与承印厂联系调换

序一

锁定即将消失的当下中国新闻史

陈力丹

2025年元旦，解放日报、文汇报、新民晚报三大报实现“三端合一”，共建、共享、共用全新的“上观新闻”客户端。乙巳蛇年新春上班第一天，上海报业集团旗下澎湃新闻启动上线以来最大规模的优化调整：全面引入AI（人工智能）技术，以工作室模式重构数字新闻生产流程，13个采编中心缩减为6大采编中心，关停新闻客户端20个栏目和15个社交媒体平台账号，首推24个垂直IP（知识产权）工作室集群。这就是刚刚发生的中国新闻传播业的历史。

在马克思的历史观视野中，历史是人的社会实践不断变革与发展的历史。以往的历史总是后人写的，但在数字化传播时代，叙写当下新闻史已经是可能的，这样的历史是鲜活的、即刻感受到的、此时之前的历史。辜晓进教授的新著《走进中国大报——报业融合转型的中国样本》便是这样一本新闻史著作。他历时两年半，走进中国最具代表性的10家报业集团（报社），它们的资产规模均在数十亿元乃至上百亿元。辜教授与上百位报社老总及相关部门主要负责人逐一进行深度访谈，获得了大量的第一手信息。

这本书涉及中国报纸融合转型实践中大量系统性的最新数据和事实。

最近20年，中国新闻业界最熟悉的概念是“媒体融合”，即传统媒体与各种新型数字化传播形态的融合，当然随之而来的便是传统媒体的转型。现在究竟做得怎么样，发展到什么程度？人们对变革宏观进程都深有感觉，但对具体的媒体融合与转型情况知之甚少。这方面的文章虽然浩如烟海，却有三个关键缺憾：其一，缺乏各种媒介形态影响力的数据。理论上，新媒体的所有数据都可以被留存，由于没有专人做此项工作，网上内容比纸质媒体的留存还稀缺。其二，媒介经营数据被视为商业秘密，难以获悉。其三，媒体融合与转型是自上而下的组织行为，除技术突破外，成事在人，特别是处于转型操盘手地位的媒体高管，而此前缺乏权威性的来自实践一线主要当事人的直接信息。

这本书较好地弥补了以上三个缺憾。辜教授凭借其长期媒体实践积累的采访经验，完成了大量看似难以完成的深度访谈工作，获悉报业融合转型和自我拯救过程中的大量事实和数据，其中绝大多数信息很难从已有文献中获得。它们在报业融合转型的叙事框架中，构成一种系统性呈现，干货满满。成书过程中，他不断对数据进行更新；为减少访谈中因记忆或其他原因造成的事实错误，他都会通过网络查询、询问当事人等渠道加以验证。因此，这本书为深化新闻学研究提供了可靠的基础材料。辜教授2002年出版的《走进美国大报》创下了同类专著中引用率最高的纪录，相信这本书也会获得很高的关注度。

这本书以翔实的叙事勾勒出一段中国报业转型的动态历史。

辜教授做研究一直带有历史眼光。任何经验与教训都不是孤立的，必有其来龙去脉。这本书对每一个报业集团，都会交代其所在城市近现代的新闻发展简史以及相关报业集团或报纸在其中的地位，对报业集团的旗舰报纸或子报、子刊、子网、新媒体等，都要讲述“出生”的原因和遭遇的种种变迁。例如，上海报业集团旗下三大新媒体澎湃新闻、界面新闻、上观新闻，浙江日报报业集团如今的大客户端潮新闻，南方都市报的创新失败和目前的有利格局等。每一个重要的转型成果或项目，也必做历史回顾。例如，新媒体代运营做得最好的深圳报业集团旗下的晶报，当初如何无意识中与用户共同推动了这一尝试、重要的合作协议是怎样达成的，以及在尝试过程中的成功与挫折。那些媒体当年的主要负责人鲜为人知的生动故事，构成了一种鲜活的历史叙事。

近些年来，新闻传播学科的研究严重脱离中国新闻传播的实际。学习借鉴外国的研究成果是必须的，但要基于中国新闻实践中不断出现的新问题，找寻可能相关的理论和他人的经验。有些文章从头到尾都是外国学者的名字和“理论”，一套一套的，但与本国情况完全脱节。选题要有问题意识，不能仅仅从理论到理论，而无法合理解释或解决实际问题。1942年，毛泽东在《反对党八股》中说："洋八股必须废止，空洞抽象的调头必须少唱，教条主义必须休息，而代之以新鲜活泼的、为中国老百姓所喜闻乐见的中国作风和中国气派。"辜教授这本书立足本土，追随毛泽东的号召，写出了中国新闻传播业重大转型的当下历史，语言实在，很少套话。

本学科迄今尚没有一本书叙述数字化传播时代中国传统媒体融合转型的历史。辜教授以"解剖麻雀"式的叙事，续写着这段历史。日后，当史书作者讲述当下的这段历史时，这本书的细节和故事，都是难得的素材。

2025年2月5日

（作者系四川大学讲席教授，中国人民大学荣誉一级教授）

序二

从媒体融合到“系统性变革”：来自实践一线样本的深研报告

喻国明

这是我第三次为晓进教授的大作写序。晓进教授是横跨学界业界的一流专家：当他在实践一线作为领军者打拼时，他是最有研究性思考的实力派；而当他转战至学界教书育人时，他又是最能穿透实践、站在潮头的学术掌门人。我曾经看到一位智者在其著作一开头提问道：一艘好的轮船是由谁设计出来的？他的回答是：是大海，大海的习性、规律和种种特点，构造出一艘轮船的设计要点。晓进教授在理论建树方面就是这样一位“回到原点”、基于时代脉动和现实实践的优秀理论设计师。

23年前的2002年，还在*Shenzhen Daily*（英文《深圳日报》）担任总编辑的辜晓进邀我为其著作《走进美国大报》作序。我看了他发来的大部分电子版书稿后感到惊异和震撼，其内容之扎实、信息之丰富以及与当时中国报业实践之契合，都非之前本领域此类图书可以相比——事实上，他开创了一种全新的研究型叙事体例。我写了《来自美国报业现场的最新报告》作为序言，这也是我当时看到部分书稿后的一个真实印象。该书出版后，市场反响热烈，毫无意外地受到业界和学界的热烈追捧，登上多个畅销书榜单，甚至在国内掀起了一股学习和借鉴发达国家报业管理先进经验的热潮。该书作为一本读来兴味盎然的学术著作，也因有独特的撰写手法和翔实的事实数据而被新闻传播学界的师生高度关注，总引用率在同类著作中名列前茅。该书于2002年首版后，业界和学界相继推出《走进美国广电传媒》《走进英国大报》《走进日本大报》《走进美国社区报》等著作，形成了新闻专业图书出版的“走进”现象。这也从另一个侧面证明了《走进美国大报》的成功。2010年，晓进教授应深圳大学力邀，辞去报社老总职务，进入学界，有了更多的精力和时间开展研究。而他的主要学术兴趣仍在媒体研究方面，并且敏锐地抓住传统媒体的困境和被迫转型的趋势，把重点放在了报业的数字化转型方面。他2018年出版的《重走美国大报——美国报业转型：颠覆与重生》，既是他2016年再次赴美进行专项调研的成果，也是他多年来对以美国为首的西方报业实践的研究积累。做过质化研究的人都有体会，访谈是最困难的。要在较长的时间里，让访谈对象围绕目标主题谈出富有信息量的有价值内容并不容易，何况在异国他乡面对陌生的报业大人物。辜晓进不愧为记者出身，有丰富的采访经验，善于赢得受访者信任并妥善把握现场气氛，牢牢掌握访谈的主动权，避免内容跑偏。而且，由于长期关注西方媒体，他对他们的常用术语和惯用语也相当熟悉，在英语交谈中并无障碍。从书中可以看到，他能够将大量访谈内容写入书中，说明访谈的方向性很明确，信息效率相当高。也正因此，这本书已经成为研究型访谈的一个上佳范本，被新闻传播专业的研究者借鉴。

前两周，晓进教授陆续将他的新作《走进中国大报——报业融合转型的中国样本》的大部分篇章传给我。研读之后，我对他所展现的智慧、功力和勇气愈发佩服。这本专著是以常江教授为首席科学家的国家社科基金重大项目“数字新闻学理论、方法与实践研究”（批准号：20&ZD318）的阶段性研究成果，晓进教授是该重大项目二级课题的负责人。

全书围绕传统报业数字化转型这一核心命题，紧扣转型实践的痛点、经验、教训和发展趋势，开展深度调研和论述，努力展现当前转型实践的丰富内涵和真实效果，为业界提供转型示范，为学界提供研究样本。主要有以下几个特点：

1. 所选样本具有典范意义

本书以新闻出版署、中国记协及第三方平台的数据为参照，结合课题组与作者的研究积累，兼顾地区代表性，在全国范围内筛选出10家在融合转型方面表现突出且成效显著的报业集团或报社（央媒因特殊性未纳入）。样本涵盖省、直辖市、省会城市、非省会城市和经济特区五类报业，包括报业集团与报社。具体样本（按调研时间顺序排列）为：上海报业集团、浙江日报报业集团、成都传媒集团、南方报业传媒集团、新华报业传媒集团、北京日报报业集团、新京报社、湖北日报传媒集团、深圳报业集团、河南日报社。

2. 深度调研，内容丰富，有大量案例和数据支撑

本书调研由辜晓进率领的项目小组实施，历时两年多（2022年9月至2024年12月）。项目组对10家报业集团／报社进行了现场调研，并与约100位媒体领导（包括集团社长、总编辑、总经理及主要子媒体负责人）进行了一对一深度访谈，每次访谈时长1至4小时，获取了大量第一手案例与最新数据，包括通常不公开的商业数据。访谈提纲由辜晓进亲自拟定，全书40余万字文稿亦由其独立撰写，确保体例统一、叙事风格一致。书中数据不断更新并经多方核实，内容系统丰富，案例翔实生动，数据扎实可靠，在丰富性、系统性与可靠性方面均超越此前相关文献。

3. 关注转型，重视经营

关于传统媒体数字化转型成败之标准，全球新闻业界和学界已达成基本共识，归纳之：一要专注新闻主业，强化优质内容生产；二要实现在数字端的大众抵达；三要能活下去，即形成可持续的商业模式。本书的调研也遵循这一共识，将关注点放在内容生产、数字端传播和商业经营方面，且考虑到报业普遍面临的经济困境，而将经营生存作为调研的重点。书中包含大量令人信服的经营案例和数据。

4. 承袭《走进美国大报》叙事风格

早在10年前，学界和业界都有专家建议作者在获得《走进美国大报》成功后，撰写《走进中国大报》。因此，多方征求意见后确定学界和业界确实需要一本这样的著作，也是本研究的一个触发因素。行文过程中，本书延续了之前两本“走进”系列著作的特点和风格，以原汁原味的访谈内容作为主要线索和依据，书中有大量直接引语和间接引语，且重视历史演变进程，重视故事和细节，重视现场感，重视可读性。

5. 融入作者经验

作者辜晓进，研究生毕业于中国人民大学新闻学院，从事报纸新闻工作长达26年，且拥有各种管理岗位的长期经验，曾担任日报总编辑长达8年，又从事高校新闻教学与科研工作14年。本项目从样本选择、访谈对象确定、访谈提纲拟定到

调研实施、撰写文稿等所有环节，都融入了辜晓进的业界经验与学术判断。

众所周知，上升为国家战略的“媒体融合”，已经走过11个年头。十余年间，在政策引领带动下，媒体融合得到了整体推进，业界涌现出一大批现象级产品和示范性传媒组织。但媒体融合面临的形势和任务也愈发严峻和艰巨：从“推动传统媒体和新兴媒体融合发展”，到“加快推进媒体深度融合发展”，再到党的二十届三中全会通过的《中共中央关于进一步全面深化改革、推进中国式现代化的决定》提出“推进主流媒体系统性变革”，媒体融合依然在路上。

必须指出，媒体融合是复杂的：从历史脉络看，媒体融合实践并非只有十年光景，其实践探索可追溯到20世纪90年代，伴随着数字信息技术第二波发展浪潮——网络化浪潮的开启，报社、广电机构纷纷自发“触网”，开展信息化转型，以谋求更多市场空间。当然，如果跳出媒介机构行为的视角，从媒介形态演进的视角来看，人类历史进程中的每一次信息技术革命，都有媒介融合实践的发生与发展，媒介融合实践贯穿于整个人类社会发展进程中。由历史脉络来看驱动力量，媒体融合实践绝非只由政治力量驱动，技术力量、市场力量也在形塑着媒体融合实践；而相较于政治力量和市场力量，技术力量是更具颠覆性的力量。

正在进行的技术革命构成了媒体融合的最大变量。自20世纪中期以来，现代数字信息技术革命经历了数字化、网络化和智能化等多轮发展浪潮，至今依然方兴未艾，技术持续发展与升级。当前备受关注的ChatGPT、Sora、DeepSeek等生成式人工智能，正是最新一波智能化浪潮的典型代表。然而，技术革命的影响不仅在于密集涌现的“技术簇”形成的“技术轰炸”，更在于其背后深刻的全局性变革。正如曼纽尔·卡斯特所指出的：“在我们所处的历史阶段中，与众不同的是以信息技术群为中心的信息革命所引发的一种新的技术范式。”与以往的信息革命不同，现代信息技术革命不仅带来了媒介生态、传播结构和社会形态的颠覆性变革，更推动了整个人类社会文明发展阶段的划时代转型。因此，新的数字信息技术范式不仅意味着新的媒介形态或应用，更标志着全新的媒介生态、传播结构和社会形态的重构。媒体融合并非简单的技术采纳或创新，而是一场复杂的范式重构。

媒介革命及其引发的整体文明形态转型铺就了当前媒体融合实践的时代底

色。下沉为社会基础设施、嵌入到社会现实基础的数字媒介带来社会的深度媒介化，传媒业的角色演变为社会生活组织者，媒体融合的行动场域突破内部资源边界进入广泛连接整合社会资源要素的过程中。随着社会连接任务由去组织化进展到再组织化，以需求融合为核心动能的媒体融合的发展逻辑及其价值模式由“裂变”转向“聚变”。新的传播生态要求媒体融合走向开放协同，在做好关系连接的基础上进行聚合式生态建设，打造可持续创造价值的生态系统，这便是当前国家关于媒体发展的“系统性变革”战略的基本内涵。概言之，当数字革命向纵深推进，媒体融合也逐渐步入深水区。从“媒体融合”到“媒体深度融合”再到“系统性变革”战略，其中最大变量在于不断深入的数字革命，而破题思路也蕴藏于其中。因此，在媒体融合攻坚期，我们不能只见树木，不见森林，仅就媒体融合谈媒体融合——这是战术问题；而要把媒体融合放回媒介实践、社会实践中，思考媒体融合的系统性变革的战略问题。这就要求我们立足当下，着眼未来，回归起点，抽丝剥茧，在媒介革命的大浪潮中理解把握媒体融合。在媒介革命的大浪潮中理解把握媒体融合的战略问题，重点在于回答好“在哪儿做”“做什么”以及延伸探讨“怎么做”。这就要求我们深入分析媒体融合和一体化发展的外延、内涵以及可行路径，深刻把握媒介革命新范式赋予媒体融合的新场域、新逻辑和新要求。

晓进教授的这本新著恰逢其时，用实践一线的深度调研报告生动回答了这一系列发展变革中的关键问题。作为本书的第一读者，我深受其内容的启示与滋养，也诚挚向关注中国媒体发展的朋友们推荐此书，相信阅读此书一定会大有裨益。

（作者系北京师范大学新闻传播学院学术委员会主任、北京师范大学传播创新与未来媒体实验平台主任、中国新闻史学会传媒经济与管理专业委员会理事长）

目 录

绪言

波澜壮阔背后的任重道远

自1605年世界第一份铅印报纸诞生以来，特别是《安娜法令》将英国的印刷商从政府控制中解放出来后，报纸兴盛了400年。直至人类进入数字时代后，作为一种产业的报纸才首次遭遇整体性生存危机。向数字端融合转型，先成为报业无可奈何的被动选择，后发展为积极主动的日常业态。而中国报业真正为生存而战的融合转型，不过十多年的历史。若以顶层号召为标志，则人们称2014年为“媒体融合元年”①。2010年前，报业虽已进入“黄金阶段”尾声，日子还都很好过。

这十几年来究竟发生了什么？中国报业在融合转型上已努力到什么程度？效果如何？作为国家社科基金重大项目“数字新闻学理论、方法与实践研究”的阶段性研究成果，我们从2022年开始，在全国范围挑选有代表性且转型成就显著的10个省市级报业集团或报社进行调研，涉及数十份报纸和数十个新闻客户端，并与106名各层级报社老总及相关部门负责人进行深度访谈。调研中所见所闻，构成对当前中国报业融合转型状态的一个全新的立体认知。

2014年8月18日，习近平总书记在中央全面深化改革领导小组第四次会议上强调，“着力打造一批形态多样、手段先进、具有竞争力的新型主流媒体，建成几家拥有强大实力和传播力、公信力、影响力的新型媒体集团，形成立体多样、融合发展的现代传播体系”②。调研结果表明，习近平总书记期待的这样一批新

①《中央定调“新媒体” 2014成传媒业全面深化改革元年》，中国经济网，2014年8月21日，https://finance.sina.com.cn/stock/hyyj/20140821/150820081029.shtml。

②中共中央文献研究室编《习近平关于全面建成小康社会论述摘编》，中央文献出版社，2016，第118页。

型媒体集团正在形成，它们在全国较大范围内掀起的一股如火如荼的融合转型实践热潮，必将影响深远。

一、数字端已实现大众化抵达

无论是传统媒体时代还是数字时代，媒体的生存逻辑都符合詹姆斯·韦伯斯特所说的注意力经济。他说，“媒体首先需要受众，然后才能实现它的目的。为了找到受众，媒体必须在注意力市场上相互竞争”①。因此，报业融合转型的首要任务，是要在更大范围内获得受众，而非脱离赛道，向其他方向努力。这也是衡量转型是否成功的一个重要尺度。

据英国媒体*Press Gazette*的最新统计，2024年12月全球访问量前50名的英语新闻网站中，报纸网站占据10席，其中《纽约时报》以6.34亿的访问量仅次于BBC（英国广播公司）而位居第二。其余访问量过亿的报纸还有《卫报》《每日邮报》《今日美国》《纽约邮报》《印度斯坦时报》，在报纸网站中排名最后的《每日镜报》也有5638万的访问量②，如果再加上社交媒体账号、自有客户端和搜索引擎等数字渠道的访问量，其受众数据还会大幅增加。这就是传统媒体数字化转型后取得的最大的成果：追随受众向数字端最大规模的迁徙，脱离传统渠道而实现了最大规模的受众抵达。

反观国内媒体，境况也大体相似：报纸作为一种新型的内容生产组织，不再是一个行将灭亡的物种，而在数字端实现了新生。当然这主要指那些有进取精神和创新成效的报纸，就像本书所调研的十大转型典范报业机构一样。这些机构几乎穷尽当前所能利用的所有数字平台、传播渠道和呈现方式，从网站到社交媒

① 詹姆斯·韦伯斯特：《注意力市场：如何吸引数字时代的受众》，郭石磊译，中国人民大学出版社，2017，第2页。

②Top 50 news websites in the world: December sees traffic dip post US election, Press Gazette, January 13, 2025,https://pressgazette.co.uk/media-audience-and-business-data/media_metrics/most-popular-websites-news-world-monthly-2/.

体，从聚合客户端到自有客户端，从图文到视频、音频，从国内到国际，大大拓展了内容的抵达人群和覆盖范围，覆盖了传统发行时期不敢想象的受众规模。

首先是以社交媒体为突破口的传播转型。在智能手机和社交媒体诞生之前，以报业为代表的传统媒体和世界其他地方的媒体一样，在纸媒发行之外，主要依赖PC（个人电脑）端的网站传播。网站由单纯的电子报形式转为内容更丰富的生产，但无奈中国网民大量涌入的高潮出现在后来的手机端，直至今天，估计至少半数网民不知PC为何物。这导致中国报纸网站的受众量总体上远远低于欧美报纸，只有人民日报社旗下的人民网可与上述国际大报比肩。根据国际统计网站StatCounter的最新数据，2024年1月至2025年1月时段移动端、PC端、平板端三端受众所占比重，美国分别为50.15%、47.36%、2.49%，欧洲分别为53.11%、44.64%、2.25%，中国分别为65.3%、33.06%、1.64%，印度分别为81.21%、18.23%、0.56%[①]。这呈现的是人均经济水平越低，PC端用户比重也越小的态势。但到社交媒体阶段，中国报纸的受众抵达出现突破性进展，因为社交媒体给了传统媒体高效接触受众的绝好机会，而智能手机则为社交信息消费创造了基本条件。

正如牛津大学路透研究院露西·库恩（Lucy Kueng）教授所说："社交媒体是通往下一代受众的桥梁，而社交媒体已成为平台型媒体，传统媒体现在必须通过平台棱镜进行调整。"[②]据笔者与研究生2017年的一项对全国各省（区、市）104家代表性日报的研究，当时这些报纸已100%建立了自己的微信公众号，并且只有1家报纸没有开通新浪微博账号（《西藏日报》），而且有包括《人民日报》在内的10家报纸的微博粉丝量超过1000万[③]。而在本次调研中，10个样本机构进驻的社交媒体种类成倍增加，从当年的"两微"（微信公众号、微博）拓展

①Desktop vs Mobile vs Tablet Market Share Worldwide，January 2025，https://gs.statcounter.com/platform-market-share/desktop-mobile-tablet/worldwide.

②Lucy Kueng, Going Digital / A Roadmap for Organizational Transformation. DIGITAL NEWS PROJECT 2017, P. 12, https://reutersinstitute.politics.ox.ac.uk/sites/default/files/2017-11/Going%20Digital.pdf.

③ 辜晓进、徐蔓、张鑫瑶：《作为报业转型突破口的社交媒体战略——基于国内104家代表性报纸"两微"的表现》，《新闻与传播研究》2017年第8期，第75—80页。

到抖音、快手、腾讯视频号、小红书等平台，粉丝数量也大幅增长。10个报业机构中，官方的社交媒体账户总量（含海外账户）已超过1000个，千万以上粉丝的社交媒体账户数量已有近百个，其中仅北京日报报业集团旗下就有13个千万级、56个百万级粉丝的账户，成都传媒集团旗下至少有5个超过3000万粉丝的社交媒体账户，新京报社作为单一报社，旗下也有8个千万级、33个百万级粉丝的账户。这一场景在某种程度上印证了尼葛洛庞帝近30年前在《数字化生存》中描绘的景象，即“多媒体领域真正的前进方向，是能随心所欲地从一种媒介转换到另一种媒介”[①]；也符合亨利·詹金斯的媒体融合概念——“横跨多种媒体平台的内容流动”[②]。

其次是通过自有客户端打造自有品牌媒体，从大卖场回归专门店。中国报纸自南方周末于2009年率先在iOS平台上线客户端以来，历经起伏，冷热不均，直至2015年后，才进入快速发展的高潮期，并逐步改变入驻第三方聚合型客户端的策略，侧重建设和发展自有客户端。据人民网2019年对295家报纸的调查研究，共有安卓客户端275个，其中下载量过亿的只有两家（人民日报、澎湃新闻），千万级下载量的客户端仅占总量9%，万级至10万级的客户端占比68%[③]，构成报纸客户端的基本盘。而在本次调研的10个报业机构中，至少有5个机构各自拥有10个以上的自有客户端，很多报纸从早年的“一报一网”发展为“一报一端”甚至“一报多端”，10个机构的客户端总量超过70个。这些客户端中，累计下载量过亿次的客户端有3个，分别是澎湃新闻（2.817亿次，截至2025年2月）、南方+（1.81亿次，截至2023年2月）、河南日报（1.2亿次，截至2023年9月）；累计下载量超千万次的客户端有近20个，其中下载量在5000万次以上的客户端超过10个。不仅如此，被调研的报业机构近年来还掀起客户端出省、“出圈”的热潮，多个客户端及其新媒体开始走向全国，为民众所熟知。如继上海报业集团的澎湃新闻、界面财联社之后，北京的新京报、成都的红星新闻、浙江

① 尼葛洛庞帝：《数字化生存》，胡泳、范海燕译，海南出版社，1997，第 91 页。
② 亨利·詹金斯：《融合文化：新媒体和旧媒体的冲突地带》，杜永明译，商务印书馆，2012，第 30 页。
③《〈2019 报纸融合传播指数报告〉发布　报纸传播渠道较完善》，人民网，2020 年 4 月 30 日，http://media.people.com.cn/n1/2020/0430/c120837-31693823.html。

的潮新闻、湖北的极目新闻、河南的顶端新闻都已成为活跃的全国性媒体。这都是在传统媒体时代可望而不可即的目标。

二、科技赋能下的创新热潮

在对10个报业机构的调研中，最令人兴奋的事莫过于领略到纷繁活跃的创新实践。报纸作为最古老且在传统媒体中占统治地位最久的媒体，在互联网诞生前的最后半个世纪已经失去原有的创新精神。在完成彩色制版、卫星传版、电脑照排等革新后，报纸的呈现方式、印刷介质、广告形态、发行方式、盈利模式等长期不变。相比之下，电视更具创新精神，从不断升级的设备更新，到拍摄技术和呈现方式不断改进，再到以综艺节目为代表的内容创新和以制播分离为代表的制度创新，都走在了报纸的前面。

但到了互联网时代，中国报纸在融合转型方面的步伐又全面超越了中国电视，紧追欧美前沿。中国报纸从创办网站、电子报、手机报到移动电子报，一路探索尝试各种新形态，如VR（虚拟现实）、AR（增强现实）等各种新视觉呈现手段，继而全面利用第三方平台和自建云端，还在音频、视频、播客等数字产品方面超越原本在这方面具有强势地位的广播电视媒体，呈现的是数字转型创新的积极姿态。从此次调研的10个报业机构看，很多方面均可圈可点，主要列举以下四个方面：

第一是数字端的基本建设。一些报业集团为实现数字传播的主控地位、确保数据安全、掌握和积累第一手的大数据、摆脱对第三方云服务的依赖，纷纷建造自己的数据云服务体系和相应的基础设施。例如，浙江日报报业集团（简称“浙报集团”）早在2016年2月就开始建设总建筑面积6万平方米，拥有6000个机柜、近10万台服务器服务能力的“富春云”互联网数据中心，并于当年在乌镇上线“浙江大数据交易中心”，提供数据流通服务和数据增值服务。该集团又于2023年在原“天目云”的基础上，整合浙江广电集团的“新蓝云”，并与阿里巴巴旗下的“阿里云”合作，建设“天目蓝云”新型智能化融媒体技术平台，以改变各级融媒体平台各自为战的旧格局。成都传媒集团近年来也大搞“云平台”建设，在已有“红星云”融媒体工作流平台的同时，高标准建设覆盖全市宣传系统和融媒体中心的“每经云”，并于2023年1月1日上线运营。而在此之前，该集团旗下13个媒体机构一直通过“阿里云”“华为云”“腾讯云”等6家服务商获取云资源服务。目前，该集团旗下的成都日报社、成都每经传媒有限公司、成都红星数字科技有限公司等均已迁移上云，形成“数据一网统管、存储分区分域、平台统一运营”的运行模式，可在满足集团内单位云服务需求的同时，为全市宣传系统和县（市、区）融媒体中心以及兄弟单位提供一站式云服务。与此同时，成都传媒集团还投资2500万元建设“媒体资源库”（简称“媒资库”），以将集团内历史形成的海量图片、文字、音视频等媒体资源建成数字化、标签化、确权认证、上线交易、取证维权等全流程的智能化内容管理应用系统。“媒资库”已于2023年11月正式上线，首批已有407万条媒体资源信息入库。报纸作为原创内容生产机构，这类媒资库的建设很可能成为一个发展方向。南方报业传媒集团近年来也将“两端一云”作为发展重点，其中拥有自主知识产权的“南方智媒云”作为集团的“总技术底盘”，从2023年起陆续推出八大创新应用，包括融合南方报业数十亿中文语料数据和审校知识库的“智媒云盾”，用以打造覆盖全系统、全场景、全流程的智能审校产品。

第二是通过联合共享做大内容传播的蛋糕。最突出的是浙报集团的省市县媒体一体化联盟。回看世界媒体的发展史，一个有趣的现象是电视联而报纸不联。就美国报业而言，集约化经营的历史至少可追溯到19世纪末，到1988年，美国大部分日报都归属于12家报业集团，如今7家大型报业集团拥有超过半数美国日报。但长期以来，即便进入数字时代，这些报业集团旗下的报纸都基本是互不关联的信息孤岛，这就是“报纸不联”。以默多克的新闻集团为例，虽然该集团在美国、英国、澳大利亚拥有一批顶尖报纸，但这些报纸并无常态化信息共享，崇尚的是内容差异化生产，力避同质化。而广播电视则是另一番景象。美国第一家广播公司NBC（全国广播公司）成立之初，就在东西海岸组成网络化的电台联盟。电视诞生后，美国三大广播公司分别与各地电视台签订合作条约，以大量附属台及少量直营台的形式联网成片，构建覆盖全国的电视网络传播体系，实现优质内容的全国共享，形成“电视联”。这种形式也推广到全球很多国家，如亚洲的印度和日本。

报纸的孤岛形态到2015年12月有了突破性改变：美国最大报业集团甘尼特公司以旗舰报纸《今日美国》为首，正式组建“今日美国网络集团”（USA TODAY NETWORK），将旗下数百个美国地方报纸和电视台悉数纳入该体系，让各媒体得以同步生产大批量的新闻稿件，实现“跨越所有媒体的内容流动”[①]。凭借这一庞大的内容生产体系，甘尼特甚至于2024年3月取消了与美联社长期保持的大部分购买合同。浙报集团与之不谋而合，从2020年起，以“天目云”（如今是“天目蓝云”）为“技术底座”，通过建立省市县的共享联盟，构建“用户共享、内容共享”的一体化传播体系，至2022年“盟员”数量已达1900多家。无独有偶，湖北日报传媒集团从2022年起，开始实施“以省带县、全省融通、共建融合传播生态”的战略构想，至2024年4月已与全省109家县级融媒体中心实现共建，频道总数达171个，并于2023年实现“年更百万”信息的初步目标。

第三是人工智能大行其道。从10个报业机构的实践看，AI（人工智能）已全面进入内容生产领域，并大幅提升了数字端的内容生产效率。这方面最突出的是成都传媒集团旗下的每日经济新闻和上海报业集团旗下的界面财联社。每日经济新闻2020年5月就上线了“每经AI快讯”，在不增加采编人员的情况下，实现对5000多家A股上市公司（当时是3000多家）资讯的全覆盖，形成公告、交易、数据、互动易等260种资讯类型，日均发布近千条信息。他们又于2021年12月20日上线了国内首个全流程无人化AI驱动的视频直播系统——每经AI电视，由一男一女两位虚拟主播，实现7×24小时视频播报财经新闻。2022年12月，每日经济新闻又推出“雨燕智宣”AI短视频自动生成平台，实现从文字创作到媒体资源智能匹配，再到短视频自动生成，最后到多平台一键分发的全流程AI内容生产。界面财联社则在数年前已实现由AI助力的“全自动写稿”，基于上市公司报告和投资者关系互动信息的稿件产能每月从200多条提升至2万多条，目前日均发稿3000多篇，其中包括“财联社电报”700多篇。2024年3月，界面财联社又与某大模型团队合作，推出主打AI数据挖掘、AI对话、AI热点信息解读等功能的“AI小财神”。其他如深圳报业集团旗下的读特客户端，在2023年3月28日客户端上线8周

① 辜晓进：《重走美国大报——美国报业转型：颠覆与重生》，南方日报出版社，2018，第70—71页。

年之际实行“AI焕新”，将产品中心转型为“读特AI工坊”，在常规生产中实施AIGC（人工智能生成内容），每日推出《AI读头版》《AI瞰深圳》《艺术家共创AI海报》《热搜AI TALK》等栏目；河南日报社从2024年起全面进入AI辅助生产阶段，基本具备AI写稿、AI播报、AI海报和视频制作的生产能力等。

第四是数据监测得到普遍应用。早年一些“中央厨房”因奢华的设施和非常态化应用而饱受诟病。所谓非常态化应用，是指这些“中央厨房”所呈现的数据并非即时数据，在此基础上组织的多媒体报道只在两会、党代会、国庆等重大主题报道中启动实施，而全年大多数时间“中央厨房”闲置不用，更多是供作数字化展示。此次调研中发现，这一情况已有明显改观。因应数字端传播的可检测、可跟踪、可描述、可计算的种种特性以及大数据对编辑部的影响，多数报业机构的“全媒体指挥中心”（“中央厨房”的新称呼）不再是摆设，而是在凡闻科技等第三方数据服务商的支持下基本实现了内容传播数据的即时获取和呈现，并实现多媒体平台的常态化内容生产和发布，甚至像一些头部科技公司一样引入算法技术。例如，新华报业传媒集团2012年就建成“中央信息厨房”，2019年又耗资近亿元升级改造成“全媒体指挥中心”，实现从线索挖掘、采编看样到考核打分、传播数据监控等全程常态化数据监测和使用；河南日报社旗下的顶端新闻客户端从2022年起，自己研发了一种引入社会主义核心价值观24个字权重的算法系统，初步实现基于UGC（用户生成内容）、PGC（专业生产内容）和自我原创内容的定制推送。

三、数字端商业模式的多样化建构

在欧洲议会的媒体复兴专家委员会2024年的《新闻媒体可持续财务案例报告》中，专家们分析欧洲各国的媒体成功案例后认为，数字时代“新闻媒体的可持续商业模式，取决于媒体的整体环境和媒体提供优质内容并能向大规模受众传播的能力”，以及“收入多元化模式的建立”[①]。中国的报业实践也支持专家们的这一判断。基本具备“向大规模受众传播的能力”并不意味着转型成功，还必须建立可持续的新型商业模式，其中就包括实现收入来源的多元化，因为对受众的广泛抵达并不天然导致收入增长，而主要依靠广告的单一收入模式早已行不通了。从此次调研的10个报业机构的情况看，他们无一不在想方设法扩大收入来源并在多元化收入方面下足功夫。

概括而言，在广告和发行两大传统收入来源之外，这些报业机构正在拓展以下几个新收入来源：

1．资本运营。在较长的历史中，特别是经历报纸“黄金时代”产业化发展后，中国很多报纸都积累了较为可观的存量资产。这为报业机构“以钱生钱”的资本运营打下了基础，再叠加多家报纸自有的上市公司以及作为主流媒体的市场信誉，资本运营已成为多家报纸近年的最主要收入来源，也成为其他报纸效仿学习的“增收固本”良方。以浙报集团为例，自2001年率先提出“传媒控制资本，资本壮大传媒”的资本运营理念后，该集团就成立“新干线”投资公司，投资参与一些科研院所的股份制改造，又设立三个创投基金，投资收益颇丰。该集团于2011年9月成功完成A股借壳上市后的第二年，就以3.19亿元的价格全资收购边锋、浩方两大网游公司。这一收购所产生的技术加持、用户拓展、盈利增长等效益，直到今天仍对浙报集团的发展发挥着重要支撑作用。成都传媒集团旗下的成都商报早在1999年就成为国内首家上市的平面媒体，并创下中国报纸借壳上市的先例，随后展开以融资为特征的一系列资本运营，拓展到教育、游戏、文产交易等产业。新华报业传媒集团自2017年成立集团层面的资产管理公司起，参与地方不良资产治理投资、基金托管、金融投资等项目，获得高额回报。该集团在2017年至2022年的五年间净资产翻了一倍，资本经营功不可没。深圳报业集团旗下的一本基金从2016年起探索吸引社会资本参与股权投资，至2024年已累计投资管理20余个项目，其中3个项目成功上市，并通过减持、退出等方式累计回收1.6亿

①Good Practices for Sustainable News Media Financing(2024). Committee of experts on increasing resilience of media(MSI-RES), PP. 13-14. https://edoc.coe.int/en/media/11879-good-practices-for-sustainable-news-media-financing.html#.

元、利润6000万元。上海报业集团旗下三大新媒体的快速发展，也得益于集团创立的多只基金以及多轮社会融资。

2．内容收费。欧美报业在转型中建构的商业模式中，最普遍的是付费墙战略，即通过在数字端建立付费门槛向受众收费的所谓“直接用户收入”（direct user revenue）。多年前美国建立付费墙的日报就占日报总数的七成以上，其中最成功的是纽约时报，目前付费订户超过1000万，早已摆脱广告依赖。中国的报纸从2007年温州日报的实践开始，也早已试水付费墙，其后包括人民日报在内的很多报纸纷纷跟进，可惜无一成功，最后都放弃了。此次调研中发现，南方报业传媒集团旗下的南方周末已获得初步的成功。该报从2018年起，以其优质内容为支撑，开启“内容付费工程”，并创新性引入非报知识产品付费机制，至2023年底，付费用户已达36万，首次付费订阅的价格也从最初的98元 / 年增加到现在的288元 / 年，形成可持续发展势头。其他媒体如新京报、澎湃新闻等则通过同样建立在优质内容基础上的版权收费，每年获得数千万元的内容收入，可视为具有中国特色的内容付费策略。

3．新媒体代运维。即主流报纸利用其在内容生产、传播技术、发布渠道等方面的优势，为客户代建、代运营、代维护各类新媒体，成为数字时代颇具中国特色的重要收入来源，迎合的是党政机关和事业单位及企业自建新媒体拓展发声渠道的需求。最早探索这种收入形式的报纸是深圳报业集团旗下的晶报。该报从2014年通过为福彩中心创办微信公众号起，意识到这方面的发展潜力，迅速开发代运维资源。到2017年，其代运维的新媒体已达约150个。在深圳历年评出的政务微信年度排行榜中，该报代运维的政务号多次占据半壁江山，且有多个微信和微博上了全国的榜单。代运维也因此成为晶报收入的最大来源，从2017年起，晶报年度总营收的一半来自代运维，实现数字收入占比过半的业绩。目前，代运维已在全国媒体普遍展开，本次调研的十大报业机构无一不在开展此类业务，较为突出的还有湖北日报传媒集团旗下的荆楚网、河南日报社旗下的大河网、深圳报业集团旗下的深圳新闻网等。

4．举办各类活动（详见下文）。

四、充满创意的“活动”战略

“活动”（event）是全球新闻媒体使用频率越来越高的一个词语，因为它“已经成为全球媒体公认的增加收入和增进用户信任的成功策略”[①]。世界新闻出版业协会的《2023世界新闻媒体发展趋势报告》显示，在广告和发行收入仍占纸媒总收入57.5%的情况下，活动和电子商务等新收入来源占比已达21.6%；在所有广告和发行（含数字订阅）收入之外的其他来源中，活动以32%的比重遥遥领先[②]。中国报业的实践也完全符合这一趋势，本次调研的10个报业机构在这方面尤显突出，其中有两家子报最为突出。

第一是深圳报业集团旗下的深圳晚报。该报从10多年前“亏损累累”的不利状态奋起转型，从融合传播和活动营销两个方向实现颠覆性转变，迄今已连续12年保持营收和利润的正增长。在活动营销方面，该报通过建立一支全员参与且富有创意的业务团队，从以下三个方面获得了经营收入和用户信任：一是积极开展“场景传播”，通过与深圳各区、各街道合作，承担从党群服务中心到各类展览会的全案设计和实施（布展），已赢得良好市场口碑。其中该报为深圳北站设计改造的党群服务中心，面积2800平方米，包含24小时“喜阅书房”、24小时自助便民服务、党员志愿者调度中心等在内，形成深圳最大的党群服务中心，成为全市的标杆。习近平总书记曾于2018年10月在深圳考察期间前往该党群中心视察长达30分钟。深圳晚报这种服务甚至输出到深圳对口支援的新疆喀什和中国海拔最高的边防哨所红其拉甫哨所。二是影视制作，多年来为客户制作了大量包括“龙标”电影在内的故事片、纪录片、微视频等影视作品。其中为深圳市总工会制作的取材于深圳劳动者真实故事的故事片《工夫》于2021年五一前在各院线上映和网上播放，7天全网播放量超过75万次。三是创意活动，如为其最大客户提供的

①Sarah Cool-Fergus. 6 Alternative Revenue Streams for News Publishers, Twipe, November 18, 2024. https://www.twipemobile.com/6-alternative-revenue-streams-for-news-publishers/.

②Sarah Cool-Fergus. 6 Alternative Revenue Streams for News Publishers, Twipe, November 18, 2024. https://www.twipemobile.com/6-alternative-revenue-streams-for-news-publishers/.

服务项目，包揽了合唱节、音乐节、劳模演讲会、工人脱口秀、展览等全年各类活动，获得“千万大单”。该报还成为深圳龙岗区每年举办的“美好生活节”的主要合作方。

第二是南方报业传媒集团旗下的南方农村报。涉农报纸在20世纪80年代中期因农村改革进入高潮而处于鼎盛时期，但却和其他专业报纸一样，在20世纪90年代随着综合性报纸进入黄金时代而开始没落。但南方农村报却将新闻传播与各类营销活动有机结合，紧扣三农服务，走出一条独特的发展道路，年度总营收于2022年就突破3亿元。该报常年组织三农博览会、产业大会、交流会、论坛等各类促进三农生产和贸易的大型活动，每年多达上百场，甚至走出本省，延伸至其他省市。其中影响深远的“广东种业大会”就连续举办了22年，新冠疫情期间都没停办，参会人次多年过百万。该报甚至利用自己掌握的信息和技术资源，在广州增城承包种植了3000亩优质丝苗米水稻，其规划建设的总面积11 760亩的“南方报业农业公园”，拟统筹山、水、林、田、湖等资源，打造以“传媒+现代农业、金融、农旅、研学、康养”为特色的乡村振兴综合体，入选“广东省2022年重点建设项目计划”。

总体看来，被调研的10个报业机构普遍将“活动”列入重点经营项目，如南方周末、新京报等都将图书推广销售作为一种既服务读者又可获得经济收入的活动项目积极展开。南方周末在其知识付费平台上线“南周书院”，将知识课程与图书营销相结合，有的图书半年发行超过3.5万册，从2019年起此类活动每年为报社创收近700万元。新京报则借助其《书评周刊》的影响力，开展优质图书的推广营销活动，并每年定期举办“北京图书市集”。该报2024年甚至走出北京市，在江苏无锡举办“书声满锡城”读书节活动。该报的《书评周刊》年度合订本也成为畅销图书，2023年的合订本曾连续三次加印。

由此想到被尊为“传媒经济学之父”的著名学者罗伯特·G. 皮卡德的一段话。他在2014年访问中国人民大学新闻学院时表达了对数字时代报业多种经营的看法。他说：“未来应该是一种整合盈利模式。一百年前报纸的赚钱方式与今天是很不同的，但也曾经拥有多样化的收入和经营方式。比如说报社也开书店，跟旅行社合作提供旅游服务，作为股票交易所的一部分提供金融信息，甚至还卖葡萄酒等，放到今天来看确实不同寻常。所以，对于传统媒体来讲，靠多样化的经营去盈利的历史还是很悠久的。以前是这样，以后可能也是这样。我认为，未来媒体可能需要依靠五到六种不同的经营方式，不光是靠内容，也要靠其他经营方式去合并盈利，比如举办商业活动、与政府合作等。”①

五、体制优势的足用与善用

中国新闻体制的核心特征主要体现在所有制和许可制两个方面。所有制指新闻媒体（报刊、广播、电视）全部国有国营，并由相应层级的党政机关主管主办。许可制指所有新闻媒体的创办都须经过层层审核，直至新闻出版署、广电总局等国家最高行政机构批准，才能发放牌照。所以，中国的新闻生产，说到底是一种行政许可的牌照业务活动。虽然新媒体内容生产正在冲击这种牌照垄断，但不断出台的种种规定也一直在为无牌照媒体的时政新闻生产划出红线②。而从本次调研的10个报业机构的实践以及上文涉及的种种经验看，这种体制特征已在报业融合转型和经营活动中体现出很大优势。

例如牌照优势的外溢，已使一些报业机构在拓展数字产品上占据先机。各报正是通过创办新闻客户端以及微信公众号等社交平台账号，实现了“一生二、二生三”的新闻资质和生产力的外延。上海报业集团的上观新闻客户端，就是充分利用体制优势发展壮大的。该集团旗下的界面客户端于2018年完成了与“蓝鲸·财联社”的整体合并，更名为“界面财联社”，不仅扩大了用户群，增强了垂直生产力以及盈利能力，同时也令拥有数百人生产团队的民营企业获得了新闻资质，其旗下蓝鲸财经、科创板日报、财联社电报三大客户端从此进入互联网新闻信息服务许可的“白名单”。湖北日报传媒集团和河南日报社旗下的手机报，

① 喻国明、李慧娟：《数字化时代世界传媒经济研究的新转向——与罗伯特·G. 皮卡德教授的座谈会对话录》，《国际新闻界》2014年第8期，第98—99页。

② 辜晓进、王敏：《用足体制优势：当前中国报业融合转型的实践特征——基于全国10家报业集团的调研》，《新闻记者》2024年第3期，第3页。

也得益于体制优势，在2013年和2014年全国各报的手机报明显式微的情况下，成为各自所在省份一家独大的手机报，重获生机。河南手机报2014年用户规模创纪录地突破1100万，到2024年仍有近400万用户，年营收达1764万元。

资本经营方面，从浙报集团当年参与科研院所改制的资本投资，到上海报业集团旗下澎湃新闻、界面新闻的数轮社会融资，再到新华报业传媒集团参与江苏银行金融租赁公司的入股投资，无不得益于国有主流媒体的体制信用或政府部门的行政支持。不少报业机构拥有的较大规模房地产等存量资产，大体也受惠于体制，更别说A股和新三板等各类报业上市公司了。

媒体代运营方面，各报的创新和服务精神固然重要，体制内的信用背书也是支持数量众多的政府部门向报业机构寻求服务的重要因素。至于各种“活动”的如火如荼，最大的“甲方”也都来自各级政府部门，遵循的是“媒体提供创意，政府购买服务”的供需逻辑。

当前报业融合转型的种种实践都已表明，对体制优势能否活用、善用、足用，往往直接决定了经营的成效。市场与体制原本是对立的双方，当体制无法改变而又难以完全市场化的时候，用足体制优势便成为应有之选。

六、稀缺与不足

传统媒体的融合转型和自我救赎，是摆在全球媒体面前的共同课题，虽艰巨却不得不为。从调研情况看，中国的报纸已经做得相当好，特别是在经营收入的多样化和实际效果方面，已胜于西方同行。但中国报纸仍有自己的薄弱环节。

例如就内容生产而言，至少还不够平衡。一方面，在为配合宣传而进行的各类主题报道上，各报都不遗余力，穷尽所有资源，数字端火力全开。另一方面，对突发事件、影响广泛的社会现象、民众普遍关心的题材、舆论监督等报道，则相对薄弱，往往跟在社交媒体的后面，主流媒体资讯主力军的职责履行仍有待加强。近10年来，像新京报罐车装油乱象报道这样影响很大且由报纸首先发表的重大舆论监督报道，尚属凤毛麟角。习近平总书记2023年11月在上海考察时强调："在各种文化交汇融合中进一步壮大主流价值、主流舆论、主流文化。"[①]主题报道显然是壮大主流舆论与主流价值观的重要举措，必须坚持下去，但在具体实践中不应对"主流舆论"作过于狭隘的理解，且要避免为数据而数据或个别情况下的表演性传播。应时应节的成就报道是主流，像新京报那样对重大行业弊端的发现与揭示也是主流，关心民众痛痒、满足民众信息需求更是主流。

在数字端商业模式的建构方面，作为欧美常态的付费订阅模式在中国仍难落地，被调研的10个报业机构的近百种报刊中，目前只有南方周末孤军突进。印刷版报纸的发行量，在除印度之外的全球各国，都呈现不可逆的下跌趋势，因而在数字端重建付费读者群早已成为欧美大多数报纸的努力方向，如2024年美国的三大全国性报纸《纽约时报》《华盛顿邮报》《华尔街日报》的纯数字付费订户都超过200万，英国的《金融时报》纯数字订户也于2023年突破100万，这些报纸的数字订阅量都超过它们历史印刷报纸发行量的最高值，《纽约时报》（含旗下各数字媒体）的纯数字付费订户更是超过了1000万。2024年全球英文报刊的纯数字付费订户已达4470万，比上年的3950万增长了13%[②]。在挪威，39%的新闻消费者愿意为新闻内容付费，远高于美国的21%[③]。在中国，特别是年轻一代的受众，为内容付费的意识也已觉醒，花钱享用网上内容已成为普遍做法。如腾讯和爱奇艺两大平台的付费用户就都已于2019年超过1亿，近年还在持续增长，腾讯基本维持在1.2亿的水平[④]。湖南广电集团旗下的芒果TV付费会员数量从2019年起每年增幅都在两位数或三位数，2025年1月会员数已突破7331万[⑤]。另据2024年

①《在各种文化交汇融合中进一步壮大主流价值、主流舆论、主流文化》，光明网，2024年1月19日，https://baijiahao.baidu.com/s?id=1788492566374210538&wfr=spider&for=pc。

②100k Club: 2025 ranking of world's biggest news publishers by digital subscribers. Press Gazette, February 13, 2025, https://pressgazette.co.uk/paywalls/digital-subscribers-100k-club-ranking-worlds-biggest-paywalled-news-publishers-2025/.

③US Newspaper Industry Statistics. Redline, June 26, 2024. https://redline.digital/us-newspapers-statistics/.

④据腾讯、爱奇艺两大公司财报。

⑤《芒果TV会员数突破7331万，会员年收入首次突破50亿元》，腾讯网，2025年1月26日，https://news.qq.com/rain/a/20250126A07CAJ00?suid=&media_id=。

5月在香港举办的“2024财新夏季峰会”披露，财新传媒自2017年推出付费墙以来，付费订户数量也不断增长，于2024年超过120万，连续五年居国际报刊联盟（FIPP）全球数字订阅榜单前十名。这些数据表明，中国现在已不缺愿意为内容付费的受众，缺的只是能形成刚性消费需求的优质内容。一个普遍现象是，但凡建立付费墙的媒体，必然将内容质量视为生命，而媒体信息质量的核心，是满足受众“知”的欲望，包括浅度“知”（动态资讯）与深度“知”（深度报道，调查报道，释疑解惑）。付费墙有助于倒推媒体提高内容质量。

在广告方面，中国报纸的广告发展也符合全球趋势，总体上呈不可逆衰退趋势。被调研报业机构中以党委机关报为主的一批报纸之所以近年在一定程度上保持了广告的稳定，主要是来自党政机关和事业单位的非商业广告或所谓软广告（多以特刊、专版等形式见报）在一定程度上回补了商业广告的空缺，占比多在八成以上。今后一旦因某种政策因素而取消这类“广告”，将产生重大不利影响。而在数字端，中国报纸的广告开发力度大都不足，与欧美报业特别是笔者曾调研过的美国报业相比有较大差距。美国报业的数字端广告，无论是绝对值还是在广告总收入里的占比，最近十几年来一直保持较大幅度的正增长，从2011年的占比17%发展到2020年的占比39%[①]。这些数字广告主要来自直接和间接两个方面的广告。直接广告包括通过大量开发受欢迎的数字产品吸纳广告、通过技术赋能开发原生广告等广告新品种吸纳广告、通过数据监测以较高的传播率数据吸引广告等；间接广告主要是通过收购数字广告公司拓展广告，这方面最突出的是德国斯普林格集团，其多年来通过收购兼并，旗下已拥有欧洲最大的分类广告公司。从此次调研情况看，通过开发音视频产品吸引广告或通过客户端开机页面吸附广告已成为较为普遍的做法，但各报在其他方面仍缺乏拓展数字广告的有效办法。

最大的问题，当然还是各报尚未摸索出一条基于内容生产的在数字端可持续的商业模式。这也是全球报业的普遍困境，但欧美报业依靠内容变现的成功案例，正在渐渐增多。而在中国，有些报纸受制于生存的压力，正不断通过开拓“非报收入”来获得经济效益，失去优质内容生产的动力。这作为一种权宜之

①Newspapers Fact Sheet. Pew Research Centre, June 29, 2021. https://www.journalism.org/fact-sheet/newspapers/.

计固然可取，但若长此以往，则可能“报将非报”。多年前，美国《主编与发行人》杂志执行主编伊芙琳·马特奥斯将“坚定不移的使命”作为媒体转型成功的首要标准[①]，意指媒体即使用其他方法赚到钱了，但若基本放弃内容生产的使命，主要靠电商、房地产、投资赚钱，也不算成功。只不过在现阶段，生存仍是很多媒体的最大诉求。

① 辜晓进：《〈纽约时报〉离转型成功还有多远？》，《新传播》2022年第3期，第85页。

第一章

上海报业集团：

顶层设计实现报业大整合
三大新媒引领转型新路径

概况

人员：在职员工7800余人，其中市管干部26人，处级（参照管理）干部242人，新闻采编人员2800多人，享受国务院政府特殊津贴专家6人，市领军人才9人。

媒体：三大报——《解放日报》（含上观新闻）、《文汇报》、《新民晚报》，及其子报刊；两大平台级新媒体——澎湃新闻、界面财联社，其中澎湃新闻客户端下载量2.5亿，月活跃用户2500万，微信公众号、微博、头条号、抖音粉丝总量9733万（截至2023年6月30日）。

新媒体数据：截至2022年底，集团共有19个客户端、17个网站，共计拥有332个新媒体端口，覆盖用户超9.55亿；入驻微博、微信、抖音、快手等第三方平台账号666个，总粉丝量3.9亿；开设视频账号182个，日均生产视频时长703分钟①。

经营：截至2022年底，集团合并资产总额（不含东方网）321.72亿元；新媒体业务收入占集团媒体主业收入比重上升到67.47%，媒体内容生态服务、版权内容服务、内容分发业务、财经资讯与数据服务等创新业务收入占集团媒体主业收入比重上升到47.07%；三大基金总管理规模逾220亿元。

---

① 据调研中上海报业集团提供的数据。

受访人物一览

从左至右，中：裘新、李芸；上：陈启伟、陈颂清、马笑虹、刘永钢；下：张衍阁、徐安安、秦红、汪莉（辜晓进、狄丰琳　摄）

上海报业集团总部大楼（辜晓进　摄）

虽然中国近代报纸起源于香港、广州等南方口岸城市，但是上海无疑是中国报业中兴之城。1843年开埠后短短数年内，上海就诞生了内地持续出版时间最久和影响最大的英文报纸*North China Herald*（《北华捷报》，后更名为*North China Daily News*，《字林西报》）。1860年到1895年，上海新创办的报刊（含更名者）达86种之多，约占同期全国新办报刊总数的二分之一。这一时期，上海还因为对外贸易额超过广州而成为外国人在华的报刊中心①。1876年6月12日的《纽约时报》曾以《中文报纸在上海的发行量稳步上升》为题，描述上海报业的兴旺景象②。清末民初，中国商业上最成功的两大报纸《新闻报》和《申报》也生于上海而成于上海。新文化运动期间诞生的最具创新意义的中国四大报纸副刊中，有半数诞生在上海。即便现在到上海外滩最繁华地段走一趟，仍可看到保留完好的申报馆，以及曾是外滩最高楼的字林西报社所在大厦等报业遗迹，令人不由得想起伦敦昔日“舰队街”的盛景。

改革开放后，上海的报业虽相对保守而未如广东、北京那样常成舆论引领之地，但也偶有吸睛之举，如1991年《解放日报》署名“皇甫平”的系列评论，1998年文汇报、新民晚报两大报业机构的率先合并，以及2008年《东方早报》大胆点名揭露三聚氰胺致中国奶业“爆雷”的事件。但上海报业集团之所以真正有“资格”入选本研究，是因为2013年上海报业的大合并以及由此引发的一系列令人瞩目的积极变革。为全面了解沪上这场变革的产生背景与发展逻辑，笔者和项目助理、博士生狄丰琳于2022年9月21日至24日对上海报业集团进行了为期4天的现场调研，并与作为变革操盘手及主要参与者的多位领导进行了每人不少于1小时的深度访谈，有的访谈还不止一次。例如，与李芸社长访谈2次，总时长就超过2小时。对某些新媒体业态深入探访，如在界面财联社这一家机构，就耗时大半天。

受访者包括：曾任解放日报、文汇报总编辑和上海广播电视台台长、东方传媒集团总裁的上海报业集团首任党委书记兼社长，现复旦大学党委书记裘新（接受访谈时任复旦大学党委常务副书记）；曾任解放日报党委书记、社长的上海报业集团党委书记、社长李芸；上海报业集团党委副书记、副社长兼总经理陈启伟

---

① 秦绍德：《论上海近代报刊的诞生》，《上海社会科学院学术季刊》1990年第2期，第131页。

② 郑曦原编《帝国的回忆：〈纽约时报〉晚清观察记》，生活·读书·新知三联书店，2001，第102—103页。

（已于2024年4月因到龄退休而辞去上海报业集团职务，于同年6月获选担任上海报业传媒行业协会理事长，其接任者为胡明华）；曾参与创办上观新闻客户端的时任新民晚报社长兼总编辑马笑虹（已于2023年3月调任上海市委宣传部副部长，缪克构和季颖先后继任新民晚报社总编辑）；澎湃新闻总编辑刘永钢；界面财联社总编辑张衍阁、执行总裁徐安安；上海报业集团新媒体发展研究中心主任汪莉；解放日报·上观新闻编辑中心总监秦红。2023年2月，笔者应邀赴沪为解放日报·上观员工做讲座时，有幸遇到上海报业集团党委副书记，解放日报党委书记、社长、总编辑陈颂清，便又进行了时间稍短的访谈。

上海报业集团总部位于上海市静安区威海路755号，这里原是文汇新民联合报业集团（简称“文新集团”）的大楼，现在上海报业集团旗下所有媒体都在这里办公，只是界面财联社有一大半人马在徐家汇一处写字楼工作。解放日报报业集团原来在外滩附近与申报馆相邻的办公大楼，因位于闹市黄金地段，主要被用来出租了。解放日报报业集团则早在合并前的2011年就搬到闵行区新建的解放大厦办公。原文新集团隔院中一座样式独特的三层民国老洋房，在上海报业集团成立后被改造为解放日报的办公场所，解放日报社于2015年搬迁入驻该老宅。这里据传是老上海著名沙船商号严同春住宅，也是目前上海市区罕见的两进三层四合院花园住宅，占地3594平方米，建于1933年。这个老宅院原大门为延安中路816号，里面又与文新集团大院打通，所以上海报业集团在延安路也有一个出口，与威海路的正大门相对应。

笔者与狄丰琳（右）在解放日报的“老宅”办公楼前留影（单良　摄）

第一节 “顶层设计”下的上海报业大变局

“顶层设计”这四个字，通常只是个空泛的概念，但在与上海报业集团诸位领导的访谈中，这个词不仅出现频率很高，而且具有扎实的内涵，谈论者用词坚决，态度真诚。

上海作为一个行政能力强大的城市，在顶层领导对媒体的重视和支持下，其媒体长期以来在全国各大中城市中独树一帜。笔者自1992年起曾多次赴解放日报等上海报社考察学习或交流，对此印象颇深。例如历届市委书记每年都会多次到报社来调研、现场办公、解决问题。但此次调研又一次刷新了我们的认知，“顶层设计”确实不仅主导且持续支撑了上海报业这场大变局。

一、一夜之间，合为一家

按中国的新闻体制和传媒格局，一地主要报纸的建立历来由行政主导，且自成一体，各自独立，并享有相应的行政级别。也正因此，当1998年7月25日文汇报和新民晚报两家正局级报业机构连同总数15家子报刊组建文汇新民联合报业集团时，其作为全国首例，曾引起业界的普遍关注。事实上两家机构合并后也经历过一段较长时期的磨合。所以当2013年文新集团与解放日报报业集团合并组成上海报业集团而成为全国最大的报业集团时，无论内部外部，都感受到较大的震动。用李芸社长的话说：“习近平总书记在2023年8月19日的讲话中明确提出加快传统媒体和新兴媒体融合发展的要求，我们身在其中，觉得应当变，但真正的变化到来时，震动还是非常大的。”

这次大整合由解放日报报业集团和文汇新民联合报业集团合并重组而成，来得突然，完成得迅速。合并时，两大集团皆拥有庞大媒体资产，经济规模分别位居2013年全国“报刊出版集团总体经济规模综合排名”中的第五、第六名①。其中，解放日报报业集团拥有15个报刊、1个网站、1家出版社、1个文艺院团和1家上市公司，文新集团拥有16个报刊、若干媒体网站等新媒体。合并后媒体总数超过40个，其中近半数为全国知名品牌，《解放日报》《文汇报》《新民晚报》《新闻晨报》4家报纸入选2012年全国百强报纸榜；合并后集团员工总数为4000多人（其中处级干部400多人），如果加上新华传媒和新华发行的2300人，以及印刷集团的1200多人，总员工规模超过7500人。而如此大规模的组织整合，如果没有市委、市政府的强力推动和顶层设计，是很难实现的。裘新说：“挂牌是（2013年）10月28日，9月才通知我将履新，我当时还在电视台（当台长）。市委决策确定了合并后的方向，即集团层面收缩，下面实体放权，三大报恢复法人（地位）。”

上海报业集团成立时，就确定了三大报恢复独立法人地位。三大报，指《解放日报》《文汇报》《新民晚报》这三家曾经在上海呈三足鼎立之势的传统大报。其中《文汇报》《新民晚报》皆历史悠久且有全国影响，《解放日报》则是上海市委机关报。三报在解放日报报业集团和文汇新民联合报业集团成立后，先后取消了独立法人地位，法人归并到两大集团。从此，三报名头虽在，但事实上只是作为两大集团的编辑部而存在，失去了独立对外商业合作等经营权力和人事权力，也放弃了一些本应独立履行的职责义务。两大集团合并后，如果进一步集中，法人只剩一个，各报仍以内部编辑部的形态存在，显然会成为一种更大规模的“大锅饭”格局。李芸介绍，市委在“顶层设计”中已经想到这点，所以集团一成立，就提出恢复三大报独立法人地位的建议。时任市委书记说，集团大了，但仍要分锅吃饭，要从根本上解决责、权、利的问题。三报恢复法人地位后，拥有人、财、物的独立管理权力，可以安心搞好内容生产，做融合发展，提高内容供给质量。集团层面则致力于总体经营和战略发展。“当然，恢复独立法人地位要走很多程序，还需要注册资金，所以直到2015年才全部完成。”

事隔近10年后，裘新是这样看待当初的变动的：“当时的媒体格局，不管是

① 中国新闻出版研究院：《2013年新闻出版产业分析报告》，国家广播电视总局官网，2016年5月23日，https://www.nrta.gov.cn/attach/0/1805061708401196.pdf。

访谈结束后笔者与裘新（左）合影（狄丰琳　摄）

上海还是其他地方，大家都觉得看不清楚时最好不动，因为不动的风险小。但其实风险是一样的，不动的风险未必小。我觉得动比不动好，而且大动比小动好，千万别犹豫。不动的情况下，你很难做大的改革。哪怕你要收缩，要压频道，要砍报纸，也要打着大动的旗号，你才能做。”

二、合并以后怎么办

裘新说：“合并以后，通常会想到两种走势：一是做大一统，如果不去做统筹、做协调、做整合，要这个集团干什么？二是放手放任，让下面野蛮生长。这两个‘答案’都有偏颇。高度集中统一，一定会丧失主动性和积极性；过度放任，也会失去集约化经营的意义。所以我们的办法是，合并与放权同时进行、同向而行。合并并不意味着集团授权、下面实施，而是反过来：集团是收缩，下面实体是放权。关键是你一定要有动作。第一年没动作，大家还可以理解，第二年如果没有大动作，上面和下面都会问，何况改革一般会有窗口期或者说蜜月期。刚改革，许多事情大家都在看着，可以天经地义地去做，拖下去就不一定了。我们以前也是想不断创造媒体的历史，但事实证明，历史只有在某些窗口才能创造，过了这个村就没有那个店了。”

事实上，他们第一年就有“大动作”。

正式合并后第11天，裘新在大会上向全体员工提出两组问题。第一组是针对领导班子的：（1）集团向哪里走？房产、金融、新媒体等，哪个会是未来的主战场？（2）钱从哪里来？（3）人到哪里去？第二组是针对干部职工的：（1）关还是不关？（2）搬还是不搬？（3）流动还是不流动？后一组问题可谓道道锥心。就连搬家，谁搬到谁那儿去，也产生过很大争议。

对此，裘新当时并未给出答案，而是描绘了几个动向。第一是“三大框架结构封顶”，即出台《关于报业集团与三大报社职责界定的细化意见》《上海报业集团职能部门工作手册》以及制订新集团的规章制度，在原有两大集团153项规章制度的基础上确定68项新规章制度，分阶段制订和实施。他将此形容为新集团框架结构的封顶之作。第二是“三大调研迅速展开”，包括“优化报业结构调研”“战略发展和资产调研”“新媒体发展调研”。他称这是大楼造好后的“功能布局”，而这个布局不能靠拍脑袋，要以调研作依据。第三是开展“我为集团献一策”“建立三大例会制度”等活动。

也有具体动作。首先是上海报业集团成立后一个多月，就手起刀落，关闭了《新闻晚报》（2014年1月1日起停刊）。该报创办于1999年，是解放日报报业集团在报业黄金时代实施“一日三刊”全天候覆盖的产物，当年一口气创办的有《新闻晨报》《新闻午报》《新闻晚报》。《新闻晨报》后来做大做强成为解放日报报业集团最赚钱的报纸，《新闻午报》后来多次变更主管主办单位，《新闻晚报》在版式和内容方面也多有努力和创新，但经营方面一直困难较多。2003年笔者获邀在解放日报报业集团做讲座之际，时任集团副总编辑和新闻晨报总编辑的裘新曾推荐笔者出任该报总编辑。笔者表示犹豫的唯一原因，是当时晚报在全国乃至全球都呈衰落之势，国内约160种晚报绝大多数改为晨报（如今只剩三家晚报保持下午出版），何况上海已经有一家历史悠久、读者忠诚度很高的强势晚报（《新民晚报》），要从中分一杯羹，绝非易事。媒介经济学将媒介市场定位分为四种类型，《新闻晚报》选择的是最艰难的“竞争定位”，而非“避强定位”。笔者曾建议裘新将《新闻晚报》也改为晨报，并将其列为笔者赴任的前提条件，但这将给《新闻晨报》增添一个内部竞争对手，解放日报报业集团也很尴尬。事实上这类报纸的创办，也确实有当时两大报业集团之间竞争的因素。正如此次调研中李芸所说：“当时两大集团都在都市类报纸上竞争，你有一个‘晨报’，我就办一个‘早报’；你有一个‘晚报’，我也办一个‘晚报’；你有一个地铁报，我也办一个地铁报；某种程度上看，这带来了资源的浪费。”

是否关闭《新闻晚报》，对上海报业集团来说也是一个艰难的决定。李芸说：“新闻晚报毕竟有近400名员工，而且手上还有现金流，大家有感情，决心很难下。但当时正值发行季节，必须当机立断，要么大搞发行，要么停止发行。最后我们用集团成立后到当年底的两个月时间，非常平稳地把《新闻晚报》休刊了。而且我们用市场化的方式，三大报敞开胸怀，充分吸收了晚报的优秀人才。”裘新和李芸都是解放日报报业集团出身，第一刀砍在“亲儿子”身上，也能服众。数年后，比《新闻晚报》创刊更早且同样由裘新负责创办的《申江服务导报》也宣布停刊。与《新闻晚报》不同的是，《申江服务导报》创刊不久就取得了商业上的成功，一度是沪上最有影响和最赚钱的周报，但到了新媒体时代也陷入衰退，最终被果断关闭。到2022年底，上海报业集团的报刊数量由集团成立之初的35家（含委托管理）减少至15家，减幅近六成。集团同时还关闭或退出了45家企业，并对20家企业进行了重组整合和股权归集，实现了“亏损企业数量和亏损额双减半”的工作目标。

当然，更大的动作是“生”，即以创办三大新媒体为特征的“新生”。

访谈结束后笔者与李芸（左）合影（狄丰琳　摄）

三、抓住时间窗口，立即创办三大新媒体

对于新媒体，上海一些媒体是比较敏感甚至有点先知先觉的。例如，早在2006年，解放日报报业集团就创办了全国报业集团中第一家新媒体部，又于2009年创办了新媒体公司上海解放新兴传媒有限公司。据参与创办这两个机构并担任负责人的现上海报业集团新媒体发展研究中心主任汪莉介绍，上海报业集团成立伊始，她就接到与百度合作运营一个上海地方频道的任务，该频道2014年1月1日就上线了。这意味着，就报业集团的视频生产而言，上海报业集团起步也较早，这为他们后来对接腾讯、抖音、哔哩哔哩（B站）、小红书等七家互联网平台并实现数量庞大的每日音、视频生产打下了良好的基础。而上海报业集团最为人所称道的转型成就，还在于在集团成立之初不失时机地成功创办了三大新媒体：上观新闻、澎湃新闻、界面财联社。这三大新媒体，不仅促进和引领了上海报业的融合转型，也客观上将上海舆论的影响力扩大到全国范围，大大强化了原有主流媒体的信息传播能量，为各地媒体主官甚至党政主官所艳羡。

三大新媒体的正式上线时间都在2014年。其中，上观新闻（原名“上海观察”）是2014年1月1日，澎湃新闻是2014年7月22日，界面新闻是2014年9月22日，都是上海报业集团挂牌后不到一年的产物。用裘新的话说，三大新媒体都经过至少一年的酝酿，并非一蹴而就之举。裘新说：“早在2013年，解放日报就已经在酝酿了。澎湃新闻更早，2012年东方早报就提出想做一个新媒体，英文名字都起好了，叫‘paper’，但中文名字还没起。”换言之，在集团挂牌之前，这些新媒体已在孕育之中，体现了当时两大集团转型意识的觉醒。这些新媒体之所以要到2014年才齐刷刷脱颖而出，也是因为有了上海报业集团成立后带来的改革冲动和强大人财物力的支持。

最先行动的是上海观察。起初，这是一个纯数字深度原创内容产品，定位为“精品阅读新闻类App（应用程序）”。据李芸介绍，上海报业集团成立之初，就由解放日报副总编辑马笑虹牵头成立了上海观察编辑部，带领一个约15人的团队，实现了两个月上线的目标。据解放日报·上观新闻编辑中心总监秦红介绍，

当时确定三类人为上观新闻的主要读者：第一类是公务员群体，也是党报的核心读者；第二类是国有企事业单位从业人员；第三类是长三角乃至全国、全球各地关注上海发展的民众。当时主要采用约稿制，通过约稿获得优质的深度报道。

笔者第一次得知有“上海观察”这个媒体，就得益于一篇此类深度报道。那是2014年9月，网上流传一篇长达4000字的实名热文《评“副教授”的那点事》。此文出语大胆，话风直率，锋芒毕露，作者以实名讲述个人所经历的上海某高校职称评定过程的种种“劣迹”，例如：“A教授是在开学第三周，就能把一个班50个人上到只剩下3个的‘学科带头人’。可他逢人就说，学问是寂寞的，受不受学生欢迎，根本不代表学术水平优劣。说完，已经在教授餐厅喝酒，经费多得花不完。”“前年，（副教授）候选人H冲进评选会场，指着座中大骂：‘你们收了我那么多钱，还不投我的票，太不讲信义了吧！’顿时，好几位教授低下了头。据说，H按‘国内惯例’，在每位教授信箱里塞了五千元现金，有两位开箱即退还。”[①]其中涉及很多人事过程，点到很多人，有数据，有细节，有情绪，可读性很强，尤在高知人群中引起较大共鸣。文章虽未点出具体高校和教授实名，但由于大量事实的专指性都很强，“对号入座”并不难。文章来源标注为“上海观察”，再一了解，竟是上海报业集团的官方新媒体。

如此标题和大胆内容出现在一向稳重的上海主流媒体，令人感到意外。据悉，当时上海市委不仅提议创办上海观察这样的新媒体，还给了新媒体内容生产以较大支持。上海观察后来还出版了每月一期的纸质版月刊，是在线内容的精选版，之前提到的《评“副教授”的那点事》赫然入选，且迄今也未被从网上删除。上海观察的盈利模式主要是读者付费，面向以公务员为主的读者群，推出VIP会员卡，鼓励付费订阅，每张卡每年付费100元，上海市委、市政府给予适当补助，所以一开始就拥有较大的基础读者群，并获得一定的资金支持。但彼时的上海观察还只是一个独立运作的新媒体，是一个小团队在经营，每天原创20篇稿件，因此被现在的上海报业集团员工称为“小上观”。2016年，解放日报启动深

① 雷蔚红：《评“副教授”的那点事》，上观新闻，2014年9月24日，https://web.shobserver.com/news/detail.do?id=399。

陈启伟（右）在访谈中
（狄丰琳　摄）

度融合整体转型，上海观察更名为“上观新闻”，是为“大上观”。

接下来，就是澎湃新闻和界面新闻的先后上线。澎湃新闻是以一连串“打虎记”之类的优质独家深度报道吸引受众眼球并获得广泛关注的。所以说，永远不要低估受众对优质深度内容的需求。好的内容产品可以不胫而走，广为传播，每篇文章都是一位高效的“亲善大使”，其产生的辐射效果远超花钱请人下载。界面新闻作为一个垂直产品，弥补了上海报业集团财经类媒体的空缺，也是对外合作的结果，并非完全意义上的“自生媒体”（这两个新媒体相关内容详见其他章节）。

总之，这三大新媒体尤其是已成为“平台级”原创新媒体的澎湃新闻和界面新闻的成功创办，令上海报业集团在向“新型主流媒体集团”进军的路上迈出了一大步。

四、把集团当“财团”办，设立三大基金

调研开始之前，我们先被邀请在集团总部二楼，参观“上报之路”展览并由讲解员讲述《道正声远》的PPT课件。其中一个页面的标题是“三大基金总管理规模超过220亿元”，副标题是“投资规模140亿元，投资项目近50个”，引起了我们的兴趣。后来在与裘新的访谈中得知，成立“基金”或曰“资本平台”，也是

上海报业集团组建初期就展开的重要动作，目的是解决“钱从哪来”的问题。

裘新的思路一向清晰。他认为，传统报业对外部经济有很大的依赖性，需要有一个强有力的后台去支撑它。在西方，这个后台就是财团，现在的报业集团也要“担负起财团的职能”。而上海报业集团这个“财团”手中有不少资源，如拥有近100万平方米的物业面积，旗下上市公司拥有遍布上海各地的107家新华书店和上海书店，旗下金融资产的静态价值超过40亿元，更何况早期形成的书店都在黄金地段拥有物业。“财团”就要以统筹经营为主要职责，通过金融、地产等资产的经营和运作，反哺媒体主业，同时为集团进入新的产业领域提供资金支持和实力保障。他将此视为“集团作为‘财团’的职责定位”。

在这个思路的指导下，2014年，上海报业集团与上海国际集团合作，共同发起“文化金融地产基金”，双方各持股50%，将双方各自的行业优势、专业团队、市场经验、管理模式、项目储备全面融合再造，打造一个文化地产平台。基金首期规模50亿元，双方各自注入不低于25亿元的资产及配套适量现金，然后以此引入社会资本作为战略投资者。同年，启动建设“文化与新媒体产业投资管理平台”，其核心职能包括：围绕集团产业布局，代表集团就拟控股项目进行投资；从事产业领域内新项目的孵化和重大项目的战略并购；对所投项目提供包括资源整合、人才输出、财务顾问、指标考核等在内的全方位增值服务与投后管理，提升项目的规模效应、管理水平和盈利能力。

在此平台上，上海报业集团又发起成立两个产业基金，分别从事文化产业领域内重大项目的战略投资和风险投资。其一是八二五新媒体产业基金，由上海报业集团与元禾控股、华映资本联合发起，成立于2014年8月19日，基金规模约11亿元。“825”是集团旗下上市公司新华传媒的股票代码。据称以此代码命名，是希望该基金对较为传统的新华传媒的转型发展起到支撑作用。其二是瑞力投资基金，由上海报业集团联合上海实力集团和上海国际集团两大国资集团共同发起，并引入山西锦美集团、山东太阳集团等民营战略投资方共同设立。裘新介绍，到2016年，该基金管理的基金和资产规模已超过85亿元。

（以上三大基金并非花架子，而是为集团未来赚钱募资带来了实质性的好处。关于三大基金的重要投资收益等案例和具体数据，本文有删减。——笔者注）

汪莉（右）在访谈中
（狄丰琳　摄）

上海报业集团成立不到三年时间，就基本实现了裘新当年提出的“从财政支持、集团直投向充分利用资本市场跨越”的宏愿。他说对新媒体项目的投入“砸锅卖铁也要上”。但“锅”和“铁”从哪里来？当然是存量资产。但裘新认为，既要“善卖”，更要“善买”。“卖”出好价钱，可为改革发展换取时间和空间；“买”是长期的，“善买”要靠好眼光，通过投资、兼并与收购，为集团可持续发展奠定物质基础。

此外，上海报业集团手上还持有新华传媒、海通证券、海诚股份、汇添富、东方证券等上市及非上市公司的股票和基金。2015年那次A股市场大涨，也给新成立不久的上海报业集团的发展“留下了一定的余粮”。裘新认为，金融和地产是上海最具价值的两大领域，而上海报业集团理应在这两个方面发力。

五、市委的支持一以贯之

在访谈中，我们明显感受到，上海报业集团从成立到发展，上海市委一直是真关心，真支持，真介入，真解决问题。

据裘新回忆，2014年5月，上海市主要领导在听取汇报时问了一个问题：报社的办公地点应该怎么选择？时隔半年后的2015年1月，市领导来集团调研一周年工作时又问了一个问题：现在一张报纸的全口径成本是多少？裘新的理解是，前后半年书记的“两问”，一是问楼，二是问钱，看似不相关，其实关心的是同一个问题——人。问楼，其实是问如何从有利于办报、有利于贴近社会生活、有利于采编工作开展三个标准出发，合理规划集团、报社的空间布局。问楼高楼低，关心的是采编人员在楼里的地位的高低。问成本，是为了量化得出人力成本在单张报纸以及整个报社生产运作成本中所占的比例，是要我们想明白一个道理：报纸、报社想有竞争力，一定要注意人力资源。关于成本，裘新当时是这样回答的：一份报纸的成本由两部分构成。主要是报社成本部分，占全部成本的80%—85%，包括人员成本、纸张成本、发行费用、管理费用、营销费用等；其余20%—15%为集团分摊成本部分，如物业补贴、房租差价补贴、技术平台费用等。具体而言，一份《解放日报》全成本2.5元，其中人力成本占33.6%；一份《文汇报》全成本2.46元，其中人力成本占39%；一份《新民晚报》全成本1.98元，其中人力成本占18.7%。2014年，全集团全成本口径下的人力成本约15.28亿元，纸张、印刷等成本约4.16亿元，利息、物业、退休人员等其他成本费用约5亿元。

李芸清晰地记得，市领导有一次来开调研会的时候，把市财政局局长也请来了。市领导在会上提出：“一个企业要赚1亿元的利润，对上海来说，这样的企业有的是，但对媒体来说，其内容生产不可替代。所以，你们不是以经济效益论成败，你们的传播力、影响力就类似于生产力。”李芸认为，上海报业集团的改革转型，离不开市委、市政府的政策支持和财政支持。

现任解放日报·上观新闻编辑中心总监的秦红，当时只是新闻晨报的普通采编人员，但他也感受到“自上而下”的支持力度。当时上海市全面深化改革领导小组（简称“深改组”）通过了集团采编专业的改革方案，对专业职务序列做了较大的变革，在全国都是领先的，这从制度上支持了集团的改革。裘新当时将采编专业职务序列作为改革突破口，旨在“让采编人员的权利、义务反映在版面内容上”，并与一套合理的薪酬制度相配套。据秦红回忆，当时市领导提出了十六字方针：“导向为先，内容为王，受众为本，采编为宝。”这个十六字方针后来在上海报业集团的多项改革举措中得以体现和落实。

上海报业集团总经理陈启伟曾在市政府新闻办工作，担任新闻发言人。他说上海曾经创办了全国第一个省级政府信息服务新媒体平台“上海发布”，2011年11月28日在新浪网、腾讯网、东方网、新民网等同时上线，在全国产生很大影响，很多地方纷纷效仿创办。市领导对新媒体的重视和新媒体素养，也决定了对上海报业集团融合转型改革的态度。“如果领导对媒体没有感觉的话，我想上海这一步未必能够跨出去。我们现在幸运的是，起了大早，也赶了早集。”

对此，时任新民晚报社长的马笑虹也颇有感触。她说：“我觉得光有钱还不行。省市高层要有顶层设计，党报集团毕竟是党委工作的组成部分。如果顶层不动，或顶层领导自己不懂也不去了解，完全由报社自己去搞，则无论是改革动力、解决问题的能力以及资源的调动等，我都觉得是不够的。但顶层设计之后，下面的操盘能力就至关重要了。当时为了让上海报业集团的改革能顺利推动，市委宣传部领导亲力亲为做了很多事，包括解放日报离开自己的大楼搬到原文新集团大楼工作，很多老同志想不通，不同意，部领导也亲自做工作。当然，具体的操盘在上海报业集团，我们也做了很多努力。但我们现在回过头去看，若没有这些从顶层设计开始后的一步步，我们是走不到今天的。”

秦红（左）在访谈中
（狄丰琳　摄）

六、经营收入出现“三次迭代”

传统媒体转型成功的最重要标志，是形成主要基于数字端的新型商业模式，因为这关系到媒体的存活和继续发展。对此，上海报业集团的领导层心里是清晰的，这表现在他们不仅致力于发展平台级的新媒体，还想方设法让新媒体有钱可赚，同时尽量保证传统纸媒的效益不至于衰落过快。用上海报业集团原社长裘新的话说，到了2018年，整个集团在经营收入的动能转化上，已经实现“三次迭代”，出现三个“半壁江山”易位的态势。上海报业集团党委副书记、总经理陈启伟说，2021年，全集团的营业收入约50亿元，其中媒体收入约17亿元。他曾做过一个统计：在两大集团合并之前的鼎盛时期，解放日报报业集团和文汇新民联合报业集团的营业收入加起来是16亿元。现在集团在媒体方面的营业收入已经超过鼎盛时期两大集团之和，这里面有三分之二是新媒体的贡献。

首先看传统媒体的表现。从全国的情况看，传统报纸若单纯依靠报纸发行和商业广告这类传统收入来源，基本是难以存活的，所以向第三方要收入成为有进取心的媒体的普遍做法。以解放日报为例，它早已实现“三全”式的营销，即“全媒”“全样”“全案”的营销，核心是通过满足企业营销的迫切需求获取商业利益。用上海报业集团总经理陈启伟的话说，即便是广告，也有很多变成了各类活动的版面，还有形象宣传之类。李芸社长说：“媒体最大的资源就是整合信息资源的能力，而我们对传播规律和传播方式最在行。所以，我们现在常常要为企业做涉及理念、方案、执行、传播等方面的全案服务。”她向我们讲了解放日报的一个案例：2021年是央企金融机构太平洋保险公司（简称“太保”）成立30周年，太保2020年底就开始筹备相关庆祝纪念活动。经过沟通，太保的领导想恰如其分地展现其30年的发展历程和辉煌业绩，但他们自己做出来的东西还只是很传统的总结。于是，报社帮他们做了一个全案策划，包括一本展示太保30年奋斗史的书，派出记者采访太保员工30人，以人讲事，生动而引人入胜，再加上全媒体的传播，取得了让对方满意的效果。这既是经营活动，也是品牌活动，还锻炼了队伍。虽然报社的采编和经营是分开的，但这种综合性的策划还是可以合起来做的，以发挥报社内容生产和品牌传播的优势。解放日报的品牌、广告等年收入，从李芸2013年来当社长时只有5000多万元，到现在已经达到1.3亿元，就是靠这种服务理念和服务精神。

媒体方面的营业收入增长点，主要还在新媒体。根据裘新2019年的工作报告，新媒体的增量持续对冲传统报刊收入的降幅。到上海报业集团成立五年后的2018年，新媒体收入较上年增长3.49亿元，远超报刊收入的下跌幅度。这一年，报刊收入同比下降2.09%，报刊广告收入于集团成立以来首次结束两位数下滑，新媒体收入占集团媒体主业收入首次超过50%。完成第一次迭代，新媒体收入占媒体总收入的半壁江山。2014—2018年，新媒体营业收入占媒体总营业收入比例分别为0.88%、9.44%、18.55%、34.5%、50.83%，可见增长之快速。

第二次迭代紧随其后。上海报业集团旗下新媒体的创新收入明显增长，主要体现为六种形式：版权内容服务、财经信息服务、第三方服务输出（内容、技术、审核等）、信息流内容分发及交易服务、自媒体广告服务、整合营销服务。其中，版权内容服务收入2018年同比增长18.8%，2019年同比增长超过20%，仅澎湃新闻的新闻版权收入就达到4000万元。财经信息服务主要由界面新闻下面的摩尔金融和财联社承担并出现飞跃级增长，2018年收入同比增长183%，2019年同比增长超过200%。第三方服务输出的增长也很快，包括澎湃新闻自主研发的当时国内领先的融媒体解决方案“澎π”系统，此类服务2018年和2019年分别增长251%和237%。信息流内容分发及交易服务也从无到有而且增长很快。在这方面，2016年上海报业集团与人民网合作上线的一款面向“90后”受众的移动客户端“唔哩”（“唔哩”在包括上海话在内的吴语中是“我们”的意思。——笔者注）贡献最大，2018年“唔哩”实现此类收入8364万元，2019年预算同比增长63%（未见决算数据，但收入过亿元是肯定的）。其他两项，自媒体广告服务收入和整合营销服务收入，2019年也都获得两位数增长。2019年，新媒体收入占媒体总营业收入的58.39%，超出上年预算2个百分点；新媒体创新服务收入占媒体总营业收入的31.68%，加速向总营收的半壁江山靠拢。

第三次迭代，根据裘新2019年的工作报告，是希望媒体主营业务收入继续保持两位数增长，“逼近”集团营业总收入的半壁江山。从集团成立以来的数据看，确实处于逼近的过程中：2014年至2018年媒体（含新媒体）总收入占集团总营业收入的比重分别为28.92%、27.56%、27.11%、32.23%、40.41%。报告中对2019年的预算占比为45.54%。裘新说，伴随媒体融合向纵深发展，希望媒体主业收入逐年“回归王者宝座，逼近半壁江山，媒体集团回归核心本业应是大势所趋”。不过，从调研中获得的各类文件及2019年后的历年工作报告中，我们再未看到这个占比数据，包括未看到的2019年的决算数据。

七、多元化经营呈现蓬勃活力

上海报业集团党委副书记、总经理陈启伟是2017年上任现职的，并兼任上市公司上海新华传媒股份有限公司董事长。他大学毕业后即进入文汇报，工作22年后调任上海市政府新闻办，担任新闻发言人，而后又升任市委宣传部秘书长，2012年回到媒体，担任新民晚报总编辑。他说自己亲历了报业的兴衰，20世纪80年代在文汇报工作时，《文汇报》发行量最高达176万份，《新民晚报》发行量达180万份，当时一个小记者去外省采访，当地官员都高看他一眼。现在要转型发展，很不容易。三大报本身都在朝下走，虽然各报都有自己的客户端，如解放日报里面的“上观”、文汇报里面的“文汇”、新民晚报里面的“新民”，这些客户端的收入是不断增长的，但也难以覆盖全部成本。所以就全集团而言，收入的大头不再是媒体，而是其他更多业态，这种多元化发展支撑着他们走到今天。

陈启伟说，集团成立的时候，解放、文新都是自带“嫁妆”进来的。如解放日报报业集团更多的是房产，原来在汉口路有三栋办公楼，还有几个印刷厂，后来搬到闵行，又建了三栋办公楼，这是它的优势。文汇新民联合报业集团没那么多楼，但有金融资产。新民晚报当年很有钱，但没有拿去造楼，而是买了基金、股票，而且都是原始股，产值最高的时候，金融资产就有60多亿元。“所以我一直讲，金融和房地产这两种资产，是我们报业集团的经济基础。楼可以产生租金，我们现在有100万平方米的存量房。证券资产最大的好处是变现能力比较强，但楼变现不容易，而且变现的税费很高。此外，我们集团还有文化产业，当初两个报业集团印刷厂就有5个，现在根本用不到5个，其实1个就行了。但为什么我们还必须保留2个？因为《解放日报》和《文汇报》都是日报，都要早上同时印刷，1个印刷厂就难以兼顾。我们还承担《人民日报》等央媒在上海的印刷业务，但量不大，所以现在2个印刷厂成本非常高，这只能由集团背着，剩下的3个印刷厂我们就改造。”

据陈启伟介绍，这几年发展文化创意产业，也产生了较好的经济效益。传统报纸广告一落千丈，书店收益也是一落千丈，好在书店还有一些独家发行，例如上海的教科书、宣传教育用的主题图书等。零售书店一直亏损，所以他们前年开始做三年规划。2017年他接手的时候有80多家书店，2020年新冠疫情期间再去看时，发现很多书店已经没人光顾了。陈启伟做了调整，准备把全上海的所有书店规划成“5+5+1”模式。第一个“5”指5个书城，其中包括在福州路的上海书城，20世纪90年代末开始经营，占地1.2万平方米，当时是全国最大的单体书店。他们计划以上海书城为中心，在城区东、西、南、北各开一个书城，共5个书城。第二个“5”指现在上海在郊区搞新城建设，他们打算在5个新城各建一个“江南书局”。“1”是计划建一个书香公园，他们考虑很多年了，一直在找地方，想参照COSTA（咖世家）的做法。他们有一个专门的图书仓库，占地38亩，原先就是一个批发基地，全国几百家出版社的书全部进入这个仓库，再向各书店批发。这个地方完全可以开发利用，做成前店后库模式，再配套一个公园。所以“5+5+1”=5个书城+5个江南书局+1个书香公园。以前那种小的独立书店还要保留，除了11家大书店，他们还有很多小的社区书店，开在老百姓家门口，开在CBD（中央商务区）里，在书店里可以喝咖啡或进行亲子活动。同时，从2020年开始，他们就和上海链家合作，上海链家有2000多个门店，他们选择了大概250个，以市区为主，搞“城市书房”，面积不大。他们在链家售楼处里有一个专柜，辅以新华书店城市书房的品牌标识，第一时间将要推荐的新书、畅销书放在城市书房推荐，老百姓用手机扫一下，就可线上下单，线下送到家里。链家也希望通过与他们的合作提高文化品位。他们还组织一些线上活动，大、中、小相结合，将书店办成一个立体的生态家园。他说：“我们拼不过打折很厉害的网上书店。但我们的长处是营造一个好的文化场景、文化氛围，让老百姓在这里看书和进行其他消费，这时百姓对价格已经不太敏感，就会把书买回去。”此外，上海临港是一个新型开发区，政府在这里搞了一个世界顶尖科学家的论坛，即获得图灵奖、诺贝尔奖的科学家，每年11月在临港举行大型论坛，政府投资50多亿元造了一个园区，里面有五星级酒店、大会场、剧场，还专门建了个图书馆，让他们去运营，要求建成一个数字图书馆。他们设计了一系列线上线下标准，要集中全球比较好的数字化文献，当时计划年内开馆（最后这家定名为“临港科技智慧图书馆”的图书馆已于2023年3月21日正式开馆。外界称“虽空无一物，却能博览古今”。——笔者注）。

谈到集团的三大基金时，陈启伟说，基金的好处有很多，主要在两个方面：一是获利，二是融资。他们搞新媒体，新媒体在初创期间都是烧钱的，他们没有那么多钱时，就可以通过基金撬动社会资本，实现融资。例如，他们创办界面财联社时，集团自有资金搞一个上规模的新媒体是很不容易的事，所以他们通过基金进行融资，经过一轮、二轮融资，资金就不成问题了。笔者采访时集团年营业收入总计约50亿元，其中媒体业务收入20亿元，多元化经营收入30亿元。当问及这样的收入结构是否可持续时，陈启伟认为是完全可以的。

八、2025年又有新动作

就在本书全部书稿已交出版社编辑发排，出版社发来初排校样之际，传来上海报业集团进一步改革的一连串消息。

首先是2025年元旦，上海报业集团旗下三大报纸（《解放日报》《文汇报》《新民晚报》）实现各自客户端的“三端合一”，共建、共享、共用全新的上观新闻客户端。这是上海报业集团继成功打造移动传播旗舰平台澎湃新闻和全国省级党报新闻客户端领先品牌上观新闻之后的又一项重大改革。这也是上海报业集团自2024年11月11日宣布启动新一轮改革后的最大动作，被称为“系统性变革的第一步先手棋”。从启动到落地，前后仅用了两个月时间，再次显示上海报业集团在新媒体转型方面的敏锐和果敢精神。据悉，全新的上观新闻将按照“统一技术底座、统一编辑规范、统一前端呈现”的原则，融合《解放日报》《文汇报》《新民晚报》三大报的特色。新的客户端重新规划频道和页面布局，由39个频道、195个栏目构成新的内容底座。其中，首页首屏重点推荐三大报的15个特色栏目；三大报的电子报及政务新闻聚合平台“上观号”等，也将在新上观的显著位置“一站直达”。至此，上观新闻在经历如前文所述“小上观”“大上观”之后，再次蜕变为“新上观”。

不过，上海报业集团的“三端合一”与2023年浙江日报报业集团的“三端合一”有所不同。浙江日报报业集团的“三端”是指该集团原来三个最重要的客户端——浙江新闻、小时新闻、天目新闻，“三端合一”之后一端独大。上海报业集团此次“三端合一”，动的只是该集团原有三大客户端中的一个——上观新闻，另外两大客户端即澎湃新闻和界面财联社不在合并之列。并入上观新闻的是文汇报和新民晚报的客户端，它们的影响相对小——这可能也是合并的重要原因之一。

澎湃新闻乙巳蛇年新春改革项目一览（中国日报网）

接着是乙巳蛇年新春上班第一天（2025年2月5日），上海报业集团旗下最具全国影响力的新媒体澎湃新闻宣布启动其上线以来的“最大规模优化调整”。据澎湃新闻的公众号披露，这次调整将围绕专业领域和重大主题，发力优质原创内容，内容取向从“大而全”全面转向“专精深”，聚焦时政评论、国际新闻、舆论监督、融媒体产品等核心内容，将AI技术全面引入生产流程，将13个涉及内容采编的中心缩减至6个采编中心，一次性关停新闻客户端20个栏目和15个社交媒体平台账号，以工作室模式重构数字新闻生产流程，

辜晓进、狄丰琳（左）与李芸社长（中）在访谈中（单良　摄）

组建更扁平化、更垂直化的新型工作室，进一步发挥工作室主理人统筹生产、审发、传播、运营的积极性、能动性，首推24个名品牌工作室集群，同时以“微粒化”的品牌运营适应不同用户对信息的个性化需求。据悉，截至2025年2月，澎湃新闻客户端下载用户累计2.817亿，每日全网阅读量超过4.5亿次；第三方平台账号（均为主账号，不含其他矩阵账号）中，微博粉丝3264.7万，抖音号粉丝4230.8万，微信公众号粉丝429万，微信视频号粉丝309.5万，头条号粉丝2477万，传播力、影响力在国内新兴主流媒体中居领先地位①。

① 据澎湃新闻公众号2025年2月5日相关推文。

第二节　解放日报作为党报的整体转型

关于上海报业集团的“整体转型”，外界恐怕只知道2017年《东方早报》休刊后转型为澎湃新闻继续生产内容。将原有的纸媒关闭而转到纸媒创办的新媒体上运营，确实是一种较为彻底的整体转型，在中国尚少见。但从上海报业集团各级领导的口中可知，他们的整体转型早就开始了，而且始于市委机关报《解放日报》。举目全国，当时敢拿党委机关报来做试点的报业集团，恐怕仅此一家。

而正如前面提到的，解放日报报业集团在新媒体方面也算得上先知先觉，早在2006年就在全国报业集团中率先成立新媒体部。当年，该报实施“4i”策略，即通过引入技术性合作伙伴，在i-news（手机报）、i-paper（电子报）、i-mook（电子杂志）、i-street（公共视频）四种终端发布报纸内容，开启了报纸数字化生存和报网联动的新尝试①。2006年4月14日，解放日报采用荷兰iRex科技公司基于E-Ink（电子墨水，后来亚马逊推出的Kindle也采用这一技术——笔者注）技术生产的电子阅读器，推出“世界首款”移动电子报纸，首批确定300位“忠诚读者”为实验用户。读者在8英寸②的屏幕上用笔轻触，就能体验阅读纸质版面的快感。笔者当年曾试用过，发现点击一篇文章需要约2秒时间，颇觉迟钝。后来广州日报、南方都市报也相继推出类似产品，但都因为数字技术的快速迭代而被淘汰。虽然试验未能成功，但解放日报人的转型意识并未受挫。

7年后，上海报业集团成立，给了解放日报更强大的转型动力和更清晰的自觉意识。新民晚报社长马笑虹从一个“内部他者”的角度说，解放日报充分利用党报优势，将体制内的影响力和资源转化能力发挥到最大程度，每年实现3亿元收入（广告、发行、财政支持各1亿元），进入较良性的循环，李芸社长离开该报当集团社长的时候，该报已积累较多现金。

---

① 张林贺：《党报深度融合中的流程再造与影响力提升——以解放日报·上观新闻融合发展整体转型探索为例》，《新闻战线》2019年第6期，第52页。

②8英寸≈0.2032米。

解放日报2006年推出的移动电子报纸（网络图）

一、始于2016年的“脱胎换骨”

自2014年1月1日上海观察客户端正式上线运营后，解放日报开始探索党报新媒体改革的“自贸试验区”。当年10月，“解放日报全媒体采编平台”上线，从技术上打通报纸和新媒体的内容生产流程，实现新闻信息的一次采集、多种生成、多元传播。2015年4月，解放日报的门户网站解放网试行频道负责制，像电视台那样将内容制作权交给各个频道，试图以此带动纸媒、客户端、网站三大平台的一体化发展，采编人员的收入开始与新媒体发稿量、点击量等挂钩。报社同时着手制订全面融合转型的改革方案，于2016年3月1日启动了旨在全面向新媒体转型的“三改联动”系统化改革，旨在“成立一家以互联网传播为主要渠道、以报纸传播为重要依托的新型媒体机构”。

“三改联动”的第一个环节是“改架构”，即对解放日报原有的组织架构进行彻底重组。李芸说：“我们当时（2015年）花两个月做了一个方案，提出两个‘毫不’：第一，毫不动摇继续办好《解放日报》，就是这张纸质报纸，但是我们后面还有一句，要办好互联网条件下的精品大报；第二，毫不迟疑地向新媒体转型，向互联网主阵地转型，这是我们的主旨目标。但说到底，所有改革，如果不动组织架构，就不是真的改革。所以，我们党报30多年来一成不变的组织框架被彻底打破。现在我们的主阵地就是上观新闻。”改架构主要体现在以下几个方面：解散原有的独立部门新媒体中心，中心成员犹如革命的火种，被播撒到各个部门；所有采访力量全部迁入上观新闻，一支队伍同时服务客户端和报纸两个平台；纸媒只保留要闻编辑部、新闻编辑部、专副刊编辑部三个编辑部门，其余编辑部门也全部迁移至上观新闻，组建适应互联网传播形态的政情、财经、区情、城事、视觉等九大频道，频道设总监，加强重点策划和导向把关；适应融合发展需要，新设上观编辑中心、视觉中心、数据新闻中心、运营技术中心等多个新媒体采编机构。

四个中心中，视觉中心人最多，大概有50人，业务分工很细，有摄影记者，有视频制作，也有美术编辑（负责创意、海报等）。上观编辑中心有点像报纸编辑部，是主要服务新媒体平台的编辑部，业务包括客户端和微博、微信等各种社交媒体官方账号。运营技术中心团队小而精。解放日报·上观新闻编辑中心总监秦红说，原来做“小上观”的时候，技术是外包的，2016年改为“大上观”后，报社觉得一定要有自己的技术平台，所以技术基本自给，技术中心有近10人。秦红介绍，随着受众大规模向移动端转移，PC端受到冷落，解放日报的解放网也被大大弱化，资源进一步向上观新闻倾斜。在本文起草过程中，笔者再次登录了解放网的老网址www.jfdaily.com，发现已经自动跳转至上观新闻的页面。看来解放网早已不复存在，并入了上观新闻。现在人们可以从老解放网网址和上观新闻网址www.web.shobserver.com两个端口进入上观新闻。此举大概也是为老解放网受众考虑的。

组织架构改变之后，纸质版的《解放日报》怎么运作呢？李芸说：“我们留下要闻、新闻、专副刊三个编辑部，主要致力于纸媒内容的精编。所有突发新闻、短新闻等各种动态，都第一时间上传到新媒体平台，而报纸上的内容主要是精读、精品、深度阅读之类。我们把报纸由16版压缩成12版，三大张。”三张纸的定位非常清晰：第一张纸突出党性，突出党中央的声音、市委的声音。第二张纸突出本地新闻，即跟上海经济、社会等各方面发展有关的新闻。第三张纸要适应互联网时代的深度阅读，所以每天一个专刊，这也是一个重大变革——星期一叫“解放周一”，4个版，有个主打稿，即深度阅读上海城市变化，与城市文

解放日报·上观新闻的“老宅”办公楼（上海报业集团　提供）

化、城市各方面相关；星期二叫“思想周刊”，以理论为主；星期三叫“长三角周刊”，主要面向长三角读者；星期四叫“朝花”，是文艺副刊；星期五叫“解放周末”，主要是对大师、名人的采访；星期六叫“读书周刊”；星期天休息一天，所以这一天整个报纸只有4个版。专副刊编辑部的人最多，有20多人。

二、融合转型后的体制改革

“三改联动”的第二个重要环节是“改体制”，而体制又以人为中心和依托，涉及人的机制又与岗位体系和考核体系不可分割。就考核体系而言，又以文汇报为先导进行改革，而解放日报的改革最彻底。

2015年，上海报业集团率先在文汇报试行采编专业职务序列改革，旨在确立采编人员主体地位，建立科学的采编专业职务序列，淡化行政色彩，收入分配向专业职务序列倾斜，搭建优秀人才成长平台。这项改革针对的是国内主流媒体长期存在的“干而优则仕”的行政职务导向、职称与贡献脱节、内部论资排辈等普遍弊端。具体而言，就是建立“双首+10级”的职级框架。“双首”指“特聘首席”“专业首席”两个层级。首席岗位每两年竞聘一次，其中“特聘首席”的年薪可相当于或超过报社主要负责人，“专业首席”的年薪可以超过中心、部门负责人。据李芸社长介绍，“小上观”时期的主要负责人高渊，后来就成为报社特聘首席，收入与总编辑相当。“10级”则指采编专业职务序列的“四档十级”模式，目的是在首席之外，为采编人员设立1—10级的岗位序列，为一线采编人员建立一条长期、平稳、可预期的晋升通道，而不是都指望提拔为主任、副主任来增加待遇。数字越小，级别越高。首次聘任时，职级与职称关联，此后则可突破职称限制，每两年根据业绩考核结果进行一次动态调整。每一级岗位都有对应的序列津贴标准。10级岗位与专业职称之间采取“同向兼顾”和“就高”原则，职称晋升者也可以在10级岗位序列中提升到相应位置，10级序列与职称待遇有出入的，以高待遇为标准，即所谓就高不就低。首席岗位一旦落聘，则回到10级岗位序列。集团为三大报确定了首席岗位的设置数量，约占采编人员总量的8%，以体现业务第一梯队的“尖端性和引领性”。首席不设资历、职称、年限等限制，以工作实绩和业界声望为主要依据。集团还统一了三大报10级岗位序列的首次聘任条件和破格聘任的空间。在此机制下，原来有些晋升为处级干部后渐渐远离一线业务的业务骨干应聘到首席岗位，又重返业务一线，凭借良好的专业素养、新闻功底和丰富的经验亲自写稿编版，在采编业务上起到示范带头作用。截至2023年，采编专业职务序列改革中，三大报共聘任“首席”181人次，既有30岁左右的青年记者，也有将要退休的新闻老兵。还有数十位原部门主任、副主任竞聘为首席采编人员，从干部序列回到专业队伍。

此项改革于2016年在解放日报施行时，动静更大。当时《解放日报》纸质版的“庙”已大为缩小，大部分部门都取消了，而需要大力扩充的上观新闻等新媒体平台则显得空空荡荡，需要大量有机内容来填充。李芸说，上观新闻的财经频道、文化频道等，一开始还都只是空架子，里面没有栏目。用秦红的话讲，“当时所有的部门主任、副主任相当于就地免职，和普通记者编辑一起竞聘上岗”。报社鼓励大家为已确定或尚待确定的频道创设专栏，在全报社内征集专栏和方案。大家积极踊跃，汇总起来申报了“一百七八十个栏目”，秦红自己就申报了三四个栏目。每个栏目都有申报人，申报人背后都有一个小团队。报社领导用了三天半，逐一听取每个栏目牵头人的创意想法，最后确定了六七十个栏目，每个栏目都有一个主编。这些栏目还分为“专职栏目”和“兼职栏目”两大类，专职栏目主要和条块挂钩，兼职栏目则更加丰富多彩而具有创意，如几个刚进报社不久的“90后”小伙伴，就创立了一个《着调青年》栏目。一大批栏目确定后，大家就争先恐后地干起来了。秦红形容，有点像当年小岗村的改革，“村村点火，户户冒烟”。

行文至此，打开上观新闻网站，看到目前14个栏目下，含有二级项目的栏目共有9个，这9个栏目下面都有若干项目，最多的有13个，最少的也有4个，总共有68个二级项目。秦红提到的“着调青年”就位于《文化》栏目里。而《政情》栏目里的项目多达13个，其中一些项目如“伴公汀”“@康平路”等已成为广受欢迎的名栏目。《城事》栏目下的“医声医事”“微观上海”项目等也别具特色。如“微观上海”2017年的一篇文章《上海差头司机2分钟超50辆车，引日本乘客连连惊呼……是外国友人反应过度了吗？》就引起了关注。“差头”是上海话“出租车”的意思。文中说一个日本妹子乘坐“差头”去机场，的哥一脚油门开启了日本妹子的“噩梦”，2分钟内超了50多辆车，“感觉自己好像坐在赛车内，好害怕”。此文不仅贴近社会现实，而且从标题到文风都很网络化，还配了多张图片，一看便知是有“爆款”潜力的稿件。

经过这一轮“大洗牌”，原来的采编部门主任大多数在栏目总监和项目主编等岗位找到自己感兴趣的新位置，还有一批年富力强的员工脱颖而出。这些项目还衍生出一些工作室、子项目、公众号等产品。报社也创造条件，积极培育这些衍生产品。2022年，上海报业集团推出融媒工作室赋能计划，“上海网络辟谣”“伴公汀”“科普先森”“懂经”等多个子项目入选。集团希望借此培养“红色大V”，擦亮上海主流舆论的“金字招牌”。以优质内容生产为绩效考核的依据，先后制订了五轮绩效考核方案，拉开收入差距，使干好干坏不一样。李芸用“多劳多得，优劳优得”八个字来概括改革后的效果。

三、“解放”“上观”融为一体

现在走进上海报业集团办公区，几乎看不到单独的“解放日报”标志，取而代之的是“解放日报 · 上观新闻”，员工名片或视频采访的话筒上也是同样的表述。形式变动的后面，体现的是以上观新闻为核心的数字优先，这便是“三改联动”中的“改流程”，即顺应互联网传播规律，对传统采编流程进行改造，让新闻“动起来、快起来、转起来”。

首先是资源大幅度向上观新闻倾斜，内容全部共享。解放日报整个报社目前总共约360人，但只有30多人在做《解放日报》（含纸质版和数字版）。“小上观”时期，《解放日报》和上观新闻各有一个稿库，这次改革将两个稿库合而为一，所有内容都放在一个池子里，由上观新闻优先捞取，报纸再精编精发，内容生产实现24小时全天候发稿。其次是建立一个“中央厨房”式的“融媒体指挥中心”。这不是一个部门，而是指挥中枢，旨在“为深度融合打造一个高效运转的‘大脑’”。其主要职能：一是负责每日重大新闻、重要舆情的监控、研判并做出相应采编决策；二是负责讨论策划重大选题和重要媒介产品，指挥重点产品的传播推广；三是负责分析评价《解放日报》和上观新闻的内容生产和传播效果。指挥中心每天召开两次策划会，推出分管总编和值班长轮值制度，指挥统筹报社采编资源，及时应对重大舆情和突发事件，积极做好舆论引导，全面实现一体化采编流程，并在实践中不断完善。

以数字优先和一体化采编流程为特征的整体转型，在新冠疫情时期以及近年来重大主题报道中发挥了突出作用。例如《解放日报》于2020年底开设“民声”版，反映民众所思所想所盼，联通市委、市政府部委办局和各区政府回应市民诉求。同时上观新闻客户端开设“民声”频道，与报纸“民声”版联动，加强与市信访办和12345市民服务热线合作，开设主题热线。这种直抵民众关切的内容板块在上观新闻等新媒体端获得了积极互动。2022年春夏上海疫情严重期间，上观新闻客户端和微信公众号收到读者求助信息2300余条。这些互动不仅帮助民众解决问题，还成为新的内容生产来源。例如，据2022年4月18日发表的广受欢迎的

《【上观疫情求助】断药十多天，居民终于拿到了急需药物》，读者丁女士通过平台留言反映“我妈断药十多天”问题，次日即获解决。报道进一步分析了断药的普遍原因，并披露市药监局排查后发现尚有1033家零售药店具有恢复营业的潜力，推动疫情期间医药供给扩容。

2020年底，报社为迎接中国共产党成立100周年启动了两个“百年百版”大型特刊计划，一个是“七一”特刊《百年风华　初心永恒》，另一个是《印迹——一百个版里的中国共产党一百年》，遴选从《申报》、延安《解放日报》到上海《解放日报》的100个版并作新闻解读。这两个特刊在上观新闻客户端，“学习强国”学习平台，上观新闻的微博、抖音、视频号等十多个新媒体平台同步推出，全网总浏览量超过1000万次。随后，上观新闻及旗下新媒体又用“讲历史故事”的方式将特刊内容化整为零，转化为适合网上传播的内容，凸显了报网协同效应。报社还在建党百年前夕策划组织了“信仰之路”大型寻访活动，近百名记者编辑相继组成41个融媒体报道小组分赴全国各地，稿件在各类新媒体平台的阅读量逾2亿次。这些内容又被精编为《解放日报》第43期《信仰之路》系列报道，让新媒体的优先报道也在报纸上“落地”。

为进一步做大上观新闻平台，报社还于2021年启动“上观矩阵”公众号项目征集，致力于孵化一批有特色、有传播力的垂直类公众号，结果共产生21个微信公众号。其中，在上观新闻“上海辟谣”栏目基础上开设的“上海网络辟谣”公

笔者与马笑虹（左）访谈后合影（狄丰琳　摄）

众号，就是快速成长的代表，推出两个月发布350余篇辟谣报道，多篇报道获得200万次以上的传播效果。解放日报则承接该公众号势头，推出“求证·辟谣”专版。在“上观矩阵”推出之前，上观新闻还推出“上观号”，打造“移动政务新闻聚合平台”，至2019年底已有104家政务新媒体入驻，其中包括16个区级融媒体客户端、29个委办局及59个重要机构的微信公众号，囊括上海主要政府部门发布的重要内容，平均每天发布新闻600余篇①。

调研期间，获悉上观新闻的下载量约为1500万次，日活45万，日均流量超过1500万。而解放日报的发行量也基本稳定在38万份左右②。在经营方面，解放日报·上观新闻2021年的总营业收入约2.8亿元，其中广告收入为1.2亿多元（含活动收入），发行收入为1.5亿多元③。

① 据裘新2020年度工作报告《向前是涅槃，向后是平庸》。

② 据解放日报·上观新闻编辑中心总监秦红访谈记录。

③ 据调研期间上海报业集团提供的数据。

第三节 《新民晚报》的内容坚守与数字化发声

我们到访新民晚报的时候，恰值该报刚过完93岁生日。该报之“高寿”，当然要追溯到其前身《新民报》。1929年9月9日在南京创刊的《新民报》兼具进步倾向和反抗精神，对重大事件敢于发声，尤在抗战期间刚正不阿，报馆屡关屡开。张友鸾、张恨水、赵超构、程大千、浦熙修等一批著名报人都曾在该报工作。张友鸾担任总编辑期间制作的不少新闻标题脍炙人口，至今还保留在一些新闻教科书中。毛泽东主席的《沁园春·雪》就首发于重庆《新民报》。总主笔赵超构则成为新民晚报首任总编辑。该报在“文革”中停刊，于1982年复刊，并在改革开放的大潮中发扬亲民优势，趁势崛起，发行量于1997年突破185万份，广告收入也于1996年达到7.3亿元[①]，位列全国第一，成为沪上最赚钱的报纸。那时正是晚报的黄金时代，上海人有句顺口溜：“夜（ya）饭吃（qie）饱，新民夜（ya）报。看（ke）好夜（ya）报，早点（di）困觉（gao）。”

该报目前也是上海报业集团三大报中人数最多的，整个新民报系464人（含《东方体育日报》《新民周刊》和一批社区报），比解放日报还多约100人。但到了新媒体时代，晚报、都市类报纸也因其市场化导向和同质化竞争而遭受巨大冲击，晚报因人们晚间生活方式的改变而面临多重挑战，中国170多家晚报中，绝大多数陆续改为晨报（仍沿用晚报名称），《新民晚报》成为迄今仍坚持下午出版的三大晚报之一（另两家是《北京晚报》和天津的《今晚报》）。

融合转型势在必行，但报社也面临员工大龄化或能力转型等现实问题。马笑虹说：“1982年报纸复刊的时候，是老总编赵超构等一批70多岁的老报人带领一批年轻人创业，那时整个新民晚报团队的平均年龄是32岁。现在采编人员的平均年龄是42岁，中层干部的平均年龄是50岁。所以我们自己要加强学习，要在新媒体时代有作为，才能保住自己的岗位，自己决定自己的地位和未来。”新民晚报

① 转引自沈从乐：《报业十年间》，《第一财经周刊》2013年第49期，大公网2013年12月20日转载。

的高级记者、视频摄影部主任薛慧卿和新民晚报总编办主任吴强也一同接受了访谈。

从调研中获得的数据看，新民晚报在转型上不仅姿态积极，而且效果较好。截至2022年7月，该报“新民”客户端的下载量已超过1140万，新民网+“新民”客户端日均浏览量达202万；官方微博的粉丝数超过527万；共有17个微信矩阵，粉丝总数近160万，月均发稿量超过1250篇，月总阅读数约1150万；该报在今日头条、腾讯、百度等9个第三方平台的关注用户总数超过450万，月均发稿量50 000余篇，月均浏览量超2.1亿；在抖音、快手、哔哩哔哩（B站）等视频平台中，关注用户总数约550万，月均原创视频约550条，每月全渠道视频播放量超过5.2亿次（不完全统计）[①]。

一、从“变手势”到“全媒体工作室”

新民晚报的融合转型工作，始于2006年新民网的创办，此后若干年的工作重点，是“逐步加深报网融合”，直到2017年，因理念的改变才产生飞跃式的发展。这一年，“移动端优先”已成为上海报业集团的共识，新民晚报于当年8月推出“新民”客户端，从此有了移动的自主数字端口。第二年7月，又推出“新民早报”微信公众号，提出“早上看早报、晚上看晚报”的营销概念，实际上跨越了传统报纸时期的分水岭，从数字端向该报长期缺位的早报市场延伸。2019年，该报在全国晚报中率先入驻“学习强国”学习平台。由中宣部创办的“学习强国”是当年1月1日才上线的（上海学习平台2月28日上线），因发展迅猛而成为媒体难以忽视的受众聚集地，截至2023年7月1日，用户总量已超过3.2亿，日均阅读量超过7.2亿次[②]。2022年6月，该报在已有视频产品的基础上，推出新民视频

① 据调研期间获得的数据。

② 据中宣部文艺局局长、“学习强国”总编辑刘汉俊2023年7月1日在《党建》杂志社成立三十五周年座谈会上的发言，党建网，2023年7月4日。

矩阵项目，首批25个视频号入驻微信、抖音、快手、小红书、哔哩哔哩（B站）等平台，涉及民生、外宣、教育、文体、美食、游戏、亲子、探店等垂直领域。

在新媒体产品不断涌现的背后，是新民晚报对纸媒时代晚报工作流程的颠覆和再造。首先是从组织架构上，将全媒体指挥中心作为编辑部的最高指挥和协调机构，并实现信息发布、新闻跟踪、热点搜索、舆情监控、采编流程的实时监测，进而成立由副总编辑兼任总监的全媒体编辑中心、时政新闻中心、民生新闻中心和文体新闻中心，将报社的工作重心从报纸端转向数字端；采编人员养成稿件第一时间上网、上端的工作习惯；所有新闻产品都根据各端口的不同特性分别生成，滚动分发。马笑虹社长称这些动作是“变手势”，而“变手势”后的一大亮点，是从2019年起分三批推出12个全媒体工作室。

这些工作室由个人或团队申报，竞争遴选产生，每个工作室由3至10人组成，名称基本是3个字，如“新民眼”“金海岸”“深海区”“帮侬忙”“夜上海”“海上客”“新演艺”“运动汇”“鹦鹉螺”“歆克勒”，只有“三分天下”“新民手绘”两个是4个字。与我们在其他一些报业集团看到的工作室不同的是，这12个工作室从名称上看均无个人印迹，而是凸显其官方团队性质。全媒体工作室成立后，很快就发挥了新媒体主力军的作用，并在一些重大社会事件或活动中大放光彩，一些工作室成为“招牌工作室”，一些工作室成员成为“流量明星”，一些媒介产品成为网红节点。

例如，微博标注为“新民晚报文体中心主编”的厉苒苒，其抖音号的标注为“不会写体育的二次元少女就不是好文青”，一看就是文体记者。其抖音和快手两个账号在2022年北京冬奥会期间表现亮眼，粉丝双双突破10万（笔者撰稿期间查看，其抖音粉丝9.5万，获赞534.3万，微博粉丝25.7万），抖音号播放量4125万次，快手号播放量27亿次，视频总播放量超过3.1亿次。“新民帮侬忙”（“侬”在上海话中是“你”的意思）工作室在2022年上半年新冠疫情严重期间的“大上海保卫战”中，于3月25日在“新民”客户端、“新民帮侬忙”今日头条号、“新民帮侬忙”微信公众号等端口推出融媒互助服务平台——“战疫·帮侬忙”，又于3月31日在抖音开设“上海疫情互助”入口，继而于4月22日在今日头条、抖音开启“紧急求助热线直播”，每天2个多小时在线为民排忧解难，连续直播41天。截至2022年6月1日15时，“战疫·帮侬忙”在“大上海保卫战”中推动解决各类问题21 300多件，全网总关注度17.01亿。微博标注为“新民晚报记者”（笔者撰稿时查看其微博粉丝为74.8万）的晏秋秋也负责一个工作室，运营多个端口，短视频、长文章左右开弓，其抖音号有21万粉丝，获赞396.8万次。在上海新冠疫情严重期间，他公众号上有16篇长文章，其中7篇阅读量在10万次以上。2022年5月20日，他整合了一些资源，向滞留在上海火车站外的人群发放方便面、矿泉水等物品，然后发布了一篇倡导公益的文章《谢谢你来过上海》，获得全网阅读超千万的大流量[①]。

关于“新民帮侬忙”工作室，马笑虹介绍，这个工作室的前身是报社的群工部，主要和读者、通讯员打交道，工作室的领衔者就是群工部主任。要转型做数字内容，这个部门本来人就少，开始做的时候很辛苦，做直播什么的也不擅长。报社后来整合部门，给予人才支援，部门自己也考虑怎样将过去的线下资源转化为线上资源，将报社与普通民众的连接由纸媒端转到数字端，既能继续保持接地气的传统，又可充分利用UGC资源，很多求助、帮忙以及疫情期间送油、送米等信息，就是这样获得并由工作室团队和UGC甚至PGC用户共同完成的。她举例说，“帮侬忙”有一个“爆款”产品，内容是有人在疫情期间走过1700公里送一个癌症病人回去，“并不是我们去送的，但车、医护、小区等都是我们协调的。一路直播我们也没人去，就是驾驶员自己在我们的指导下开了个直播。结果这个直播在网上大受欢迎，客观上也解决了民众的实际问题”。“新民晚报作为一张亲民报纸，与整座城市的连接，不就是应当这样去点滴体现吗？”“新民帮侬忙”的意义在于，一张报纸的最老的部门，在报纸暂时无法正常发行的情况下，在新媒体舆论场上体现了自己的价值。“所以我认为，真正的、专业的、主流媒体的新闻从业者，你要努力体现你的专业价值，如果你的专业价值根本体现不出来，你就是没有竞争力的。我觉得我们这一次是一个亮点（指疫情期间的报道），而且坦率地说，在上海的同城媒体里面，我们是做得最好的。”

在各类全媒体工作室中，“新民手绘”别具特色。其生产的内容，是融合

① 据调研期间获得的数据。

文、图、动画、音频、视频等多种信息形态、突出艺术视觉呈现的数字和纸媒产品，在疫情防控、建党百年和本地特色新闻方面大显身手，给人耳目一新的视觉冲击和阅读体验，发挥了积极的影响力，如手绘作品《上海医疗队武汉战“疫”图》、全景式手绘长卷《走通苏州河》、解读垃圾分类的绘本《宝贝回来了》、讲述北斗导航故事的《小北集合了》等。笔者在获赠的新民晚报主编的《守沪者》一书目录前，看到36页这类彩色手绘，其中对疫情期间几乎所有社会角色，如医生、护士、消杀员、核酸检测员、保安、居委会工作人员、留验点信息员、志愿者、测温员、村干部等，都有现场感很强的艺术表达，令人印象深刻。仅2021年，“新民手绘”工作室和其他美编就创作了手绘作品354幅，手绘版面53个，手绘长图、视频、H5（一种基于HTML5技术的网页）、微信表情包等产品27个。

需要说明的是，全媒体工作室的分批推出以及下文将要提到的“融媒轻骑兵”的概念，是上海报业集团整体战略的组成部分，覆盖各报。例如，笔者在《新闻记者》一个专辑上得知，新闻晨报“021视频”全媒体工作室专在平凡小事上做文章，却多次上微博热搜，其中《父亲的第一条朋友圈献给女儿》累计播放量突破1000万次，登上微博热搜榜第2名。其他还有文汇报的“文汇·文艺评论”、解放日报的“上海网络辟谣”等工作室。

二、记者变身“融媒轻骑兵”

传统媒体的内容生产，通常主要体现为记者的单兵作战和产出。全媒体工作室虽然解决了团队协同问题，但在日常操作中，单兵作战仍是常态。而且在互联网大平台上，内容质量的比拼更加残酷，这时个人的融合生产能力至关重要。所以，2021年上海报业集团启动“融媒轻骑兵”项目，新民晚报是这一项目的积极践行者。

新民晚报的“融媒轻骑兵”最早出现在2022年的北京冬奥会，当时10名特派记者全部变身“轻骑兵”，文字、图片、视频、音频一起上，是为新民“轻骑兵”的先声。此后，“轻骑兵”就在全国两会、上海两会、上海疫情暴发等接踵而来的重大事件中得到锻炼和检验，发挥了积极的作用。“轻骑兵”们在冬奥会上发布的原创短视频总播放量突破7亿次。全国两会期间，“轻骑兵”们继续发力，策划推出《明月谈》《峰语声》《微语长安街》《两会新观察》等栏目，浏览量约2100万。2022年3月的上海两会期间，新民晚报的“融媒轻骑兵”数量增加并“首次集中亮相”，人员涵盖“95后”至“60后”几乎所有在职工作的年龄段，最年长者58岁。“轻骑兵”中，所有曾经的文字记者都发布了视频产品，人均日产2条，其中相当一部分是由“单兵”独自完成拍摄和剪辑。这些视频在客户端及官方的微信、微博、抖音、快手、微信视频号等平台发布，全网播放量超过1100万次，主持的“2022上海两会”话题在微博上的浏览量超过1亿。一位58岁的最高龄“轻骑兵”积极向年轻同行学习，手持云台出没于各类采访现场，推出“江老师朋友圈”视频栏目，受到两会代表委员们的好评。一些年轻的“轻骑兵”经过报社培训和现场历练，更加如鱼得水。如有位“轻骑兵”结合《爱情神话》片头摄制的视频《人大代表：上海市中心应有“一杯咖啡的时间”免费停车》，画面精美，叙事流畅，成为全网播放超500万次的“爆款”。

关于“融媒轻骑兵”，有位新民晚报记者做了解读：“‘融媒轻骑兵’虽然只有五个字，但内容的内涵十分丰富，我们理解有三个层面：第一个层面是‘兵’，即战士、士兵；第二个层面是‘轻骑兵’，指轻装骑兵，具有良好的战斗技能，可以独立作战，亦可与其他兵种配合作战，机动性强；第三个层面是‘融媒轻骑兵’，指充分利用各类媒介载体，把音视频、报纸、网络等媒体融合在一起的新型媒体形态。‘融媒轻骑兵’就是掌握了多种媒体技能、能即刻单独行动，并能快速生产新闻作品的媒体人。”[①]从新民晚报的实践看，“轻骑兵”项目既是全民练兵，也是鼓励冒尖。正是这样人人善用镜头“写文章”的项目历练，提升了新民晚报“Bund视频”融媒工作室团队的生产力，“爆款”频现，如《鲁迅公园男子跑步晕倒，休班护士生死救援》一则短视频，观看量就超过2077万次。《律政下午茶》栏目首期发布就冲上新浪微博同城热搜榜，观看量超过百万次。

①《文字记者轻量视频生产新探索》，《新闻记者》2022年10月（增刊），第4页。

2023年1月上海两会期间，新民晚报“燕小新”融媒轻骑兵工作现场（新民晚报）

三、一则“爆款”涉外融媒产品的集体生产

马笑虹在访谈中多次强调了优质内容的重要性。她说：“我早年在上观新闻做运营时去跟那些头部互联网公司谈版权，谈价格，人家觉得无所谓，和解放、文汇、新民签约都差不多，三家报社的内容都大致相似，没什么内容值得互联网公司付那么多钱，而他们宁可为南方都市报、新京报付更高的版权费。当时就觉得我们必须在内容上做出一些独特的东西来，因为关键的竞争点还在内容。即便你受制于各种因素不能全面开花，也要尽量做出亮点来，显示转型的成效，给市场以信心。否则你不仅会被市场淘汰，也会被体制淘汰，因为当你在市场上没有价值的时候，也就失去了你在体制内的价值。”

按照这个独特内容生产的逻辑，新民晚报推出了既叫好又叫座的大型百集融媒系列节目《百年大党　老外讲故事》。2021年迎接中国共产党成立100周年时，上海市政府新闻办找到新民晚报社，说上海有28万在沪生活的外国人，能不能采访100个？当时视频摄影部主任薛慧卿一听就很崩溃，她那里总共二三十人，做100集很艰难。“但我一定要拿下这个项目，为什么？上海有广电，又有梨视频，还有观察者网（他们的视频做得也不错），更有哔哩哔哩（B站）之类，怎么显示出你的独特性或者你的价值？尽管做这个的市场价值未必能够马上被看见，但在体制内你的价值会立刻显示出来，不显示，凭什么支持你？”马笑虹说。

于是，报社内部做了动员，几乎是举全报社之力做这个项目，历时半年多，多达89人直接参与工作。在创意策划阶段，报社的要求是：以视频为主，聚焦外国人的个性化表达，不讲大道理，多说小故事，叙事风格平实而鲜活，可读性和可视性强，让受众觉得可感可亲。项目的核心团队则确定了在线生产流程，包括：每集视频都要经过13个步骤，向不同渠道输出5个版本；审稿流程、修改意见、责任人和产品输出情况等，都汇总到共享文库里；以红、绿、蓝、黄、橙五种色块提示，以方便参与者及时了解进展，依据色块落实送审、修改、翻译、上传等操作。上述流程大大降低了沟通的时间成本，提高了制作效率。为提高翻译速度，该项目还邀请上海外国语大学的专业翻译团队加盟，除了英文，还精选36集制成俄、法、德、西（西班牙）、日、阿（阿拉伯）等小语种版本。

这个大型系列融媒体专辑从2021年4月8日“动工”到7月16日全部完成，实际制作用时3个多月，共采访了30多个国家的100位在沪外国人。在产品发布阶段，新民晚报更是火力全开：首先利用自己的海外平台，包括每日更新的海外视频社交账号“Voice of the Bund”和《新民晚报海外版》并通过海外版向14个国家的合作媒体发稿近300篇。这里要插一段，《新民晚报》复刊后一直有国际新闻和海外传播的意识。1991年海湾战争爆发时，该报连续多个头版头条让位于国际新闻，受到读者欢迎，不久就新增“国际新闻”等版面。1994年，《新民晚报》获准在美国印刷发行，并在华人较为集中的洛杉矶建立第一个海外公司，同年10月又实现经国际通信卫星传版的美国版同步印刷。1997年，在深圳特区报社建立分印点，实现报纸在香港的发行。1998年起，通过与当地媒体合作，创办澳大利亚、加拿大等多国版本。

在此次百集“外国人讲故事”的发布过程中，这些国家和地区的渠道首先发挥了重要作用。同时，中国国际电视台（CGTN）、中国日报等中央外宣媒体，以及《人民日报》英文客户端等重点推送，又通过星空卫视、北美在线、法国华人卫视等平台落地海外，并通过巴黎、布鲁塞尔、哥本哈根、乌兰巴托等7个海外中国文化中心推送，还出现于“学习强国”学习平台的首页显著位置，覆盖近2亿受众。一些外国媒体及外国友人也转载传播。据该报不完全统计，这组融媒体产品在字节跳动（抖音、今日头条、西瓜视频）、新浪微博、腾讯新闻等境内商业平台的总点击量达11.38亿次，总点赞量达184万次。中央网信办也对100集产品中的82集进行全网推送，其中传播效果最好的是第4集《奥斯卡：我希望为上海赢得更多冠军》，点击量达1653万次。此外，还在X（原名Twitter，推特）、Facebook（脸书）、YouTube、Instagram等境外社交平台累计点击量近1亿次[①]。

在中央要求做好对外传播、讲好中国故事的大背景下，新民晚报这一案例的成功具有多重样本意义，而不局限于融合传播。

① 据调研中新民晚报提供的数据。

第四节　澎湃新闻何以异军突起

澎湃新闻现任总编辑刘永钢，1999年毕业于复旦大学国际政治系，参与创办《东方早报》并担任东方早报的第一任国际部主任，见证了东方早报向澎湃新闻整体转型的全过程。而且他有新闻敏感性，骨子里是一个职业新闻人。他在担任东方早报大都会新闻部主任期间，策划、编发了一批有全国影响的报道，其中包括获得中国新闻奖一等奖的“三鹿奶粉系列报道”。该报道及后续媒体揭露出其他大型奶企的同类问题，对中国奶业的拨乱反正产生了重大而积极的影响。在访谈中，刘永钢含蓄内敛，却也时时透露出既有国际视野又有新闻专业精神的新闻人的气质。

东方早报整体去纸媒，转型为新媒体，在中国内地新闻界是一个标志性事件。在此之前并无先例，在此之后，也尚未见成功者。例如，北京的京华时报号称转了，但也只是纸媒的关停，数字端一年之后也灰飞烟灭。澎湃新闻由地方媒体发展成为全国知名媒体，也因此一直成为国内业界和学界的关注和研究对象，也是我们这次调研的重点之一。

一、市场和东方早报基因决定了我们的全国定位

刘永钢谈到东方早报的全国“基因”。他说，澎湃新闻能走全国路线，与东方早报一开始的定位有关。《东方早报》创刊时就是个有海派特色但地域属性又不太强的媒体。它的内容里只有一块是本地新闻，更多的是国内新闻、国际新闻、财经新闻、文化思想新闻等，而这些新闻品种天然就是跨地域的。“当时我们国际部有近20人，又在北京设有一个办事处，国内一些重要活动我们都派人去采访。当上海报业集团成立，我们要去转型的时候，考虑到互联网的跨地域性，我们就更加淡化本地属性了。于是，我们向全国布局，这是我们源自东方早报的基因决定的。没想到在互联网时代，这成了我们的一个优势。”

“当然我们还有商业上的考虑。”他说，“在做报纸时代，我们其实商业上是不太成功的，那时若专注本地市场，发展可能会更好些，房地产都是区域性的楼盘，国美、永乐等大百货也是本地的。但那时本地市场主要已被新民晚报、新闻晨报等强势报纸瓜分了，所以我们也只好差异化竞争。结果做澎湃新闻的时候，我们发现，全国化定位在商业上也成为我们的一个优势，从报纸转型到澎湃新闻，我们原有的客户几乎没有丢失，大部分都适应过来，房地产等甚至比原来还好。这为澎湃新闻走全国路线带来希望。”

出乎我们意料的是，刘永钢说在一开始做澎湃新闻的时候就有整体转型的想法。这在当时是相当超前的。据他介绍，澎湃新闻和上观新闻同时于2013年开始筹划，但上观新闻2014年1月1日就上线了，澎湃新闻到2014年7月才推出，就是因为澎湃新闻创办时就确定了整体转型的方案。当时采编和管理都已按互联网的节奏来做，对记者的指挥完全放弃了纸媒时代的惯性，将主要精力放在了澎湃新闻这样的新媒体上，这和很多报纸创办新媒体后还在大做纸媒的情况很不一样。他说，客观上他们当时也没什么包袱，他们的经营状况比不过新民晚报、新闻晨报；他们也没有什么身家，没有积累，没什么可留恋的。就《东方早报》而言，那时只有八九万份的有效发行，2015年还能基本持平，到2016年就亏损了。他表示，既然亏损了，就当机立断，停止出报纸。

笔者与刘永钢（右）在访谈中
（狄丰琳　摄）

当然，他说，唯一不舍的就是情感。但在中国做媒体融合转型有两点很关键：第一是落实中央关于媒体融合转型的要求；第二是要战胜自己的情感，用理性战胜感性。停不停报纸，都是用理性战胜感性。“我们都是报纸的创办者，最舍不得的肯定就是我们，但我们也要理性算账。转型最麻烦的是对人的安排，但我们没遇到那么大的麻烦，原因有以下几点：第一，我们有过渡期，我们一直在做转型的准备，大家有心理预期。第二，我们这批创办《东方早报》的人相对比较年轻。第三，当时在一些核心部门，包括视频、数据等专业工作的部门，采取了三三制，老员工、资深的有经验者（大多为从外面引进的熟手）和应届毕业生各占三分之一，实现以老带新的过渡。我们基本上把一些部门成建制地打散，我们不允许一个部门成建制，不能从原来报纸什么部门转型后变成另一个部门。三三制帮助我们把东方早报的文脉、文化保留下来，加上外面引进的熟手，共同培养一批新人，事实证明这种办法效果不错，人才的坎基本就越过去了。第四，人事上也没有产生大的动荡，我们只退出了二三十个发行团队的人，他们只做一些重点配送，因为《东方早报》后期已改为邮发。这批人按照市场化的方式给予补偿，也就顺利消化了。那时社会上电商等刚刚崛起，他们的出路还是很多的。东方早报时期，我们最多时有500多人，大多数人都从东方早报平移到澎湃新闻，保证了转型的顺畅。”

二、优质内容引领，每篇文章都是一位亲善大使

就笔者个人而言，第一次知道世界上有“澎湃新闻”这一新媒体，是因为阅读了其早期两篇“打虎”文章（那时澎湃新闻客户端还在测试阶段）。其中一篇就是当时已被广泛传播的《令政策的平陆往事》，是2014年6月28日发布的，距离当事人令政策因涉嫌严重违纪而被审查才9天时间。到半年过后的当年12月底，令政策的弟弟，担任全国政协副主席、中央统战部部长的令计划才被立案审查。这篇由时任见习记者李闻莺写的深度报道，洋洋数千言，文笔老到，叙事流畅，采访深入，娓娓道来，内容引人入胜。文章用了马尔克斯式的开头：“多年以后，当令政策面对纪

检人员的审查，不知是否会想起，父亲带着尚未成年的自己回到故乡山西平陆的情景。”记者远赴平陆县令政策老家，采访了当地乡亲、已退休的县政府官员，以及令政策的亲属、同学、老师和早期同事等，展示了很多珍贵的历史细节。当时笔者曾暗暗吃惊：一个见习记者独立完成的深度报道，怎么写得这么好？

这种专业性较强的深度报道在当时的报纸上已很少见到，竟出现在一家“不明来路”的新媒体，这引起笔者很大的好奇心。于是，澎湃新闻客户端一上线，笔者就立即下载，下载后才知道这是上海东方早报创办的新媒体。估计很多人也是这样被好文章吸引而关注到澎湃新闻的，所以2014年7月22日正式上线第一天，澎湃新闻就引发罕见的“刷屏运动”，跃居苹果软件华语新闻类客户端下载量第二名。上线当月29日，周永康落马。消息刚出，用刘永钢的话说“尘埃还没完全落定”，澎湃新闻记者就已经到了无锡周家。第二天澎湃新闻发表《重访周家：夜幕下的无锡西前头村只闻蝉鸣，周宅有灯火无人应》，稿件篇幅虽不长，但信息都是独家的，且附了多张图片，同样引发大量转载与传播，足见好文章的诱惑力，胜过一切营销推广。后来进一步获悉，隶属上海报业集团的澎湃新闻，有多达300人的记者团队每天进行着这类优质内容的生产。

刘永钢说，当时还是门户网站强势的时候，各报也是用传统方式做网站，网上主要是报纸自己生产的内容。“结果是，日报早上一播发，内容就没了；晚报的内容也在白天发布了；只有我们全天24小时在供应内容，所以一时给人们一个感觉，满眼都是澎湃新闻的稿件。我们那时就是按互联网的规律发稿，而不是按报纸稿件的三审制和第二天早晨统一发布的做法。我们是写好了一篇就发一篇，讲究时效，所以澎湃新闻的显示度一下子变得很高，下载量也很高，而且基本上都是自发下载的。当时我们除了‘打虎记’，还做了个‘申诉者’的法治专题，专门关注当事人还在不停申诉的案件，它们大多是冤假错案。我们就这样一篇篇地去做，连续做了10篇，可以说篇篇都很有影响力。”据刘永钢介绍，澎湃新闻一直维持较为旺盛的内容生产力，是因为有一支充实的采编团队。东方早报时期，他们有近500人，彻底转型后，纸媒减掉一些人，但新媒体招进100多人，总体员工规模还是扩大了，并较长时期稳定在600多人。2022年以来员工总数已突破700人，其中采编人员为400多人。在比较强势的时政新闻方面，就有100多人，但很多稿件都是偏特稿性质的深度报道，而且是派记者到全国去做，注重原创性和独家性。

刘永钢也坦承，“打虎记”“申诉者”这类报道后来都陆续遭遇困境。但他相信，“能做的永远比不能做的多”。“而且，早年我们按互联网规律生产原创内容所带来的优势，现在也随着各报新媒体的发展而不再突出。还有很多自媒体，拿我们的原创内容去洗稿，加入情感和推测，也获得很大的传播量，客观上也挤压了我们的空间。这是澎湃新闻现在面临的压力，但优质内容的生产一直是我们孜孜以求的。”他说：“第一，我们继续保持对时事和热点的高频关注，让人们看到新闻就想到澎湃新闻，或者寻找新闻时就去找澎湃新闻，这个不能丢。第二，要在内容的丰富性上做文章。有同行对我说，他们有十几个人就可以把全国一天的热点全部覆盖掉，为什么澎湃新闻要那么多人？我说新闻肯定不只是热点，我们要做全面、丰富、立体的新闻。我们做财经、国际、文化、思想、智库、纪录片等，在这方面投入很多人力，否则难以支撑一个真正的新闻媒体，也不可能吸引大规模的受众。”

刘永钢所说的“丰富性”，也体现在澎湃新闻的内容布局上。早期的澎湃新闻主要有《时事》《财经》《思想》《生活》四大栏目，一看便知是较为“严肃”的新闻媒体。但在四大栏目下设有近50个丰富别致的项目，打开这些项目，读者很容易就找到自己感兴趣的内容，如《时事》栏目下的“打虎记”“中南海”“一号专案”“人事风向”“港台来信”等。到2022年9月，我们到访上海报业集团时，澎湃新闻的频道已经扩充至“八大板块”，共计90余个项目，涵盖图文、视频、音频等各种表现形态，平均日产原创内容400多篇（条），其中半数为视频产品，原创率保持在99%。在作品数量明显上升的同时，澎湃新闻团队仍紧盯内容质量，提出“内容新基建”概念，拟通过内容生产的供给侧结构性改革建立“原创内容护城河”。从我们获得的数据看，这样做的成效是显著的：在微博平台上，澎湃新闻2022年全年有近1500个话题登上热搜榜，累计阅读量近1000亿次；微信全年10万次以上阅读量的文章超2000篇，累计阅读量12亿次；抖音年度播放量过亿次的“爆款”视频超过30条，单条视频的最高播放量达3.4亿次。在主流评价体系中，澎湃新闻也表现优异，2017至2021年，共获得超过200个国内外荣誉奖项，其中国际奖项49个、国家级奖项58个。

刘永钢说：“我们在内容上，一定要永远追求比别人好那么一点点。”

三、多渠道融资，解决“烧钱”问题

做新媒体是要“烧钱”的，特别是做以内容原创为号召力的新媒体，更少不了大额资金的支持，澎湃新闻自不例外。从调研中了解到，澎湃新闻上线后的发展资金主要来自以下三个方面：

一是自有资金。东方早报原先有家公司，账上还有钱，但公司是与一家民营广告公司合作的，成分较为复杂，无法给澎湃新闻使用，澎湃新闻创办时就与之“切割”了。这时澎湃新闻就借用集团旗下一个已经关停运转的报纸公司上海东方报业有限公司来经营，成为股份制公司，刘永钢说这是“借了一个壳”。这个“壳”的账上有2000多万元，权属上海报业集团，就作为自有资金投资使用了。这也是上海报业集团为澎湃新闻投入的第一笔较大资金。

二是财政支持。澎湃新闻创办初期，上海市政府给了很大支持，其中就包括较大的资金投入。财政和上海报业集团配套的资金总共2亿元（其中财政投入1亿元），为澎湃新闻早期（2014年至2016年）的快速发展发挥了较大的支撑作用。

三是社会融资。到了2016年，仍然需要解决后续资金问题。这时在上海市政府和上海报业集团的支持下，开始尝试较为市场化的社会融资方式，迄今共进行过A轮和B轮两轮较大规模的社会融资。其中，A轮融资被称为“国资战略入股”，于2016年12月28日举行签约仪式。此轮融资共引进6.1亿元国有战略投资，将澎湃新闻股份的17.8%分给了6家国有企业集团，分别是上海久事（集团）有限公司下属全资子公司上海久事投资管理有限公司、上海精文投资有限公司、上海东浩兰生国际服务贸易（集团）有限公司、百联集团有限公司、上海仪电（集团）有限公司、锦江国际（集团）有限公司。这6家企业中，5家是国资委管理的市属企业，1家（上海精文投资有限公司）是归口上海市委宣传部管理的企业。融资的整个过程是市场化的，包括业务竞标、财务竞标、法务竞标等诸多程序，但也得益于上海市委、市政府的背后支持。此轮融资后，上海报业集团持有的澎湃新闻股份稀释到82%。这轮融资也被社会解读为澎湃新闻发展史上一个具有里程碑意义的事件。

我们2022年9月到访上海报业集团时，澎湃新闻刚完成B轮融资。此轮融资的主角是上海文化产业发展投资基金（简称“上文投”），投了4亿元，占9%多一点的股份。上文投由上海市政府、浦东新区政府和上海实业（集团）有限公司共同发起，并由上海实业联合上海国盛（集团）有限公司和上海浦东科创集团有限公司共同组建。本轮融资后，澎湃新闻的估值升至42亿元，上文投成为第二大股东，上海报业集团仍为控股股东。

刘永钢表示，两轮融资下来，澎湃新闻的现金流是充足的，甚至连A轮的钱都没用完。“我们为此还受到投资方批评，说投资的钱是要花出去的，不是放在这里给你们支撑现金流的。但我们也有考核，每年要有利润指标，投入要有回报，所以也不能像互联网公司那样‘烧钱’，一味做大规模。”在谈到澎湃新闻的收入模式时，他介绍，澎湃新闻最初以广告为主，但广告的成分也在变化，从早期的以品牌广告为主到后来的以原生广告为主。广告目前占总收入的比重为50%—60%。澎湃新闻的总收入，从第一年的2000多万元、第二年的5000多万元，到2016年首次突破1亿元、2017年接近2亿元、2018年接近3亿元、2021年有4亿多元。在总营业收入中，广告占比在下降，营业收入趋向多元化，例如，2021年的版权收入近6000万元，此外还有政务新媒体和政务活动收入。他说，这是一种偏技术输出的解决方案。但政务这块，澎湃新闻在上海本地不占优势，本地主要有解放日报·上观新闻这样的党报媒体以及东方网这样的老牌网络媒体捷足先登。澎湃新闻的政务收入主要来自外地，从外围包围上海，近年来也开始拓展到本地。他透露，2022年的总收入目标是5亿元，但由于疫情等因素，达成这个目标有一定难度，但总体的发展趋势是正向、向好的。

刘永钢强调，集团总部在人事、财务方面给的权限还是比较大的。他说，完成B轮融资有助于实现三个“加速”，即促使澎湃新闻的业务加速布局，规划加速实现，规模加速达成。

四、致力于平台化、国际化

毋庸置疑的是，澎湃新闻现在已经是一个平台化的媒体。论用户量，2022年6月，其客户端的下载量已突破2亿；在刘永钢所说的“八九十个”社交平台官方账号中，截至2023年8月26日，其抖音主账号的粉丝量已达4023.9万（30天内新增53.5万），2024年9月30日增至4222万①，微博主账号的粉丝量为3127万，2024年9月30日增至3261.9万②。论生产量，除了澎湃新闻自身团队，还有约2.4万个入驻澎湃号的机构或个人每天发布近1万条原创内容。如此受众量和内容生产量，已大大超越常规的单一原创新闻媒体的量级。这与澎湃新闻多年来一直强调的“四化”建设有直接关系。“四化”即主流化、平台化、生态化、全球化，其中的核心是平台化。

澎湃新闻的平台化建设，由三部分构成。

第一部分是“问政”官方权威政务平台，于2017年上线。这实际上是澎湃新闻的一个频道，但覆盖全国各地省市县最引人关注的政务话题，还有各类“问政能力”排行榜，内容既有原创也有转载，看上去较为丰富。澎湃新闻“问政”近年来还分别推出聚焦全国两千多座县城的“中国县城大调查”项目和“澎湃城市报告”项目，进一步锁定公务员受众的注意力。澎湃新闻作为内容偏严肃、严谨、理性的媒体，受众结构一直较为“高端”，知识分子群体、公务员群体、企业高管群体构成核心受众。澎湃新闻此举，可视为对市场定位的一种加固。

第二部分是“湃客”平台，2018年上线，这标志着澎湃新闻走出自我生产的狭隘空间，向具备大平台特征的UGC、PGC方向跨越。2019年，澎湃新闻推出“澎湃号”，将上述两个平台的资源整合为一个内容聚合型的开放平台，聚集政务号、媒体号、湃客号三大领域的优秀创作者，实现优质原创内容的大批量生产。

据调研中获得的数据，截至2022年6月底，入驻澎湃号的各类政务号已超过2万个，这些机构包括中央政法委、国家发展改革委、央行、最高人民法院、最高人民检察院、外交部、国务院国资委等近50个中央机关，还有30多个省级、副

① 抖查查官网2023年8月26日和2024年9月30日数据。

② 新浪微博2023年8月26日和2024年9月30日数据。

省级的宣传和网信部门；入驻的机构 / 个人创作者“湃客”已近3800个，其中包括800多个主流媒体号。这些“号”每天生产近万条原创内容，其中也包括笔者多年前应邀组织的深圳大学传播学院学生创作平台“文山湖”的入驻（文山湖是深大主校区一个夏天开满荷花的美丽池塘）。“湃客”共有“非虚构写作”“纪实影像”“数据新闻”“评论”四大专业创作板块。“文山湖”入驻的非虚构写作板块“镜相”，对稿件质量有较高要求。2018年入驻后，已有20多组毕业生的优秀毕设作品在澎湃新闻发表，其中至少8组上了月度阅读榜，更有3组登顶阅读榜，成为月度冠军，它们是：《快手江湖：农村网红的“风雨淘金路”》（2018年）、《广东神农：健康试药人调查》（2019年）、《老年人无处安放的性与爱》（2019年）。这3组作品不仅每组都是长达数万字的调查报道，还包括视频、音频等多媒体呈现，算得上是新闻的“大制作”。2020年7月22日在澎湃号上线三周年之际，“文山湖”与中国人民大学的“RUC新闻坊”、中山大学的“布谷岛”、北京大学的“此间INSIDERPKU”和南京大学的“真数”共五所高校的澎湃号获得了“最澎湃校园媒体奖”。据当时统计，2.3万个来自政务、媒体、“湃客”的澎湃号累计发布逾516万篇优质内容，同比增长近160%；总阅读量超过936亿次，其中阅读量10万以上的文章超过21.2万篇①。举这个例子是想表明，澎湃新闻在“内容为王”的道路上，在加强自身原创的同时，积极探索有效叠加优质UGC和PGC内容的新路子，尽量做大原创内容的蛋糕，实现平台化生产与传播。

第三部分是“Sixth Tone”（第六声）英文传播平台，2016年12月28日正式上线。这一和“澎湃”一样走别致路线的名称来自一种隐喻：汉语拼音有五个声调（包括轻声），“第六声”指汉语以外的话语空间。与前两部分不同的是，“第六声”脱离了澎湃新闻平台的中文环境，建有独立的官方网站和客户端，并借助亚马逊云技术获得技术支撑，实现全球传播。这种一开始就在一个通常被认为冷门和难赚钱的“外宣”领域摆开架势，“撸起袖子加油干”的动作，对于一个正在由纸媒向新媒体整体转型并为生存而战的媒体而言，还是令外界惊讶的。

---

①《澎湃号三周年数据报告：迭代创新，逆势生长》，澎湃新闻官网，2020年7月28日，https://www.thepaper.cn/newsDetail_forward_8458274。

但这也令人联想到网络新媒体无限做大规模才能生存的发展逻辑。2013年8月，亚马逊创始人贝佐斯自掏腰包收购华盛顿邮报后做出的最重大决策，就是将这家长期专注地方市场，并将本地发展列为家族遗训的报纸，迅速转变为全国媒体和国际媒体。收购前，该报数字端的付费用户只有4万多，2022年已突破300万。事实上，“第六声”也被外界视为澎湃新闻的英文版，就像《环球时报》的*Global Times*。笔者查到《纽约时报》当初对“第六声”上线的报道，标题是“中国关注争议话题的数字媒体澎湃，现在有了英文版”[①]。刘永钢也对国际化充满信心，说道：“我们最后肯定是要做全球媒体的，因为中国受众对国际信息有很大的需求，而信息不对称也导致国际假新闻盛行。所以我们做的是不一样的国际化——新型全球化。”

“第六声”的创办直接促进了澎湃新闻的国际化或全球化建设。“第六声”加上已有的英文《上海日报》等外宣媒体，客观上也强化了上海报业集团的涉外传播。“第六声”从创办之初，就积极探索国际化的生产和运营模式，招收包括华尔街日报、赫芬顿邮报（曾被称为“第一互联网大报”的原生数字媒体）前资深媒体人在内的来自七个国家的外籍员工，还特约了一批外籍撰稿人，鼓励外国人讲中国故事。此外，“第六声”还通过六个渠道增加内容供给：（1）与部分关注中国的境外英文媒体交换内容，彼此允许转载对方的报道；（2）编译中国主流媒体的深度报道，前提是获得授权；（3）编译科技、财经、文化等垂直领域头部自媒体的内容；（4）与出版机构合作，选摘有关中国的中英文图书中的内容进行转载或编译；（5）与高校媒体及新闻课程合作，编译优秀学生作品；（6）与其他生产内容的机构和个人合作，编译发布符合“第六声”价值取向的内容。2021年，“第六声”像澎湃号那样推出“第六声X”栏目，与海内外内容创作者合作，推出一年多即发布200多篇作品。此外，“第六声”还通过组织英文非虚构写作大赛等活动，拓展内容来源。如2021年启动的面向全球的“时代”（Generations）主题邀请赛，就收到来自全球22个国家和地区的近450篇投稿[②]。

近年来，“第六声”已向多语种方向转化，并成为欧洲、美洲、亚洲等地多

①Digital Paper in China Covers Contentious Issues, Now in English, The New York Times, April 5, 2016.

② 薛雍乐：《从“第六声”看外宣媒体平台创新与挑战》，《全媒体探索》2023 年 6 月号，第 28 页。

家境外主流媒体的信源。据称，目前覆盖1.2亿海外受众的“第六声”作为不需要刊号的自办外宣媒体，激发出来的能量已经不亚于一家正式出版的外文媒体，这对国内很多有外宣需求的城市，具有启发意义。

五、B轮融资后的业务新布局

在2022年8月澎湃新闻B轮融资的对外新闻发布会上，澎湃新闻表示，将以B轮融资为契机，全面加速业务布局，加速成长为引领型、赋能型、全球型的互联网新型主流媒体，进一步做优做强全链条内容生态服务商、更美好数字生活赋能者。就在发布会当天，澎湃新闻宣布启动多项涉及内容、技术、运营的新业务板块，梳理下来，主要有以下六项：

第一是开展中英文版的全球事实核查项目“澎湃·明查”，重点聚焦国内外舆论场中的重大涉华议题以及读者关注度高的全球热点事件。“澎湃·明查”是2021年就已推出的事实核查专栏，归属澎湃新闻的国际频道，核查的对象都是国际或涉外新闻事实，在国内网络上已有较高显示度，累计有30多篇阅读量百万次以上的稿件，单篇稿件最高阅读量达400万次，报道在澎湃新闻主网站总阅读量超1.3亿次[①]。既是国际新闻核查，所以于2022年8月推出中英文双语网站也顺理成章。澎湃雄心勃勃，要将其建成“全球热点的事实‘校准器’”[②]。

第二是打造“智媒开放平台”，依靠技术创新，成为更多媒体和内容企业的赋能者和服务商，提供包含内容生产、审核、分发、商业化全链路和生态化建设的一站式解决方案。这件事，其实澎湃新闻也一直在做，只是借B轮融资将其进一步做大。例如，澎湃新闻2018年就推出“新媒体整体解决方案”澎π系统。正是通过这个系统，澎湃新闻为上海市政协开发出全新的新媒体产品“政协头

① 李智刚：《事实核查：网络时代的舆论校准器——以〈澎湃·明查〉的新闻实践为例》，《青年记者》2022年7月（上），第38页。

② 徐香：《澎湃新闻：守正创新　全新出发》，《传媒》2022年第9期，第21页。

条”，与郑州报业集团合作打造出新媒体产品“正观新闻”。澎湃新闻的“内容风控”也已持续多年，刘永钢称之为“一种能力输出，一种技术赋能”，每年这方面的收入约为6000万元。他认为，简单的代运营不值得澎湃新闻去做，价值太低，他们现在是要帮助对方解决痛点，这样也更能体现澎湃新闻的价值，其合作金额可能是代运营的10倍。而B轮融资后的一项重要创新，是出台“企业级数字资产管理系统”。该系统将向所有政府机构和企事业单位开放，聚合澎湃新闻在媒资管理，特别是数字资产管理方面的技术储备和经验，帮助客户实现资源整合和优化配置。

第三是建立“数字内容生态实验室”。该实验室由澎湃新闻牵头，联合上海人工智能研究院、上海市信息安全测评认证中心、上海新华传媒连锁有限公司、微博和上海蜜度信息技术有限公司共同建设，旨在打造一个数字内容安全与治理研究的服务机构。

第四是新建科技频道。该频道被称为是想在人与科学之间架设叙事新平台，在公众与科学家之间建立共同语言。频道将秉承“让科学负责任”的理念，紧扣上海中心，瞄准全球前沿，讲透科技政策，全程关注产业，致力科学传播。但在这样一个“大家都有”的领域，澎湃新闻如何发力，我们还将拭目以待。

第五是新建ESG频道。ESG是Environment（环境）、Social（社会）、Governance（治理）三个英文词的首字母，强调的是政府、企业、机构的社会责任。该频道试图发挥平台属性，联动外部权威机构与资源，共同开发ESG评级、上市公司环境绩效榜单、ESG观察等前沿性内容，全方位追踪ESG最新动态，助力社会可持续发展。在后面的章节，大家会看到，一些报业集团已开始在这方面发力。

第六是启动IP CHINA战略。此举也是已有铺垫之行动。2021年11月8日，澎湃新闻由上海市委宣传部、市委外宣办授权建设运营的IP SHANGHAI正式上线，成为国内首个面向全球用户的“城市形象资源”数字共享平台。此次澎湃新闻拟以IP SHANGHAI为示范和样本，推动与各地的战略合作，升级打造全国IP资源矩阵和数字IP服务平台，名为IP CHINA。具体而言，是凝聚各种联动力量，形成文化艺术IP孵化、时尚商业IP推广、整版IP资源交易、经典IP资源共享等的一站式、综合性内容资源服务体系，建设具有全球影响、人人参与、人人创作、人人传播的国际传播平台、资源共享平台和内容服务平台[①]。

① 徐香：《澎湃新闻：守正创新 全新出发》，《传媒》2022年第9期，第21—22页。

第五节　界面财联社的新商业模式

界面新闻是上海报业集团成立后转型做新媒体的三大项目之一，而与上观新闻、澎湃新闻不同的是，前两者是综合媒体，界面新闻是垂直类财经媒体，而且有外来基因。只不过，界面新闻虽然也筹备于2013年，但到2014年9月22日才上线，是三大新媒体中上线最晚的。2018年2月28日，界面新闻与蓝鲸·财联社完成整体合并，更名为“界面财联社”，其成分也更加多元，并由此开拓出一种令人鼓舞的、迥异于其他主流媒体的新型商业模式。调研中我们最感兴奋同时也最为陌生的内容，也在于此。

界面财联社目前拥有界面新闻、财联社、科创板日报、蓝鲸财经四大新媒体品牌，自我定位为“中国新型的财经新闻与金融数据服务商”，其市场规模和传播力、影响力，已位居全国同类媒体前列。

一、外来基因，铸成垂类大媒体

巧合的是，与界面财联社总编辑张衍阁访谈的那天，正值界面新闻创办八周年生日。据他介绍，他们这个团队，最早来自《第一财经日报》旗下的《第一财经周刊》。2013年前后，传统媒体开始呈断崖式下滑，他们就想到要做一个基于移动端的财经新媒体。上海报业集团于2013年10月挂牌成立时，集团领导对张衍阁等的想法感兴趣并愿意为此投入。于是，界面新闻的想法最终在上海报业集团孵化成功。

张衍阁说，当时上海报业集团旗下媒体种类繁多，但独缺财经媒体。决定上马时，他们面临做微信公众号还是做自有客户端的选择，最后决定做客户端。客户端内容分两大块：一块是财经报道，涵盖金融、证券、投资、基金、信托等宏观经济领域；另一块是商业报道，主要做公司报道，涵盖公司管理和战略产品等诸方面，与《第一财经周刊》的强项相对应。公司报道是无偿的，借鉴的是美国的《商业周刊》《福布斯》《财富》《华尔街日报》等的报道方式。早期团队聚集了多位国内知名财经媒体大腕，如担任CEO（首席执行官）的经济观察报原社长何力、担任总裁的第一财经周刊原副总编华威等。

2018年初加盟界面新闻的蓝鲸·财联社，是徐安安等创办的。现任界面财联社执行总裁的徐安安曾在新浪财经工作多年，从北京到上海，担任过新浪财经驻上海记者站站长。上海报业集团成立的时候，他已从新浪财经出来，创办了蓝鲸、财联社两家媒体企业。他说，创办之初，就获得人民日报社旗下的证券时报的“天使投资”500万元，后又获得鼎辉投资、天风证券、小米等的投资。到与界面合并时，财联社以7亿元的估值相对界面约17亿元的估值。此前，界面新闻已经进行过三轮融资，合并后又做过两轮融资。调研中虽未获得详细的融资数据，但从2021年2月21日集团年度工作会议上的讲话得知，界面财联社在四年内进行过五轮增资扩股，“累计撬动社会资本超过11亿元，先后引入中国互联网投资基金、人民网、徐汇区国资委、上海国际集团等战略股东。目前公司整体价值较创立时增幅超过50倍”。

访谈中张衍阁和徐安安双方的表述，都证明界面与财联社合并是一个双赢合作，也成就了这家具有强大金融信息服务功能的财经媒体的独特地位。张衍阁说，蓝鲸·财联社是偏资本市场的媒体，有较强大的内容团队、技术团队，且擅长金融信息服务，有一套自己的体系，而界面新闻有主流财经内容的生产优势，合并起来便可使彼此更壮大，也会有更多资本进来，让他们有财力去扩张。徐安

笔者与张衍阁（左）在访谈中（狄丰琳　摄）

安也认为，合并后蓝鲸·财联社获得了新闻资质，包括旗下的蓝鲸财经、科创板日报都得以覆盖，并成为作为其他主流媒体信源的“白名单”。“加上上海报业集团的资源，我们可以迅速做大，目前正是朝这个方向发展，而且已进入IPO（首次公开募股）程序。”

上海报业集团于2020年成立界面财联社IPO项目领导小组，随后用半年时间走完前期筹备、股改审计、评估等相关国资程序。2021年，上海市委宣传部批准了公司的股改申请，界面财联社召开股份公司创立大会。上海报业集团拟将界面财联社打造成代表上海宣传国资的标杆性上市企业，以及可与上海国际金融中心建设相匹配的自主可控的金融信息服务平台。

二、500人编辑部+海量外围团队的内容大生产

界面新闻上线后，第一篇有影响的财经报道是《万达上市　章子怡会暴富？》。文中披露，章子怡母亲李涿生拥有即将在香港上市的万达商业地产1800万股的股份，如果上市，这些股份的最高价值将会超过16亿元。文章还从多个来源证实了这一消息，并梳理了章子怡与万达公司的关系。一看就知道，这是个“爆款”题材，当时被多家门户网站转载，传播极广，界面新闻也一炮走红。但作为市场化媒体，这条路子仍欠新意。界面新闻要走的，特别是在与蓝鲸·财联社合并后要走的，是面向金融和大财经的大容量信息发布和最快速信息服务这条新路。而在这背后，是500人的编辑部大团队（总员工1000多人），这个规模在以原创内容为主的新媒体中，可谓屈指可数，至少在财经媒体中无人可比，以至于徐安安第一次提起这个数据时，笔者还有点将信将疑。

张衍阁介绍，在内容生产上，界面新闻和财联社各有分工，主打不同领域。界面新闻主要做C端，即面向大众做“大财经”，中产人群和投资者是核心读者。内容分为商业板块、财经板块、新闻板块、文化生活板块四大板块。此外，还有包含财经号、城市号、媒体号三大垂直栏目的“界面号”，原创非虚构写作平台“正午”，纪录片和短视频品牌“箭厂”，财经人物访谈节目“面谈”，

以“界面现场报道”及相关视觉内容为主的“Vnews”等。财联社则主要服务B端，即面向机构受众，旗下主要有财联社、蓝鲸财经、科创板日报三大板块，且各有自己的官方网站、移动客户端和官方社交账号。以上四大客户端，就是界面财联社的主要内容发布平台。

要做到信息全覆盖和7天×24小时的全天候传播，仅靠自身团队还是不够的。这就不得不提他们的“外围团队”。界面财联社执行总裁徐安安回忆，他在新浪财经工作时就发现一个问题，即很多媒体的财经记者早就有了新闻线索，甚至在白天稿件就已写成，只是要等到晚上发到网上或第二天报纸出版，稿件才能与读者见面。这个节奏很慢，不能满足互联网媒体对即时传播的需求。于是，他想到构建一个与全国媒体联动的机制。“只要有线索，我就可以和成都或什么地方的记者、媒体沟通，你们去把这个事情弄清楚、写出来，发到你们成都媒体的官方网站上，我们新浪第一时间来转发，这样我就能够把国内所有的媒体优势为我所用。2009年到上海后，起初什么人都不认识，就积极拓展记者关系，很快结交了2000个记者朋友。”他后来发现，财经记者们有一个共同诉求，就是遇到事情要找人采访，手上没有现成的对口专家名单或联系方式。于是，他又想到去建立一个采访数据库，资源可以共享，大家采访前只要在库里搜一搜，就能找到采访对象。就这样，他2013年离开新浪财经，出来创办蓝鲸和财联社，专注于这件事，满足记者们的采访需求、选题需求、交流需求和互通有无的需求。

一同接受访谈的鲸平台总监李辉介绍，鲸平台是从蓝鲸财经早期建立的几个记者联盟发展而来的，是对外服务和内部运作的重要平台，隶属财联社，有自己的独立App和数据库，目前有60多个记者社群，覆盖3万多名财经记者，库里有1.5万名记者。库里还有30万名专家，涵盖房地产、科技、消费、能源等各领域，也包括企业高管。这么多专家，数据库都有具体资料和联络方式。他认为，专家也有接触媒体、扩大影响和打造个人IP的需求，因而这是一个资源共享、互助、学习培训的平台。在此基础上，蓝鲸财经还做了融媒体专访、新闻学院院长专访、自媒体大V专访等系列。此外，他们还做一些咨询服务项目，如举办记者训练营，将媒体与企业相连接。徐安安说：“例如这周一和周二，我们就要和青岛的主板上市公司特锐德一起做一场。该公司旗下有一个子公司‘特来电’，是做充电桩业务的，是科创板2019年第一个上市公司，有很多新概念和新产品，媒体较为陌生，企业也有宣传需求。”在服务记者方面，他们还不定期举办记者研讨会，他说上周刚在北京举办了一场线下研讨会，新冠疫情期间则主要做线上的，邀请投资专家、行业专家、媒体大咖现身说法，力图让所有参加者有所收获。徐安安因此说：“我们有中国最好的媒体关系。”

有了这么多平台和资源，界面财联社的内容产出也是惊人的。仅以财联社为例，它就是一个高密度的动态信息发布平台，每天大量发布以金融为主的各类信息，也包括可能影响经济的政治、外交、军事、社会、气象等重要信息。例如，在2022年俄乌冲突爆发之初，财联社就以“电报”形式实时更新战报。再如笔者撰写此文的2023年8月31日，当日从凌晨0点到中午12点，财联社就接连发布了近180条“电报”，密度很大，间隔的时间有时以秒计算，内容涉及股市行情、物价走势（如《今日电池级碳酸锂跌3000元／吨》）、政策动向（如《两部门：统筹推进知识产权质押融资工作》）、企业生产（如《丰田今年首次将生产超过1000万辆汽车》）、国际交易（如《俄罗斯谷物交割已经过半　产量已达1.05亿吨》）、股市分析（如《8月31日午间涨停分析》）、汇市行情（如《人民币兑美元中间价报7.1811，上调5点》）、官场信息（如《甘肃省农村信用社联合社原纪委书记王蓉生被开除党籍》）、重要天气（如《“苏拉”强台风即将登

笔者与徐安安（左）在访谈中（狄丰琳　摄）

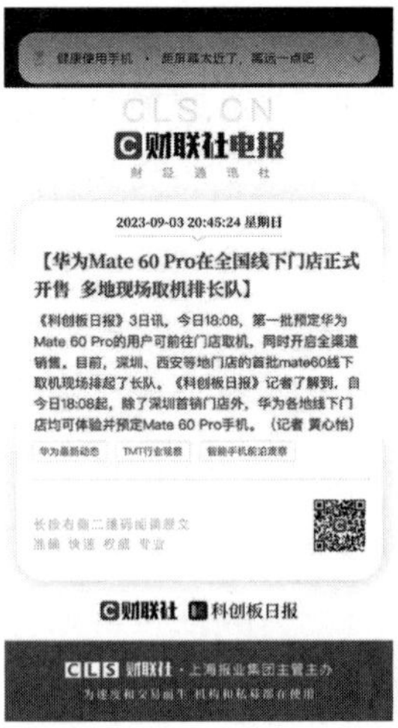

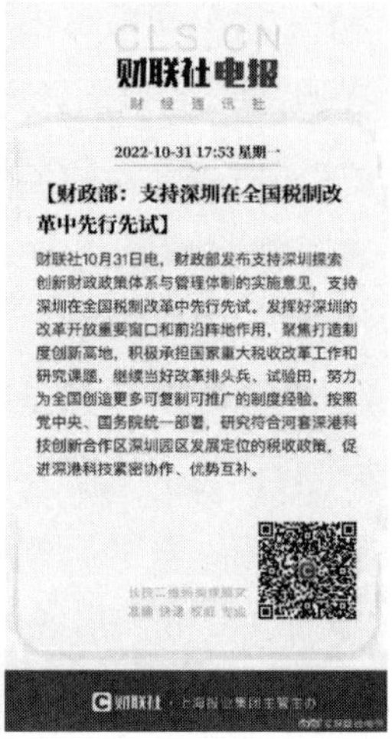

2023年9月3日、2022年10月31日“财联社电报”截屏

陆》）等。大多数为短小的动态信息，但对其中较为重要的信息，也随时有详细的“电报解读”和“VIP专享”。在PC端，每次更新都会有铃声提醒，并自动语音播报最新“电报”。在2023年8月对徐安安的补充采访中，他告知，界面财联社平均每天的发稿量约3000篇，其中，财联社每日发电报700篇、深度报道200篇。

当笔者提问此类“记者联盟”模式是否会被同行仿效或与同类做法重叠，如深圳的“南友圈”、四川的“深蓝财经”时，李辉说模式不太一样，也有不少人想模仿或超越，但迄今尚未成功。他说，原因是鲸平台之前做了很多年传播类公益，积累了大量资源，而且拥有比较领先的技术平台，别人较难模仿。

三、对标“彭博社”，五位一体服务金融领域

2022年9月23日上午到访位于徐汇区虹桥路3号港汇中心大楼的财联社时，我们获邀先旁听了徐安安与江海证券公司联席副总裁张枫的合作洽谈。张枫的诉求是，2022年是结构性熊市，即80%的行业都“熊”，股价普遍下跌，市场气氛悲观，在这种情况下要通过与财联社的合作提高胜率。在谈了各种可能性之后，徐

安安提出“联手打造一个研究所”的动议，获得对方认可，甚至谈到申请牌照等具体事项。我们虽听得一头雾水，但依稀觉得他们是想合作推出一个咨询服务平台，共同服务上市公司并从中获取服务收益。这个案例，大致可归入下面要提到的界面财联社“五位一体”战略中的“服务”范畴。

徐安安后来解释，他们和江海证券合作，就是想帮助对方操盘下面若干业务板块，因为券商也要服务基金和二级市场的股东们。这样做就相当于财联社也有券商了，然后按比例分成服务收益。他们已经和很多券商有类似的合作。他举例说，财联社在香港资本市场与中泰证券联手打造了一个港股美股券商“安妮证券”。中泰证券每年给财联社1600万港元，通过投行等方式产生的营业收入，还可以对半分。这让笔者想起，前面的洽谈中，张枫也提到中泰证券，似乎希望替代中泰证券与财联社合作。徐安安透露，目前与财联社合作的券商已有80多家，但大多数的收益额度没有中泰证券那么高，个别只有500多万元。他们和国泰君安这样的大券商也有多年合作，累计合作收益已超过6000万元。

事实上，与蓝鲸·财联社合并后，界面新闻的媒体性质与目标就都有了较大改变：就性质而言，已从一家单纯数字新闻媒体跃升至事实上的在线通讯社；就目标而言，则从“大财经”新闻传播发展至全面的金融信息服务。用徐安安的话说，就是“将传统的新闻采编变成主要服务投资的资讯，这是财联社能服务金融机构的关键一步，而此前的中国财经媒体都未能跨过这一步”。后者正是其建立新型商业模式的核心因素。

在传统媒体时代，中国内地有官方牌照的通讯社一直只有两家：新华社和中新社。改革开放以后媒体实现产业化大变革，报刊的数量和电视台的频道数、广播电台的频率数都大幅增加，报纸的版面也大幅扩容，包括广告在内的很多媒介经营“禁区”不断被突破。但就在媒体对通讯社这类内容供应商产生很大需求时，甚至在广播电视早已实施“制播分离”、允许大量民营企业为其提供内容的情况下，主要为报刊服务的通讯社的数量仍然只有两家。在20世纪90年代报纸的黄金时期，曾有报纸联络各地同行，通过对优质特稿的购买与分发，形成类似于西方“特稿社”的生产链条和盈利模式，但这种“灰色”操作并未能持久。笔者曾撰写《B to B新闻服务与新闻供给侧结构性改革》一文对此进行过讨论[①]。所以，当“财联社”这个名称出现并公开打出“财经通讯社”的旗号，进而见到通常只在通讯社和报社才有的“电头”以及“财联社电报”等字样时，笔者还是略感惊奇。何况他们还对标美国的彭博社，1981年创建的彭博社现已发展成入选世界500强的全球最大的财经通讯社。

不过，财联社官方网站的自我介绍仍中规中矩：财联社是中国最大的财经媒体、中国领先的金融信息服务商。用徐安安的话说，就是不再仅仅做媒介产品，而是要把眼睛放到金融体系、资本市场这个世界里去，以满足那里面的一切资讯需求。

界面财联社目前建立了“五位一体”的发展模式，即媒体、资讯、数据、服务、交易。要将这五大板块融为一体形成合力，就需要一些技术平台。目前他们已开发出国内首家标准数据与非标准数据相融合的金融大数据平台——星矿数据平台、服务于上市公司等大型机构的可即时预警的舆情监测系统——信鸽情报分析系统、实时同步的资讯数据平台——犀牛数据分发系统等智能科技系统，还有一个新型资本市场研究所。在这些系统里，界面财联社得以实现财经信息的广泛采集、交易动态的全时监控、舆情走向的及时追踪与分析，以及资讯内容的个性化推送。徐安安认为，这是他们与其他主流媒体的主要差异所在。在数据方面，他认为金融市场自己会产生大量数据，数据也已成为金融研究和决策的核心动力，数据服务是提供资讯服务后的必然方向。财联社正通过与外部合作的方式来拓展数据业务，并在自己的星矿、红岸等数据平台运营。他说，交易是金融市场上最具盈利能力也是最核心的部分。界面财联社在提供新闻、资讯和数据服务后，跨入交易领域也可谓水到渠成，并通过交易大幅增强用户对财联社的黏性。交易属于牌照业务，所以财联社主要和有牌照的券商合作，如前面提到的与中泰证券的合作，未来争取获得自己的交易牌照。他认为，目前“五位一体”五个方面的发展并不均衡，其中媒体和资讯方面是最成熟的，处于国内一线地位，但与国际同行如彭博社相比，仍有很大发展空间；数据方面已初具规模，星矿、红岸

① 辜晓进：《B to B 新闻服务与新闻供给侧结构性改革》，《新传播》2022 年第 5 期，第 81 页。

在非标方面业内领先，但数据的丰富度和可用性仍在追赶业界标杆；交易方面，目前已经和中泰证券等合作切入投行业务；服务方面，财联社已经为企业搭建了一个从初创到上市的全生命周期陪伴式服务生态。

说到“全生命周期陪伴式服务”，就要提到他们旗下的科创板日报。徐安安说，科创板日报原来是服务于科创板开板上市的企业，做的是一级市场。后来发现，如果只服务于上市公司，数量太少，规模和题材都会受到限制。于是改变策略，定位于“一级市场服务体系”，将在科创板申请上市或打算上市而尚未上市的企业，如正在进行“种子轮”“天使轮”“ABC轮”等融资的企业也包括进来，意在进入投资机构这一圈层，将一级市场的生态圈逐步建立和完善起来。在科创板日报官网和App上，也有名为“电报”的专栏。这个专栏从凌晨4点开始发布打着“《科创板日报》某日讯”电头的信息，到夜间12点结束。以2023年9月1日为例，该专栏从凌晨4点到上午9点30分这5.5个小时中，共发布27条消息，并且和“财联社电报”一样，重要消息全文用红字标示，涉及企业的消息下面，都标有所属行业的关键词，如“半导体芯片”“科学仪器”“医疗器械”等。其中《ASML：已向荷兰政府申请许可证获批　在今年内仍可向中国出口部分高端浸润式光刻系统》这一条转载自《中国日报》，切中的正是当前社会的关切。

至本文完稿之时，界面财联社的IPO已到了关键期，所以关于其经营方面的最新数据，徐安安表示“不便公开”。

第二章

浙江日报报业集团：

数字当先构建省域联合体
产业拓展应对市场新变局

概况

人员：在职员工5000余人，其中省管干部11人，处级干部145人，新闻采编人员1000余人，享受国务院政府特殊津贴专家2人，中宣部文化名家暨“四个一批”人才2人，长江韬奋奖获奖人才2人，全国新闻出版行业领军人才1人。

媒体：集团拥有6种报纸（《浙江日报》《钱江晚报》《浙江法治报》《浙江老年报》《美术报》《江南旅游》）、4种杂志和1家出版社（红旗出版社），以及重大新闻传播平台主力舰——潮新闻客户端。

新媒体数据：截至2024年3月，集团拥有新媒体账号（平台）341个：客户端4个，网站13个，微信公众号（含视频号、服务号、小程序）132个（百万粉丝以上8个），微博号31个（百万粉丝以上7个），抖音号36个（百万粉丝以上8个），其他类账号125个（50万粉丝以上21个）。截至2024年3月，潮新闻端内注册用户超5000万，浙江日报微博粉丝数超300万，潮新闻抖音号粉丝数超2300万，钱江晚报微博粉丝数超890万，钱江晚报微信公众号粉丝数超150万。

经营：2021—2023年，集团资产规模不断攀升，截至2023年末，总资产突破165亿元，创历史新高；2023年，集团新媒体、新业务收入占媒体板块总收入近60%；利税总额超过10亿元，保持稳定增长；集团旗下基金管理规模逾50亿元[①]。

① 据浙江日报报业集团提供的数据。

受访人物一览

上左：姜军；上中：李杲；右上：王水明；右中：程为民；下排左起：周天晓、钱伟刚、童杰（谭舒月　摄）

浙报集团大厦（辜晓进　摄）

2023年全国两会期间，新任总理李强在首场中外记者会上提到“四千”精神，即走遍千山万水、说尽千言万语、吃尽千辛万苦、想尽千方百计。这“四千”精神来自李强总理长期任职的浙江，来自浙江的民营经济，也可从浙江的各种事业中一窥端倪，包括报业。

浙江现代化报业的历史，可追溯至清咸丰年间。据戈公振《中国报学史》，美国基督教浸礼会传教士玛高温（Daniel Jerome Macgowan）于1854年在宁波创办《中外新报》，至1860年停刊，是为浙江报纸先声。而目前包括《浙江日报》《宁波日报》在内的浙江“老资格”报纸，都是中华人民共和国成立前后才创办的，其中，《浙江日报》是1949年5月9日在国民党浙江省党部机关报《东南日报》的基础上建立的。但浙江的报人对新事物很敏感，想法多且善于克服困难付诸实施。例如，中国最早的报纸付费墙实践就出现在温州的报业，中国第一个可互动的多媒体一体化数字报纸《宁波播报》诞生在宁波日报报业集团。更重要的是，中国最早的数字报纸，是浙江日报报业集团（简称“浙报集团”）与北大方正集团合作推出的。2005年，浙报集团和北大方正集团经过三年合作开发，共同完成了一项重要科技成果“数字报刊与跨媒体出版系统”，即将传统报纸的数字化翻版技术和概念，延伸到报业产品的数字化和多元化领域。而此前国内报纸的网络版都是电子版或PDF版，不便阅读，更不便碎片化展示和传播。数字版则不同，鼠标移动或点击处，就会出现相关文章或图片说明的清晰文本，且可以作为一个独立单元复制或转发。而编辑后台只要将文章区、图片区等加以“标引”即可让数字端实现数字化发布，标注一份报纸，通常10分钟即可完成。北大方正曾在王选院士的率领下开发出汉字激光照排系统，令包括报纸在内的中文印刷从此告别“铅与火”，跨入“光与电”时代。王选因此被誉为“当代毕昇”。2006年2月20日，浙报集团旗下的《浙江日报》《钱江晚报》《今日早报》《美术报》《浙江老年报》共五种报纸，同时推出数字版。此举既为纪念一周前病逝的王选院士（他数月前还带病来观看过数字报的测试版），更可视为对中国报业开启数字时代的一个隆重官宣。

笔者和项目助理谭舒月（研究生）于2022年10月27日展开调研的，正是这样一家具有创新传统的报业集团。我们分别与浙报集团党委书记、社长姜军，集团党委副书记、总编辑李杲，分管天目新闻客户端的集团副总编辑周天晓，集团副社长、上市公司浙数文化董事长程为民（2023年1月调任浙江出版联合集团有限公司董事长）（时任浙数文化总经理曾宁宇、浙报集团经管办副主任章东轶参与访谈），集团副总编辑、钱江晚报总编辑王水明（时任浙江在线副总编辑、副总经理俞斌和浙江传媒研究院院长、传媒评论总编辑檀梅参与访谈），集团副社长、传播大脑科技（浙江）股份有限公司（简称“传播大脑公司”）董事长钱伟刚（时任传播大脑公司常务副总经理兼天目智慧科技公司执行董事李伟忠参与访谈），浙报传媒控股集团副总经理童杰（现浙报集团副社长）等分别进行了深度访谈。

2023年6月7日，姜军社长一行前往深圳参加由中宣部主办的“2023文化强国建设高峰论坛”并出席第十五届“全国文化企业30强”颁奖典礼。浙报集团已是第七次获此殊荣，也是“30强”中唯一的报业机构。借此机会，我们也邀请了姜军及随行的时任浙报传媒控股集团副总经理童杰和时任浙数文化总经理曾宁宇等于6月6日来到深圳大学传播学院，与部分老师和研究生就浙报集团的融合转型实践进行座谈交流，实际上也是我们对这三位曾经访谈过的老总进行的又一次补充采访。

浙报集团展现在我们眼前的，是一幅不同于上海报业集团的别样风景，就像浙报集团大院盛开的紫藤花一样，别具芬芳。

浙报集团“中央厨房”（章晓进　摄）

第一节　资本反哺报业的浙江样本

改革开放以来，以成立股份制企业进而实现上市交易为特征的中国报业的资本经营，出现过几个具有里程碑意义的事件。第一个是成都商报社（现归属成都传媒集团）旗下的博瑞传播，于1999年通过股权置换入主A股上市公司“四川电器”，后者于2000年更名为“博瑞传播”，被视为“中国传媒第一股”。第二个是北京青年报社（现归属北京日报报业集团）旗下的北青传媒于2004年在香港H股挂牌上市，成为在境外上市的“中国报业第一股”。第三个是成立于1992年的广州日报传媒股份有限公司（简称“粤传媒”），于2007年在深圳证券交易所上市交易，成为首家经中宣部和国家新闻出版总署批准在内地直接上市的报业传媒公司。第四个是以上海新华发行集团为核心的上海新华传媒，于2006年借壳华联超市在上海证券交易所上市，成为“中国出版发行第一股”，2008年解放日报报业集团成为其控股股东。第五个便是浙报集团旗下的媒体经营性资产于2011年借壳“白猫股份”上市，成为“中国第一家媒体经营性资产整体上市的报业公司”。

与上述其他媒体上市公司仍主要依赖旧业态不同的是，已更名为“浙数文化”的浙报集团的上市公司，通过一连串资本运作而进入旺盛的数字新业态，因而也是目前经营状态最好的报业上市公司之一。

笔者与姜军社长（左）在访谈中
（谭舒月　摄）

一、“十二字理念”与早期资本实践

我们到访时，姜军接任浙报集团党委书记、社长还不到半年，此前他先后担任浙江广播电视集团总编辑、浙江省文化产业投资集团党委书记兼董事长。在2016年调任浙江广电集团总编辑之前，他在杭州市、区两级多地党委、政府担任领导，并曾于青年时期援藏。姜军儒雅亲和，写得一手好字，是西泠印社社员。我们会谈的房间一面墙上，有他不同时期临摹《兰亭集序》不同名家的书法作品，颇见功底。

访谈中，他并未完全按我们给的提纲叙述，而是先讲了几件“大的事情”，其中“第二件大的事情”就是浙报集团的资本经营。他说，早在2001年，时任社长陈敏尔就提出了一个重要理念：“传媒控制资本，资本壮大传媒。”陈敏尔是1999年由宁波市委副书记任上调任浙报集团党委书记、社长的，2002年升任浙江省委常委、宣传部部长，之后又担任浙江省委常委、副省长，贵州省委书记等，现任中央政治局委员、天津市委书记。姜军说，这“十二字理念”的提出，在全国都是比较早的，很有创造性，所以后来各地都来取经。浙报集团副社长、上市公司浙数文化董事长程为民在访谈中说，当时传媒的日子都很好过，浙报集团手中也有较多盈余，用来进行资本运作，有助于做大产业，壮大传媒。

也正是在2001年，浙报集团成立了全国第一个报业投资平台——新干线投资有限公司（简称“新干线”），希望在做好报业的同时，用资本手段推动媒体发展，这是浙报集团资本实践之始。早期参与集团资本运作实践的时任浙报传媒控股集团副总经理童杰介绍，起初是委托理财，不久就以投资的方式主动参与一些科研院所的改制工作。其中，2003年出资1989万元收购杭化院公司的职工持股股权，成为杭化院的第一大股东，此后连续三年投资回报超过20%；2004年投资2352万元，通过增资扩股和股权收购的形式持有浙江大立科技股份有限公司（浙江省测试技术研究所改制企业）15%的股权。这两家公司中，杭化院项目后来装入上市公司“新安化工”，“大立科技”也于2008年在深圳证券交易所独立上市。新干线代表浙报集团投资这两家公司都取得了较高的收益。其中，“大立科技”上市时比初始投资增长近10倍，净赚2亿多元；投资杭化院的收益也有数千万元。同时，新干线还以“打新”形式参与股票二级市场投资，也获得了令人满意的收益。

从2007年起，新干线进入基金管理模式，发展成为专业的基金管理公司，先后成立了三个“亿”字头的基金，分别为亿都创投、亿城创投和亿品创投，后来又增加了舟洋创投。四个基金累计投资了20余个项目，除了前面提到的大立科技外，亚厦股份、聚光科技和天壕节能也成功上市并退出。当时省内一些机构甚至一些知名的民营企业，都把资本交由新干线的基金管理，由浙报集团进行资本运作，其中一家著名企业就是后来成为浙江第一房企的绿城集团。2008年，浙报集团牵头，联合两家著名国企，成立了一个文化产业基金，名为“东方星空创业投资有限公司”（简称“东方星空”），基金规模5亿元，是新干线的兄弟公司。东方星空成立后，专注于大型文化产业投资，至2015年已先后投资了30余个项目，其中的华数传媒、宋城演艺在A股上市，随视传媒、唐人影视、铁血科技、缔安科技等挂牌新三板。东方星空2015年仅因减持随视传媒和华数传媒的股份等动作，就实现3亿多元净利润。

为了便于媒体经营性资产公司化、市场化运作，扩大“资本+品牌”的发展模式，作为文化体制改革试点地区的试点单位的浙报集团，在2002年成立浙江日报报业集团有限公司后，以做强媒体、重塑市场主体为目标，立即着手旗下所有报纸的“一媒体一公司”组建工作。2003年，钱江晚报有限公司成立，成为内地第一家以媒体名称命名的公司（2009年更名“钱江报系有限公司”）。随后浙报集团又发起成立浙江日报新闻发展有限公司（该公司于2009年更名为“浙报传媒控股集团有限公司”，简称“浙报控股”）、今日早报有限公司、浙江在线有限公司等公司。至2004年完成对9家县市报纸的吸收兼并后，浙报集团旗下17报3刊1网共21家媒体，都组建了对应的媒体公司，并实施“两分开一本账”的管理，即在采编业务与经营业务两分开的同时，媒体与对应的媒体公司实施“一本账”，两个单位的工资总额和两家单位高层的奖金计划与“一本账”的最后利润挂钩。这些措施既激发了旗下媒体作为市场主体开拓经营的积极性，也促进了集团内媒体之间的良性竞争。

访谈后合影，左起依次为笔者、姜军、谭舒月，背景为姜军临写的《兰亭序六种》（童杰 摄）

二、房地产经营的放与收

中国内地的报纸，均诞生于严格的审批制度下，并遵循中国新闻体制的国有国营原则。国有体制的好处之一，是媒体可以获得政府的政策性资源，例如主流媒体在批地、建房等方面享受的优惠与便利。这是改革开放后全国各地主要报纸、广电机构纷纷建大楼的政策基础。这类不动产项目通常自用有余，便成为媒体日后从事租售等经营业务的本钱。特别是仅靠媒体业务难以赚钱的最近10年，房地产和存量资产更成了各自渡过难关的经济支柱。与大多数报纸依靠自有存量资产开展房地产经营不同的是，浙报集团在较早时就携手房企走向市场，利用品牌优势，实施更加积极主动的房地产经营活动，并以获得的收益不断壮大报业发展和数字化转型。

早在2005年8月，浙报集团就和浙江省最大的房地产公司绿城集团联合组建了浙江报业绿城投资有限公司（简称“浙报绿城”），注册资本8000万元，双方各占50%。成立不久，浙报绿城就走出杭州，打造宁波精品楼盘，然后又走出浙江，进入附近省份的三线城市，如福建的宁德和山东的聊城。这些城市当时房价较低，且因未受到宏观调控影响而正在往上走，处于投资的好时期。在浙报绿城成立后的两年内，浙报集团共投资了4个房地产项目和6个基建项目。童杰认为，当时与绿城的合作很好，一方面是绿城具有房地产开发的专长，另一方面是浙报

笔者与集团总编辑李杲（左）访谈后在一楼晓风茶书馆合影（谭舒月摄）

集团有较为充足的现金流，结果是“收益非常好”。在那些年，浙报集团来自房地产的利润甚至超过了报业集团主营业务的利润。

在报业多元化道路上，浙报集团尝到了“以报为本，多元发展”带来的“馅饼”，同时保持了清醒的头脑，时刻警惕多元化的“陷阱”。就在各地房地产价格持续大幅上升的时候，浙报集团却退出了房地产领域。据介绍，浙报集团退出房地产的原因是，2012年，国家要求抑制房地产过热，国有企业不得过多参与房地产投资。在这个背景下，浙报集团党委在政策出台当年就决定退出，体现了党媒集团的担当和社会责任意识。

包括房地产在内的多元化经营，是中国报业集团在发展历程中不得不面临的阶段性选择。报业只有对自身发展规律积累更充分和深入的认识，在可持续发展能力和综合实力方面做出更多的有益尝试，才有可能真正分享多元化经营带来的增长硕果。正是基于这样的认识，浙报集团才有了后续的借壳上市、收购边锋等一系列资本运作。

三、果断而迅速的借壳上市之路

浙报集团发展史上最让人津津乐道的事件，就是借壳上市公司白猫股份实现经营性资产整体上市，以及随后用融到的资本进行的一系列具有战略意义的收购。而这一事件，又和前面提到的“十二字理念”及浙报集团在资本经营方面积累的经验密切相关。

据全程参与借壳上市过程的浙报传媒控股集团副总经理童杰介绍，2009年3月，浙报集团通过全球招标，斥资500万元选择瑞典的罗兰贝格咨询公司为浙报集团进行品牌战略和企业整合等设计。他说，选择这家公司的原因之一，是该公司此前为广州日报报业集团做过类似的咨询，在业内有一定的口碑。当时，罗兰贝格做了个战略提升方案，在此基础上提出未来三年高标准的规划设计，其中一条就是进军资本市场及相应的财务管理。这与浙报集团多年来在资本市场的探索不谋而合，后者便想到要有一家自己的上市公司，可行的道路是借壳上市，于是便到处找“壳”，目标是经营状态不好、规模较小的上市公司。开始锁定两家公司。一家公司比较符合要求，但市值五六十亿元，而浙报集团打算装入上市公司的16家媒体公司的资产评估总值只有24.6亿元，难以支撑。另一家则有一只1993年在上海证券交易所上市的老牌股票（股票代码：600633）。该股票原为上海双鹿电器股份有限公司的，简称“双鹿股份”，2002年被上海白猫股份有限公司借壳上市。白猫股份的前身是上海牙膏厂，曾于1922年生产了中国第一支牙膏（当时企业名称为“中华化学工业社”），此后拥有“美加净牙膏”“白猫洗洁精”等一批驰名商标，2002年成为国内牙膏行业首家上市公司。该公司上市数年后步双鹿股份后尘经营业绩下滑，到2010年浙报集团选定它为“壳”的时候，白猫股份已是连续三年亏损的“*ST”股票，徘徊于停牌边缘。因此，白猫股份当时的市值较低，总规模只有几亿元，比较符合浙报集团的口味。

童杰说，集团经过一段时间的政策探索，于2010年9月28日召开上市启动大会，开始了紧锣密鼓的上市筹备工作。集团将旗下16家媒体公司和1家应用公司的资产全部纳入评估，好在集团的财务边界比较清晰，没有大的遗留问题，但仍有大量工作要做，包括资产梳理和边界的进一步“清洗”。当时遇到一个障碍，即16家媒体公司中有的资产涉及事业资产划拨土地，不符合上市公司的规则，其中不少土地还在县市一级管辖范围。经过各种沟通，浙报集团争取到了比较优惠的政策，即这些划拨地按出让价的20%补交，然后变更为出让地。当时还涉及人员身份的转换问题，涵盖35名处级干部和1名副厅级干部，都要从事业身份转换为企业身份。他说：“我本人也是这样，当时担任浙报集团事业发展部主任，是事业身份，后来就转为企业身份了。这些都是在几个月内完成的，可见当时改革力度之大。当然，集团也采取了一些补充保障措施，以消除改制人员的后顾之忧。”童杰说，当时他们忙得没日没夜，苦不堪言，但总算在一年内打通了所有关节，完成了一切筹备工作，获准于2011年9月28日上市，“白猫股份”更名为“浙报传媒”，代码不变。他们认为传媒上市是一大亮点，但发现28日这天上市的企业比较多，担心被淹没了，所以主动申请延迟于29日上市。他记得，29日这一天，在上海证券交易所敲锣的只有2家公司，除了浙报传媒，还有一家广西的公司。

浙报传媒的成功借壳上市，果然一鸣惊人，成了当时媒体类新闻的头条。上市当日，股票简称为“N浙传媒”，到第二个交易日才改为“浙报传媒”。而在当时“大盘惨淡”的情况下，“浙报传媒”上午一开盘，股价就报11.99元/股，较白猫股份2010年4月29日暂停上市前最后一个交易日的收盘价7.28元/股，涨幅64.70%。第二天，股票更是封在涨停板，报收13.48元/股，两天涨幅85%，成为当年国庆期间“最受瞩目的个股之一”①。上市首日，其市值为52亿元，5年后升至177亿元，并曾于2013年一度突破300亿元。上市公司2015年实现总营业收入34.58亿元，总资产80.19亿元，归属上市公司股东的净利润6.1亿元，同比均有两位数的大幅增长②。

笔者与程为民副社长（右一）在访谈中，浙数文化总经理曾宁宇（右二）、浙报集团经管办副主任章东轶（左二）参与访谈（谭舒月 摄）

①《浙报传媒复牌两日大涨85%　“一鱼多吃”被看好》，中国资本证券网，2011年10月10日，搜狐财经2011年10月10日转载。

②据《浙报传媒集团股份有限公司2015年年度报告》，2016年4月9日，http://www.sse.com.cn/disclosure/listedinfo/announcement/c/2016-04-09/600633_2015_n.pdf。

四、收购网游公司实现基因变革

成功借壳上市后，浙报集团拥有了强大的融资能力，接下来的关键问题就是选择投资方向和投资标的。据童杰回忆，时任浙报集团社长高海浩面对已经显现的报业发展困境，有一种深重的危机感：一方面，传统报业主要依靠广告的单一商业模式难以为继；另一方面，报业缺乏互联网基因，数字化转型难以获得海量用户。当时，《浙江日报》的发行量为40多万份，旗下十几家报纸的阅读量总和最多也只有数百万次，所以，当初选择的方向，一是要多元化，二是要融入更多的互联网元素。

以此为目标，盛大集团旗下两个网络游戏公司便映入眼帘。盛大集团是国内最早的网络文学和网络游戏的开拓者，2004年在美国纳斯达克上市。集团旗下有两大网络游戏公司：杭州边锋和上海浩方。其中以“三国杀”和棋牌等中国特色网游产品闻名的边锋公司，2011年的营业收入和净利润分别为4亿元和1.6亿元，势头正猛；以电竞为主业的上海浩方规模较小，2011年实现营业收入0.59亿元和净利润0.13亿元，但也处在上升期。关键是，这两家公司都是互联网原生企业，拥有大量用户和雄厚的技术实力。用程为民董事长的话说：“我们收购的不是简单的企业，而是一个阵地。我们借助资本的力量，获得了一个拥有3亿注册用户、超过2000万活跃用户、1000万移动用户的成熟网络平台，拥有了国内首个国有资本控制的大型的自主性网络用户平台。这是我们这些传统媒体难以想象的。从意识形态来讲，这就是一个针对用户的概念，而网络游戏实质上也是一种内容生产。”他介绍，当时高海浩社长去北京向中宣部文改办汇报请示，正是在这一点上说服了决策层。彼时，正在从纳斯达克退市完成私有化并打算回国上市的盛大集团，也有较大资金需求。

2012年4月，在借壳上市仅半年多之后，浙报集团就以31.9亿元的高溢价将边锋和浩方100%的股权全资揽入囊中。据童杰介绍，近32亿元中，有25亿元从上市公司定增募集而来，7亿元来自银行贷款。这一收购行动，按收购额被列为2012年上半年十大互联网收购案第三，浙报集团也是十大收购案中唯一非互联网公司收购方，其余都是百度、阿里等互联网巨头。经此一役，浙报集团也一跃成为国有传媒上市公司中拥有最大规模优质互联网用户的公司。

这次收购曾引发广泛关注和争议，很多人为浙报集团捏了一把汗。但从后面的发展情况看，这次收购是完全正确的行动，是对难得机遇的一次完美把握。第一，被收购公司顺利履行了三年“对赌”协议，三年累计实现利润10亿元，2016年利润为35 864万元，贡献了浙报传媒超过三分之一的主营利润，大大优化了上市公司的利润结构①，而一些人担心的财务风险并未发生。第二，浙报集团获得了较大规模的增量财务支持。虽曾出现2016年游戏收入较大幅度下滑和2019年报业资产全部剥离等变故，但到2020年，已更名“浙数文化”的上市公司总营业收入仍增至35.39亿元，总资产111.87亿元，归属上市公司股东的净利润5.12亿元②。一同接受访谈的上市公司浙数文化总经理曾宁宇说：“昨天匡算了一下，收购以来已累计获得40多亿元的回报。”第三，也是更重要的，这次收购，从两个方面改变了浙报集团的原有基因：一是互联网用户超越传统媒体用户成为主流用户，基于互联网的新型商业模式已部分取代原有媒体的传统商业模式；二是原本清一色的国有体制，因民营网络企业的加盟而带来组织架构和人员构成的明显变化，改变了浙报集团原来铁板一块的国有体制生态，引入人事、激励、分配等方面更灵活的机制，促进其向更符合市场规律的经营方式转变。

程为民感慨地举例说：“当初我们两个划入上市公司的事业部都是处级单位，涉及三个处级干部，其中两个是正处级干部，放弃处级身份很难，但后来都解决了。这么多年大家都适应了新体制，而且在用人上不分企业身份和事业身份，企业身份的人在集团党委当领导的都有。现在外面一些媒体来取经，总是问编制、事业身份等问题，我们都觉得很奇怪，因为我们早就没有这些概念了。我们不像外地一些媒体还在分类管理，有些岗位不向企业身份开放。所以，有了上市公司后，特别是民营网游公司加盟后，思想解放的速度会更快些。”

① 据蒋国兴：《资本游戏里的转型密码——浙江报业集团收购边锋网络平台》，《中国报业》2018年第7期，第40页。

② 据《浙报数字文化集团股份有限公司2020年年度报告》，2021年3月31日，http://www.sse.com.cn/disclosure/listedinfo/announcement/c/2021-03-31/600633_20210331_3.pdf。

笔者与浙报控股副总经理童杰（右）在访谈中（谭舒月 摄）

五、浙报集团与浙数文化的双向反哺

收购边锋、浩方后的上市公司浙数文化，对母公司浙报集团的传播主业形成了强大的反哺和支撑，除了前述融资和营业收入结构方面的回报，更多体现在技术支持和用户结构的改变上。

事实上，收购网游公司后的浙数文化，为浙报集团带来一股强劲的技术清流。据程为民介绍，被收购的网游公司是从事数字娱乐业务的，数字技术比较领先，研发探索早，阵容也较强，而且与浙报集团互补性强，双方之间的沟通合作很好，大大弥补了传统媒体的技术短板。浙数文化旗下的融媒体科技公司和天目智慧公司为集团自主研发媒立方、天目新闻客户端、浙江新闻客户端、小时新闻客户端等提供了重要支撑，并推进了天目云、全媒体智能中台、融媒通等媒体技术的研发，在抢占移动传播主阵地、通过媒体深度融合实现跨越式发展的实践中走在了全国前列。浙报集团副社长、传播大脑公司董事长钱伟刚介绍，现在整个集团有8家技术公司、4个技术服务部门，技术人员的规模宽里说近千人，严里说600多人。有了这个技术团队，浙报集团在数字技术方面就领先于同类媒体，包括建成了天目云、富春云等基础设施，甚至实现了技术输出，参与“杭州城市大脑”及“数字浙江”等建设。其中的“杭州城市大脑”是浙数文化作为第一大股东投资建设、中国工程院院士王坚担任总架构师的智慧城市管理体系，到2020年习近平总书记前往其运营指挥中心考察时，已形成包括公共交通、城市管理、卫生健康、基层治理等在内的11大系统48个应用场景，日均协同数据1.2亿条[①]。至2021年底，浙报集团的研发团队已累计承建省、市、县各类数字化改革项目38项，获得改革突破金奖1个、银奖1个，获评全省数字化改革“最佳应用”1个、数字社会“最佳应用”2个[②]。

在用户结构方面，浙报集团和上市公司也尝试将数字娱乐用户与媒体用户融合，取得了令人振奋的效果。程为民举例说，2014年，他们以钱江晚报为主体，在边锋网络平台进行新闻传播，采取三条措施：一是在边锋游戏大厅设立新闻内嵌页，二是在游戏主页开设新闻专区，三是游戏过程中设置新闻弹窗。结果新闻专区日访问量平均550万，峰值1000万。“这个流量比钱江晚报自己的网站大得多了。”

至于母公司对上市公司的支持，则表现在多个方面，特别是通过战略发展上的整体支持，大大丰富了上市公司的业务内涵和文化生态。母公司秉持“事业支撑产业，产业反哺事业”的发展思路，聚焦主业，优化布局，构建以传媒为核心、资本和技术为两翼的生态体系，大力推进传媒主业、数字文化、数字科技和产业投资四大板块相互连接、相互赋能，并帮助上市公司拓宽募资渠道。例如，浙报集团旗下原有研发、信息安全、运维三大中心，高峰时有300多人。有了上市公司后，研发和运维两个中心就公司化并转成上市公司旗下融媒体科技公司的主要团队。上市公司能从技术上服务媒体深度融合并获益，与浙报集团这个团队有很大关系。程为民说：“资本市场需要故事和想象，而我们的故事真实可靠，想象空间也不小。”

2017年1月10日，浙报传媒发布停牌及重大资产重组公告，宣布拟将包括浙江日报新闻发展有限公司、钱江报系有限公司、浙江老年报报业有限公司等在

①《让城市更聪明智慧——习近平总书记浙江考察为推进城市治理体系和治理能力现代化提供重要遵循》，新华网，2020年4月4日，http://www.xinhuanet.com/politics/2020-04/04/c_1125814356.htm。

② 据调研期间获得的数据。

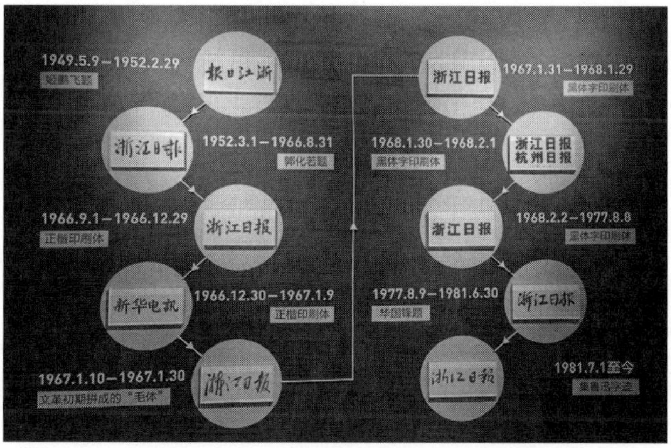

《浙江日报》曾经用过的名称和报头字体（辜晓进　摄于浙报集团报史馆）

内的21家媒体子公司全部剥离。程为民提到，至2017年3月31日，浙报传媒完成了第二次重大资产重组的全盘交割工作，浙报集团以19.91亿元回购包括57家子公司在内的全部新闻传媒类资产，3300余人回归集团。上市公司“浙报传媒”的简称更名为“浙数文化”，同时确定了数字娱乐、大数据、数字体育三大核心产业，着力发展电商服务、艺术品服务及文化产业投资服务。他说：“这次重组是具有和当年上市同样战略意义的第二次重大改革，是一步双活棋，有利于更好地适应媒体深度融合的体制要求，进一步完善媒体融合和新闻宣传事业的保障机制，解决媒体采编与上市公司独立性要求之间的矛盾，解决广告收益不足以覆盖采编成本的问题，有利于优化国有资本布局，进一步实现国有资产的保值增值。”总之，浙数文化已变身为一家纯粹的互联网公司。

第二节　正在下一盘全省融合的大棋

在本次调研中，浙报集团当前最吸引人的实践，是正在构建一个基于数字传播，最终将涵盖大多数省、市、县新闻媒体的“一体化传播大生态”，打造“重大新闻传播平台”，实现全省的用户、数据、内容“三打通”，从“小融合”走向“大融合”。这也与浙报集团在市县媒体深耕多年以及集团在全国报业率先开展大数据业务有很大关系。

一、从单一媒体到大型报系

姜军社长虽然到浙报集团任职较晚，但对《浙江日报》很多“第一”和“名篇”了然于胸，如数家珍。

例如，浙江日报是中华人民共和国成立后最早报道毛主席视察基层新闻的地方媒体。中华人民共和国成立后，毛主席在杭州居住的时间比较长，很多重大决策都是在这里做出的。1958年1月5日，毛主席在赶赴杭州机场途中，临时决定到只有几百户人家的小营巷视察卫生情况，又去了省农科所，浙江日报记者一路跟随采访。后来，《浙江日报》的报道《毛主席视察小营巷》还上了小学课本。再如1978年初，浙江小山村潘店大队的社员被迫“割资本主义尾巴”，砍掉自留地上的4000棵桃树，引发“桃树风波”。《浙江日报》当年4月19日在头版刊发读者来信和调查附记，旗帜鲜明地指出，“砍掉四千棵桃树的错误必须纠正”。新华社向全国播发此文，《人民日报》随后发表评论。“桃树事件”引发的关于社会主义和资本主义的讨论，被视为同年5月11日《光明日报》发表《实践是检验真理的唯一标准》的先声。当年底出台的第一个关于农村改革的中央文件，首次为“社员自留地、家庭副业”等正名。还有1983年，《浙江日报》用整版报告文学《企业家的歌》报道身陷种种争议的浙江省海盐县衬衫总厂厂长步鑫生大胆改革的管理经验，半年后新华社、《人民日报》将这篇报道推广至全国，中央指示全国学习步鑫生的改革精神，步鑫生成为1984年的全国十大“新闻人物”之一。

姜军还特别提到，2002年习近平总书记担任浙江省委书记一个月后就来浙报集团视察。2003年2月25日，时任浙江省委书记的习近平同志就开始在《浙江日报》头版开辟《之江新语》专栏，持续到2007年3月25日，累计发文232篇。姜军认为，习近平总书记很多治国理政的思想在浙江就萌发了，而浙江日报是最早见证这些思想的媒体。

作为组建报业集团的基本条件，《浙江日报》在20世纪80年代开始就由一报而逐步变为多报，其中包括1987年创刊的《钱江晚报》。浙报集团成立后的真正的扩容机会，是在2003年。这一年7月31日，国家新闻出版总署根据《中共中央办公厅、国务院办公厅关于进一步治理党政部门报刊散滥和利用职权发行，减轻基层和农民负担的通知》的精神，部署覆盖全国的以“治散治滥”为目标的报刊大整顿，决定282种报纸和395种期刊从2004年1月1日起停止出版。停刊的重点是区县报刊，例如浙江省停办的14种报纸中，12种是县区日报；广东省停办的31种报纸中，28种是县区报①。还有一批党政机关主办的报刊转归省市报业集团主办。

正是在这样的背景下，浙报集团于2003年12月一次性收编了9种县级（含县级市）日报。加上此前陆续收购的《浙江法制报》等报刊、2009年与阿里旗下的淘宝网络公司联合创办的《淘宝天下》杂志（该刊已在保留纸质版的同时转型为电子刊为主、多媒体运行的数字形态），以及2013年以后收购的《美术报》和《浙江老年报》等，浙报集团旗下报刊迅速扩容至30余种之多，成为拥有报刊数量最多的省级报业集团。2020年12月，在全国建设县级融媒体中心的背景下，9种县市报在总市场规模由2004年的1亿元增长至2019年的6亿元后，回归地方②。而长达17年的县区报纸管理经验和对基层传播的认知，则为浙报集团深耕地方、全省联网打下了基础。姜军社长本人也有较长时间的基层工作经历。他说：“我前段时间去市县调研，拜访地方的市委书记、县委书记，他们对媒体这块也很发

①《全国停办报刊名单》，《人民日报》2003年11月29日。

②《县（市、区）报回归工作会议在杭州举行》，浙江在线，2020年12月4日，https://zjnews.zjol.com.cn/zjnews/hznews/202012/t20201204_12458782_ext.shtml。

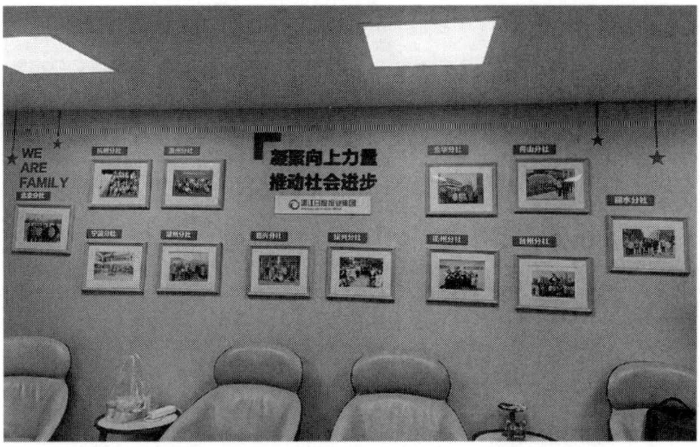

浙江日报社12个分社展示（辜晓进 摄）

愁，不知道出路在哪里。一个县级融媒体，日活只有几百，好的上千。市级媒体好一点，能够上万。但这点量，根本形不成商业模式，还要为技术不断投入，而不转型又不行，成了死结。所以我们在构建全省一张网的体系，将各地的数据孤岛联通起来。”

二、从浙江在线到大数据产业

据程为民董事长介绍，2022年5月9日，浙报集团整合600多人技术力量形成的数智技术品牌——“浙报数智”首次亮相，同时发布面向媒体行业的首个《全媒体智能中台白皮书》。这将进一步推动“全省一张网”的传播体系重大改革。

而浙报集团的技术积累，最早可追溯到1999年建立的浙江日报官方网站浙江在线，以及在上市公司支撑下率先发展起来的大数据产业。姜军社长在访谈中将浙江在线的建立作为浙报集团融合转型的“第一件大的事情”。浙江在线属于国内最早一批省级媒体网站，其创办后，陆续朝三个方向拓展壮大：一是向浙江手机报、手机浙江网以及后来的社交媒体等移动传播拓展；二是以“深耕本土”的理念向县（市、区）拓展，先后建立了56个县（市、区）支站，还于2015年与义乌市委、市政府合作建立了中国义乌网；三是向垂直服务类内容拓展，先后打造

“房地产融媒体”“财经融媒体”“大健康融媒体”“科教体育融媒体”“旅游融媒体”等10多个融媒体服务平台，其中的浙江在线健康网由浙报传媒2014年投资5000万元创办的浙江智慧网络医院管理有限公司负责运营。在2018年中国互联网络信息中心（CNNIC）发布的“网站信息生态指数”月度榜中，浙江在线因采用视频、动画、大数据、H5等创新传播形式，多次名列省级新闻网站第一。目前，浙江在线已发展成为浙江省委、省政府的官方网站，仍由浙报集团运营。姜军介绍，2019年上线的天目新闻客户端，也是从浙江在线一个专栏发展起来的。另外，浙报集团总编辑李杲介绍，天目新闻的骨干很多也来自浙江在线。

2015年，上市公司浙报传媒自2012年定增募资收购边锋、浩方后，再次定向增发，募集资金20亿元，建设互联网数据中心和大数据交易中心。据程为民介绍，这个雄心勃勃的计划很快付诸实施，2016年即投资建设包括浙江大数据交易中心、“富春云”互联网数据中心、“梧桐树+”数据产业园、大数据产业基金在内的“四位一体”大数据产业生态圈。其中，2016年9月26日，经省政府批准并获得全省第一个大数据交易牌照的浙江大数据交易中心在浙江乌镇正式上线，中心主要提供数据流通服务和数据增值服务。数据流通包括数据产品、数据技术、数据模型、供需匹配等的流通和交易。增值服务包括数据加工、整合、脱敏、模型建构、合规咨询、资质评估等服务。随即，交易中心参与了《数据交易平台结构指南》《数据产品交易标准化白皮书》等一系列实施细则和行业标准的编写制订。至2022年，交易中心平台的累计会员数已达270家，相关产品覆盖金融科技、公共服务、医疗卫生、城市治理等多个应用场景。

2016年2月25日，浙报集团与杭州市富阳区政府签署协议，由浙报传媒在富阳经济技术开发区建设“富春云”互联网数据中心项目。据童杰回忆，协议签署时，浙报集团现任社长姜军正好在富阳任区委书记，积极支持了这个项目。项目总投资21.97亿元，计划用地75亩，总建筑面积6万平方米，将形成6000个机柜、近10万台服务器的服务能力。童杰说，这实际上是大数据存储业务，当时调查发现，数据存储业务需求每年以40%的速度增长，现在大数据这块的年利润已经超过1亿元。

三、从“融媒体中心”到“共享联盟”

2018年8月，习近平总书记在全国宣传思想工作会议上指出，“要扎实抓好县级融媒体中心建设，更好引导群众、服务群众”[①]。2020年10月，党的十九届五中全会审议通过的《中共中央关于制定国民经济和社会发展第十四个五年规划和二〇三五年远景目标的建议》也提出，“推进媒体深度融合……建强用好县级融媒体中心”[②]。由此，始于顶层设计的全国县级融媒体中心建设如火如荼，全面铺开，而浙江作为响应较为积极的省份，也取得了重要进展，走在全国前列，但内容生产的单薄性、技术支撑的无力性、参差不齐的差异性以及彼此互不连通的孤立性等弊端也逐步显现。为此，浙报集团设计出一个总体解决方案：创建浙江省“融媒共享联盟”。

据钱伟刚副社长介绍，2020年4月，浙报集团以“内容共同享有、策划共同参与、活动共同开展、产业共同拓展”为原则，在全省正式倡导组建融媒共享联盟，实施媒体深度融合的“下沉策略”，从此与不断增多的联盟成员间展开全方位合作，并随即在温州、湖州、舟山三地开展联盟建设试点。随着合作模式、工作机制、支撑体系等的完善，联盟迅速得到各地的积极响应。同年7月，全省90家县级融媒体中心全部入盟。当年底，又扩展到11家市级党报媒体以及高校、省级机关和企事业单位、乡镇、街道等单位。到我们前往调研的2022年10月，各类“盟员”数量已超过1900家，基本构建成了“纵向到底，横向到边”的联盟体系。这些盟员与浙报集团没有任何行政隶属关系，也无须缴纳任何费用。2023年，共享联盟甚至“出圈”至邻近省份。这年8月，福建省的政和、寿宁等县融媒体中心人员到邻近的浙江省庆元县考察后，与庆元县融媒体中心签订了“浙闽边界县级融媒体共享联盟”合作协议，联盟的中心就设在庆元县。与此同时，联盟也开始对社会各领域的优质写手、拍客开放个人用户注册，以方便他们上传丰富多彩的图文、音视频素材，预计未来个人用户的数量将“非常可观”。

---

①《县级融媒体中心是基层社会治理的重要抓手》，《光明日报》2020年12月18日，第11版。

②同上。

为完善融媒联盟的“技术底层”，浙报集团又于2022年上半年推出可开放共享、分层利用的数字化应用“融媒通”，进一步强化了联盟对外技术赋能的功能。在此应用环境里，联盟内的媒体单位、非媒体单位以及大批个人用户每天上传的大量图文音视频素材，在进入素材库时已自带用户贴上的标签，入库后通过智能软件加打标签，形成共建共享、方便检索、快速调用的浙江媒体资源库，为全联盟甚至全社会的内容生产者赋能，从而解决了长期以来图片难找、视频素材难检索等难题。“融媒通”还创新了重大选题策划、传播效果评估反馈等五项体制机制，设计了内容协同生产、赋予基层传播能力、社情民意助推社会治理等三个“流程闭环”，形成了赋能基层传播能力实施方案等五个制度成果，并因此入选“2022年中国报业媒体融合‘用得好’案例库名录”。

共享联盟的建立，首先对内容生产和传播上的互通互联发挥了前所未有的积极作用。据姜军介绍，联盟成立于新冠疫情流行期间，当时到各地的采访以及基层抗疫活动的传播都受到了很大限制。联盟成立后，大量的联盟成员组成内容生产的综合体，基层的抗疫事迹和疫情影响情况，被制作成音视频、图文形式的新闻，通过各盟员端口上传，突破了各种物理阻隔，再通过联盟平台对外发布，很快形成较为强大的抗疫内容生产和传播能力。2022年前三季度，联盟成员仅向浙江新闻客户端就供稿3万余篇，其中单端阅读量30万次以上者超过900篇；另向《浙江日报》发稿1500多篇，其中头版200多篇。这些稿件还进一步向央媒和各大商业平台分发，传播效果甚佳。

针对县级融媒体中心等基层单位内容生产能力较弱的总体情况，浙报集团还从新闻策划和业务培训两方面帮助提升。关于策划，钱伟刚举例，2022年4月，浙江新闻客户端的迎亚运栏目《Hello，Sports浙江》讲述了拿过亚运会银牌的一位尼泊尔小哥在湖州莫干山开办民宿并带游客体验滑翔伞的故事，阅读量很快超过35万次。这个线索就是德清县融媒体中心一位记者提供的。得到线索后，浙报集团湖州分社与他们共同策划并拍摄制作了这个故事。另一个例子是，2019年8月，经国务院批准，温州市苍南县原龙港镇撤镇设立县级市龙港市。同年12月9日，龙港市机构人员正式履新。这是国内第一个由国家批准的直接由镇升级为省辖（温州市代管）县级市的机构设置，在当地意义非同小可。龙港市融媒体中心打算组织一个“龙港市正式运营100天”的特别报道，但苦于一线记者少，无“重头报道”经验。恰在这时，作为试点单位，以浙报集团温州分社为骨干的融媒共享联盟温州枢纽平台成立。分社的龙港跑线记者立即入驻龙港市融媒体中心，一个星期后，《龙港100天》文稿成功出炉。此外，联盟成立的2020年7月，浙报集团还发起组织联盟单位集体参加制作“大潮起之江　‘窗口’看小康”大型移动视频新闻系列，在浙报集团三大客户端和“学习强国”浙江学习平台以及相关县（市、区）平台刊播。一年内播出65期，全网点击量超过7000万。关于培训，钱伟刚称已为数十家盟内媒体和成员提供融媒体技术解决方案，提供技术培训近百场次，为联盟成员提供采编业务培训，累计参训人员超过6000人次。

四、从“数字孤岛”到“一朵云一张网”

这两年，浙报集团一直朝着编织“全省一张网”的大方向前进，这也是姜军社长到任后大力主推的重大项目。但全省融合能否行稳致远，取决于联盟内各方的利益能否合理分配。针对我们的关切，姜军2023年6月到访深圳大学传播学院时表示：

“做好联盟的难点之一，是打消市、县的顾虑。过去全国性媒体到市、县去，把地方广告拿走了一块，我们若再去拿一块，岂不也侵占了他们的利益？那他们肯定不干。所以我们不谈收益，先谈服务，帮你赋能。你的存量广告，还是你的。今后我们通过在新媒体端做大传播量而获得增量广告之后，再来谈分成。

2021年10月22日，浙报集团共享联盟（台州·玉环）举行首批17家微融站集中挂牌仪式（浙江在线）

而对县级融媒体中心来说，多数从题材到质量的内容生产水平都很低，导致日活普遍很低，传播力更弱，大部分属于自娱自乐。这点流量放到商业平台上，没人理你，谈不上价值，几乎没有广告。多数市级媒体的日活也普遍不高，大多上千，上万就是好的了，甚至省级媒体如广电的‘中国蓝新闻’客户端，日活也就一两万。我们的日活是30多万。所以大家连起来，才可能做大客户群，进而产生商业价值。现在我们通过技术把11个市和90个县都连在一起，共有101个以上机构，情况就大不一样了，否则大家都是‘数字孤岛’，在海量用户的互联网市场里难有作为。这个技术平台目前就我们一家在做，去年辜老师来的时候，我们开始试水推进了，目前已经取得比较好的效果。”

姜军介绍，正因为在内容生产、数字传播和技术赋能方面的显著效果，联盟成员目前都是受益者，所以加盟的意愿普遍积极。他说：“对基层而言，你没有损失。你原来这些数据孤岛，联通以后物理空间保持不变，更多的是我们给你赋能。例如你没有客户端，而我有，可以为你配置定制，省以上的重要新闻，包括国内国际新闻，我帮你做。我们统一建一个稿池，你拿去用就行。而你如果有好的新闻，向我这个平台供稿，这样在省级平台上的影响就比你们自己的媒体大，本来是市、县的头条，我们搞成了浙江的头条，对用户的吸引力就大了。未来我们就是要创造一种新的价值，实现数据打通、用户打通、内容打通，然后就可以一起壮大了。”他认为，要达成这一目标，关键是要做好“技术底层”，这个底层就是“传播大脑”。传播大脑科技（浙江）股份有限公司是在浙江省委宣传部的指导下，以浙报集团的技术力量为主，由浙报集团、浙江广电集团、浙江出版联合集团、浙江省文化产业投资集团四大省属文化国企共同发起，于2022年6月筹建，2023年1月正式成立的。其目标是建成全省媒体技术的“统一支撑平台”和“统一对外出口平台”，其中就包含融媒共享联盟的技术体系。传播大脑公司的董事长由浙报集团副社长钱伟刚兼任。

2023年3月28日，传播大脑公司在杭州举办首次产品发布会，同时宣告“传播大脑技术生态联盟”成立，阿里巴巴旗下的阿里云、阿里达摩院、钉钉等都成为联盟的重要伙伴。发布会上，省级融媒体云“天目蓝云”与“融媒通”“智岛”“洪泽”三大子产品同时亮相。“天目蓝云”由浙报集团的“天目云”和浙江广电集团的“新蓝云”整合而来并与阿里巴巴旗下的“阿里云”合作，是浙江省全省统一的新型智能化融媒体技术平台，旨在改变各级融媒体平台各自为战的旧格局，建成全省媒体从业者的“工具百宝箱”。例如，记者在该系统推荐的热点趋势中选择某个选题后，可利用平台的算法联动场景功能，联系成员单位策划跨区域大选题，随后在基于大数据和人工智能建设的资源库中搜索优质素材，并向成员单位征集素材。产品完成后，系统将根据精准的用户画像进行全域投放。

三大子产品则对应三大应用场景。其中，“融媒通”是在原浙报集团“媒立方”的基础上发展起来的内容生产发布系统。“媒立方”用于浙报集团内部的内容生产，如今要扩展到整个共享联盟里的媒体内容生产，所以必须连起来，以“天目蓝云”为底盘。其作为“内容创作者的首席助手”，通过体制机制创新与业务流程重塑，构建起“用户共享、内容共享”的一体化传播体系。该产品发布时，已有1.8万多名用户常驻“融媒通”，湖州、衢州等地34家媒体与“融媒通”建立优质稿件互推机制①。“智岛”则试图用“数字感知品牌”，通过辅助决策系统、宣传内容多级共享平台与案例沉淀知识库构建品牌连接，以图文、视频、H5等全形态能力参与策划制作、发布、传播全流程工作，维护和提升政府、城市、地方等品牌价值。“洪泽”被称为“全国首个省市县一体化数字营销平台”，拥有聚合省域主流媒体流量、沉淀挖掘用户数据价值、激发媒体品牌商业潜能三大能力，可“通过高质量精准流量和精准的地域投放，获得头部品牌广告主的青睐”，进而为媒体带来增量商业收益。关于“洪泽”，姜军以他原来工作单位的“浙文互联”为例做了解释。“浙文互联”的前身是2004年在上海证券交易所上市的科达集团股份有限公司（股票代码：600986）。2020年12月在时任浙江省文化产业投资集团有限公司（简称“浙江文投”）董事长姜军的主导下，浙江文投等新股东加入，公司重组更名为“浙文互联”。姜军说：“‘浙文互联’每年有100多亿元投在爱优腾（指爱奇艺、优酷、腾讯）上，如果里面拿出一两亿元在‘洪泽’系统上跑跑看，一旦效果好，就可以形成增量收益，这样我们就可以按流量与市县媒体分成。”

---

① 金春华：《百万年薪CTO是名准“90后”，携“天目蓝云”亮相》，潮新闻客户端，2023年3月28日。

五、媒体一体化联盟的中国版本

浙报集团“一张网”的省市县共享联盟实践，令笔者联想到大洋彼岸美国的同类创新实践。

对国际媒体有所了解的人应知道，传统媒体时代曾长期存在一个有趣现象：电视联，而报纸不联。电视联，指一些全国电视台通过与大量区域、地方电视台签订合作条约，构建一个覆盖到各地的电视网络传播体系（注意，这里的“网络”与互联网无关）。那些进入合作关系的地方电视台，形式上就成为全国电视主台的“附属台”（affiliates）。“附属”二字可能会引起误解，附属台与全国电视主台并无产权或人事隶属关系，全国电视台更不参与附属台的运营活动，双方主要是内容供给关系。一旦成为附属台，地方电视台就不用再操心制作全国或

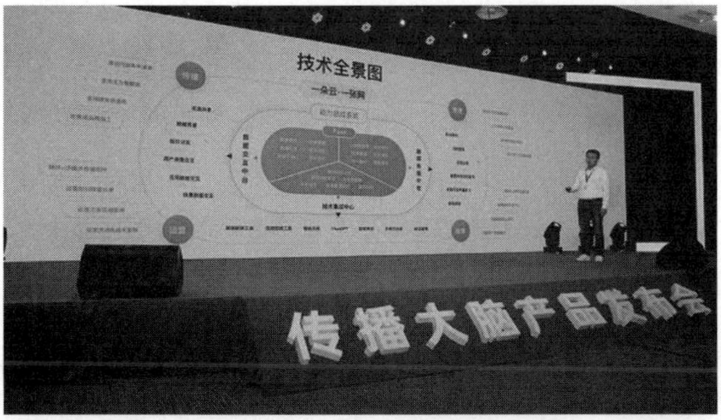

2023年3月28日，传播大脑科技（浙江）股份有限公司在杭州举行首次产品发布会，展示“一朵云一张网”的技术全景图（钱江晚报　提供）

浙报集团副社长、传播大脑公司董事长钱伟刚在“中央厨房”大屏前讲解实时数据，手指处是客户端实时访问量：666618（谭舒月　摄）

国际新闻以及一些垂直领域的内容，并且可以在电视屏幕上打某某电视台附属台的标志。全国电视主台则收取一定费用，并让自己制作的内容得以覆盖全国，且可参与分成因这些内容而产生的广告收益。双方互利互惠，所以合作得以长久。这方面的首创者是美国三大广播公司，后来扩大到福克斯，它们各自有两三百个附属台，另有少量“直营台”（O&O）。这样的电视台联盟很快推广到全球很多国家，例如亚洲的日本和印度。所以说，“电视联”是全球性的传统，只不过中国是个例外。中国虽有央视、省视、市视、县区视这样的四级电视架构，但互无关联，只有晚7点央视《新闻联播》才组成一个大一统的临时内容联盟，时间通常只有半小时。

相对于电视而言，报纸却从来都是“孤岛”。以报业集团发展最为成熟和强盛的美国为例，集团内各报纸之间从未形成内容生产和分发的联盟化合作体系。例如，默多克旗下的新闻集团在美国、英国、澳大利亚都拥有顶级品牌的报纸，但这些报纸如美国的《华尔街日报》、英国的《泰晤士报》、澳大利亚的《澳大利亚人报》之间，崇尚的是内容差异化生产，力避同质化，甚至同在纽约的《华尔街日报》和《纽约邮报》之间也无紧密合作关系，充其量是遇到大事之际协调一下立场。论坛公司2000年以小博大兼并西部大型报业集团时报-镜报公司后，旗下《芝加哥论坛报》《纽约每日新闻》《洛杉矶时报》等虽然远隔数百甚至数千公里而无同质化之虞，相互也无常规性内容合作。直到2016年笔者再度赴美调研，笔者才惊异地发现情况有了根本改变。规则的改变者是美国乃至全球的最大报业集团甘尼特出版集团，在美国和英国拥有近400种日报和上千种非日报，其中除《今日美国》一家全国性日报外，大多属于区域、都市、地方日报。2015年12月，甘尼特以旗舰报纸《今日美国》为首，正式组建《今日美国》网络集团（USA TODAY NETWORK），将旗下美国地方报纸悉数纳入体系。

甘尼特的“集团”也可视为一种联盟，其做法是，先用数年时间建成一个基于GMS（内容管理系统）的内部数字平台（即浙报集团所说的“技术底层”），将联盟成员的印刷版、数字版以及广电内容等勾连起来。集团成立后，各媒体可以同步生产大批量的新闻稿件，任何媒体成员都可从这个平台免费选用

笔者与钱伟刚副社长（右）在访谈中（谭舒月　摄）

想要的内容，进而实现“跨越所有媒体的内容流动”[①]。成员间也可实现任意双方或多方的合作生产，生产的内容可通过平台上的任意端口对外发布。

由上可知，浙报集团和美国甘尼特出版集团的融合联盟实践，无论底层技术、深入基层的应用场景还是内容生产分发的一体化逻辑，都有异曲同工之妙。笔者从与姜军社长等领导的访谈中，却发现他们对美国同行的做法并不知晓，更不可能掌握技术细节。两大集团只是共同面对互联网以海量规模取胜的丛林法则而同时想到了以联盟形式做大媒体蛋糕，强化传播能量，属于“英雄所见略同”。

① 辜晓进：《重走美国大报——美国报业转型：颠覆与重生》，南方日报出版社，2018，第70—71页。

第三节　变多端并举为三端合一

浙报集团曾经有近10个移动新闻客户端，其中尤以“浙江新闻”“小时新闻”“天目新闻”最为著名。这三个客户端都有较为可观的下载量和日活，且经过多年培育已有各自的主要用户，初步实现了市场细分。不料2023年2月18日，浙报集团突然宣布将三端合并为一端，以“潮新闻”的新品牌重新面市。这是该集团近年来令人眼花缭乱的创新举措中的又一壮举，引起外界关注。

一、始于“传媒梦工场”的全媒体实践

2011年10月31日，就在浙报集团借壳上市挂牌后仅一个多月，“传媒梦工场”（简称“梦工场”）便正式启动，旨在借鉴科技孵化器的经验，打造“中国第一个传媒孵化基地”。梦工场雄心勃勃，打出“内部转型，外部扩张，孵化未来”的口号，旨在建立一个传媒界、互联网界、投资界三界融合的创新创业平台，且计划在未来五年内为此投入20亿元。时任浙报集团副社长、梦工场董事长的王纲（现任中宣部副部长）当时的一段话反映了梦工场建立的紧迫背景：“新媒体如今在谁手里？绝大多数不在传统的报人手里。传统报业集团在新技术浪潮下充当的角色，更多的时候只是一个被动应对者，很多时候只能眼红新媒体的高速增长。没有分众服务能力，无法与读者互动，缺乏数据库的支撑，一定长不出新媒体。”①

梦工场下设创投基金、孵化基地、研究院、实验室、新媒体运营五大机构。在创投方面，梦工场的第一个大动作就是2012年4月投资虎嗅。投资时，《中国

① 王纲、张宇宜：《离互联网硝烟再近一点——浙江报业集团传媒梦工场的新媒体探索》，《新闻战线》2013年第2期，第23页。

企业家》杂志原执行主编李岷离职创办的虎嗅网，上线才半年，已在互联网上排名第420位，日活300万次，呈现出令人信服的发展势头。梦工场随后又分别投资了宏博知微、音乐天堂、微拍、优拍、微触等项目。虽然这些投资多数都获得了很好的回报，如投资虎嗅短短一年就获得10倍以上回报，但梦工场更看重通过这种战略投资布局来打造浙报集团外围的新媒体生态圈。值得一提的是，正是这个梦工场，还投资了财新传媒（含杂志和新媒体）。2009年11月，胡舒立率领原《财经周刊》高管和骨干创办《财新周刊》，该刊的主管主办单位正是浙报集团。访谈期间担任浙报集团副社长的程为民，当时就曾终止在浙江省兰溪市的挂职，被临时调派到北京管理财新团队（现《财新周刊》已转归中国文史出版社主管主办）。梦工场还曾于2012年向财新投资，助其发展新媒体。所以说，在目前发展状态良好的财新传媒的身体里，也流淌着梦工场的资金血液。

在孵化方面，梦工场成立后的重头戏之一，是于2012年2月16日，以浙报集团名义连同中国期刊协会、新媒体产业联盟，共同主办了“中国首届新媒体创业大赛”，以创业圈流行的DEMO秀形式遴选最优秀的创业团队。大赛聘请马云、李开复、胡舒立等7位业界大咖为创业导师。分为北方赛区、南方赛区、高校选拔赛、移动互联专场四个分赛区的这次全国比赛，报名踊跃，启动后短短4个月，报名参赛项目超过1100个，举办落地活动30多场，成功挖掘到2个项目，获得梦工场投资孵化。到2013年，孵化基地已有22个创业团队，包括点触验证码、江南本草、Touch Chinese、华商发展、慕尚传媒等。其中，杭州微触科技有限公司的点触验证码是新一代互联网云安全系统，表现为登录时依次点击图标等，很快成为各网站用户安全认证的基本方式，至2013年已有超过4000个网站使用。2014年，梦工场被认定为杭州市级科技企业孵化器[①]。

① 据浙报集团提供的数据。

二、三大端的前世今生

姜军社长提到的浙报集团融合转型的“第三件大的事情”，是得益于梦工场等的产业化实践，于2014年上线浙江新闻客户端。客户端上线后，与浙报集团旗下的大浙网（与腾讯合作）、边锋网、钱报网、浙江手机报等实时打通，首创所谓“三圈环流”的新媒体矩阵。他将这一年称作浙报集团的“媒体融合元年”。而这一年也是全国各大媒体集团集中推出移动客户端的年份，仅当年6月，就先后有人民日报客户端和新华社发布客户端先后上线。上海报业集团的三大客户端也是这一年推出的。浙江新闻客户端于6月16日上线后仅3个月，就冲上App Store（苹果客户端商店）新闻类免费排行榜第三名，紧跟排名第二的澎湃新闻。2016年中央网信办《网络传播》杂志公布统计时间为2016年5月15日至6月15日的“中国新闻网站App传播力榜”，有1100多万用户量的浙江新闻客户端名列“前十强”第六名[①]。

多年来，浙江新闻客户端一直作为浙报集团和浙江省最大的移动新闻传播门

笔者与分管天目新闻客户端的集团副总编辑周天晓（右）在访谈中（谭舒月　摄）

①《浙江新闻App入选传播力十强》，新浪新闻网，2016年7月14日，https://news.sina.com.cn/o/2016-07-14/doc-ifxuaqhu0292922.shtml。

户，承载着采编和发布省级移动传播新闻内容的任务。据浙报集团副总编辑、浙江在线总编辑、主管天目新闻的周天晓介绍，从2016年起，浙报集团将浙江日报、浙江在线、浙江新闻的内容生产团队融合在一起，报、网、端三条战线的队伍合并为一支队伍，在融合转型上迈出一大步，这种体制机制创新还受到中宣部的表彰。

2017年8月18日，浙报集团旗下的钱江晚报创办的“浙江24小时”客户端正式上线。与大众报业集团旗下的“山东24小时”不同，“浙江24小时”以一报之力创办并运营，以城市资讯和垂直服务为主导，设有《帮帮团》《城市日历》等栏目，提出的口号是“大新闻，小日子”，与《钱江晚报》服务民生的内容风格相契合，也因此与浙江新闻差异化运营。2019年9月17日，“浙江24小时”更名为“小时新闻”，提出的口号是“有用，有趣，有温度”。

然而，浙报集团并不满足于这两个客户端。周天晓说，当时网站的颓势已很明显，全国列为第一方阵的省级新闻网站如上海的东方网、浙江的浙江在线、江苏的中国江苏网、重庆的华龙网、湖南的红网等，UV（独立访客数）、PV（页面浏览量）等数据都停滞不前，移动传播已是大趋势。所以浙报集团认为浙江在线也应当转型，特别是2019年1月25日习近平总书记就媒体融合发展发表重要讲话之后，决定再创办一个客户端。浙江新闻主要是省内新闻，小时新闻主要与《钱江晚报》匹配，所以新客户端要跳出浙江，浙报集团提出“全国化”的口号。同时，随着字节跳动的崛起，短视频成为新风口，所以浙报集团还决定将新客户端定位为短视频内容为主的客户端。周天晓认为，之前的两个客户端，多少有点锦上添花的意思，并未真正作为新闻传播的主战场、主力军来建设，新客户端就要解决这个问题。当时还有一个背景，即2018年11月，习近平总书记在首届中国国际进口博览会上宣布，支持长江三角洲区域一体化发展并上升为国家战略。所以创办一个走出浙江的客户端，也得到浙江省委、省政府的支持。

在这一连串背景下，天目新闻客户端于2019年10月19日在浙江乌镇正式上线。周天晓说，名称用“天目”有两层意思：一是虽然名称要淡化浙江、杭州等地名，但也要有所指向和便于记忆，便借用了浙江著名山脉天目山之名；二是“天目”意同佛家所谓“天眼”，开通之后能见到很多难以见到之事，所以提出“开天目，见美好内容”。为增强客户端的服务黏性，天目新闻还提出“掌上看新闻，指尖办事情”的口号，将数十项民生服务事项接入天目，后来又与省级服务平台“浙里办”打通，努力办成一站式服务平台。

2020年12月28日，经浙江省委宣传部批复，天目传媒有限公司正式组建。至2022年10月，天目新闻的累计下载量已接近3200万次，日活接近40万。

三、“潮”来了

我们于2022年10月赴浙报集团调研时，天目新闻仍是集团重点打造的客户端，并实现了“全员视频”，提出“无视频不传播”。浙江在线的主要队伍也转移到天目来，形成300多人的团队。但出乎意料的是，时隔不到四个月后的2023年2月18日，浙报集团突然宣布，将浙江新闻、天目新闻、小时新闻三大客户端合三为一，推出潮新闻客户端。这个新客户端仿佛钱塘江大潮，来得突然且猛烈。

姜军后来向我们透露，“三端合一”的计划是2022年底就开始酝酿的。2023年1月18日揭牌成立的传播大脑公司的重要使命之一，就是要在平台建设上发力，包括为未来的客户端提供技术支撑。他说：“我们原来三个客户端主要是采购别人的技术，结果是所有用户数据都不在我们自己手上，维持再长时间也没有数据积累。所以我们这次痛下决心自己做，把用户数据沉淀在我们自己的技术平台上。”他坦承，这样的整合也给他自己带来很大压力，毕竟三个客户端总共有上千人的队伍。他们采取的办法是，建立重大新闻传播平台管委会，由集团一、二把手共同担任管委会主任，然后组建“潮闻天下公司”党委会，下属编委会、管委会、技委会，实现一体化指挥运作。对原来三端人员进行重新整合，成立编辑中心、采访中心、互动评论中心等15个一级内容生产中心。这15个采编中层岗位全部实行公开选聘，由此启动集团成立以来最大规模的中层干部竞聘选拔。最后有150多人报名，其中从浙江日报来报名的有40多人，占近三分之一，最多的一个岗位有24人竞争。集团领导班子和潮新闻的新班子集体做评委，后面还有100多位浙报集团员工参加打分（分值仅供参考）。用了整整2天时间，不问年龄，不问学历，主要看对新客户端的理解、创意和实施潜力。最后脱颖而出的15人，就完全离开原有岗位，成为潮新闻的专职中层骨干。然后再由中层干部用双向选择的方式，确定各自的运营团队。

潮新闻上线后，原来的三大客户端陆续停更。潮新闻创办之初致力于用户、内容、功能的三类整合。在用户整合方面，在原三大客户端首屏发布公告和超链接，鼓励用户们跳转下载潮新闻客户端，或直接去应用市场下载潮新闻。用户在潮新闻登录并授权同意后，即可使用原浙江新闻、小时新闻等的账号或相同手机号，免注册直接登录。同时，潮新闻还保留原有三端的有效用户权益，如积分、红包、签到豆之类，并推出更丰富的活动鼓励用户向潮新闻转移。在内容整合方面，由业务团队梳理新老内容的对应关系，实施不重复内容的数据迁移。同时以兼顾数据的安全、完整和有效为前提，尽量保护用户在原客户端的点赞、评论等互动隐私。在功能整合方面，对客户端各类业务进行解构，并重新构建新的对应关系，力图保留原有客户端被实践证明便利有效的先进功能，同时创立更符合用户需求的新功能。从后来的数据看，这些整合取得了良好的效果，实现了绝大多数原有用户向新客户端的迁移。

接下来就看传播力了。姜军说，潮新闻上线的前半个月，一条阅读量10万次以上的新闻都没有，大家都有点着急，但潮新闻的强大内容生产团队很快显示了威力。这个内容生产团队由集团总编辑李杲亲自挂帅担任总队长，集团副总编辑、潮新闻总编辑王水明等担任副队长。同时建立以优质原创内容为核心追求，以阅读量、发稿量、评论量、转载量为重点指标的评价体系，每天公布前一天重点稿件报告、原创稿日榜单等数据，力求做到人无我有、人有我优。例如，面对2023年全国两会的共同题材，潮新闻发布《首次记者会上，李强总理为何重提发源于浙江的“四千精神”》的独家稿件，创下客户端创建以来首个“30万+”，且转发数“2000+”，评论数“660+”，全网阅读量410余万次。2023年3月20日习近平总书记访问俄罗斯时，潮新闻及时推出《超声｜十年九次出访俄罗斯，向世界传递什么信号？》，获得端内点击量10万次以上。2023年3月下旬马英九率团访问期间，潮新闻主动介入，派出多路记者前往南京、武汉、长沙等马英九生活居住过的地方，推出系列报道，其中阅读量10万次以上的有3篇，全网传播量1600万次以上的有7篇[①]。姜军2023年6月6日在与我们交谈时说，截至6月5日的107天里，潮新闻已发表阅读量10万次以上的新闻170多篇。他解释，10万次以上是端内裸数据，不是“加权平均”的放大数据，“因而含金量是较高的”。

截至2023年10月31日，潮新闻客户端下载量已达4540.1万次，用户来自527个城市，平均日活35.7万；全网粉丝量超1亿，其中抖音号粉丝量突破2200万，居新闻资讯类浙江媒体第一名；微信矩阵粉丝量超1000万，微博粉丝量超800万。目前，潮新闻已与共享联盟内包括浙江广电集团、11市融媒体、90县融媒体在内的三级媒体内容全部贯通，初步实现报业集团客户端难以做到的海量内容生产。入驻潮新闻的“潮客”已达10万名，“潮鸣计划”入驻客户端的高端创作者有1700多名，每天用户生产的内容突破4000条，上线8个多月已有阅读量10万次以上的端内稿件545篇，并出现全网阅读量超6亿次的“爆款”[②]。

当然，关于客户端的媒体布局和数量多寡并无定规，意见也有分歧。从中外报业媒体的实践看，一地一媒，有一个综合性的主客户端即已足够，前提是该客户端的内容不仅丰富，而且优质，能满足受众对主流信息的及时获取需求。这时，一端就好于多端，可以聚拢受众，集中注意力，积累大数据，进而将注意力以广告等形式变现。而细分市场的垂直客户端，则精不厌多。以《纽约时报》为例，其在主客户端之外，还有十几个垂类客户端，各有各的忠实受众，且有若干客户端已经实现付费订阅，产生较大收益。还有一种观点在中国较为普遍，即垂类需求可以在主客户端的具体频道里满足，如摄影、旅游、体育等。但从受众角度出发，现在已经不是互联网之前的大众传播时代，那时一份“厚报”可以通过不同版块满足分众需求，读者有时只取自己想要的一叠，其余可以丢弃。数字时代强调精准传播，从受众角度考虑，与其从一个大系统里找自己想要的方向，不如有一个专门为自己这类人服务的媒体来得亲切和便利。这是以“一站式”服务为特色的门户网站衰退的原因之一，也是大量专业化期刊至今仍有生命力的原因。

---

① 王水明、金春华：《挺进融合深水区，塑造党媒舆论传播新格局》，《新闻战线》2023年7月（上），第18—19页。

② 据浙报集团提供的材料。

四、社长成为头号推销员

潮新闻上线后，姜军不仅运筹帷幄，还给自己额外加了副担子，拟“上线百日写满百篇推文”。从2023年3月13日起，他每天完成1篇，俨然成为新客户端的高调推销员。百日一到，回眸查看，他竟写了108篇推文。细看这些推文，并非应景潦草之作，而是精挑选题、观点新颖、难掩珠玑的用心之作。他说，起初写的推文有长有短，较为随意，但发现有很多人在仔细看他的推文，而且他的朋友圈有很多社长、总编辑等媒体高管，“这倒逼我要更认真地对待每一篇的转发”。

作为西泠印社社员的姜军，即便为潮新闻的文章写转发推文，也文采斐然，真情外露，且有增量信息。例如，2023年5月10日潮新闻关于淘宝诞生20周年的稿件《请回答2003：亲，你下单了吗？》，姜军转发时写道：“马云为淘宝选新家的时候，是一个秋天。闲林湿地，烟雨蒙蒙，柿子树的叶子落了，树上缀满了金黄色的柿子。我们泛着小舟，穿行在并不宽敞的河港里。突然，马云激动地说了一句：这就是我梦想中创业的地方。后来我们就让电视台的记者专门请马云先生录了这句话，作为余杭区对外招商引资的广告词。那时，未来科技城尚未启动，文一西路鲜见车辆，以至于有老同志对建设双向六车道还有些疑虑。在淘宝城项目奠基时，马云先生豪情满怀，说要在多少时间内超过零售巨头沃尔玛，我们也是将信将疑。应了那句话：梦想还是要有的，万一实现了呢？”姜军后来回忆说：“当时阿里巴巴在滨江园区的总部已经比较拥挤了，马云正在到处选址，而那时我在余杭任职（姜军时任杭州市余杭区委副书记、区长——笔者注），接待了马云。这段点评既结合了我的经历，又对潮新闻文章未提到的淘宝为何选址余杭进行了内容延展。”

2023年5月26日，潮新闻发表《仰望星空，再别康桥，王冬龄用乱书让艺术与科学在剑桥相遇》的当天，姜军转发评论道：“‘轻轻的我走了，正如我轻轻的来；我轻轻的招手，作别西天的云彩。’当徐志摩《再别康桥》的诗句在王冬龄的笔下以‘乱书’的形式书写出来的时候，不少网友惊呼‘看不懂’，而远在英国剑桥大学香美术馆的开幕现场，观众与嘉宾对这样的艺术呈现却并没有违和感。这个名为‘仰望星空’个展的英文展名‘INK.SPACE.TIME’中的‘水墨·空间·时间’，我觉得或许更能表达展览的主题。‘水墨’当然为中国书法所独有的特质；‘空间’是指突破传统书法束缚，以草书的形态艺术地挥洒线条的交叉，字与字的重叠，可以说书法不是在一个平面上表达，而是在一个多维空间里绽放；‘时间’可以理解为‘乱书’不是一时兴起之‘乱’，而是六十多年如一日，每日临池不辍，致敬传统，所谓‘乱书’其实不‘乱’。”

就在这篇推文发表的前一天，姜军还转发了潮新闻的《回望生态省建设之路：一江清水出衢城》并为其写了评论。有长期基层领导工作经验并担任过富阳市委书记的他，在推文中发了一通感慨：“关于‘壮士断腕’，我们可以说得风轻云淡，也可以讲得斩钉截铁。但是，当‘壮士断腕’与具体的人和事结合起来的时候，它是一种锥心之痛。2012年，富阳开始新一轮造纸业的关停整治，关停之难倒在其次，富阳经济总量与财政收入的一大半靠支柱产业造纸业，整治的衍生影响还是超出了我们的预期……而作为钱塘江源头的衢江，环境整治的要求更高，压力更大，在环境保护与经济发展的‘取’‘舍’之间，他们交出了一份生态省建设的靓丽答卷。”

姜军的“百日百篇”推文，不仅有力地促进了相关文章阅读量的增长，还大大提高了潮新闻客户端的媒体知名度，而且这些推文本身的全网传播总量也高达114.7万次[①]。

① 据浙江报业集团补充提供的数据。

第四节　钱江晚报：新媒体引导下的“复合媒体”

中国的晚报，昔有《新民晚报》《北京晚报》《羊城晚报》《今晚报》这“四大晚报”，后有兴起于20世纪八九十年代的“晚报四小龙”，即《扬子晚报》《钱江晚报》《武汉晚报》《深圳晚报》。如今，仍坚持下午出版的，只有原“四大晚报”中的《北京晚报》和《新民晚报》，外加《厦门晚报》。“晚报四小龙”及其他晚报都变成了晨报。笔者对《钱江晚报》改为晨报的日子仍记忆犹新：2003年10月29日飞抵杭州的当天，得知该报恰于前一天改为早晨出版。彼时该报风头正劲，从改早报起实施扩版，雄心勃勃走“厚报”路线，一周总版数增至344个。那次是应浙报集团邀请为浙江省地市县报纸总编辑大会做一个讲座，地点在距离杭州一个多小时车程的竹乡安吉，后转至杭州，为浙报集团中高层干部做讲座，还被抽空邀请至钱江晚报与采编人员座谈，算是与钱江晚报的第一次接触。

时隔19年再度到访钱江晚报，这里已是个数字化的世界。走廊上悬挂的各种荣誉铭牌多与数字传播有关，诸如“国家新闻出版署2020年中国报业深度融合发展创新案例”“新浪微博‘最具传播力媒体’”“腾讯微信‘年度微信公众

笔者与浙报集团副总编辑和潮新闻、钱江晚报总编辑王水明（左二），浙江传媒研究院院长、传媒评论总编辑檀梅（左一），浙江在线副总编辑、副总经理俞斌（右一）访谈后在小时新闻客户端展牌前合影（谭舒月　摄）

号’”“2020百度App最佳合作伙伴”“浙江省数字出版网络视听新媒体创新大赛内容创新一等奖”等。墙上还悬挂有该报创刊以来8位总编辑（负责人）的照片，现任集团总编辑李杲曾任第五任总编辑，深圳晚报创刊总编辑王田良也作为该报第一任总编辑列于上端。而关于当下的钱江晚报，时任总编辑王水明将其形容为“新媒体引导下的复合媒体”。

一、新媒体矩阵主打“大生活”

在钱江晚报社的走廊墙壁上，看到灯箱上的一幅饼图，题为“钱江晚报新型媒体生态圈”，副题为“内容+社区+数字服务”。饼图的外圈标有“大时代　大生活　大民生”字样，可视为该报复合媒体传播的定位与方向。饼图的中央，围绕“钱江晚报新闻文化传播融媒体”有5个板块，分别是“小时新闻”“微信矩阵”“微博”“第三方发布平台”“特色平台”，外围是四大功能：“数字化连接用户”“垂直细分领域个性化服务”“社群、社区、社会集聚”“媒体服务购

钱江晚报社走廊上的灯箱饼图
（辜晓进　摄）

买”。这张图较为清晰地展示出该报的内容框架、传播方式与商业模式。根据我们的调研与访谈，这张图真实地反映了钱江晚报的日常运营状态。

而对居于该图核心位置的《钱江晚报》这张报纸来说，王水明认为强有力的内容生产仍是其核心使命，也是新媒体矩阵的动力来源。他说：“我们现在的读者是网上的读者，必须用一种精细化的、基于数据分析的方式去接近他们，但我们在数字平台上往往还是受制于人的。虽然集团现在也有数据中台了，但还没有达到像今日头条、抖音那么精准。因此我们要发挥原创优势，抢先发声，积极回应社会关切。”他举了5个月前发生的“西湖柳树风波”的例子。当时西湖边上有7棵柳树，西湖管理局经向专家咨询，认为这些树被旁边更大的法国梧桐遮挡，长势不好，根基也不太牢靠，难以长期成活，于是决定将它们移除，种了一些月季花之类花草。这种将城市标志性树木移除而招致民愤的情形近年来已多次在不同城市上演，这次也同样引起轩然大波。《钱江晚报》是最先介入的新闻媒体，记者于2022年5月11日到达现场，采访附近市民、游客及当事单位岳庙管理处的党政办公室主任，证实了网络传言，还原了事情原委，在第三版头条位置以大半个版的篇幅，发表《西湖断桥边七棵柳树 / 全杭州人都在关注 / 为什么移走？会不会补种？西湖风景区管委会一一回应》的报道，并附上柳树移除后改种月季花的现场照片。报道客观翔实，不为管理者讳，经小时新闻等新媒体矩阵平台迅速传播，很快获得良好的社会效应。在该报及其他媒体的追踪报道下，西湖管理方从善如流，迅速改正，连夜在原地补种7棵柳树并公开向社会致歉。5月14日，《钱江晚报》头版头条以“柳归西湖畔”为大标题，报道“断桥边七棵柳树已补种”“柳浪闻莺正换种好柳”等最新动态。

数字时代，主流媒体还是要通过数字端发声，才能抵达广大受众，以“做大做强主流舆论”。所以，钱江晚报的能量主要通过一系列的新媒体矩阵来释放，特别是一套垂类公众号。这些公众号涵盖健康、旅游、美食、文化、住房等诸多领域，不脱“大生活”，较为活跃的有“升学宝”“浙江大健康”“杭州吃货”“钱报杭州房产”“动动帮”“周柚”“Show一点”等。其中，“升学宝”于2013年11月上线，用户群定位为6—18岁中小学生的家庭，以“新闻+服务”形式受到家长欢迎，用户量常年维持在80万左右，全年微信文章阅读总量高达1300万次，因而成为浙江媒体类教育公众号第一品牌，也在全国教育微信公众号中长期名列前茅。同样创办于2013年的公众号“浙江大健康”，因致力于专业权威的健康科普传播，也受到读者欢迎，至2023年11月已有粉丝88万。“Show一点”是运营长达8年的公众号，以提出独家观点为主旨，对文娱消费领域的现象、事件、人物进行讲述和评论，公众号粉丝27万，并建有两个高活跃度的500人大群，每月都有话题或内容上文娱榜或总榜热搜。该公众号还配套有名为“一点也不八卦的Show一点”的微博账号，截至2023年11月30日已有65.5万粉丝①。

从这些热门公众号可看出，钱江晚报在建构公众号IP上动手很早，于腾讯开通公众号的第二年，就上线多个公众号，内容都瞄准“大生活”，且坚持至今，运营情况良好。

二、“小哥节”及“浙江少年诗词大会”

通过举办各种活动来扩大媒体影响并获得商业收益，已成为全球报业的新商业模式。这类被美国人称为“event”的活动，正作为对日益衰退的发行、广告等传统收入的一种弥补，渐渐盛行。美国媒体创新网站INNOVATION2017年披露，通过举办活动获得的收入，在很多报刊总收入中的占比已达20%。美国《大西洋月刊》从2006年开始将活动纳入创收计划，组建了30人的专门团队，近年来每年举办的活动多达125个，而在截至2019年的4年内，每年的活动收入都成倍增长。美国最大的报业集团甘尼特出版集团因有遍布全国的地方子报，活动举办更加频繁，规模也更大。例如，其每年举办的“塔克狂欢节”（Taco Festival）深受各地民众欢迎，也吸引了耐克、Facebook等商业巨头参加赞助。有报道称，得益于这场狂欢活动，美国人每年吃掉45亿个塔可饼（一种裹着各种食物的墨西哥玉米卷饼）②。

① 据浙报集团提供的材料。

② 辜晓进：《危机与变局：中美报业转型比较研究》，中国大百科全书出版社，2022，第185—187页。

在中国，“活动”的场景更为丰富和多元，一些与民众有天然亲近关系的晚报、都市类报纸则是组织这类活动的主力军，钱江晚报就是一例。据王水明总编辑介绍，我们到访的2022年，该报成功完成了第一届“小哥节”的策划和组织。“小哥”是人们对快递员的亲切称呼，在10多年的电商大发展中发挥了巨大的推动作用，也为政府解决就业问题提供了重要帮助，更成为新冠疫情期间不可或缺的传递生活物资的流动血液。而杭州作为电商巨头阿里巴巴总部所在地，也自然成为“小哥”们的诞生地和聚集地。钱江晚报多年来也一直将“小哥”群体作为报道重点，以服务社区，体验民情，提升报道温度。2020年，该报曾联合浙江省邮政管理局共同发布《浙江快递小哥发展报告》。报告称，浙江全省有30万快递员、1400余家快递法人企业、5000余家分支机构，2019年快递业务量132.6亿件，居全国第二位，占全国市场份额的五分之一①。也就是说，全国每5个快递包裹中，就有一个来自或到达浙江。而浙江的义乌，又是全国最大的电商快递主产区，业务量占全国的近10%②。钱江晚报将重大活动瞄准快递员群体，不仅凸显浙江特色，且下可与民众共情，中可与快递物流业互利，上可对政府有所交代，可谓一大创举，一举多得。

王水明说，“小哥节”这个品牌，打算每年举行，长期坚持下去。原本定名为“中国小哥节”，后来觉得“中国”二字太大了，毕竟不是官方审定的“节日”，所以改称“小哥节（中国·浙江）”。“但我们还是想在明年升格为全国的品牌。”当问及“小哥节”有无指定日子时，他回答，并无指定日子，就是一个品牌活动。“我们希望它不是短暂的一天或像有些企业建议的某周内的几天，而是一段时间。这样就有报道和品牌运营的空间。目前确定是每年的五六月举行。第一届是在2022年5月28日启动的。‘小哥节’由很多活动组成，如调查快递小哥的生存状况、评选‘最美快递小哥’等，并通过妇联、工会、团省委等团体将力量整合起来，扩大社会影响力和社会效益。不过坦率地说，我们还是要盯住这些快递企业和物流企业的。‘小哥节’一办，韵达、菜鸟等物流公司都来了。”

①《〈浙江快递小哥发展报告〉发布：30 万小哥做出全国第二的业务量》，小时新闻客户端，2020 年 10 月 28 日，https://zj.zjol.com.cn/news.html?id=1550936。

② 据浙报集团提供的材料。

2023年6月25日，第二届“小哥节（中国·浙江）”启动，并在杭州湖滨商圈党群服务中心举行了“小哥之家”揭幕仪式。浙报集团和浙江省邮政管理局、浙江省人社厅、浙江省总工会、团浙江省委为共同指导单位，主办单位为潮新闻、杭州市快递行业党委，活动由杭州市上城区委组织部（区委两新工委）承办，湖滨街道党工委协办。虽然上述单位中已无钱江晚报的身影，但钱江晚报仍是该活动的幕后推手。身兼钱江晚报和潮新闻两个总编辑的王水明在“小哥之家”揭幕仪式上发言：“对标浙江建设互联网和数字经济强省的目标，今年‘小哥节’将重磅升级，开展线上线下联动。”同时，杭州上城区的“十佳”尚小驿首批挂牌“小哥之家”。“尚小驿”是杭州市的快递员服务站点，为“小哥”提供充电歇脚、喝水热饭、医疗应急等服务，目前仅杭州上城区就有146个“尚小驿”。在线上，潮新闻客户端开设“小哥之家”专区，通过小哥正能量、心声社区、小哥学院、政策服务、行业动态共五大特色板块，唤起全社会对“小哥”们的关注，助力“小哥”们进阶成长，为“小哥”们打造了一个“线上大本营”。第二届“小哥节”还发起成立了“小哥关爱联盟”，浙报集团、上城区委组织部等十多家机构成为联盟理事单位。2023年11月21日晚，“小哥节”还在杭州市桐庐县隆重举行“小哥之夜·榜样力量/2023浙江快递从业人员先进典型颁奖典礼”。桐庐被国家邮政局命名为“中国民营快递之乡”，著名快递企业“三通一达”（圆通、申通、中通、韵达）的老板都是桐庐人。由申通“小哥”侯鹏、

2023年“小哥之夜”舞台（潮新闻）

韵达“小哥”邵小强、圆通“小哥”蒋腾龙和中通“小哥”苏东旭组成的“小哥F4”组合深情演唱的情景歌曲《你好，小哥》，在“小哥之夜”会场萦绕回响。

在钱江晚报打造的活动品牌中，“浙江少年诗词大会”也有广泛的影响。2020年11月，该报发起主办第一届少年诗词大会，此后每年参赛人数都大幅增长，从第一届的1.8万人到第二届的5.6万人，再到第三届的8万多人，涉及全省300多所中小学，显示出此项活动的民意支持和蓬勃活力。2023年11月24日，活动开启了第四届比赛的报名通道，同时启动全省总赛区比赛，并首次推出分赛区。潮新闻·钱江晚报的教育公众号“升学宝”成为重要的报名平台。为增强浙江举办此类活动的合理性和独特性，主办方还引述考证成果称，仅到过浙江台州天台山的唐朝诗人就有250位，创作的诗歌多达1122首。也正因此，台州分赛区率先揭幕，参加的当地中小学生有近万名①。

其他还有“春风悦读”等大型活动，其中“春风悦读”至2023年已连续举办11届，享有很好的口碑。

三、营业收入一半来自新媒体

2022年10月我们到访钱江晚报社时，三端尚未合并，小时新闻客户端仍是钱江晚报的核心数字端口。王水明介绍，那时钱江晚报已与小时新闻一体化运营（如今是和潮新闻一体化运营，钱江晚报是潮新闻的组成部分），内容生产方面下设编辑中心、新闻中心、特稿评论中心、影像影视中心等机构，以及教育、健康、体育、金融、旅游、地产等8个“垂直中心”，全部员工约570人，其中采编人员283人，其余除了行政还有负责报纸投递的速递公司和江南旅游报等机构。一体化运营一年多下来，2021年的营业收入为2亿多元，利润为1614万元。2022年审计后实际营业收入为20 142万元，实际净利润为1764.87万元，超额实现了

①《11月24日开启报名通道，第四届浙江少年诗词大会全省总赛区本周六启动》，潮新闻客户端，2023年11月24日，https://tianmunews.com/news.html?id=2642702。

王水明在访谈中说的争取实现净利润1700万元的目标[①]。他强调，在总营业收入中，有一半收入来自新媒体，主要是小时新闻和微信、微博这“两微一端”，收入稳定且略有增长。

现在像浙报集团这样的主流媒体，数字端的受众基数已经很大且持续在增长，但数字端的变现能力，一直是各大媒体的主要难点所在。根据王水明的介绍，钱江晚报社力图从两个方面打开局面：第一个方面就是确定“社区+内容+数字服务”的基本格局，要将原来的内容生产优势通过数字驱动成为创新引擎。第二个方面就是以项目为抓手，具体在以下五个方面取得突破：（1）策划大时代的主题，报道大时代下的大民生、大生活，并与相应的经营活动结合起来，如喜迎党的二十大的大型特刊，还有实施“小时小店”的系列报道，展示杭州几百家小店在新冠疫情期间的生存状况等。（2）强化垂直业务线，提升变现能力，如前文提到的“升学宝”“浙江大健康”等垂直数字产品，都已经产生较好的经济效益。该报还有一个“钱报杭州房产”公众号，自2013年上线后一直表现活跃，目前有58万用户，阅读量、活跃度、原创率都跃居浙江乃至全国房地产公众号“头部阵营”，其中《一方访谈》《小吴验房》《老蒋侃房》等栏目深受欢迎。该公众号身后是该报的子公司杭州钱报地产营销策划有限公司，公众号带来的注意力提升了该公司的变现能力。该报还对某些产品进行迭代升级，培育新动能，如开发了专门服务中高考的小程序“议百分”，以后会考虑收费。（3）推进内部市场化，强调每个部门、每个中心都要有市场化的竞争意识。（4）智库化转型，集团由王水明牵头做“浙报智库”，他要求每个单位都要创立一个智库品牌，钱江晚报的智库品牌是“美好生活研究院”，通过相关调研实现产业延伸。（5）举办“小哥节”之类品牌活动，既扩大社会影响，又与相关企业对接，提升商业价值。

王水明是中国传媒大学前身北京广播学院新闻系毕业的专才，长期在浙江电视台工作，曾任全国省级卫视排名前三的浙江卫视的总编辑，2019年调任浙报集团副总编辑，拥有丰富的视频生产和大型选秀活动等方面的管理经验。如今他

① 据浙报集团补充提供的数据。

将这优势也带到浙报集团和钱江晚报。他认为，广电太依赖视频，报纸太依赖文字，两者必须结合起来。一旦结合起来，报纸就有自己的优势，因为广电是局域化的大生产规模，而报业是个体化的采访生产模式，具有灵活性，且可以实现各种组合，覆盖很多题材，还可以将以往的内容品牌做活。参与访谈的浙报集团浙江传媒研究院院长、传媒评论总编辑檀梅举例，钱江晚报的考古报道一直做得不错，在全国也有影响，王水明来了后，开始了视频的转化，使得这类题材更容易“出圈”，赢得更多受众。浙江是良渚文化的发源地之一，也是更早期的河姆渡文化所在地，考古资源十分丰富，考古也成为钱江晚报的内容品牌。2022年，该报记者马黎凭借10年专业报道经验而写成的《浙江考古——一万年背后的故事》由浙江古籍出版社出版。2022年10月我们到访钱江晚报社时，该报与小时新闻制作、联手浙江省文物局联合推出的系列纪录片《浙江考古 · 那些人》，刚推出第1集。至2023年10月已播放到第11集，每集的全网传播量都在80万以上[①]。

① 据浙报集团补充提供的数据。

第三章

成都传媒集团：

专心致志智媒化转型
不遗余力创新式经营

概况

人员：在职员工4100余人。其中，担任实职的中层干部106人，首席人才28人，新闻采编人员810余人，双语人才200余人，享受国务院政府特殊津贴专家1人，中宣部宣传文化青年英才1人。

媒体：集团拥有3种报纸（《成都日报》《成都商报》《每日经济新闻》）、5种杂志（《先锋》、*Hello Chengdu*、《天府文化》、《时代教育》、《看历史》）和1家出版社（成都时代出版社）、1家城市新闻门户网站（红星新闻网）、1家国际传播门户网站（Go Chengdu英文网）以及国际传播社交媒体矩阵。

新媒体数据：截至2023年12月，红星新闻时政媒体传播矩阵全网用户总数1.7亿，成都发布政务新媒体传播矩阵全网用户数2300万。每日经济新闻两次获得中国新闻奖一等奖，全网用户数1.2亿；成都日报锦观新闻全网用户数8500万；集团原创融媒体作品年生产量46万件，全网用户数4亿，年阅读量1700亿次，荣获中国新闻奖5件。

经营：集团总资产规模超过170亿元，2023年总营业收入24.72亿元，利润总额超过1.3亿元，集团新媒体新业务收入占媒体板块总收入超过40%；集团拥有上市公司博瑞传播（600880SH）；集团旗下智慧教育收入规模逾4亿元。

受访人物一览

上排左起依次为母涛、李科、李少军，下排左起依次为汤晓初、刘学东、王琪璐（赵牧等　摄）

位于成都市三色路的成都传媒集团总部大厦（成都传媒集团　提供）

作为内陆省份的四川，近代报纸稍稍后发，川渝地区近代第一份报纸《渝报》创刊于1897年。随后直至五四运动，四川出现第一次办报高潮。有统计称，1912年全国有报纸约500家，四川（含重庆）就有49家，全国十有其一。而从1913年到1918年，四川又有80多家报纸先后诞生。四川第二次办报高潮是抗战期间直至新中国成立，特别是抗战胜利后，每年新办报纸逾百家①。第三次办报高潮尚无定论，但笔者认为当属改革开放以后，特别是20世纪90年代。这期间仅在成都一市，就不仅诞生了新中国第一份以"都市报"命名的都市类报纸《华西都市报》，且随后出现《成都商报》《成都晚报》《天府早报》等一批都市类日报，呈现都市报"战国七雄"的竞争态势，报业市场一度"硝烟弥漫"。不仅如此，四川的办报经验还辐射全国，四川报人更是北上东进，到沈阳、北京、兰州、昆明、天津、南昌、上海、青岛等地创办或合办多家报纸，构成一道较为独特的报业风景。

当年的"战国七雄"，除《蜀报》和《商务早报》于2001年5月被停刊以及《四川青年报》于同年10月休刊外，"幸存"报纸半数归属如今的成都传媒集团，另包括2001年创刊的成都市委机关报《成都日报》和1956年就创刊、2001年被剥离市委机关报职能的《成都晚报》（已于2019年停刊）。成都传媒集团成立于2006年，旗下不仅有新中国第一家报业控股的上市公司，还一度包含成都市的广电媒体，在近年来的融合转型中表现活跃，屡有创新，成果显著。在国家新闻出版署2023年2月公布的2021年报刊出版集团总体经济规模综合评价排行榜中，成都传媒集团较上年上升两位，跃居第四名，超过其他所有地市级报刊出版集团。由此，该集团成为西南地区的报业代表，也因此被列为本项目研究对象。

2022年12月26日至28日，虽然彼时新冠疫情在全国多地暴发，成都成为感染率最高的城市之一，但笔者和项目助理柏朝阳（研究生）还是按约"涉险"对成都传媒集团进行了为期三天的调研。调研期间，我们分别与成都传媒集团党委书记、董事长母涛（集团办公室主任侯利强、集团专家咨询委员会办公室主任李若锋和张洁洁博士参加），集团副总经理李科，集团副总编辑李少军，成都商报党

① 四川省地方志编纂委员会编纂《四川省志·报业志》，四川人民出版社，1996，第1—7页。

到达成都当天下午，与成都传媒集团9名中层干部座谈预热（柏朝阳　摄）

委书记、总编辑汤晓初（田缨编委等参加），每日经济新闻党委书记、董事长、总编辑刘学东（每日经济新闻副总编辑刘林鹏、总编办主任李羽龙、红星科技总经理李强、每经广告部主任黄仪超、集团办副主任祝楚华等参加），集团技术部总监王琪璐进行了深度访谈。2024年3月，笔者在成都参加一个活动时，对成都传媒集团总编辑李刚进行了补充采访。我们还于到达成都的当天下午与侯利强等集团9位中层干部进行座谈，又于次日傍晚听取博瑞传播副总经理、成都文化产权交易所董事长曹雪飞（成都文化产权交易所副总经理李洋、王建宙等参加）等关于成都文交所的介绍。

成都传媒集团的总部大厦位于成都市三色路，附近有成都最具特色的夜市。这条路上过去集聚了很多印刷企业，其中的龙头老大便是成都传媒集团旗下的博瑞印务公司，路名喻指印刷的三原色，故称“三色路”。到了这条路，会不由得想起传统报纸的辉煌时代。

第一节　建设中的智媒体集团

和母涛董事长的访谈被安排在第三天，此刻我们已对成都传媒集团的发展状况有了大致的了解，但仍兴致盎然。一盘棋局下来，只有真正的下棋人，才能更好地讲述棋路历程和布局方略。母涛是2019年1月由成都市委宣传部副部长（正局级）任上调任成都传媒集团的，此前还在市委、市政府多个部门担任要职。他是20多年前从吉林大学历史学专业毕业的研究生（后为四川大学经济学博士），本科专业是该校王牌专业之一考古学。观今鉴古，由古知今，笔者不由得想到美国新闻博物馆墙上镌刻的华盛顿邮报前董事会主席菲利普·格雷厄姆的一句名言："新闻是历史的第一张草图。"母涛从历史专业出发，多年深耕文化产业，现在成为大型媒体集团的掌门人，也体现了历史、文化与新闻的某种相通吧。

一、"五智"战略构建媒体未来

母涛董事长从成都商报的发展历程谈到当今主流媒体的改革使命。他说，成都商报2012年广告收入为12亿元，到达顶峰，现在不到5000万元，断崖式下滑的态势非常明显，所以如何进行转型与突破，"既是我本人也是整个集团领导班子一直在思考的问题"。于是，他确定了新的战略目标，即由传统的报业集团全面转型为新兴的主流媒体集团和智媒体集团。他说，一方面，主流媒体具有党媒的政治属性和意识形态属性，是"媒体+"，和今日头条等的"互联网+"的基因不同；另一方面，他们的最大短板在技术，需要技术的引领，要推动媒体深度融合，实现由传统报业集团的1.0版本到融媒体2.0版本，再到智媒体3.0版本的迭代升级。

正是在这样的背景下，成都传媒集团提出了"五智战略"，即"智略""智慧""智能""智园""智囊"。母涛认为，"智媒体集团"不是个空洞的概

笔者与母涛董事长（右）访谈后合影（赵牧　摄）

笔者与母涛董事长（右二）、集团总编辑李刚（右一）、集团办公室主任侯利强（右三）在访谈中（赵牧　摄）

念，至少可从五个维度体现其外在基本特征和内在发展逻辑。因此，“五智”分别指向顶层设计、全链创新、技术赋能、物理空间、人才队伍共五个方面的工作，由此形成集团一“智”当先的宏观行动框架。

1. 智略——顶层设计

成都传媒集团在明确定位、厘清发展理念、完善科学规划的前提下，经过多次设计和调整，以更加开阔的视野、更加长远的谋划和更加周密的布局，对组织架构、企业层级、产业生态进行整合梳理，形成了一个较为清晰的智慧化“主业”发展思路和方法路径。

仅以成都传媒集团的规模架构调整为例，近几年就有很大变化。毋涛董事长和集团副总经理李科介绍，成都传媒集团过去有136家企业，总员工9200余人，企业层级多至八级，企业业态多至19种。2019年以来，集团下大力气对这些企业进行重整。首先，确定“非主业亏损型”企业50余家。所谓“非主业亏损”，指企业的经营业务既非传媒主业，也非集团规划中要发展的文创主业，且长期亏损，扭亏无望。对这类企业，坚决关停并转。有些企业因为过于偏离主业，即便暂不亏损，甚至还能盈利，也以“转”的方式处理了。毋涛举例说，原来集团下面有一个快递公司成都立即送物流有限公司，是为美团配套的企业，员工多达2000人，2020年还有100多万元的利润。集团判断该企业属于劳动密集型，且不符合未来发展方向，还存有历史遗留问题，就将其股权卖给了该企业的几名高管。此外，还将集团下属企业全资或控股的企业数量由88家减少至59家，并对博瑞投资公司等10家直属直管单位实施整合重组。经过一系列调整，集团原来的130多家企业就剩下73家，人员也分流安置了约5000人，集团员工规模瘦身至4100余人。由于措施得当，这个过程平稳顺利。

其实更早时候，成都传媒集团也经历过较大规模的组织调整，最大的是与广电的合并与分离。成都传媒集团原名成都日报报业集团，是2002年成立的，当时旗下有《成都商报》《成都晚报》《每日经济新闻》和新成立的市委机关报《成都日报》共4种主报和若干杂志以及成都时代出版社。2006年，成都广播电视台并入成都日报报业集团，集团更名为成都传媒集团。这是继牡丹江（2004年）、佛山（2005年）、红河（2006年）之后，国内报业与广电合并的第四个案例，也是省会城市第一例。2013年二者又分开来，但集团名称沿用至今。这种报业广电“合久必分”的现象，于2019年在大庆重演。

而始于2019年的这次集团层面重大调整，最终的成果落实在将原有的19种业态简化压缩为6种核心业态，并围绕这6种业态形成一种面向未来的发展格局。这6种业态是传媒影视、现代时尚、音乐艺术、文体旅游、会展广告、教育咨询。（相关内容详见本章第二节）

2. 智慧——全链创新

母涛认为，智媒体集团应当基于现代信息技术，在内容生产传播、产业生态构建、治理体系优化等方面具备创新创造能力，既突出“核心因子”，又顾全“全链因素”。其中，内容生产传播的“智慧”，就体现在具备强大的数据挖掘、处理、转化能力和较高的内容生产效率方面，形成立体式现代传播体系，实现“内容破壁，视听破界，互动破圈”。产业生态体系的“智慧”，则要运用先进技术重建商业模式，重塑经营格局，聚焦传媒主业，构建现代文创产业体系。治理体系的“智慧”，应以现代技术赋能集团治理，建设集团基础信息平台，强化数据储存、分析、应用、转化等能力。

多年来，成都传媒集团不遗余力地支持新媒体，在数字迭代升级上不断投入。例如，2021年集团就专门给两个主要客户端红星新闻和锦观新闻各提供1000万元的短视频技术投入专项资金，把短视频作为重点突破口。“本来成都传媒集团在这方面起步较晚”，现在已经常态化，做到无视频不生产，红星新闻的“红星视频”系列账户的用户量大幅增长。锦观新闻作为党报《成都日报》的客户端，于2022年11月再次改版，推出7.0版本，新设多个频道和功能。其中的“推荐”频道依托智能推荐引擎，可根据用户画像精准匹配相应内容，且实现随时刷新、随时获取不同的相关信息，24小时滚动更新；双向传播也实现智能化升级，推出AI语音机器人“小锦机器人”角色，实现一对一专属对接，同时在“党报热线”下，有“拍吧”“问吧”页面，可供读者反馈各类问题并得到回答。

在涉及主流媒体日常运营的诸环节，集团与北大方正、凡闻科技、来画、搜狗、思拓科技等公司合作，对已有的应用系统进行梳理调整，迭代升级一批应用系统。此外，集团还推出智慧公交、智慧展览、智慧园区管理、智慧教育等项目，让“智慧”贯穿各个管理平台。

3. 智能——技术赋能

“智能”指用现代技术赋予转型发展的“内驱动力和底层支撑”，具体表现为主导关键技术的研发，推动先进技术的应用，确立核心技术的标准。成都传媒集团在集团层面，组建了技术委员会，设立技术部，编制数字化转型实施方案，成立专业科技公司，推进技术基础项目建设，提升媒体技术应用水平。据集团技术部总监王琪璐介绍，2021年，集团将每日经济新闻的技术部与红星科技公司进行整合，成立了每经科技公司，并入集团的科技大盘中。集团因此在技术方面形成三个层级：作为决策层的集团技术委员会，作为统筹层的技术部，以及作为执行层的技术公司。他说："我们所谓的技术可能和阿里、腾讯、华为这些企业的技术还不一样，我们的主要目的是赋能媒体发展，不是独立存在的技术单位。"

成都传媒集团近年来整合各种技术力量重组设立的每经科技公司，已确定了未来上市的目标。目前该公司已成功开发出每经AI电视系统、雨燕智宣AI短视频生成平台，在全国率先实现"文字—音频—视频—电视台"全链条智能化生产，形成以星抖视频为核心，AI大模型创作平台、会易传播、智慧微课、广目选题、数字人等工具为延伸的智媒矩阵平台。在技术基础项目建设方面，已建成红星云融媒体工作流平台，上线覆盖全集团甚至外溢至全市传媒系统的"每经云"，高标准启动"媒资库"建设。这些举措中，"云平台"建设、"媒资库"建设和雨燕智宣推广似对未来发展最具推动价值。2023年，雨燕智宣为成都大运会提供3D数字虚拟人视频播报和热点视频生成服务，数字人小U亮相大运会线下场馆展播；在全国传媒经营大会上获评"融媒体优秀案例奖"，在中国报协组织的首届报业传媒元宇宙应用大会中入选"元宇宙技术创新应用案例征集活动"重点案例，在中国报业媒体技术创新发展大会上获评"全国报业技术赋能媒体融合十佳案例"，在2023中国经济媒体融合发展交流大会上获评"2023中国经济媒体应用创新典型案例"。

母涛说，在"每经云"建成前，全集团共有13家机构在使用云资源服务，涉及"阿里云""华为云""腾讯云"等6家不同的服务商。考虑到数据安全、系统化运营和第一手大数据的积累使用等因素，集团通过公开招标联手中国移动，投资1800万元，建设自己的"成都传媒云"。又据悉，这个"云"已于2023年1月1日正式上线运营，定名为"每经云"。目前，集团旗下的成都日报社、成都每经传媒有限公司、成都红星数字科技有限公司（现为成都每经新视界科技有限公司）等已率先迁移上云，形成"数据一网统管、存储分区分域、平台统一运营”的运行模式。今后在满足集团内单位上云需求的同时，“每经云”还将延伸至全市宣传系统、县市区融媒体中心和兄弟单位，为他们提供一站式云服务。

集团投资2500万元建设的“媒资库”则是媒体资源库的简称，基础是原有的每经媒资库，已于2023年11月23日笔者获邀参加的“2023智媒体50人成都会议”举行之后正式上线，首批407万条媒体资源信息类数据已经入库。母涛称之为“集团的新基建”，解决了信息高速公路的基础设施问题。根据规划，媒资库将在“每经云”的底座上，依托“大数据+区块链+人工智能”等技术，将集团内海量的图片、文字、音视频等媒体资源建成数字化、标签化、确权认证、上线交易、取证维权等全流程的智能化内容管理应用系统，实现媒体内容的多次传播、精准分发、版权保护和资源共享，努力争取媒体资源价值最大化。目前，媒资库项目一阶段（包括智能媒资管理系统、媒资交易服务系统、系统安全体系搭建）已建设完成并通过阶段性验收，提供包括媒资管理服务、版权管理服务与版权交易服务为主的运营服务，面向入驻单位提供高效、便捷、智能的海量媒体资源，汇聚存储、审核、检索、编辑、编目、视频化等综合管理服务，帮助用户实现生产内容“触网即确权”。在版权管理全链条的权益存证、版权登记、版权监测、链上取证等业务场景上提供优质确权存证服务支撑，基于四川省内唯一具备面向全国进行文化产权交易服务的成都文交所的底层技术服务支持和权威背书，向入驻单位提供高标准的媒体交易及资产化运营服务。项目二阶段已于2024年9月底建设完成，赋能媒体内容生产向智慧化、视频化转型升级，进一步盘活媒体内容资产、深挖内容媒资价值。目前的媒资产品由自有版权媒资、自研AI媒资和外部授权媒资三部分组成，已经完成全国100多个重要城市和5000多家上市公司的媒资素材整合，形成视频生产自动化、智能化的高效数据资产基座。据悉，媒资库小程序也已于2024年10月25日正式上线。如今，记者不论何时何地，都能将调查、采访、记录的各种原始素材通过手机快速上传到媒资库，经简单化标签备注后，即可转化为标签化和可被AI识别、解读、记录的媒资产品，可供随时查取使用。

4. 智园——空间拓展

智园旨在营造智媒体集团的新的物理空间，通过空间载体的拓展，建设适应媒体运营、体现智慧特征、着眼未来发展的“城市符号和文创地标”。新的物理空间具体表现为三大智媒体产业园项目：成都智媒体城、每经中心、白鹭湾数字新经济科创园。我们在调研期间曾分别前往各工地观看，每个园区占地面积都在2万平方米以上。虽还是新冠疫情期间，工地上仍是一片热火朝天景象。

第一个园区是位于成都市高新区新川科技园的成都智媒体城，占地面积4.2万平方米，规划建筑总面积约27万平方米，总投资约24亿元，附近有地铁6号线的蒲草塘站。该项目于2022年10月11日开工建设，我们到达时，现场数十台推土机和泥头车正在黄土大坑里作业。母涛董事长说，三年前这里还是“希望的田野”，现在都在建设了。这个媒体城对标的是英国曼彻斯特媒体城、阿联酋迪拜国际媒体城、美国CNN融媒体中心和韩国DMC数字媒体城。这四大国际媒体城，他去看过两个。目前成都智媒体城已与华为等头部企业签约开展相关工作，并引入数字媒体、互联网媒体及其上下游产业，共同打造智慧媒体产业生态。今后集团的主要媒体都将迁来这里，而现在红星路上的两栋媒体大厦，因紧挨太古里等核心商业区，将提升其商业价值，融入商业发展。

第二个园区是每经中心，位于成都市中心城区的锦江河畔，占地面积约2.4万平方米，建筑面积约18万平方米，总投资22亿元，附近是地铁6号线和地铁9号线交会的站点，旁边还有一个“交子公园”，环境优美，交通便利。“交子”是中国乃至世界上最早的纸币，始于北宋，如今被成都用来指代“金融”。每经中心是成都交子公园金融商务区首批动工的项目，也是三大园区中最具区域价值的项目，已列入省、市重点项目库。项目的效果图赏心悦目，其设计获得被称为欧洲设计界奥斯卡奖的“A’ Design Award”的最高奖铂金奖。该项目将与智慧科技全面结合，建成以金融信息服务为核心的“空中花园媒体城”，所以以“每日经济新闻”命名。在2024年3月22日举行的该中心开工仪式暨成都传媒产业集团挂牌仪式上，主持人称该中心是全球第七个以媒体命名的建筑区域。李科在访谈时则说，这是交子公园金融商务区范围，属黄金宝地，拿地不容易。每经中心作为成都唯一有全国影响力的财经媒体，将来要建成一个“资本工场”，做资本的路演和投资，线上线下的路演都可以在这里完成，投资者不用到处飞去找项目。

第三个园区是白鹭湾数字新经济科创园，位于成都市锦江区，占地面积约2.7万平方米，建筑面积14.7万平方米，总投资10亿元，距离现在的集团总部最近，只有不到1公里。李科说，这里原来是上市公司博瑞传播的印刷厂，早期主要用来印刷《成都商报》，印刷业务萎缩后，合并到成都日报社的印刷厂。原有厂房建筑不高，但占地不小，且基本闲置，所以规划建设成白鹭湾数字新经济科创园。建成后，将以集团智媒体前沿技术研究和推广应用为引领，带动人工智能、5G+、电子信息、数字文创等企业聚集。我们到达现场时，地面建筑已全部拆除并挖出深坑。2024年3月，该园区多层已全部封顶，高层已修至19层，拟委托北京中关村软件园旗下企业进行专业化运营。据微博“成都传媒”账号2025年4月2日报道，作为成都市级重点项目的白鹭湾数字新经济科创园已顺利通过竣工验收，即将启动承接查验和综合竣工验收备案等相关工作。

以上三大园区，都计划在未来三年内建成。其中，成都智媒体城和白鹭湾数字新经济科创园将于2025年建成投入使用，每经中心将于2027年建成投入使用。目前，成都智媒体城和每经中心已吸引了80多家合作伙伴。当问及三大园区总投资近60亿元的资金怎么筹集时，李科说资金没问题，大头是政府支持的“专项债”。例如，在成都智媒体城总投资24亿元中，政府专项债占19亿元；在每经中心总投资22亿元中，政府专项债占11亿元；在白鹭湾数字新经济科创园总投资10亿元中，政府专项债7.5亿元。“专项债利息较低，而且资金到位很快，目前（2023年12月）已到账18亿元，反倒是政府嫌我们进度慢。我们也要快用，否则会占用资金成本。”

5. 智囊——智库高地

智囊指成都传媒集团为自身改革发展和对外业务开展提供智力支持及解决方案的组织机构和业务团队，将致力于推动整合社会专业力量，融入城市发展大局，开展行业前瞻研究。集团正在打造自己的“三色智库”，构建具有“足够数量和质量

成都智媒体城效果图（成都传媒集团　提供）

成都智媒体城施工现场（成都智媒体城文化产业发展有限公司　提供）

每经中心效果图（成都传媒集团　提供）

白鹭湾数字新经济科创园效果图
（成都传媒集团　提供）

白鹭湾数字新经济科创园施工现场
（《先锋》杂志社　江铖　摄）

2024年3月22日，笔者与每经新闻总编辑刘学东（右一）、智媒体城公司董事长孙涛（左一）在每经中心开工现场合影（张健　摄）

的高层次专家团队”，为城市、传媒、文化等产业提供智库服务，同时输出解决方案。智库矩阵拥有由超100名资深采编人员、产业分析师组成的全职研究人员队伍，凝聚了来自传媒、文创、科技、经济等领域400余位高层次“外脑”专家。2019年以来，智库矩阵完成“文化创意产业‘一线城市’产业发展对成都的启示”“全国新时代文明实践中心的建设研究”“全国县级融媒体发展现状及启示”等30余个市级及以上课题项目，形成10余个研究报告，获得省、市领导肯定性批示超过20次。

成都传媒集团于2022年11月24日举办国内首个聚焦智能媒体发展的高端论坛——2022中国智媒体50人论坛·成都峰会，发起成立国内首个智媒体生态联盟——“中国（成都）智媒体生态联盟”，聚合50余家在中国有影响力的媒体集团、高等院校、科技公司、文创企业、金融机构。会上发布了国内首个聚焦“数字经济时代智媒体生态营造”主题的《中国智媒体融合发展报告（2022）》，立体呈现了国内媒体融合建设的突围转型路径与经验。2023年11月23日，集团延续论坛IP举办“2023智媒体50人成都会议”，联动国内多家主流报业集团“论剑”智媒时代的创新与变革，推介了包括浙江日报“潮新闻”、每日经济新闻“雨燕智宣”等在内的20个“2023智媒体生态联盟创新引领优秀产品&案例”，并上线了由成都传媒集团重磅打造的智能媒体资源数据库（即媒资库）。会上，深圳报业集团接任新一届智媒体生态联盟轮值主席单位。

成都传媒集团还将以多种举措支持每经智库、锦观智库、红星智库等二级媒体智库的建设与运营，在提升社会服务能力的同时，全方位参与智慧城市建设。

笔者与集团技术部总监王琪璐（左）在访谈中（赵牧　摄）

二、三大新媒体影响波及全国

据母涛介绍，成都传媒集团有三个在全国有影响力的新媒体，分别是红星新闻、每日经济新闻和成都发布。在这三个新媒体的引领下，成都传媒集团分别形成了以红星新闻为龙头的时政媒体传播矩阵、以每日经济新闻为龙头的财经媒体传播矩阵和以成都发布为核心的政务媒体传播矩阵。每个矩阵都拥有大量的受众群体，再加上以成都日报“两微一端一屏”为代表的党报党刊传播矩阵，形成一个较为强大且完整的传播阵容。其中，截至2023年底，作为党报党刊传播矩阵代表的锦观新闻全网用户已突破8500万人，创办于1993年的《先锋》杂志至2023年已连续8次被评为“全国十佳党刊”，并正在建设“全国城市一流的可读可听可视党员干部理论学习教育媒体平台”。

三大面向全国市场的媒体中，第一个是红星新闻，它是在2017年上线的成都商报客户端的基础上，于2018年升级更名而来。数年来，红星新闻积极介入全国热点新闻和重大事件，知名度迅速提高。母涛认为，其影响力目前已跻身除央媒以外的全国时政类新媒体的“第一方阵”。近年来，中宣部等部门的多次重大新闻报道活动，都指定包括红星新闻在内的少数几家新媒体参加。从数据看，截至2023年12月，红星新闻连同其新媒体矩阵的总用户量已达1.7亿，其中包括下载量400万、微博粉丝4540万、微信粉丝750万、“红星视频”系列账户的用户8000万、其他第三方平台用户2500万。此外，年产内容8.4万条，年视频观看量800亿次，年图文阅读量500亿次[①]。数据中，客户端的下载量数据不如想象中那么大，经向成都商报问询，得到的回答是未把工作重心放在客户端上，而主要致力于新媒体矩阵。换句话说，我们现在随处可见的“红星新闻”，主要来自其微信公众号、微博账户和各种视频号。

第二个是每日经济新闻。这家诞生于上海、改组并中兴于成都的财经媒体，已由纸媒整体转型为以数字传播为主渠道的新型媒体，主打全国市场，在视频传播和AI内容生产方面成绩显著，成为全国屈指可数的头部数字财经媒体之一。截

① 据成都传媒集团补充提供的数据。

至2023年12月，每日经济新闻客户端的端内注册用户3300万，微博粉丝4800万，微信公众号粉丝365万①。

第三个是成都发布。2010年6月23日，成都市政府新闻办开通了“成都发布”官方微博，半年后的粉丝量即超过5万，由此开启了政府通过社交媒体直接向社会发布信息的模式，进而席卷全国，成为各地政府的媒体标配。成都发布后来由成都传媒集团运营管理。2022年8月10日，成都发布以总分82.14分再次位居由人民网舆情数据中心联合新浪微博公布的2022年上半年“全国十大党政新闻发布微博”第一位，此前已连续多年位居全国前三名。母涛介绍：“为经营好这个‘发布’，成都传媒集团组建了成都发布政务融媒体中心，交由成都商报运营。目前（2023年12月）成都发布的微信用户600万，全国排第二（第一是上海）；微博用户1400万，全国第一，也是全国首个用户量突破千万级的城市政务新媒体。所以，成都发布的用户量是数一数二的，已进入全国第一方阵。成都发布在“两微”之外，还拥有头条号、抖音号、澎湃号、人民号等多个新媒体平台。此外，成都发布的用户中，40%是省外用户，所以其影响力已不局限于本地，而是辐射到了全国。”

当问及成都发布每天的内容产量时，母涛表示，此前微信给他们的权限长期是每天更新3次，2022年经多次做工作，才增加到5次。每次发布3—5条内容，所以每天的内容有十几条，但阅读量10万次以上的很多。此外，每条内容后面的跟评都很多，他们将其分类汇总并加以分析，通过市委办公厅分送给相关市领导，供领导改进工作和决策参考，目前已形成一个常规机制。

三、博瑞传播实现产业转型反哺媒体

成都博瑞传播股份有限公司（股票代码：600880.SH）是成都传媒集团旗下的A股上市公司。1999年7月，成都商报控股的成都博瑞投资控股集团有限公司

① 据成都传媒集团补充提供的数据。

笔者与集团副总经理李科（右）在访谈中（柏朝阳　摄）

通过受让成都市国有资产管理局所持有的“四川电器”的部分股份，取得第一大股东地位。之后，博瑞投资实施一系列资产重组，将上市公司的主营业务逐步由原电器生产与销售转向围绕传媒的经营性业务，成为国内首家上市的报业媒体，也创下中国报纸借壳上市的先例。2000年，原“四川电器”更名为“博瑞传播”。此时正值中国报纸发展的黄金阶段，与报业相关的印刷、发行、投递、广告等业务成为公司的经营主业，并呈现蓬勃发展的势头。当时，《成都商报》的发行量高达50万份，居西南地区报纸发行量之首，广告收入也超过3亿元。而原上市公司的主营业务高、低压电器开关等反倒“业绩平平”。

进入2010年后，博瑞传播的主营业务随报业的式微而下滑，同样面临转型发展的重任。成都传媒集团和博瑞采取的措施是，逐步降低印刷发行等旧业务的比重，积极发展基于数字端的新业务。2013年，博瑞传播继2009年收购成都梦工厂网络信息有限公司之后，再次募资收购北京漫游谷信息技术有限公司70%的股权，加深布局游戏产业。多年来，网游产业受政策等影响时起时落，但博瑞传播的网游业务总体保持增长，近年来呈加速之势。据博瑞传播2023年第三季度财报，公司实现营业收入约1.75亿元，同比增长28.48%；归属上市公司股东的净利润约2642.78万元，同比增长31.79%。财报称，该季度业绩的大幅增长，主要来自游戏业务的“强助攻”，2023年前三季度网游业务营业收入累计为8641.48万元，同比增长28.77%，而成本却下降2.13%[①]。

除了网游业务，博瑞传播还向智慧教育领域布局发展。早在1998年，尚未上市的博瑞传播就投资设立四川博瑞教育有限公司，进而全资收购了成都南洋学校，即如今成都市郫都区博瑞实验学校的前身，这为该公司向教育方向发展打下了基础。2020年10月30日，博瑞传播宣布以2.1亿元收购四川生学教育科技有限公司（简称“生学教育”）60%的股权。生学教育是一家成立于2015年的互联网教育科技企业，主要为学生、学校、教育管理部门、企业提供教育数据标准化、教育资源数字化、教育教学精准化、教育管理精细化服务，其产品包括智慧校园平台、云阅卷及教学质量分析平台、晓我课堂、大数据等。2022年5月25日，博瑞传播又收购成都菁苗教育科技股份有限公司（简称“菁苗教育”）76%的股权。菁苗教育是一家教育培训类新媒体公司，旗下有“成都儿童团”“小记者团”等自建新媒体平台，并组织博物馆系列、营地活动系列、自然教育系列等少年儿童户外教育和游学活动，还提供教育方面的内容电商服务。博瑞传播期待通过一系列的并购和合作，在教育产业上形成覆盖K12（基础教育）、高校、高端培训、教育信息化等领域的完整产业链条。

笔者与集团副总编辑李少军（左）访谈后合影（赵牧　摄）

①《游戏业务“强助攻”　博瑞传播第三季度净利润大幅增长31.79%》，每经网，2023年11月1日，http://www.nbd.com.cn/articles/2023-11-01/3092578.html。

2021年6月3日，博瑞传播宣布，已正式完成相关增资扩股协议书的签署，与中国数字图书馆有限责任公司联合增资9000万元认购成都文化产权交易所股权，涉足全国性的数字文化资源交易。2023年1月6日，博瑞传播携手其他企业联合投资成立基于TikTok短视频账号孵化与运营的跨境电商新媒体公司——成都博瑞跨境科技产业有限公司，主要服务于“四川造”产品的电商贸易。

上述新业务为博瑞传播这家老牌上市公司注入了新的活力，产业转型效果突出。虽然2022年因疫情和宏观经济等因素业绩下降，但2019年至2021年，利润总额从7900万元提升至1.23亿元。博瑞传播在转型升级的同时，也反哺成都传媒集团的媒体和文创主业。如2008年与成都商报等共同出资支持每日经济新闻回成都重新发展，近年来在数字文化产业和教育产业以及文化产权交易等方面开展运营。目前博瑞传播拥有13家全资及控股企业，总资产38.2亿元[①]。

① 据成都传媒集团提供的数据。

第二节　六大业态实现多元化经营

成都传媒集团产业之多元、业态之丰富、市场化程度之高，在地市级报业集团中显得较为突出。集团经过2019年的整合梳理，形成链条较为清晰的六大业态，分别是传媒影视、现代时尚、音乐艺术、文体旅游、会展广告、教育咨询。其中，传媒影视涵盖了传媒主业的若干板块，即以成都日报、锦观新闻、《先锋》杂志为代表的新型党报党刊媒体矩阵板块，以成都发布为代表的权威性政务媒体传播矩阵板块，以成都商报、红星新闻为代表的偏市场化的现象级时政媒体传播矩阵板块，以每日经济新闻为代表的专业性财经媒体传播矩阵板块，以及以Go Chengdu网站、*HELLO Chengdu*中英文月刊、每经英文网、红星新闻“一带一路”频道等为代表的国际传播媒体矩阵板块，以《天府文化》、“YOU成都”、“谈资”等为代表的天府文化传播矩阵板块等。这一业态基本不超出人们对一家报业集团的想象。但成都传媒集团的其他业态，如拥有1家上市公司、1家出版社、2家酒店、1所K12学校、2个大型主题园区等，就不是多数报业集团所能具备的。限于篇幅以及为避免重复，以下选择现代时尚产业的东郊记忆、教育咨询产业的生学教育、文创产业的成都文交所、会展广告产业的新东方展览等节点略加阐释，以管窥成都传媒集团由这些节点拓展而成的多业态创新式经营发展景象。

一、东郊记忆：变遗迹为奇迹

东郊记忆位于成都东二环外侧，是集音乐艺术、会展博览、现代时尚、创意设计、文化消费、数字文创等多种文化形态于一体的文化园区，占地282亩，建筑面积约21万平方米，与成都的武侯祠、杜甫草堂和德阳的三星堆等并列为国家AAAA级旅游景区。笔者曾两次来这里参观，分别是白天和夜晚，都发现这里人气兴旺，俨然成为年轻人聚集的“打卡胜地”。这块宝地的开发和经营管理的主角，便是成都传媒集团。但发展至今天这样的规模，也几经波折。

这里原来是始建于1958年的成都国营红光电子管厂，代号773厂（这令笔者想起小时候住址附近也有一家大型电子管厂——南京电子管厂，代号772厂，都是军工企业），是国家“一五”计划期间的重点工程之一。该厂曾经是中国显像管行业的龙头企业，新中国第一支黑白显像管、第一支投影显像管、第一支有电子工业“原子弹”之称的彩色显像管接连在这里诞生。20世纪90年代，该厂因未能适应市场经济的发展而衰退，直至2001年破产，原有的高烟囱、旧厂房、火车铁轨等从此成为历史遗迹。

2009年，成都市委、市政府将红光电子管厂厂区旧址交由成都传媒集团活化利用，建设改造为文创园区。园区特别聘请建筑师刘家琨任项目总设计师，并汇集了国内知名建筑师对园区内部分“遗迹”进行专项设计。2011年，成都东区音乐公园开园迎客，并经历了连续10年亏损的状态。“‘房东思维’带来的是长期低效益、低水平运作，进一步导致经济效益亏损、社会效益不足，没有达到工业遗存活化利用的初衷。”母涛对此并不讳言。

诸多转折中，2019年开始的园区改造和重新定位，最具蝶变效应。“只有疲软的产品，没有疲软的市场，这是我们供给侧结构性改革的根本原因。”作为这次改造的幕后推手，母涛认为，东郊记忆只有将文化与市场结合，才能解决传统文创园区发展持续力的问题。2019年3月，东郊记忆园区改革方案开始酝酿。完善决策机制、成立成都传媒文化投资有限公司和东郊记忆深化改革工作组、进行资产评估、广泛接触目标合作企业、反复论证转型路径、公开挂牌方案……东郊记忆转型路径逐渐明晰。“经过反复研判，我们重新对东郊记忆进行定位，从办公业态升级为消费场景，以年轻人为消费主力，定位为国际时尚产业园。”同年7月，园区更名为“东郊记忆·成都国际时尚产业园”。2020年10月，东郊记忆园区运营机制转化改革工作启动实施。2021年7月，成都传媒集团旗下成都传媒文化投资有限公司在西南联交所以“整体出租+公开挂牌+进场交易+综合评审”的方式，引入文创园区专业运营商——成都东方正火文化传媒有限公司整体运营东郊记忆园区，推动东郊记忆经营机制转化和整体提档升级。“采取‘出租竞价+综合评审’的方式，是为了避免出现‘价高者得’，更是为了确保把社会效益放在首位，实现社会效益和经济效益相统一。”母涛在解读转换运营机制路径时表示，通过利益捆绑机制让成都传媒集团与专业运营商结成命运共同体，双方能共同推动园区整体转型升级。

成都传媒集团以“四个提升”的要求体现国企改革深意——“提升业态品质、提升品牌形象、提升管理水平、提升两个效益”，细化5大类11个分类40多个指标的指标体系。为防止承租方的承诺在运营阶段打折扣，考核方案明确了处罚和运营机制，两年不达标就退出。园区改革的“第一刀”砍在成都传媒集团的自身利益上：集团旗下的物业公司、旅行社、出版社等子公司均退出园区，连园区的所有方成都传媒文化投资有限公司，也仅在园区留下一间用于协调问题的办公室。

东郊记忆园区自诞生起，工业遗存就成为其承载城市文脉的载体。按照“修旧如旧，旧房新用”的理念，这里保留了成都市中心城区最具规模的历史工业建筑群，并做功能性改造。城区内唯一留存的3根工业烟囱，与水塔、管廊架等工业符号共同形成园区最独特的工业风景线。尽管一度遭受新冠疫情干扰，园区仍在富有特色的旧厂区版图上，邀请大量国内外知名品牌、顶尖企业、潮牌主理人入驻园区，带动超5000人稳定就业。2021年，东郊记忆再度对工业遗存进行活化利用，园区先后投入8000万元，改扩建建筑的面积近9万平方米，升级东区超级音乐现场、繁星戏剧村炉剧场、儿童剧场、福馆Full House、梦田Live House等活动空间。火爆全网的网红打卡新地标“成都墙”，形成了兼具工业文化内涵和时尚艺术文化符号的载体空间。大量自媒体人也将这里作为直播场地。

2023年，20余家原创国潮品牌落户园区，形成网红打卡点和时尚潮流区。园区近年来推出了“成都国际友城青年音乐周”“全国第六届大学生艺术展”“上合组织20周年油画雕塑陶艺国际作品展”等大量展演活动，举办了俄罗斯皇家芭蕾舞团的《天鹅湖》、东野圭吾音乐剧《信》、百老汇经典音乐剧《猫》等经典剧目的演出。同年4月27日，韩国数字设计公司帝视特在中国内地打造的首家集科技、艺术、展览于一体的沉浸式艺术馆“ARTE全沉浸式美术馆·成都”正式开馆，开业9个月就吸引游客超过25万人次。8月12日，意大利“辣妹”服装品牌店Brandy Melville西南首店（全国第三家店，另外两家店分别在北京和上海）在东郊记忆开张。开业当日，创下进店人数近5万人次、单日营业额超200万的业绩，超过京沪两店首日业绩。12月2日，“三体沉浸式艺术展（成都站）”在东郊记忆开展，以13个逼真还原的经典场景呈现集视、听、沉浸、体感四大感官维度于一体的宇宙之旅。

据成都传媒集团介绍，截至目前，园区入驻商企达249家，全年举办各类国际性、品牌性文化交流及展览演艺活动2000余场，接待游客1000万人次。全网络平台与东郊记忆相关的话题曝光量超70亿次。消费者和品牌方的肯定，让东郊记忆成为成都的时尚产业新高地、城市形象新窗口和文化旅游新地标。2023年11月18日，央视大型系列工业纪录片《遗迹里的奇迹》的开机仪式，在东郊记忆隆重举行。2023年12月13日，李强总理亲临东郊记忆调研，强调“深度挖掘城市人文内涵，以文化创意激发消费活力”，并对园区给予肯定性评价——“了不得+非常好”。

由旧工业厂房改造的东郊记忆南大门（刘蔚东　提供）

东郊记忆的游客接待中心（柏朝阳　摄）

东郊记忆里的网红咖啡厅Oldspeak Factory（辜晓进摄）

二、生学教育：从 K12 到智慧教育

如前所述，成都传媒集团涉足教育领域，始于1998年。到2003年底，集团通过旗下上市公司博瑞传播投资设立全资子公司四川博瑞教育有限公司，并收购成都南洋学校，进而与四川省首批省级重点中学成都树德中学（即成都九中）联合办学。成都南洋学校则是成立于1994年的南洋教育集团旗下的一所国际学校，位于成都市郫都区。被博瑞传播收购后，学校于2004年更名为“成都树德联合学校”，又于2013年更名为“成都树德中学博瑞实验学校”（现为成都市郫都区博瑞实验学校），性质为民办公助，截至2023年12月，在校学生3600余人。学校成立以来，多次获评“成都市民办教育先进单位”，并保持中考重点率（5+2区域）60%以上和高考成绩重本率60%以上、本科上线率95%以上的良好成绩①。

多年来，以这样一所K12学校为基础，成都传媒集团在“教育咨询”的路上越走越远，逐渐形成一个“全链条”的教育产业，近年来更结合全集团的数字化转型，在“智慧教育”上发力。2016年7月，成都商报与北京百家互联科技有限公司合资创建菁苗教育，大规模介入少年儿童的校外素质教育等领域。公司成立的基础，正是成都商报的教育事业部，该报长期在教育领域耕耘，拥有丰厚的

成都市郫都区博瑞实验学校（张雅舒 摄）

① 据成都传媒集团补充提供的信息。

教育资源。这次合作，双方投入千万元，拟将新媒体项目“成都儿童团”打造成“西南最大的亲子游学平台”，为本地4—14岁儿童提供最优质的周末及假日户外活动、素质拓展课程和国内外游学项目。2022年2月，博瑞传播斥资1752万元收购菁苗教育76%的股权，以资本加持已有相当规模的少儿教育领域。

2020年，成都传媒集团通过博瑞传播收购生学教育60%的股份，全面进入智慧教育领域。生学教育作为一家在智慧教育领域已深耕10余年的高科技企业，擅长通过大数据、人工智能等科技手段赋能教育产业，专注于利用大数据、人工智能等技术推动区域教育数字化转型、助力区域构建高质量教育发展体系。该公司拥有“教育治理、教学质量提升、素质教育、教研服务”四大自研产品体系，以及“区域智慧教育整体解决方案、智慧校园整体解决方案、区校一体化解决方案、（智慧）精准教学整体解决方案、素质教育整体解决方案”五大解决方案，产品和服务已覆盖18个省级区域，服务用户累计超过1400万人。旗下的“生学堂”含学生端、家长端、老师端，还涵盖教育信息产业化的软件开发和销售业务，并已参建包括四川省教育信息化与大数据中心、绵阳市教育大数据平台、金牛区教育大数据项目等。生学教育同四川大学医学中心共同组建生命安全与心理健康教育专家团队，创新“医—教—研—企”合作机制，构建国内首个以健康教育为核心，围绕学校教育、家庭教育和社会教育的多元化教育体系。

经此收购，成都传媒集团就在智慧教育上迈上了一个新台阶。据李科介绍，目前集团在四川省全省智慧校园建设中的市场份额已达三分之一，并延伸到非教育领域以及一些全国性项目。如2023年生学教育中标马尔康智慧城市规划一期建设项目，该项目先行打造一批行业应用，如公安、应急、政法、综合执法、教育等，中标金额1.286亿元；再如同年在成都举行的第31届世界大学生夏季运动会，其中的大运村智慧管理协同项目，就是博瑞传播中标后建设的，标的金额6000多万元。

被问及2021年的教培行业大整顿是否会对集团教育业态产生影响时，李科表示，影响有一点，但不大，因为集团的教育链条大多不在整顿范畴，例如K12教育。生学教育则专注于正在大力提倡的智慧教育，更是朝阳产业。

三、成都文交所：全国首家数字文化产权交易平台

成都传媒集团涉足文创新经济领域的第一个重要动作，是携手西南联合产权交易所于2010年5月19日创办成都文化产权交易所（简称“成都文交所”），同时挂牌成立成都版权交易中心。成都文交所作为西部第一家、全国第三家由国家正式批复成立的文化产权交易平台，也被列入“改革开放史上的四川重大事件”[①]。经过多年发展，成都文交所在相继开展艺术品份额化、文化藏品电子盘交易、艺术品竞价、艺术品质押融资等业务后，因部分业务受政策影响被叫停，在善后清理方面背上资金包袱，一度资不抵债，遂启动全面深化改革，明确以强化文化金融基础设施、构建数字文化资源交易平台为发展主方向。改革的重大动作，便是于2021年1月8日，博瑞传播宣布与中国数字图书馆有限责任公司（简称“中数图”）共同出资参与成都文交所的增资扩股项目，双方共同认购9000万元的注册资本，并持有90%股份（各占45%）。成都文交所的注册资本因此由原先的1000万元增至1亿元。双方还宣布，将与国家图书馆、中央美术学院、央视国际无锡基地、国家文物局数据中心、文化和旅游部民间文艺发展中心、四川省大熊猫科学研究院以及国内多家知名公益慈善组织等紧密合作，打造成都文交所“一所多中心”的交易生态。2021年12月23日，成都传媒集团、中数图、博瑞传播、成都文交所、成都市锦江区人民政府举行“全国首家数字文化产权交易平台启动暨成都文化产权交易所数字经济战略合作”签约仪式，表明数字经济与文化创意相结合的产业发展得到持续推进。

2022年12月27日下午，博瑞传播副总经理、成都文交所董事长曹雪飞和成都文交所副总经理李洋、王建宙等接受了我们的访谈。中数图是2000年4月经国务院批准成立、服务于中国国家图书馆二期工程暨国家数字图书馆工程的高新技术企业，专注于数字资源核心技术研发与应用推广、数字版权管理等业务的全国最大数字图书馆的建设与服务商，国家图书馆是其第二大股东。成都传媒集团与之

①《改革开放史上的四川重大事件》，四川党史文献网，2021年12月1日，http://www.scds.org.cn/2021-12/1/910-6049-7943.htm。

合作，标志着集团在文创新经济领域的一次重大升级。博瑞传播在公告中说，重新挂牌的成都文交所将通过未来3—5年的运营，有效链接文化资源（包含IP）出售方、文化资源（包含IP）融资方、文化机构和个人、金融投资机构、第三方服务机构等市场主体，形成创新的文化数字资源交易生态系统，全力打造全国性的数字文化交易平台。届时，其将服务文创企业上千家，聚集上百家第三方专业机构，形成版权转化和艺术品交易量过亿元、融资规模上十亿元、文化产权交易规模上百亿元的文化要素专业市场。

2022年10月28日，成都文交所的数字文化产权交易终于迈出实质步伐，重磅首发国家图书馆馆藏《庆赏升平》。据曹雪飞介绍，此次推出的《庆赏升平》是清代宫廷升平署戏曲人物扮相谱图册中的孙悟空图谱及相关的戏剧演出人物妆容，共有4万个独一无二的专属数字标识，由数字标识、富媒体出版物（含图、文、视、听、互动等集合形式，如老一代演员的传世之音等）、配套权益三部分构成，依托的是区块链技术，具有研究、鉴赏、收藏、分享等价值，可核验、可追溯、可转赠。而在此之前，具有四川特色的《大熊猫“安逸”》和有酒文化特色的《麒麟镇守双国宝》等数字出版产品也已被列入推介名录。两个产品均含数字标识、知识文库、文创电商三个部分。就在我们调研刚结束的2022年12月29日，四川省委办公厅、省政府办公厅印发《四川省推进国家文化数字化战略实施方案》，提出“到‘十四五’时期末，初步建成全省文化数字化基础设施和服务平台”，“深度融入国家文化大数据体系”以及“加快数字文化产业发展”等7

笔者与成都文交所负责人在访谈中（赵牧　摄）

方面工作，并明确了“支持成都文化产权交易所发挥在场、在线交易平台优势，为文化资源数据和文化数字内容的确权、评估、匹配、交易、分发等提供专业服务”的工作方向[①]。成都文交所的整体产业升级，不仅丰富了成都传媒集团多业态、多元化经营的战略布局，也融入了四川省的文化产业发展大战略。

2023年7月，受四川省文化馆委托打造的线上文化采购服务平台“文采汇”上线交易，将为成渝两地公共文化服务优秀成果的展示、行业交流、产品采购交易等提供便利。同年10月16日，成都文交所又发布了“成都文创交易平台”，旨在发挥市场、渠道、金融等属性优势，为文创企业、设计师、艺术家、非遗传承人等群体提供一个集展示、推广、销售于一体的线上交易平台，全力打造“成都文创”精品IP系列产品。成都文交所为该交易平台提供合规、技术和渠道支撑。同日，成都文交所的“蛟龙”文化出海平台在2023年世界文化名城全球大会上亮相并投入商用。“蛟龙”被称为国内“首个以交易所为建设主体，以文化出海为目标的第三方公允清结算平台”[②]。

从以上发展过程可知，成都文交所并非成都传媒集团心血来潮的时髦之举，而是由集团一步一个脚印地向前推进，并取得了多个阶段性成果。与全国10多个省、市的文交所相比，成都文交所在数字文化产权交易的基本建设和产业规模等方面都走在了前面。

---

①《省委办公厅、省政府办公厅印发〈四川省推进国家文化数字化战略实施方案〉》，《四川日报》2023年1月11日，第2版。

②《“蛟龙”文化出海平台亮相“世界文化名城论坛” 填补文创产品出海综合服务领域空白》，每经网，2023年10月16日，http://www.nbd.com.cn/articles/2023-10-16/3055526.html。

四、新东方展览：创新业态，争做龙头

据李科副总经理介绍，成都传媒集团的年度总营业收入中，会展业务约占5%。而会展业的核心代表是成都新东方展览有限公司（简称“新东方展览”）。就像当年涉足教育产业时先成立一家公司，成都传媒集团在决定进军会展业时，也早在2007年4月9日就经成都市政府研究决定与中国国际贸易促进委员会成都市分会下属机构合作，共同向以“组展办会”为主营业务的新东方展览增资（成都传媒集团占股51%，居控股地位）。该公司先后以展务、会务、商务“三务合一”的会展整体服务模式开拓市场，并发展成为中国西部第一个UFI（全球展览业协会）和ICCA（国际大会及会议协会）双会员单位。20多年来，该公司已经成功运作了近800场展览、会议和节庆活动[①]。

查看新东方展览的发展轨迹，可以感受到其在成都传媒集团多业态发展中的分量和成都会展业的江湖地位。在其运作的近800场会展活动中，有很多是在当地举足轻重甚至是国家级的重头活动，如持续举办成都国际现代化农业博览会、成都国际家具工业展览会、成都创意设计周，承接执行成都全球创新创业交易会、金犊奖系列活动、第十二届中国·四川（彭州）蔬菜博览会、第三届中国可信区块链安全攻防大赛、2023成都世界科幻大会主题展等，并全程策划执行多届中国一欧盟投资贸易科技合作洽谈会、2020—2021年中国城市规划年会、成都大运会等高层级活动项目。

经过多年发展，新东方展览逐渐聚焦时尚家居、文化创意、现代农业、现代服务业四大领域，并积累了丰富的行业资源。对新东方展览而言，策划运营大规模展会活动已成为支柱性业务，甚至在新冠疫情期间也未停顿，抓住疫情倒逼“互联网+”快速落地发展的机遇，主动拥抱互联网并固化传统会展活动“双线发展”模式。成都家具展在2020年7月举办“云上理想——第21届成都家具展IES智慧云展”的基础上，2021年择期成功举办线下展；成都创意设计周疫情期间连续三年坚持举办；成都农博会延期两年后自2022年起恢复举办，并与云展览、云

① 据新东方展览官网公司简介。

“会展之都”标志性场所之一——天府国际会议中心（网络图）

会议、奖项票选、达人直播、平台促销、商贸配对撮合等多元化线上应用的方式相结合，保证了展会品牌在极端情况下的持续性。2023年，新东方展览全面恢复成都家具展、成都农博会、成都创意设计周三大主体项目的举办，并结合自媒体、直播、云端展、线上互动游戏等多元化手段面向消费端、专业买家开展引流营销活动，打造展会新场景新业态。年内三大项目等累计实现展出规模超14万平方米，接待观众及消费者41万余人次，线上活动全网曝光量超2亿人次，总互动量近1800万次。同时还围绕承接常态化展厅、园区项目进行业务领域的拓展，深化多元化业务探索①。

2022年8月，成都发布《成都市“十四五”国际会展之都建设规划》，计划到2025年，全市会展业总收入超过1600亿元，举办重大会展活动数量超过1200个，展出总面积超过1450万平方米。此前的2022年3月，成都已在原沙湾会展中心（1997年建成使用，2018年爆破拆除）旧址开工建设成都国际会展中心，项目占地面积约51 448平方米，规划建筑总面积约60万平方米。再早前的2021年，中国西部国际博览城二期——天府国际会议中心项目建成投入使用。这个总建筑面积33万平方米的会议中心拥有多项“之最”，如长达430米的全国最长连续瓦屋面建筑、亚洲最大单体木结构建筑等，看上去蔚为壮观。列举这些例子是想说明，成都传媒集团在会展业的布局，因与成都市乃至四川省的发展重点协调共振而展示出广阔的发展前景。新东方展览也表示，将乘会展之都建设之东风，努力

① 据成都传媒集团补充提供的数据。

发展成“中西部最大、全国一流”的会展名企。

除了新东方展览，成都传媒集团旗下还有成立于2013年的成都商报营销策划有限公司，常年承办“蓉城之秋”成都国际音乐季、成都马拉松等重大活动，并深度参与第31届成都世界大学生夏季运动会的市场开发和活动策划工作，年均策划执行各类展会活动百余场，年均收入逾亿元[①]。

① 据调研中成都传媒集团提供的材料。

第三节　每日经济新闻的数字化生存

在成都以外的读者眼里，每日经济新闻（简称“每经”）肯定是一个数字化的存在，因为其在全国的影响，主要都是由其数字平台的内容产生的。但每经确实起源于印刷版报纸，而且是异地合作的报纸。当我们于2022年12月27日上午与每经董事长、总编辑刘学东访谈时，这位当年参与《每经》创办的媒体人对这段早期经历记忆犹新。刘学东网名“闻达”，所以其属下平时都叫他“闻总”。2004年12月9日，当时还没有网名的刘学东，见证了由成都商报的母公司成都日报报业集团和上海解放日报报业集团合作创办的财经日报《每日经济新闻》的创刊。当时中国新闻界有一股创办财经报纸的热潮，在北京已有《中国经营报》《经济观察报》，上海已有《国际金融报》之后，广州和上海又先后创办了《21世纪经济报道》（2001年）和《第一财经日报》（2004年，简称“《第一财经》”），《每经》的创办只比《第一财经》晚一个月。

这些市场化的财经报纸面对的都是全国市场，迄今仍在激烈的竞争中，而每经已有脱颖而出之势。仅以微博粉丝数为例，据笔者2023年12月28日查阅新浪微博数据，截至当日，“每日经济新闻”账号的粉丝量就以4840.4万远远超过中国经营报（2541.4万）、经济观察报（2062.1万）、第一财经日报（2210.7万）、21世纪经济报道（1996.1万）、界面新闻（1116.1万）、财新网（820.8万）、经济日报（578万）等全国一线财经媒体。此外，每经的“人民号”曾于2021年2月至7月连续6个月居“人民号影响力排行榜总榜”第一名，此后长期名列前茅，2023年9月居第三名，仍居各新闻媒体之首[①]。在2022年6月国家新闻出版署主办的第二届“中国报业创新发展大会”上，“每经全平台内容传播矩阵”再次入选“中国报业深度融合发展创新案例”[②]。

---

①《新媒体榜单发布：人民号 2023 年 9 月影响力排行榜 | 新榜出品》，搜狐网，2023 年 11 月 6 日，https://www.sohu.com/a/734101785_121697947。

②《从 AI 战略到全平台内容传播矩阵　每日经济新闻连续两年获颁中国报业深度融合发展创新案例》，每经网，2023 年 6 月 27 日，http://www.nbd.com.cn/articles/2023-06-27/2887930.html。

一、全员动员拼转型，8个编辑做报纸

当年去上海与解放日报报业集团合作创办《每日经济新闻》的时候，刘学东的身份是成都商报副总编辑，他带领一个工作组全程参与了报纸的创办工作。据他回忆，当时解放日报派人出任总编辑，成都商报派人出任执行总编辑。但双方磨合数年后，解放日报于2008年决定退出，《每经》回归成都独办，由成都商报社（后为成都传媒集团）、博瑞投资集团、博瑞传播联合注资，改版重新面世。2008年2月，参与过《成都商报》创办、时任成都商报社常务副总编辑的雷萍临危受命，接手《每日经济新闻》的重组改造，后任总编辑，历时11年。

回归后，每经在“专业、权威、实用、好看”的办报理念指导下，放手挖掘上市或准上市公司新闻，在一系列涉及财经领域舆论监督的深度调查报道中打出了名声，有点类似当年的《财经》周刊。最引人瞩目的报道案例是2008年对宁波立立电子有限公司IPO造假事件的揭露。当年6月24日起，该报连续刊发《江作良、王敏文、马骏暴赚数亿揭秘》《立立电子上市　李立本、王敏文、江作良的资本腾挪术》《立立电子今日申购同一资产“二次上市”》等独家系列报道，点名道姓地揭露即将上市的立立电子及大股东IPO造假行为。报道发出后，立立电子在上市前三天被紧急叫停。同年10月，由证监会牵头成立，由审计署、国务院国资委、国家监察委员会、浙江省政府等多部门组成的联合调查组，对立立电子展开调查，最终否决了立立电子的首发申请，撤销了公开发行该股票的核准决定，这也成为国内实施新股审核制度以来第一起已经过会并完成资金募集而未能上市的IPO事件。《每经》的相关报道也被认为是中国财经媒体对IPO过程进行舆论监督的“开山之作”。一战成名后，《每经》在财经领域的报道愈发活跃，屡有影响全国的重大报道问世。较为突出的是2010年12月16日，该报刊发《胜景山河涉嫌“酿造”弥天大谎》，揭露湖南酿酒企业胜景山河生物科技股份有限公司IPO过程信息披露不实、涉嫌虚增销售收入等行为，最终导致该企业成为新中国开启股票交易后第三家募集资金到位而IPO被否决的拟上市公司，该事件也被评为2010年中国经济界十大标志性事件之一。

但这样一个在纸媒时代表现出色的媒体，能否在数字时代将内容生产的优势向新媒体延伸？刘学东说，每经采取了积极应对的态势。一方面，于2011年就上线了每经客户端，走在国内绝大多数报纸之前，并于2012年完成了“两微一端一网”的新媒体布局。另一方面，利用互联网的无边界优势，将内容的采集和发布范畴由全国延伸至海外，于2016年在客户端创办每经英文频道，并于当年受邀报道G20杭州峰会；又从2018年起，先后在美国硅谷、洛杉矶、纽约和日本东京等地建立分支机构。这段时间较为突出的融合报道案例，当属2018年每经客户端发表的《ofo迷途》深度专题报道。这一年，风行一时的共享单车出现变数，其龙头企业ofo小黄车屡传资金链断裂消息，多家供应链企业爆料被拖欠货款，引发公众关注。每经记者在北京、上海、广州、深圳等11座城市展开调查，以第一手调研数据和大量采访资料为基础，集文字、数据图表、动画、视频、可互动画面等于一体，展示ofo公司被诉和拖欠巨款以及公司后续发展、行业动向等事实真相，在全国产生广泛影响。这组报道于2019年荣获第29届中国新闻奖融合创新类一等奖，也使每经在数字平台一炮而红。

2019年，曾负责与青岛早报合作，并于报台合并期间在成都电视台工作6年的刘学东，回到每经担任总编辑。这时的刘学东，面对全国报业哀鸿遍野的局面，更加感受到加速数字化转型的迫切性，行动上更为大刀阔斧。他认为，传统媒体转型需要两个必备条件：一是一把手脑子清楚，顶层设计做到位，领导班子率先行动；二是全体员工参与，转型不留死角，所有人都投入进来。于是，每经于2019年开了很多“务虚会”，通过各种讨论，让中层以上干部和业务骨干围绕一个个项目，尽可能多地参与到“顶层设计”中来。同时实施“全员动员”，务求所有员工都融入转型工作，并逐个项目地将转型落到实处，确立全方位数字传播的中心地位。因此刘学东将2020年定为每经的“技术转型元年”。

目前每经的内容生产主要体现在数字端。现有200多人的采编团队中，只有4名编辑和4名美编负责印刷版报纸，其余都是数字内容生产者。记者完成的稿件都优先在数字端发布，这8位编辑只负责从中选取想要的稿件，再加上新华社等通讯社的稿件，组合成报纸版面。至少从形式上，这家曾经的传统媒体已经转型为一家数字媒体，但他们还追求成为一家“智慧媒体”。

与刘学东等访谈后合影，左起依次为每经副总编辑刘林鹏、集团办副主任祝楚华、每经总编辑刘学东、辜晓进、柏朝阳、每经广告部主任黄仪超（张洁洁　摄）

二、AI战略与上市公司全覆盖

每经转型的一个鲜明特点，是以问题为导向，即致力于解决传统纸媒无法解决的问题，让大家设身处地地感受到转型的好处和必要性。刘学东举例，每经2019年时已确定将对上市公司的报道和信息服务作为工作重点，当时便发现，即便已经实现部分转型，但能覆盖的上市公司也就1000多家，而当时中国的上市公司数量迅速增长，从3000家增加到4000多家，现在（2023年12月）是5000多家了，若要实现全覆盖，传统的报道和传播方式是根本做不到的。转型，就是要在数字端实现超大容量和即时传播的同时，大大提高内容生产的效率。

正是冲着这个提速增效的诉求，刘学东想到了人工智能。当时在欧美一些发达国家，AI写稿的技术在某些报道领域已经普遍使用，但汉语环境下的实践相对落后。每经先后找到阿里、腾讯、微软等科技公司求助，最后与微软亚洲研究院达成了合作协议，成立了一个“技术专班”。好在上市公司都以公告形式发布信息，格式规范，数据准确，经技术攻关，每经最终解决了针对上市公司报道的自动生成文字问题。2020年5月，“每经AI快讯”系统正式上线，在不增加采编人员的情况下，实现了对A股上市公司资讯的全覆盖，并形成公告、交易、数据、互动易等260多种类型的资讯，日均发布近千条信息。过去记者盯着看上市公司报告、人均每天发布不超过10条信息的情况一去不复返了。

“每经AI快讯”的创新，令每经的内容生产从传统阶段跨越到AI阶段，这对刘学东是一个很大的鼓舞。接下来，他便想到AI的应用从文字向视频延伸，并将即将到来的2021年定义为“视频转型元年”。他这样做的理由是，截至2020年12月，中国网络视听用户规模已达9.44亿，且在各细分领域中，短视频的用户使用率最高，达88.3%，每经要抓住这个风口。于是，每经技术部门与编辑部门通力合作，在文字类财经资讯实现AI全覆盖的基础上，通过智能制图、自动化动效、视频融合等技术手段，实现了文字转视频的智能化，并构建了虚拟主持人与全天候直播流的传播形式，通过AI自动播控系统，于2021年12月20日成功上线了国内首个全流程无人化AI驱动的视频直播系统——每经AI电视，实现7天×24小时视频播报财经新闻。同一天上线的还有一男一女两位虚拟主播。两位AI主播皆有原型。其中的女主播原型叫赵悦，是每经音频中心的主持人，笔者后来在一次活动上见过她现场主持的风采。这些AI主播采用了“深度神经网络渲染技术”，使得包括面容、表情、肢体动作等在内的主播形象整体自然度大幅提升，接近真人水平，运行数十天竟瞒过了很多观众。

2022年，每经在AI的道路上又前进了一步。就在我们前往调研的2022年12

每经AI电视的主播（每经　提供）

AI女主播的人物原型：每经音频中心主持人赵悦（每经　提供）

月，每经推出名为“雨燕智宣”的AI短视频自动生成平台，实现从文字创作到媒体资源智能匹配，再到短视频自动生成，最后到多平台一键分发的全流程AI生产。正是在这个平台上，每经已能够完成所有文字稿件的“全量视频化”，而且围绕各种媒体应用场景，在多个环节实现“极简式操作”。2024年1月2日，笔者点开每经新闻客户端的一条“房产早餐”，发现在这条1分19秒的视频新闻中，配合语音信息和字幕，呈现了包括城市日常、房地产销售、图表等在内的丰富视频画面，画面与内容咬合较紧。如提到“2023年北京市二手住宅网签量为15.5万套，同比增长9.2%，但市场总体维持以价换量”的信息时，画面中相继出现北京市的不同场景。在“点评”环节，均配有契合相关内容的象征性柱状图。点开当日《广东东莞：阶段性取消首套住房房贷利率下限》《港股体育用品股走低，特步国际跌6.5%》等新闻，视频画面也都贯穿始终。这些新闻结束后会出现“本视频由每经科技‘雨燕智宣’提供技术支持。视频素材来源于自建摄图网”等字样。经与每经编委肖勇核实，这些视频新闻的画面全部由雨燕智宣平台AI自动配置，“都是雨燕做的”。

据悉，通过雨燕智宣的试运行，现在所有采编人员都能参与短视频制作，并搭建了包括城市、金融、地产、汽车、券商等在内的多个垂类视频号。每经视频号和抖音视频号的日均播放量环比分别增长了143%和17%；日净增粉丝数环比增长超过70%；视频矩阵覆盖16个垂类，日产视频200条，产能相比雨燕智宣上线前增长了10多倍。更难得的是，每经已对雨燕智宣进行商业化开发，向用户有偿开放并实现B2B（企业对企业）定向销售，目前已有20余家媒体、房地产商、财经机构购买了该系统。

为增进对这个AI平台的感性认知，我们向每经申请了一个测试账号，体验了其中一些功能。当时在电脑版输入密码进入“雨燕智宣AI短视频生成平台”后，可见左侧边栏有《视频创作》《广目选题》《数字人播报》《智慧课件》《会易传播》《AI创作+》《系统管理》共7个栏目，可见其应用场景已不限于新闻生产。进入《视频创作》后点开“制作视频”，出现制作页面，左侧有“通用—全屏”“通用—半屏”“通用—数字人”三个模板选项，右侧的创作空间也有“普通视频”“即时视频”“组合视频”三个模板供选择。点击右上角的“AI创作”

按键后，出现“新建AI创作”页面。在“您希望以什么角色开始创作”栏，我们输入了“微信公众号”。在下面的“您希望创作什么文本”栏，我们输入“写一篇关于当前股市动态的分析文章”，并在“您希望生成文章字数是多少”栏输入“500”。数秒钟后，右侧出现分为“标题”和“正文”的创作结果。标题自动设定为《风云变幻的股市——解析当下股市动态》，正文则是一篇约500字的股市分析，虽然不够具体，但也自洽成文。点击“一键代入”后，上述文章便出现在制作页面。点击“下一步”，出现一些推荐的和股市有关的视频素材，可选择填入“封面镜头”，也可自己“插入新的镜头”。上传后，不到20秒后，便出现一则1分39秒的视频新闻，女声解说，所有文本都分解为字幕片段，与视频画面正确咬合。

我们又输入稍稍复杂的选题“港车北上与港珠澳大桥”，文章篇幅选择2000字，选择“通用一半屏”模板，结果AI选用了我们的原标题，并生成一篇约2000字的文章，讲述车辆从香港口岸进入港珠澳大桥后的过程和沿途景观等信息，但未能解释“港车北上”这个新概念。重复如上操作后，出现一则2分2秒的手机横屏视频。我们又尝试另一个窗口，从主页面的《AI创作+》栏目进入，在创作要求里分别输入“深圳钟表业”“三星堆新馆特色”“小米汽车测评”三个主题，主题类型分别选择“城市产业”“旅游推荐”和“汽车测评”。这个页面没有字数选择，只有0—2500字的篇幅范畴，于是分别生成了《深圳时间：一城钟表的

AI测试生成的视频新闻主页（1—2）

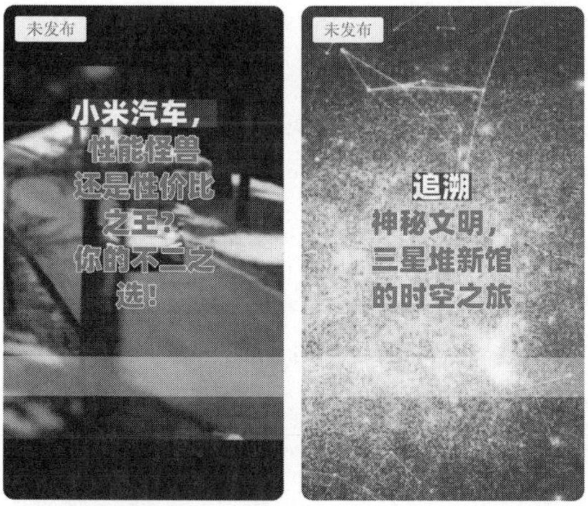

AI测试生成的视频新闻主页（3—4）

奇迹》（840字，2分31秒）、《追溯神秘文明，三星堆新馆的时空之旅》（641字，1分48秒）、《小米汽车，性能怪兽还是性价比之王？你的不二之选！》（950字，2分45秒）三则视频。其中第一则深圳钟表业的文稿标题做得不错，不逊人工，但文中提到“全国每生产10只手表就有8只来自深圳”等具体信息，似不准，须人工审核校正（事实是，深圳手表产量占全国53%，占全球40%[①]）。

上述测试过程，流畅顺利，没有阻滞，平均一分钟产生一则视频新闻。

三、“八字方针”做深度

每经一边研发和使用AI，一边又发挥人工强项做深度新闻，延伸纸媒黄金时期的内容生产优势。刘学东是“内容为王”派，到任后即提出“专业·深度·故事·传播”的八字方针。他认为，一个财经媒体，如果没有专业和深度，则根本打动不了中高端的读者，因为他们本身就是这个领域的专业人士甚至是专家。但

①《中外记者看深圳：在嘀嗒声中感受深圳活力》，转引自腾讯新闻网，2023年11月15日，https://new.qq.com/rain/a/20231115A05U5C00。

如果要想让内容得到更广泛的传播并产生社会影响，还需要故事。这方面他自称受到《华尔街日报》的启发，认为枯燥的财经报道需要通过故事来传播。他说，现在虽然是“泛内容”传播的时代，但新闻仍决定了其影响力。

于是，每经将深度报道常规化、制度化、故事化，从2019年12月18日起，在客户端、网站等数字平台每天推出一篇“每经头条”。头条封面设计成海报式，撑满整个手机屏，增添了稿件的视觉冲击力。头条的选题涉猎广泛，精挑细选，覆盖从金融、能源、产业、零售、电商到科技、资本、房地产、国际事务等近20个领域。同时还推出“每经人物”深度报道，聚焦财经领域的重要人物和热点新闻的主角。2020年5月“每经AI快讯”上线后，选题也得到人工智能的助力：软件会自动识别具有深度潜力的稿件并为其打上星级标签，重要稿件会自动发送至部门主任、项目负责人等骨干的手机端，以作决策参考。由此确定的深度选题力求及时反映社会现实，揭示事实真相，形成传播影响力，很多稿件都受到读者的追捧，获得极高的流量。

刘学东举例，2022年11月4日，德国总理舒尔茨上任后首次访华，商业目的明显，每经了解到有120家德国企业报名申请随访，最后德国总理只带了空中客车、西门子、大众等12家企业来到中国。每经便对这12家企业进行“解构”，详细了解它们的诉求及访问成果（据报道，舒尔茨此行与中国签了1233亿元客机大单），11月6日就发出了6000余字的“每经头条”《解局访华德企豪华总裁团》。不仅如此，每经还写了一篇内参，详细介绍报名来华的120家德企情况及其产业与成都的相关性，建议成都市立即与这些企业联系，争取引到成都来。该内参受到市长的重视，批转若干副市长，要求立即落实。据悉，三个月后，成都便组团赴德招商，4家成都高新技术企业当即与德企等签约4.5亿元人民币①合同。《曹德旺和他的〈美国工厂〉》也是一篇采访及时的“每经头条”。2020年2月10日，美国人拍摄的纪录片获得第92届奥斯卡最佳纪录片奖，每经立即抓住这个热点，于2月17日就发出了6000余字的长篇报道。报道中，每经记者分别采

①《签约4.5亿！成都政企代表团德国之行传来捷报》，搜狐网，2023年2月23日，https://business.sohu.com/a/645231619_121123526。

访了当事人曹德旺、美国纪录片出品方、纪录片导演、中国纪录片专家等，并配发了曹德旺的福耀玻璃近5年的股市K线图和企业的全球布局图以及A股中市值300亿元以上且海外收入占比逾半的29家公司的业绩等图表，还包含相关视频片段。这种在同一报道中融入多媒体形态的内容生产，已成为“每经头条”等的常态。

截至2023年12月，“每经头条”的稿件中，阅读量10万次以上的有200多篇，阅读量100万次以上的有17篇；“每经人物”累计专访上市公司董事长500多人，专访全球顶尖智囊100多人①。

但在我们到访前，“每经头条”的发布频率出现重大改变，由每日1篇改为每周1篇。对此变动，刘学东这样解释：每天一个深度报道的工作量太大，整个团队很疲惫，而且会有为应付任务而降低标准的可能，最终变得不可持续。而且发布过于密集或选题迭代过快，也会影响单篇稿件的阅读量和长尾效应，所以决定降低“每经头条”的发布频率，为稿件打磨留出更多时间，也为团队留出缓冲空间。“每天一个头条”之不易，笔者对此深有体会。20世纪90年代，笔者在深圳负责一家对开日报期间，就曾尝试每天头版发一篇整版深度特稿，深感此类工作离不开一个有职业精神的团队的持续努力。事实上，“每经头条”的发布频率也时有增加。例如就在笔者撰写本部分文稿时的2023年12月，就看到每经以总结年度十大新闻为抓手，当月下旬几乎每天一个“头条”，诸如《万亿零食市场争夺战》《6000元底薪成“救命稻草”，主播还是门好行当吗？》《董宇辉眼里还有光吗？》等等。

深度报道是需要投入的，每经也为此不惜工本。例如，2023年9月，争议人物贾跃亭“为梦想窒息”9年后终于交付首辆FF91汽车，每经迅疾派记者飞赴大洋彼岸，对贾跃亭造车进行为期一周的深度实地调查，并试驾真车。每经于2023年11月24日发布“每经头条”《实探贾跃亭美国造车》，披露“21英亩厂区空旷冷清，FF91试驾遭遇车门失灵”等独家信息，并配有两则2分钟以上的现场视频和数十幅现场图片②。

在做好深度报道的同时，每经也积极发表针砭时弊、直击社会热点的评论。

① 据调研期间每经提供的数据。

②《实探贾跃亭美国造车：21 英亩厂区空旷冷清，FF91 试驾遭遇车门失灵，“共创交付”模式类同“乐视拉投资”》，每经网，2023 年 11 月 24 日，https://www.nbd.com.cn/articles/2023-11-24/3132558.html。

“每经头条”部分封面（每经　提供）

较为突出的例子是关于2022年6月的唐山打人事件。该事件在媒体一片热火朝天的报道和评论之后，主流媒体突然沉默下来，而不明真相的社交媒体和自媒体及广大民众还在追问4名受害女子的下落。刘学东当时认为，主流媒体还是应当有自己的担当，要承担起社会守望者应承担的社会责任，于是决定在把握好分寸的前提下，一连发表3篇“每经热评”，并在责编栏署上自己的名字，以示负责。首篇评论于2022年6月19日晚在每经客户端等每经新媒体矩阵上推出，题为《公布打人事件受害女子近况宜早不宜迟》，文中对当地医院以保护隐私为名拒绝向外界透露伤者情况等做法予以批评，直指“四名当事女子的近况不应成谜”，有关方面的沉默是对当事人的“间接伤害”。刘学东记得那是个星期天，“父亲节”，他一直在编辑部盯着。次日，评论上了微博热搜，话题总阅读量高达19.7亿次，讨论56.2万次，包括一些央媒及今日头条、知乎等在内的69家媒体平台予以转载，当日有网友称“媒体终于硬气了一回”①。评论刊发第二天，河北官方公布了案件的进展，首次公开介绍了4位受害女子的状况。刘学东说，他当时对每篇稿件都仔细修改过，主要是对准确性和度的把握，既不逾矩，又履行了媒体的职责。他认为，媒体在转型的过程中，情怀不能丢。

① 林孤小姐：《媒体终于硬气了一回，唐山出现曙光》，百度，2022 年 6 月 21 日，https://baijiahao.baidu.com/s?id=1736243496673867962&wfr=spider&for=pc。

四、品牌价值榜与每经影响力

2014年5月10日，习近平总书记在河南考察时提出“三个转变”，即“推动中国制造向中国创造转变、中国速度向中国质量转变、中国产品向中国品牌转变”。国务院于2017年5月将每年的5月10日定为“中国品牌日”，中共中央和国务院又于2023年2月印发《质量强国建设纲要》。每经对此高度敏感，积极行动，联手清华大学中国企业研究中心等机构，定期推出关于上市公司品牌价值的排行榜。

首次“发榜”是2017年3月31日（2018年起改为每年5月10日前后），当日公布的榜单有100家上市公司上榜，涉及互联网、传媒、电器、医药、运输、银行、电商、能源、汽车、金融、房地产等十多个领域。腾讯、中国移动、阿里巴巴、中国石油、上汽集团、工商银行、建设银行、中国石化、中国平安、农业银行位列“中国最具价值品牌”前10名，其中腾讯以6213.71亿元的品牌价值名列榜首，其价值占百强品牌价值总和的近五分之一。由于坚持科学的评价体系和公平、公正、公开的“三公”原则，这个榜单很快赢得业界认可，并逐渐形成“1+4”模式，即由“总榜TOP100”外加“海外榜TOP100”“新锐榜TOP100”“活力榜TOP100”和“全球榜TOP100”，又从5个综合榜扩大到酒业、地产、证券、城市等垂直领域的价值排行榜，成为国内最具影响力的品牌价值评价体系之一。经过持续多年的运行，上榜品牌的价值也逐年水涨船高，总榜的价值总和从2017年第一届的51 403.84亿元[①]，发展到2023年第七届的161 802亿元[②]，净增11万多亿元，增幅215%。起点价值也从第一届的22亿元（这是当年第100名中银香港的品牌价值），增至2021年的390亿元[③]，增加近17倍。

在问及经过持续多年的品牌价值榜推进，每经是否从中获得经济收益时，刘学东表示，完全没有赚到钱，甚至是赔钱的，以致曾有同事建议放弃这个项目。

① 笔者根据 2017 年总榜各企业品牌价值相加得来。

②《品牌建设助力经济发展　2023 中国上市公司品牌价值榜系列榜单出炉》，每经网，2023 年 5 月 9 日，http://www.nbd.com.cn/articles/2023-05-10/2815192.html。

③《百强品牌总价值超 14 万亿，2021 年中国上市公司品牌价值榜今日揭晓》，每经头条微信公众号 2021 年 5 月 10 日，https://mp.weixin.qq.com/s/1wgJIy08JRb0oBJjdqIIYA。

他说，曾有多家企业想通过购买广告等方式争得一个名额上榜，都没成功。“他们失败了，便会意识到这个榜的公平性和客观性。现在真正有公信力的排行榜非常稀缺。”这样连续坚持数年后，每经发现其积累的数据已经可以做一个指数。在刘学东眼里，美国道琼斯指数、英国FT指数（《金融时报》指数）、新加坡海峡时报指数等，都是媒体发布的指数，而每经已经有这个能力。每经便与中证指数有限公司合作，于2022年5月10日首次发布“中证每经上市公司品牌价值100指数”（简称“每经品牌100指数”）。该指数横跨A股、港股和美股三大资本市场，以1000点为基点，以2018年5月10日为基日，选取中国上市公司品牌价值榜TOP100的全部上市公司作为指数样本。这被认为是国内首只由媒体推出的跨境指数。不仅如此，就在我们到访前不久，每经还出版了《品牌王道》一书，该书从2022中国上市公司品牌价值榜TOP100中，精选具有价值性、典范性、创新性的10个企业案例，撰写品牌故事，传递品牌价值。同时，每经还每年出版《中国上市公司品牌价值蓝皮书》，2022年的蓝皮书也与《品牌王道》同时出版。

2022年5月，每经与中央财经大学绿色金融国际研究院合作，在每经客户端推出“ESG行动派”品牌，包括数据平台、系列沙龙和产品服务包。ESG是环境、社会和公司治理三个英文词的首字母，是近年来国际流行的评估企业经营的可持续性和对社会价值观影响的评价体系，契合中国的新发展理念，也成为衡量品牌建设绩效的重要考评指标。2022年5月30日正式上线的“ESG行动派”，基于每经对中国上市公司ESG需求的长期报道以及中财大绿金院在ESG领域多年研究的数据沉淀和丰硕成果，初步建成适应中国国情和本土化的ESG评估体系，覆盖1万多家中国公司的ESG数据，成为目前国内可公开查询的覆盖度最广、评级数据量最丰富、评级维度最多元的ESG数据平台之一。2022年11月，每经荣获ESG业内最高奖——金旗奖的“ESG传播机构10强”。10强榜单中只有3家媒体入选，另外2家是财新传媒和环球网。

多年来，每经围绕财经传播和财经信息服务之主业，在积极参与推动“三个转变”，以实际行动推动落实品牌强国、质量强国的同时，也强化了数字化转型的应用效果，扩大了自身的品牌影响力。

第四节　成都商报借“红星新闻”整体转型

成都商报所在的办公楼位于成都市商业中心的红星路，目前成都传媒集团的所有媒体都在该楼办公。知道“红星路”的那一刻，便顿时理解“红星新闻”名称的由来——就是因路得名，并非我们原来想象的红军长征途中在四川爬雪山攻坚克难之类。而在成都传媒集团乃至全国的报纸中，成都商报都是一个现行体制下较为独特的媒体存在。例如，直到今天，该报几乎所有员工从无所谓“事业”身份。该报从创刊之初直至后来做大，从创始人到普通员工，也包括现在的总编辑，都淡化了所谓“事业编”，以完全市场化的体制从事报业的市场化探索。目前屈指可数的有编制人员，大部分来自其他单位调入的员工。

一、市场化探索的成功典型

就在《华西都市报》成为全国都市类报纸的创新典范时，其身边已隐藏着一个强大的竞争对手，就是《成都商报》。2022年12月27日上午，该报总编辑汤晓

成都商报社所在的媒体大厦（成都传媒集团　提供）

初和编委田缨等接受了我们的访谈。据汤晓初介绍，1992年邓小平南方谈话掀起的改革热潮波及成都，一些有改革意愿的人便不甘于原有体制的因循守旧，想出来做点事情，其中就包括以四川人民出版社政治编辑室副主任何华章为首的几位年轻编辑。1994年1月1日，《成都商报》作为一份内部出版物正式创刊。由于没有刊号，何华章等便筹资承接了成都市科委下面有刊号的《生活科学报》，并经新闻出版署批准，于1995年2月6日将《成都商报》与《生活科学报》合并，更名为《成都科技商报》。同年8月18日，该报再次更名为《成都商报》，从此成为一份综合性日报，主管主办单位也由成都市工商联改为成都市财贸办公室，2002年成为新成立的成都日报报业集团的成员。当年的主要创办者何华章也历任成都商报社社长，成都日报报业集团党委书记、总编辑，成都市委常委、宣传部部长，遂宁市委副书记、市长等职，2014年因经济犯罪被查，两年后被判刑8年6个月。

在20世纪90年代新报迭出的报业“黄金阶段”，名称和刊号固然重要，但更重要的是成都商报的一套独特理念与机制和想象力丰富的市场化运作，这使得该报在经营上脱颖而出，超越了大多数同时期的报纸。在机制体制上，该报拥有编制却淡化编制，包括创办人在内的所有员工都淡化身份，共同参与报纸运营，经营业绩与所有人的切身利益紧密挂钩，全报上下构成一个利益共同体，人人关心报纸的生存与前途。在具体运营中，其早年有几件大事，都曾产生较大影响：

一是率先异地办报。在全国报纸中，该报最早尝试跨地区办报，曾从1998年起先后在昆明投资合办《云南信息报》；与甘肃日报合办《西部商报》（兰州）；与天津青年报刊社合作改造《天津青年报》；投资《江西商报》（南昌），将其由周报改为日报；于2004年与上海解放日报报业集团联合创办《每日经济新闻》（上海）；2004年与青岛日报社合作改造《青岛早报》。《每日经济新闻》退出解放日报报业集团后，回师成都继续经营，发展成一家数字化程度较高、辐射全国的重要新型财经媒体，也是一连串异地办报的仅存硕果。现任总编辑汤晓初当年就曾参与《云南信息报》的合办，该报后由南方报业传媒集团接手，2015年南方报业传媒集团退出。这种以一家地市级报纸四面出击办报的做法，呈现的是办报人在媒体产业化改革中的创新勇气和勃勃雄心，因为在现行体制政策下，此类异地办报从来不被鼓励，后来事实上也是在严格的政策管控下纷纷改弦更张。南方报业传媒集团与光明日报报业集团合作创办的《新京报》以及人民日报报业集团旗下的《京华时报》，也于2011年全部被收归北京市委管辖，南方报业传媒集团无奈退出。而用汤晓初的话说，当年这些异地办报，瞄准的都是当地较为弱势的报纸，或者是从无到有，成都商报将自己的经验拿去复制，派少量人马，注入一定资金，合作后的效果都很好，多数都扭亏为盈了，后因政策收紧等各种原因，才陆续撤出。

二是借壳上市，启动资本运营。1997年投资组建博瑞投资控股集团有限公司，旗下博瑞投资于1999年成功借壳四川电器，成为中国内地第一家报业上市公司，迄今保持中国“报业第一股”的美誉，且为该报及母公司成都传媒集团的资本运营创造了良好条件，产生一系列连锁效应，包括2002年累计投资2亿元建成中国西部最大的现代化印务中心。如今印务中心因传统印刷业务下滑，这片占地约2.7万平方米的区域正作为成都传媒集团三大项目之一的白鹭湾数字新经济科创园加紧建设。

三是与广电等“联姻”，尝试媒体“全覆盖”。汤晓初说，在以“异地办报”为特色的第一轮改革尝试走不通后，他们就考虑深耕本地，尝试一个城市的所有媒体形态，实现全覆盖。“那是2004年，我和几位同事被派往美国学习，任务是借鉴《芝加哥论坛报》《纽约时报》等的媒体融合经验，因为当时辜老师的《走进美国大报》谈到《芝加哥论坛报》等的多媒体探索。2006年借助集团与成都广电合并成立成都传媒集团的机会，我们与成都电视台第二频道合作创办经济资讯服务频道。当时这个尝试比较成功，在成都电视台6个频道中，经济频道的平均收视率从合作前的倒数第二跃升至正数第一。此外，还从2004年开始，先后联合创办房地产杂志《先锋·居周刊》和生活杂志《明日·快1周》，后者一度成为成都发行量第一的期刊。”汤晓初说，“我们当时的一个想法就是，你进入成都后，你所接触的媒体，不管经过什么信息渠道，主要的媒介都应源自成都商报。甚至你从双流机场下来后看到的马路两边的户外广告，也基本是我们的。我们当时最高峰的时候，拥有全市65%的户外广告份额。当时报社老总还买来弗里德曼的《世界是平的》发给大家看，就是要求团队适应互联网时代的媒体传播。”

四是融合传播，试办门户网站。早在2002年，成都商报就创办了“激动网”（www.megjoy.com），尝试在互联网上实现内容生产，建设门户网站。紧接着，该报又于2005年组建成立成都全搜索科技有限责任公司，创办本地门户网站“成都全搜索”。关于这个“全搜索”，汤晓初提到一个有趣的背景，说腾讯当时展开一轮地方化战略，与各地主流报业集团合作创办“大”字系列，如广东的大粤网、重庆的大渝网、上海的大申网等，在成都却被成都商报等当地媒体婉拒。汤晓初说：“当时我们觉得自己应当去办网站，会上一号召，很多员工都自掏腰包支持创办网站。所以，大成网是全国13个‘大’网系列中，少数几个由腾讯独资直营的地方网站之一（2020年起，腾讯逐步放弃‘大’网合作模式，‘大’网渐成历史）。成都全搜索后来更名为‘红星新闻网’，现在是成都市的新闻门户网站，归属成都传媒集团。”

汤晓初介绍，在这样一系列大张旗鼓的市场化运作下，成都商报获得了引人瞩目的经济收益，包括2010年广告实收就超过10亿元，成为当年继广州日报之后全国广告收入第二的报纸。2011年，成都商报广告收入达到历史最高峰的12亿元。至2020年，在中广协等机构联合发布的“中国传媒经营价值百强榜”上，成都商报连续第13年位列全国都市类媒体前三强。

笔者与成都商报总编辑汤晓初（左）在访谈中（赵牧　摄）

二、始于“码上控”的早期融合实践

如果说，成都商报引发全国关注的第一轮改革是异地办报，第二轮改革是媒体集群或全媒体覆盖，那么汤晓初口中的“第三轮改革”，就是以成立新媒体实验室为标志的融合转型实践。2010年，时任总编辑陈舒平提议成立新媒体实验室，开启了该报的数字化转型的深度探索，其影响一直延续到后来的红星新闻问世。

成都商报在新媒体实验室开发的第一个重要产品是“码上控”。那时二维码技术尚未普及，该报与位于成都的电子科技大学合作开发了基于二维码的手机应用。读者用手机扫描报纸、杂志等平面媒体上的二维码，便可看到限于版面空间和表现形式而无法在报刊上看到的延伸信息，包括更多文字、图片、视频、图表、动画等。这一技术不仅大大拓展了报纸的内容空间，改变了平面传播的生态，还可用于广告等经营内容。例如，报纸上刊登的一则房地产信息，读者扫描二维码后可以看到包括样板房、小区园景等在内的各种三维空间或视频内容。不过该技术后来也普及了，国内大约从2012年起陆续出现一批“云报纸”，皆基于此类二维码技术。在“码上控”之后，成都商报又开发出“拍拍动”软件，在国内报纸中较早采用AR（增强现实）技术，将现实场景与虚拟场景相结合，改进了“码上控”的体验，提升了用户互动的乐趣。该报还用该项目做成了“AR房交会”。进而又有“成都控”等新媒体问世，体现出成都商报对数字端转型的浓厚兴趣和强烈创新意识。在2013年举行的第五届中国数字出版博览会上，成都商报新媒体实验室荣获“数字化转型示范单位”称号。

汤晓初说，到2014年时，成都商报在试水技术路线、内容路线、平台路线之后，确定了一个“至今都没有太大变化”的战略框架，即媒体全国化、本地垂直化、内容数字化。关于媒体全国化，《每日经济新闻》回归成都后，就主要通过网络走向全国市场。于2014年创办的客户端“谈资”就是新媒体实验室的第二个重要产品。汤晓初说，“谈资”受到美国BuzzFeed（美国2006年创办的新闻聚合网站——笔者注）的启发，算是它的意译，想在娱乐生活方面探索内容和技术的融合。“谈资”立足成都，布局全国，创建了“成都big榜”“谈资成都”“谈资视频”“谈资有营养”等内容品牌，2023年全网总用户量已超过3000万。至于本地垂类，该报在生活、旅游、医疗、教育、政务等领域发力，创办了“YOU成都”“成都儿童团”“四川名医”等新媒体或新媒体矩阵。其中的“YOU成都”已成为当地的生活美学和个性化旅游的知名文旅品牌，汇集演艺、博物馆、书店、体育比赛等在内的“生活美学点位”3600多个，特色个性旅游线路1500多条，专项生活美学地图300余幅，并自主开发了“YOU在场”小程序，总共拥有“两微”等近10个数字端口，全网用户超过1600万①。他们后来还于2016年创办了“成都商报”客户端，渐渐成为纸媒的数字替代品。

全国化方面，在“每经”和“谈资”两个相对垂直的媒体基础上，成都商报在集团支持下，决定转型做一个全国性的时政媒体，就是后来的红星新闻。

三、红星新闻“火出圈”

总编辑汤晓初介绍，红星新闻起源于同名公众号。在想到要做全国性时政媒体时，成都商报先分别于2017年1月和2月注册了报道国内新闻的微信公众号和微博账号，名称就与报社门外那条“红星路”同名，叫作“红星新闻”。这两个社交号先放在报社负责国内国际的新闻中心运营，“内部孵化”了近2年。所以，直到今天，微博和微信仍是红星新闻新媒体矩阵的用户重镇。汤晓初说，成都商报的几乎所有新媒体都有一个在相关部门里孵化的过程，积累了经验后才投资做大。

2018年11月，成都商报将原有的“成都商报”客户端更名为“红星新闻”，推动红星新闻进入快速发展期，并积极介入全国热点新闻和重大事件，力争“第一落点”，展现全国原创新闻的“在场感”。2020年2月23日，在成都传媒集团大力投资发展视频生产的助力下，成都商报将原“成都商报1视频”更名为“红星视频”，建成了自己的视频号。此后又陆续上线“红星评论”“红星资本局”等微信公众号，全力塑造“红星”原创品牌。

① 以上据成都传媒集团提供的数据。

红星新闻最终脱颖而出且知名度大幅提高，正源自其在一系列全国热点新闻中的出色表现。“鸿茅药酒”事件就是一例。2018年1月10日傍晚，医生谭秦东因2017年12月19日在美篇上发了一篇题为《中国神酒“鸿毛药酒”，来自天堂的毒药》（文中“鸿毛”系为避风险而有意为之）的帖子，被鸿茅药厂所在地的内蒙古凉城县数名便衣警察从位于广州的家中带走。红星新闻记者刘木木，长期从事医疗领域报道且曾因发表《被判有罪的妇产科医生》而促进被一审定罪的医生经重审后被判无罪，由此赢得业内名声，也因此获得同行爆料，第一时间介入调查，于同年4月13日率先在还是公众号时期的红星新闻发布近5000字的调查报道《红星调查丨广州医生发帖称“鸿毛药酒是毒药”涉嫌损害商品声誉被警方跨省抓捕》。文章还原事件来龙去脉，并客观指出警方立案的种种疑点，立即在网上引发轩然大波，包括人民日报、新华社、中央电视台、光明日报、中国青年报等央媒在内的主流媒体纷纷跟进，推动公安部和国家药品监督管理局等部门展开调查。同年4月17日，被关押97天的谭秦东医生被取保候审；4月26日，鸿茅药酒生产方公布自查报告，向公众致歉。

另一例是郑州地铁淹水事件。2021年7月20日，在河南特大暴雨中，洪水冲垮郑州地铁5号线停车场挡水墙进入隧道，逼停正在行驶的列车，造成重大人员伤亡，经网络传播后引起全国关注。红星新闻记者潘俊文等在郑州高铁、航班都已停运的情况下，辗转经西安于21日到达郑州。在当时网络信息铺天盖地、真假难辨的舆论环境下，红星新闻记者敏锐地将进水口和停车场挡水墙垮塌原因等作为调查的突破口，一边调查追踪热点，一边从当晚12点开始，陆续发布《郑州地铁5号线失联者与遇难者》《逃出郑州京广北路隧道》《雨衣爸爸》等系列报道，于27日中午发布《郑州地铁5号线“进水口”调查：曾因排水能力差被要求改造》，同日在红星视频发布1分50秒的同题材短视频。这两条新闻将公众的视线从地铁遇难事故转移到地铁进水的原因上来，新京报、澎湃新闻、界面新闻等媒体也纷纷跟进。红星新闻的报道被一些同行评价为郑州地铁5号线事故的报道中最有价值、少数直击核心的报道之一[①]。

① 以上案例据成都传媒集团提供的材料，并对照当时红星新闻原稿核实。

查看近年报道就会知道，红星新闻有很多此类直击社会热点、能满足受众需求的优质新闻稿件，而且并不限于突发事件，还包括重要现象、重要民生、重大主题策划等题材。如2021年7月1日被他们自己称为“唱支rap给党听”的3分41秒的说唱视频《百年》，上线短短两三个小时就登上微博热搜榜第一位，并持续霸榜长达四五个小时，成为中国共产党成立100周年纪念日这天同题材第一条“出圈”内容。其他还有新冠疫情早期的《等待复工的新冠肺炎治愈者：我战胜了疾病　别当我是一颗病毒》（2020年3月17日），2020年夏天的“70万天价药背后之难”系列报道，2021年“电荒”期间的《深度调查丨全国多地拉闸限电，没有所谓“金融战”，原因其实很简单》（2021年9月27日），荣获中国新闻奖三等奖的2022年6月的《川西虫草产地调查》系列报道等。

从上述选题不难看出，红星新闻能在全国市场走红，与其开阔的新闻视野、高新闻价值的选题策划、高效率的行动能力和数字化的传播方式等都有很大关系。截至2023年，红星新闻已三次获得中国新闻奖。

四、从分灶吃饭到整体转型

红星新闻从国内新闻部脱颖而出后，就组成了一个较大规模的编辑中心，进入红星新闻的第二个发展阶段。汤晓初说当时有个感受，即做新媒体同时需要“新闻感”和“网感”，而当初这两“感”是脱节的：做传统报纸的这批人，“新闻感”很好，但“网感”较差；做新媒体的年轻人，“网感”很好，但“新闻感”不够。不仅如此，“新闻感”好的传统媒体人，还严重缺乏运营能力。这个问题在“小部门”运作时就已体现出来。所以后来组成了一个较大规模的新媒体编辑中心和运营中心，集聚了一批“网感”好的年轻人，注册成立了一家科技公司。

有趣的是，这家科技公司在相邻的另一座大楼里办公，与成都商报和红星新闻的内容生产团队不在一座楼里，事实上形成了一种物理间隔，科技公司有相对独立的空间，两边互不影响。汤晓初对笔者说，如果那时候来调研，就会发现，红星新闻是由两路人马制作的，一路在原来的楼里，传统报纸的采编人员完成了稿件，“唰”地就传到另一栋楼里；而在另一座楼里，全是二三十岁的年轻人，他们对稿件进行编辑、包装、视频剪辑等后期加工，直至发布和运营。报社还赋予他们权力，事实上能够生杀予夺。起初，这两部分人经常产生矛盾甚至冲突，原编辑部的人说，小年轻们懂啥新闻？年轻人说，在互联网上不能这样做。“这样打打杀杀，相爱相杀，持续了一两年的样子，不知不觉中大大改变了传统编辑记者的思维，也增进了‘网感’青年们的‘新闻感’。我们觉得改革的基础已经形成了，可以展开最大规模的改革了。”红星新闻由此进入第三个发展阶段。

第三阶段的重要特征，表现为一种去纸媒化的过程，也就是成都商报的整体转型，主要人马都在数字端从事内容生产。2019年，原科技公司的100多人全部搬进红星路办公大楼，融入媒体团队，并同时在组织架构、管理考核等方面推出一套管理方案，“整体装进了报社”，所有的薪酬考核体系都以新媒体为基础，印刷版报纸只留下17人。“当我们2019年宣布这项改革时，实际上把报纸从最核心的地位一下拉到了最底层。报纸还在，但已经很边缘了。”笔者2023年12月14日（星期四）在成都传媒集团官网查阅当日《成都商报》，很难想象，一份最高峰时发行70多万份的“厚报”，只有区区8个版了。据成都商报编委田缨提供的数据，这17位印刷版编辑由报社一位负责人牵头，包括常设编辑8人（含1名政治责任编辑）、组版美编8人和制图美编1人。其他人员还包括校对1人、一读1人、电子版及传片1人。所以，严格来讲，纸媒这边工作人员总共只剩20人。

整体转型之后的红星新闻 / 成都商报，本部有400多名员工，兵强马壮，生机勃勃，而且数字端的营业收入逐年增长。全报社目前每年有约4亿元的营业收入，其中广告约占三分之一，有1亿多元，大多数来自新媒体；另有2亿多元是活动收入，广告和活动构成主营收入；还有一部分是投资收益。汤晓初说，现在当然不能和12亿元年营业收入的黄金时代比，但也足以养活所有人，且略有盈利。与“12亿元时期”相比，班子成员和中层干部的薪酬标准是大幅下滑的，这也很正常，但一线采编人员的收入并不比那时候少。所以，“我们保住了一批优秀的人才，越有经验的人越吃香，这使得我们的转型工作得以持续至今”。

第四章

南方报业传媒集团：

三位一体探索“南方”道路
“五子登科”实现全媒共荣

概况

人员：截至2024年底，在职员工近4600人，新闻采编人员约1900人，享受国务院政府特殊津贴专家18人，中宣部文化名家暨“四个一批”人才4人，长江韬奋奖获奖人才3人。

媒体：集团拥有5种报纸（《南方日报》《南方农村报》《南方周末》《南方都市报》《南都周刊》）、10种期刊（《南方》杂志、《南都娱乐》、《南方人物周刊》、《城市画报》、《南方传媒研究》、《农财宝典》、《广东教育》、《广东第二课堂》、《高教探索》、《师道》）、1家出版社（南方日报出版社），以及11家网站（南方网、GDToday新闻网、奥一网等）、6个客户端（南方+、GDToday、南方都市报、南方周末、粤学习、N视频）等重要新媒体传播平台。

新媒体数据：2024年，集团建成“报、刊、网、端、微、屏”全媒体传播体系，覆盖用户超过4.6亿，其中南方+客户端总下载量突破2亿，入驻“南方号”超过7000家，合作共建频道超600个，年发稿量超百万篇。

经营：截至2023年年末，集团总资产50多亿元，净资产30多亿元；2023年实现营业收入近30亿元，其中新媒体及多元化收入占71%[1]。

① 据南方报业传媒集团提供的资料。

受访人物一览

左起：（上）刘启宇、黄常开；（中）郑广宁、曾庆春、谭仕龙、王巍；（下）戎明昌、胡智勇、严亮（谭舒月　摄，刘启宇图片由受访单位提供）

南方报业传媒集团总部楼群（南方报业传媒集团　提供）

广州近两百年来都是中国的报业重镇。早在“一口通商”时期，广州作为世界知名的贸易口岸，就受西风东渐的影响，成为中国报纸发展的摇篮。以西方的近现代化报纸形态而论，中国的第一份英文报纸*The Canton Register*（《广州纪录报》，1827年11月）、第一份中文近代报刊《东西洋考每月统记传》（1833年7月25日）、第一份中文周报《中外新闻七日录》（1865年2月2日）、第一份石印中文报纸《各国消息》（1838年10月）、第一份石印中文日报《述报》（1884年4月18日）等诸多中国报纸之“第一”，都诞生在广州。《述报》还是中国第一份提供新闻配图的报纸。19世纪，在中国绝大多数城市的近现代化报纸尚未萌芽的时候，广州已先后出现10多种报纸。进入20世纪后直至辛亥革命的第一个10年，在广州创刊的报刊更多达近百家[①]。整个民国期间，仅十三行所在地的广州西关（现荔湾区），有名可查的报社就有130多家，约占全市报社数量的一半还多[②]。其中的光复中路还形成一条“报馆街”，迄今还有不少报馆有迹可循。

但那些报纸“俱往矣”，广州现有的报纸，最早也创刊于中华人民共和国成立前后。就历史而言，首推《南方日报》，该报也诞生在“报馆街”。改革开放后，广东报纸如雨后春笋般涌现。从20世纪90年代起，广州市所在的广东省报纸的数量连续多年位居全国各省第一。到2006年，广东省虽在2003年全国报刊大整顿中停刊31种报纸（停刊报纸数量亦为各省之最），仍有101种报纸，报纸总量继续位居全国首位[③]。在2010年国家新闻出版总署公布的首个新闻出版产业分析报告中，2009年新闻出版业的“各地区总体经济规模综合评价前10位”中，广东以3.1的得分位居第一，第二位的北京得分2.5，第三位的浙江得分1.7[④]。1996年成立的广州日报报业集团成为新中国第一个报业集团，开报纸集约化经营风气之先。到1998年，全国经新闻出版署批准累计成立了6家报业集团，半数在广州。

广州的这三家报业集团，分别是广州日报报业集团、1998年6月同时成立的

① 蒋建国：《报界旧闻：旧广州的报纸与新闻》，南方日报出版社，2007，第 122 页。

② 广州市荔湾区地方志编纂委员会编《广州市荔湾区志（下）》，广东人民出版社，1998，第 599 页。

③《2006 年我国出版报纸 1935 种　广东报纸数量居首位》，新浪网转发新华网消息，2007 年 7 月 7 日，https://news.sina.com.cn/c/2007-07-07/190913397191.shtml。

④《2009 年新闻出版产业分析报告（摘要）》，《经济日报》2010 年 7 月 28 日。

南方日报报业集团（后更名为南方报业传媒集团）和羊城晚报报业集团。在广州形成鼎足之势的三大报业集团，都实力雄厚、各领风骚，但按本课题组一座城市只限一家报业集团（北京除外）的遴选原则，我们最终选择了南方报业传媒集团（简称“南方报业”）。从主责主业看，南方报业在全国的舆论影响力长期较为靠前，《南方日报》的发行量已连续36年居全国省级党报之冠，其在创办子报子刊方面的成功也为业界所公认，成为一种报业现象而被业界津津乐道。经营方面，南方报业在异地办报、垂直拓展和智库建设等新业态发展方面也业绩出众，并从2010年国家新闻出版总署首次公布新闻出版产业分析报告起，一直居报业集团“总体经济规模综合评价前10位”，2010年是第五位①，2023年公布的2021年榜单排名第七，较上年上升两位②。融合转型方面，南方报业也屡有创新，数字端受众居全省第一，全国前列③。

2023年2月27日至3月1日，笔者和研究生助理谭舒月以及博士后吴凤颖到南方报业调研，分别与时任集团领导，包括集团党委书记、社长黄常开，集团党委副书记、副社长、总编辑郑广宁，集团党委副书记、分管经营工作的副社长曾庆春，集团副社长、副总编辑、南方+客户端总裁谭仕龙（南方+事业部总内容官曹斯、首席内容官胡良光参与访谈），集团副社长、副总编辑、南方周末报社党委书记、主编王巍，南方新闻网副总裁、总经理胡智勇，南方都市报社党委书记、总裁戎明昌（N视频总编辑陈伟斌参与访谈），南方农村报党委书记、主编严亮共8位主要负责人进行了深度访谈。

这两年，全国多个省市报业集团的领导班子纷纷调整，南方报业传媒集团就是一例。在笔者2023年3月对该集团进行调研后不久，其班子主要领导也陆续更新。黄常开于2023年底到龄退休，刘启宇2024年初从广东省委宣传部副部长任上调任集团党委书记、社长。2024年5月，集团党委委员、副社长、副总编辑黄灿升任集团党委副书记、总编辑。其他变动的领导包括：集团党委副书记、副社长

---

①《2009年新闻出版产业分析报告（摘要）》，《经济日报》2010年7月28日。

②《2021年新闻出版产业分析报告》，国家新闻出版署官网，2023年2月21日，https://www.nppa.gov.cn/xxgk/fdzdgknr/tjxx/202305/P020230530667517704140.pdf。

③根据广东省内四大报业集团（含深圳报业集团）各类在线数据估测。

刘启宇（南方报业传媒集团　提供）

曾庆春于2023年4月调任广东广电网络党委书记、董事长；集团党委委员、副社长、南方+客户端总裁谭仕龙于2023年9月调任广东省清远市委常委、宣传部长。

笔者注意到，南方报业新领导上任后，根据党的二十届三中全会作出的“构建适应全媒体生产传播工作机制和评价体系，推进主流媒体系统性变革”的重大决策部署，既一脉相承地坚持和发扬已有的改革成果，又推陈出新，提出有针对性的新发展思路，实现蒸蒸日上的良好发展态势。2024年9月13日，广东省委十三届五次全会审议通过《中共广东省委关于贯彻落实党的二十届三中全会精神进一步全面深化改革、在推进中国式现代化建设中走在前列的意见》，明确提出“强化‘两端一云’建设”“建强GDToday外宣旗舰媒体”，将“两端一云”（南方+客户端、GDToday客户端和南方智媒云）建设正式纳入全省进一步全面深化改革的重点任务。2025年1月，“两端一云”被写进广东省政府工作报告，这对南方报业而言既是使命责任也是新的重大机遇，更意味着南方报业在推进广东全省主流媒体系统性变革中担当起关键角色。

我们在本书即将出版之际，对刘启宇社长进行了补充访谈，邀请他畅谈南方报业新的发展思路，深切感受到这个与共和国同龄的媒体集团在进一步全面深化改革中笃定前行、勇立潮头的新风貌新气象。

第一节 媒体转型的“南方”道路

南方报业的总部位于广州大道中289号，这是1989年7月南方日报采编大楼启用后搬过来的“新址”，迄今已有36年的历史。在此期间，南方报业的楼宇数次扩张，目前形成一院多楼的格局，总占地面积近15万平方米。在此之前，南方日报社也有过一次搬迁，即1969年从旧址搬入位于东风路729号的“次新址”。旧址则是1949年10月23日《南方日报》创刊时的立足之地——光复中路48号，即前文所述“报馆街”内。每回搬迁，都是一次壮大。

与黄常开社长的访谈，在他的会客室进行。黄常开是新闻老兵，1987年从中山大学毕业后就进入报业，曾长期在羊城晚报社工作，2008年由羊城晚报报业集团社委、副总经理任上调至南方报业传媒集团，先后担任南方都市报总编辑、集团管委会副主任、集团副总编辑、集团公司总经理，2016年升任集团总编辑，2021年升任集团党委书记、社长。我们到访时，他已累计在报业工作35年之久，可谓报业由弱变强、由强转衰、由衰而努力再兴的亲历者、见证者。作为报业融合转型的操盘手，他经历丰富，多有心得，勤于思考，因而笔耕不辍，著述颇丰。

一、改变生态，做强党媒

访谈开始，黄常开再次提到他的一个口头禅：“转型不是转行。”他解释：“如果放弃媒体主业而将重心放在其他业务上，即便能赚钱，也是转行了。而我们作为主流媒体或党报媒体，必须坚持主责主业。”他说：“南方报业一直以来都坚持主责主业。主责就是做好思想宣传工作、意识形态工作、新闻舆论工作，主业就是做内容的生产和传播工作。”他认为，从主责主业的需求考虑，也必须转型。首先是职责需求，现在承载内容的介质变了，传统媒体必须到移动互联网上去争取受众，实现数字化传播；其次是生存需求，离开数字化，难以安身立

与黄常开（右）访谈中（谭舒月　摄）

命，甚至连饭碗也保不住，必须探寻基于数字端的商业模式。“但转型也不能乱转，要有序地转。”

具体怎么转呢？早在2009年，南方报业就提出了全媒体转型战略，即“在媒介融合趋势下，南方报业传媒集团要想真正做大做优做强，从单一媒体、单一品种的运作转为多媒体、全媒体的运作，就必须建立全媒体的生产能力，形成全介质的传播能力和提高全方位的经营能力，向全媒体集团转型”①。2013年，南方报业又提出“深耕主业、多元开拓、加快转型、融合发展”的十六字方针②。多年来，这些战略构想都在集团内各层级媒体得到贯彻落实，并取得了较好的效果。而集团近年来在方法论方面又有新的探索和升级。对此，黄常开介绍，首先要确定性质相近、逻辑相洽的媒体，将它们组成一个转型生态，“例如南方日报、《南方》杂志、南方网、南方+，都是一个性质的，都是党媒，受众虽然有多有少，但受众群体的根基是一致的，所以我们就把它们组成一个生态。而南方都市报偏市场化运营，关注社会和民生，它的报纸，它的南都网，它的App，就另组成一个生态。南方周末面向知识群体和高端受众，也有一套自己的纸媒和新媒体体系，也组成一个生态。以此类推，多个生态就构成一个大生态，即全媒体转型的生态”。当然，在各生态内部，还要做到三个“一体化”，其中的内容一体化生产，党媒生态正在努力做。具体来讲，例如原来南方日报的采访部门都转型为报、网、端的全媒体采访团队，南方网的采访队伍也集中进来，实现内容生

① 转引自曹轲、庄慎之、陈雨：《南都全媒体集群构想》，《青年记者》2010 年 7 月（上），第 21 页。
② 转引自莫高义：《深耕主业　加快转型》，《人民日报》2015 年 8 月 21 日。

产的资源集中，南方+就不必再建一支采访团队了。然后，内容的分布也有了改变。例如，南方日报专注于做“政经纸”“深度纸”“观点纸”。黄常开说，自他2016年担任总编辑开始，《南方日报》就不再刊登一般动态新闻。大量的动态及大容量的内容，就由南方+或南方网负责发布。此外，既然内容生产资源集约化，审校机制也必须改变。例如，由南方日报和南方+对内容实行三审三校，南方网就不必重复了。上述变化也必然导致体制和组织形态的改变，砍掉不少部门，还建立了一些虚拟部门。“例如我们组建了报、刊、网、端的理论评论部，但它不是一个实体部门，只是将上述四方面的理论评论力量融合在一起，实现共同生产，而各自原来的管理主体并未改变。”他还表示，目前党报生态的内容生产是打通的，但《南方》杂志稍稍例外，因为它是做专业化的深度内容的，自己有一支采编团队，出版周期较长，受众相对固定，生产的内容就较难和报网端共享。所以“一体化”中也有分有合，不能一概而论。

就党报生态而言，《南方日报》仍是一面旗帜，但在受众的覆盖面和内容的发布量、发布频率方面，则首推南方+客户端。20多年前的2002年，《南方日报》大幅改版，采用欧美流行的“瘦报”（或称“窄报”）版式，并乘势提出“高度决定影响力”的办报理念。如今，该报仍秉承这一理念，在“三纸”上下功夫，因而令人难以置信地保持着纸媒黄金时期的较大发行量。据郑广宁介绍，南方日报不仅落实好主责主业，而且突出主题主线，2022年仍保持80多万份的发行量，已连续30多年位列全国省级党报第一名，而且比第二名多出约30万份。他说，在党媒生态这方面，集团将主要精力和资源放在南方+客户端上。集团于2017年专门成立了报网端融合运营委员会，这是一个顶层领导机构，社长任主任，总编辑任执行主任，各分管副总编辑及南方日报的编委是委员会的成员，下面还有一个具体执行机构，致力于报、网、端的打通。现在南方+的传播力已经得到明显提升，下载量很大。据人民网研究院发布的《2021全国党报融合传播指数报告》，南方+客户端以1.6亿的下载量位居省级党报客户端之首①。可见无论

①《羊城派客户端下载总量位列全国省报第三！2021全国党报融合传播指数在深圳发布》，羊城派百家号，2021年12月31日，https://baijiahao.baidu.com/s?id=1720638547837627154&wfr=spider&for=pc。

南方报业传媒集团的融媒体中心（辜晓进　摄）

党报还是党端，南方报业都做到了省级媒体第一。而且南方+2022年有4.28亿元的营业收入，首次全面超过报纸，也居我们调研的十大报业集团（报社）客户端之首。（2024年南方+下载量超2亿，营业收入规模超5亿元，关于南方+的情况，详见本章第二节。）

2021年6月23日，《南方日报》为庆祝中国共产党成立100周年，推出286版的南方报业史上最大特刊《恰是百年风华》，这大概也是中国报业史上的版数之最了。记得新千年到来时，《广州日报》曾推出200个版的超大特刊，创了当时中国报纸版数之最，笔者迄今收藏着，而这期特刊里还有1篇稿件后来获得中国新闻奖一等奖。据查，《南方日报》这期特刊头版（转2版）上刊登的评论《砥柱人间是此峰——写在中国共产党成立100周年之际》，获得了2022年度第三十二届中国新闻奖评论类一等奖。郑广宁总编辑介绍，南方报业做这样的超大特刊很不容易，平时的正常版数是每天12版，都没做到全彩，突然要增加20多倍工作量，而且是全彩的，这么大的发行量，印刷都要找多个印点，有的印点无法印刷全彩，印完后还要集中封装。仅2023年，该报就出了“大大小小近百个特刊”，其中超百版或近百版的特刊就有3个，分别是我们调研后第二天（3月2日）164版的《高质量新开局》、8月15日100版的《百千万　新突破》和12月15日92版的《高质量　走在前》[①]，这至少也表明，南方报业的内容团队，具有很强的爆发力。

①《睇版｜特刊，不变的只有变化》，南方+客户端，2024年1月10日，https://static.nfApp.southcn.com/ontent/202401/09/c8488507.html。

与郑广宁（右）访谈中（谭舒月 摄）

二、三个"一体化"，实现"双赢"转型

三个"一体化"，是黄常开在访谈中提到的重点。他说，"一体化"的概念产生于2014年，当年南方报业建设并开通采编一体化平台，推动党报、党刊、党网的一体化发展，被称为"一体化的南方报业"。2017年成立报网端融合运营委员会后，随即设立采编、经营、技术三个小组和办公室。其中，采编小组负责"内容一体化生产"，经营小组负责"经营一体化统筹"，技术小组负责"技术一体化支撑"，办公室则负责总体统筹协调。不过这个委员会并不涵盖集团内所有媒体单元，只涉及南方日报、南方网和南方+客户端。这是一个策略性选择，即"小步快跑，循序渐进"，避免坐而论道、止步不前。他介绍，这个"一体化"要靠"全面转型"来推动和实现，具体从"全员观念转型""组织架构重构""生产方式变革""服务方式转变"四个方面着手实施。

内容一体化生产方面，首先于2014年推动《南方》杂志和南方新闻网融入"党报生态"，组织形态上是将南方日报的官网"南网"和南方日报的新媒体部并入南方新闻网（网站名为"南方网"）。然后便推动"流程融合"，制订了报网编辑部联动机制、政务和突发报道联动机制、网络问政虚拟团队联动机制、南方网与南方日报"三会"联动机制、南方日报向南方网独家首发供稿机制共五个报网联动机制。以上两个步骤便完成了适应报网融合的组织重建和流程再造，第三步就是推动业务融合。2015年南方+上线后，南方日报和南方网的记者同步成为南方+的记者，报网端在移动互联网环境下再度融合。经多次迭代，2019年伊始，南方报业传媒集团功能全新升级的融媒体中心3.0建成启用。2021年南方+推出的近68万篇原创稿件，就是报网端不分彼此、充分融合、共同生产出来的。

技术一体化支撑方面，南方报业以打破技术壁垒和信息孤岛为目标，坚持“四个一”原则，即“一个技术系统、一个技术标准、一套技术语言、一个技术思维”。黄常开说，技术通常投入比较大，一体化可以取得好的边际效应，犹如高速公路，1万辆车可以跑，100万辆车也可以跑，但在100万辆车通行的情况下，高速公路的作用更大。而打破信息孤岛，在一个技术地盘上，实现多产品的一键转发，也非常有必要。在“一个技术系统”上，集团主要做了三方面工作：一是统一技术规划，减少系统重复建设，实施集约化管理，避免技术资源浪费；二是举集团之力做大做强做优南方+技术平台，使集团优势技术资源持续向移动端汇聚和转移；三是建设南方智媒云，打通报网端内容生产和传播平台，打造强大统一的技术底盘，赋能各媒体单元。在“一个技术标准”上，南方报业高层认识到，依托一个统一标准会带来诸多好处，诸如可让技术系统变得有序，有利于形成强大合力；系统无缝对接，流程更易打通；可减少各技术团队摸索和争执的时间，大大提高效率；可降低单位成本，形成规模效应；有助于提高产品质量；对技术系统有了统一的评判标准。“一套技术语言”，实际上包含技术开发语言

融媒体中心大屏上的当日“集团自有自媒体阅读量排行榜”（辜晓进　摄）

和技术部门与业务部门沟通的话语体系。在技术开发语言上，做到同类岗位（如后端开发）、同类场景（如爬虫自动抓取数据）使用的开发语言尽量保持一致，因此要求同类岗位新招聘的人员必须熟悉同一套技术语言。在技术部门与业务部门的沟通话语上，则表现为促进技术人员与采编人员的相互理解、相互学习、相互融通，逐步形成心领神会的共同话语体系，避免鸡对鸭讲。在“一个技术思维”上，则主要致力于形成正确的技术战略、规划、方向、路线和方法。为此，集团制定了《南方报业传媒集团高质量发展三年行动计划（2020—2022）》，明确提出技术发展的目标。

在“技术一体化支撑”的持续努力下，南方报业近年来紧锣密鼓地打造“南方智媒云”项目。据黄常开介绍，该项目有三大特点：一是内容丰富，有三大业务平台（内容生产传播平台、经营创新服务平台、运营推广管理平台）、三大基础中台（业务中台、数据中台、技术中台），以及成体系的技术架构规范和融通通信对接机制，涵盖200多个子系统和服务；二是功能强大，既推动向内容、经营、运营三大方向赋能，又实现三大业务融通、相互联动，同时将能力下沉，支持各地分支机构和各行业频道共享；三是自主可控。2023年11月10日，在中国新闻技术工作者联合会第七届五次代表大会、2023年学术年会暨王选新闻科学技术奖颁奖大会上，由南方报业报送的“南方智媒云”项目和N视频-省级媒体短视频平台建设实践项目，分别获得2023年王选新闻科学技术奖一等奖和二等奖。同时，集团还着力实施“中台战略”，将技术、数据、业务的各种能力进行分析、规范、抽提和封装，实现能力的通用化和平台化输出。

经营一体化统筹方面，南方报业将此定义为“以集中资源探索管理创新，以集约资源探索服务创新”，特点是集中、集成、集约。主要体现在以下三方面：一是建立与内容一体化生产、技术一体化支撑要求相匹配的，以南方+客户端为转型主平台的报网端一体化经营新机制；二是顺应媒体融合发展新趋势，梳理互联网思维，以用户为中心，不断拓展和开发用户，提供与个性化、精准化相匹配的运营服务；三是以线上全媒体、线下多场景的全面融合为依托，提供融合经营全链条集成式服务。“经营一体化统筹”的重要表现，就是“一支队伍、一个目标、一体服务”，在建成报网端一体化经营平台的基础上，充分运用一支经营团队，集中开发报、网、端、微、屏等各个平台的介质资源，发挥各自优势，集约运营传统广告产品和新媒体产品，深耕客户、用户市场，拓展全媒体服务价值，进而实现降本、提质、增效的经营目标。“一体化”带来“此长彼长、此优彼优、转型不转行”的效果。从数据看，南方+自上线以来已实现经营收入连年大幅上升，自2016年突破1000万元后，几乎每年都实现翻番式的跨越。

在南方+一马当先快速增长的同时，传统报纸《南方日报》的广告收入也持续逆势增长。在新冠疫情前的2019年，《南方日报》实现广告收入3.27亿元，2023年也有约3.2亿元，黄常开说“已连续多年维持高位运行”。而南方网也从2018年起迈入“亿元俱乐部”。这大概就是他说的“此长彼长”。他认为，现在新业起来了，传统介质还行。旧业消亡和新业强盛是有阶段性的，要把握好两者的关系，不能将原来有影响力、传播力且尚能赚钱的业态“生生砍掉”。

三、全案服务与多元化经营

笔者认为，传播学中有两种理论最适用于对当下媒介经营活动的阐释：第一种是伊莱休·卡茨提出的“使用与满足”理论，即基于社会和受众心理的需求，催生了对大众传媒和其他信源的期望，进而导致不同形式的媒介接触，最终带来需求的满足和其他“也许是无意”的结果[①]。第二种是美国研究者理查德·劳巴姆等提出的“注意力经济”理论，即在信息领域，最重要的资源不是传统意义上的货币资本，也不是信息本身，而是大众的注意力。媒介产品的生产者只有获得人们的注意力，才能实现其商业目的。而在注意力经济中，注意力的配置十分重要[②]。

在对南方报业的调研中，我们可以感受到以上两种理论在经营领域的落

① 转引自丹尼斯·麦奎尔等：《大众传播模式论》，朱建华、武伟译，上海译文出版社，1987，第103页。
② 詹姆斯·韦伯斯特：《注意力市场：如何吸引数字时代的受众》，郭石磊译，中国人民大学出版社，2017，第3—7页。

地，即集中优势资源，有效连接广告客户和内容用户，实现“全媒体整合营销服务”。在数字时代，虽然媒体介质在变化，受众需求也在变化，但注意力经济的逻辑并未变化，注意力的变现能力仍然强大，关键是要对注意力与变现能力进行重新配置和关联。而黄常开社长提到的“全案服务”，就包括涵盖所有节点和形态的“全要素服务”，利用全部媒介端口的“全渠道推广”，以及贯穿品牌服务全流程的“全链条运营”。在此环境下，除了内容生产，其他各种线上和线下的活动也带来了有效的注意力，也在不同程度上满足了用户需求。

以佛山为例。南方日报于2004年创办了《南方日报·佛山观察》。那时正值省级报纸纷纷创办地方版的风口。省级报纸虽然发行量较大，但相对于具体市、区、县，发行密度反不如当地报纸，这既不利于吸引地方注意力，也不利于获取地方广告等收益，况且想办地方报纸又不易获取刊号，故多以地方版代之，譬如这份《南方日报·佛山观察》以及随后增办的《南方日报·顺德视窗》等。但伴随纸媒势衰，以一“纸”获得广告的道路明显受阻。南方报业的办法是，以南方+为重心，开发众多可以深入基层的数字媒介产品，积极开展线上线下的各类合作活动，并将这些产品和活动的经营部分纳入一体化运营，在满足地方受众的信息需求的同时，获得经济收益。截至2020年，佛山市、区、镇三级在南方+的共建频道已达32个，上线32个通讯员矩阵，入驻且开通“南方号”的单位部门超过1000个，聚集全市超过2000名通讯员，形成珠三角最大的全媒体通讯员矩阵，并带来大规模的原创内容生产，近年佛山频道年均发稿量都超过1万条。2019年，南方报业在佛山一市就获得7000万元的营业收入[①]。

此外，像很多报业集团一样，南方报业近年来在多元化经营方面也持续发力。据当时集团分管经营的副社长曾庆春介绍：2022年集团总营业收入近30亿元，其中传统业务收入占比35%，新媒体收入占比25%，多元化收入占比40%，从2019年起连续4年净利润超2亿元。集团总资产50多亿元，其中净资产超30亿元。他解释，传统收入指广告、发行、印刷这“老三篇”，总体上是在减少的。“例如我们在佛山市南海区有一个很大的印务基地，占地320亩，最高峰时每年

① 黄常开：《传播力：南方报业媒体融合实践》，南方日报出版社，2021，第111—113页。

有50亿对开张的印刷量，每年用纸12万吨，这里面包括代印《人民日报》等央媒在广东等地的报纸。现在已跌至每年15亿对开张，用纸3万吨，但这在全省媒体中还是最高的。”南方报业还有较多的存量地产，包括市内总占地约30万平方米的自有物业、南海320亩（约合21万平方米）的印务基地，以及北京、上海、深圳等地的物业。

曾庆春表示，集团自有物业除自用部分外，主要都用来进行文化地产开发。例如位于总部大院、以大院门牌号命名的“289艺术园区”，占地约1.4万平方米，建筑面积3万多平方米，主要由集团的旧印刷厂、印务楼、综合楼等4栋建筑和2个小庭院改造而成，总投资1.2亿元，已于2016年8月18日开园，截至2023年2月，入驻企业100多家，就业规模1000多人，涵盖电影产业、文化传媒产业、互联网产业、创意设计产业等，近两年总产值约42亿元，2023年成为“广州最具价值文化产业园区10强”[①]。位于广州黄埔的南方智媒大厦也于2023年8月建成投入使用，占地面积1万余平方米，建筑面积近16万平方米。其他还有已经落成的南方报业深圳大厦和已经封顶的汕尾智媒中心等。

在资本运营方面，南方报业近年也有不俗业绩。曾庆春介绍，集团近年来积极对接资本市场，参与了深圳湾泛文化产业基金、广东南方媒体融合发展基金、央视融媒体产业投资基金共3只基金。股权直接投资项目包括新华网、南方传

曾庆春（南方报业传媒集团　提供）

①《广州最具价值文化产业园区 10 强 | 289 艺术园区：打造广州文化新地标》，羊城派百家号，2023 年 6 月 21 日，https://baijiahao.baidu.com/s?id=1769300268793679315&wfr=spider&for=pc。

媒、华西证券、广盐股份、广汽埃安等项目。曾庆春透露，2022年多元化收入近11亿元。他说，媒体的经营状况大体分三种类型：第一种是主业赚钱，产业也赚钱；第二种是主业不赚钱，产业赚钱，产业反哺主业；第三种是主业不赚钱，产业也不赚钱，这就是亏损了。南方报业属于第一种情况。

四、拥有60万内容生产用户的南方新闻网

时任南方新闻网副总裁、总经理胡智勇在访谈的一开始，就帮我们厘清了关于南方网的几个概念。第一，“南方网”并非“南方新闻网”的简称，后者是成立于2001年的广东省副厅级事业单位、南方报业成员单位；第二，南方新闻网旗下有南方网和南方英文网，分别成立于2001年和2003年，2022年建成了粤学习客户端，2023年建成了GDToday客户端（今日广东）；第三，“南网”也不是“南方网”的简称，而是2012年上线的南方日报官方网站，之前已融合并入南方网，现在南方日报则采取“移动优先”“先端后报”的方式与南方+客户端深度融合，实现内容一体化生产和传播。弄清楚这些概念，就会感受到南方网连同“南网”融入南方报业的一体化“党媒生态”，是一个不小的动作。

胡智勇是2017年由南方日报到南方新闻网工作的。他说，南方网的发展大致分为三个阶段：第一阶段是从2001年上线到2014年，作为全国最早一批省级重点新闻网站而存在，并负责运维省政府网、省人大网等；第二阶段是2014年至2018年，开始了报网端的融合，是承上启下的转折点；第三阶段是2018年至今，在融合的基础上启动“内容+技术+服务”的驱动发展战略，参与广东“数字政府”建设，建成“广东省政府网站集约化平台”，实现广东全省6000多个各级政府部门政务信息的集约化发布。据他介绍，南方新闻网有380余人，其中三分之一是“泛技术”团队（纯技术人员51人），约180人是内容团队，其余是行政管理和经营人员。这个团队在内容和技术两方面都有较强的实力，并已探索出一套效益较为显著的经营模式。

在技术方面，胡智勇称南方网是“自己会做生产工具的互联网媒体”。他们在自主研发的同时，与中山大学、哈尔滨工业大学等知名高校开展产学研合作，研发了“南方云安”“南方云媒”“南方云数”“南方云助”四大系列数字产品，构成党媒生态的技术底盘。从2020年起，南方新闻网推进一系列改革，创新开发出一批面向“互联网+治理”的互联网产品，并取得经营收入。其中包括：（1）“南方云媒”数字生产平台，依托南方新闻网自有技术力量自主研发，支撑南方网、粤学习客户端、广东省“数字政府”网站等平台的内容生产、传播和运维，实现网站、客户端、小程序、微信、微博、头条号等各类型媒体内容“一次采集”“一键发布”“一站管理”，并对内容传播安全和内容传播效果进行全链条监测，已为500多家党政机关企事业单位和媒体单位提供服务。（2）“南方云安”内容安全卫士，是专注于导向把关的内容智能识别与错误筛查工具，该工具已为3000多个机构用户提供服务。（3）“南方云安”内容安全监测云，运用大数据、云计算、自然语言、知识图谱、图像识别等技术，面向网站、小程序、客户端、新媒体号等媒体平台提供基于云端的内容安全智能监控检测，已为600多家单位提供服务。（4）“南方云助”长者助手，为老龄用户提供智能导航、语音导读、大字幕、大鼠标、界面放大等无障碍功能，通过插件形式为各类网站提供升级改造服务，已服务了100多个官方网站。（5）“南方云数”数据服务平台，依托知识图谱、大数据融合、智能化AI分析等技术，为党政机关、群团组织、企事业单位提供基于大数据的一站式智能决策分析服务，已为省、市多家单位提供服务。

与胡智勇（右一）访谈中
（谭舒月　摄）

在内容方面，胡智勇表示，南方新闻网不同于其他媒体的最大特点之一，是在内容主创团队之外，还有一个庞大的“前后端用户群”，都在政府网站集约化平台上。前端指实名注册的使用者，后端指机构用户，他们的总数约有60万个，都在从事直接或间接的内容生产，这就显著强化了南方网的内容生产能力。南方网开设有60多个频道，建成“政直播”“南方TV”“粤出行”“南方青春高考季”等一批特色品牌，地方分站覆盖广东省21个地级以上市，日均访问量超过1000万人次。南方网的内容生产还体现了多样性。如2018年至2019年，南方网连续承建“大潮起珠江——广东改革开放网上展览馆”和“港珠澳大桥网上展览馆”“全面建成小康社会网上展馆”“广东省反邪教网上教育基地展馆”，总流量突破1亿，累计500万网友点赞，留言评论多达10万条。南方新闻网还于2022年作为联合出品方，制作完成中国首部扫黑题材的院线电影《扫黑行动》。此外，代运营或内容合作的新媒体超过200家。

“内容+服务+技术”的生产模式，给南方新闻网带来了较好的经济效益。2024年，南方新闻网实现营业收入近2.5亿元，以技术创新驱动赋能发展的能力得到进一步强化。

第二节　南方 +：建成“湾区第一端”

南方+是南方报业以旗舰报纸《南方日报》为基础建设的移动新闻客户端，2015年10月23日上线，旨在打造自主可控平台，巩固壮大主流舆论阵地，将原来纸上的强大传播力转移到移动互联网上。采访中，时任集团副社长兼南方+客户端总裁谭仕龙介绍，这个客户端诞生的背景，是整个集团有了一个融合转型的发展思路。据他介绍，平面媒体的下行拐点始于2012年，集团面临的挑战非常大，原来收入的大头来自南方都市报，但南都营业收入从2012年起连续下降，所以南方报业2013年提出前述十六字的转型方针，在全国来说还是比较早的。经过7年的发展，据所有主要应用商店的统计，2023年2月南方+下载用户总量已经是1.81亿，仅次于澎湃新闻。“根据艾瑞咨询的数据，我们的最新日活也超过了580万。2022年的营业收入更是达到了4.28亿元，不仅完全覆盖成本，而且毛利润已超过1亿元。”

谭仕龙不经意提到的几个数据，都给我们留下深刻印象。在我们见过的各类党报客户端中，下载量过亿、年发稿量过百万、营业收入过亿元的，都很罕见。在涵盖香港、澳门、广州、深圳、珠海等城市集群的粤港澳大湾区中，南方+的用户量也高居榜首。南方+能有如此骄人业绩，有何过人绝技呢？

一、内容为王，多场景吸引用户

南方+创建之初，就定位为“广东权威移动发布平台”，由“党媒生态”中的南方日报、《南方》杂志、南方网联合打造，是名副其实的“党端”。因此，其用户的构成也较为明晰，分别为高端的党政机关决策层、中端的关心广东经济社会发展的民众、垂直端的各领域兴趣受众，他们形成南方+的用户基础。客户端要想做大做强，就必须扩大中端，并向垂直延伸，而这一切都需要丰富的内容供给和有效的传播渠道。

在三个“一体化”的框架里，改造生产流程，重塑内容后台。据谭仕龙介绍，自南方+上线后，整个党媒生态就逐步将该客户端视为内容生产的主平台，并于2017年启动“报道指挥系统”（后升级为“南方融媒系统”），将报网端的内容团队捆绑在一起，将报网端的“策采编发”流程全部通过指挥系统完成，并在发布端争取做到移动优先、先端后报。所谓“争取”，是指有个过程，最初南方日报每天“先端后报”的稿件只有10多篇，如今几乎100%做到“先端后报”。编辑部包括“三会制”在内的日常指挥形式也彻底改变，每天上午10点召开的“采前会”改为“全媒体策划会”，网端由过去的“被动用稿”到“主动下订单”，新媒体内容的策划得以前置并优先处理。“全媒体策划会”的主持人也由过去报纸方的执行总监改为南方+值班副总编轮值，而南方+值班副总编也身兼南方日报主要采编部门主任，这种身份的融合使报、端不再互分彼此。下午4点的“编前会”仍体现报网端的协同，不再单纯讨论报纸版面安排。每天晚上《新闻联播》之后，报纸方才会单独开会形成一个版面菜单。

在内容生产方面，南方+充分运用客户端速度快、容量大、多形态融合、链接外部平台等优势，并在新闻、应用、服务等不同场景实现内容的传播与抵达。2019年8月18日推出的《背篓医生 峡谷柔情》全媒体报道是突出一例。当时南方+和南方日报的团队在时任总编辑黄常开的带领下，远赴云南怒江，全程记述主动到当地驻点帮扶的珠海女医生管延萍等用背篓装着心电图、B超机等设备行走于悬崖峭壁送医进村的感人事迹，于中国医师节前一天在报网端发布包括通讯、评论、图片、视频等在内的系列报道。南方+的9分钟视频中，包含管医生于千里之外与母亲视频通话，听闻其半夜时常心绞痛发作而泪流满面等感人细节，一些网友表示“看哭了”。除了提供这类新闻场景的硬核内容，南方+在应用场景上也有创新性开拓，如2020年疫情暴发初期研发启用的“疫情地图实时动态查询系统”（简称“疫情地图”）。“疫情地图”包含广东疫情地图、全国疫情地图、国外疫情地图三部分内容，除国外疫情地图外，每部分都有累计确诊、累计治愈、累计死亡、现有确诊、境外输入等实时动态数据，并有定位功能，受众可以随时查阅。2020年1月23日武汉一封城，南方+和南方日报的记者们就和技术人员投入研发，1月27日（年初三）晚10点就上线了全国疫情地图。此后陆续增加内容、完善功能，至2020年3月下旬完成了全部内容和功能。这项应用深受欢迎，带来大量受众，截至当年6月30日，访问量已高达2.5亿人次①。“疫情地图”是南方报业近年主推的“四化”（移动化、平台化、可视化、智慧化）理念的一次成功实践。

在服务场景方面，南方+巧妙地将投票、征集、选秀类工具用于拓展受众，提升日活。例如南方+近年来在每年教师节前积极发起或参与全省各市的“寻找最美教师”活动。其中，2019年的“寻找深圳最美教师”点赞活动涵盖深圳9个区90余名校长、名师，共收获5000余条评论、超500万流量；当年推出的广东高校“我最喜爱的思政课教师”评选线上展示活动，点击量超113万次，点赞量超83万个，留言数超1万条，总计30万字②。这类活动已经成为南方+的常规品牌项目，每年都举行，只不过从2020年起，深圳的“寻找最美教师”改为“致敬深圳最美教师”。此外，党群志愿服务也成为连接受众的场景。如佛山市南海区大沥镇的“党群通”，其唯一入口就设在南方+的大沥频道，面向大沥约150个基层党组织、1.1万名党员和数十万群众开放使用。试运营4个月，就有超过三分之一的基层党组织发布300多个任务，近万人通过“党群通”认领任务并反馈完成情况③。

这些应用和服务场景不仅带来大量受众，提升日活比例，还对端内优质内容起到导流作用，最终提升了主流内容的传播力和影响力。

与谭仕龙（右）访谈中（谭舒月　摄）

① 据调研中南方报业提供的数据。
② 罗彦军主编《从报纸到爆款——解码党媒融合路径》，南方日报出版社，2020，第 17 页。
③ 同上。

二、做大“南方号”，以PGC实现海量内容生产

南方+上线后第二年，即推出“南方号”。这个“号”那个“号”，本是门户网站开发PGC来源强化原创内容的创新做法，如百度的“百家号”、网易的“网易号”、腾讯的“企鹅号”等。这几个号都是2016年推出的，可见2016年12月“南方号”的推出几乎与门户网站同步，即便不是第一，也早于绝大多数报业集团（如澎湃新闻先后于2018年和2019年推出“湃客”和“澎湃号”，人民网于2018年上线“人民号”）。截至2023年12月，“南方号”的入驻作者已超过7000个，大大丰富了南方+的内容供给，显著拓展了南方+内容覆盖的广度和深度。目前南方+客户端年发稿量约100万条，其中“南方号”的产量已占南方+总产量的60%以上[①]。

“南方号”上线之初，即利用南方报业在全省各地的资源优势，首先与地方党政机构合作，推动一系列政务新媒体入驻“南方号”，对全省21个地级及以上市以及重点区县、镇街实现全面覆盖；进而向政法、教育、卫生健康、税务、市场监管、应急管理、文体旅游、金融等垂直领域拓展，吸引大量机构纷纷入驻。在机构入驻的同时，也谨慎推动个人号、专家号、大V号等入驻，如在一些大医院开设名医专家新媒体号、与广州市众多中小学共同推出“名师课堂”南方号等。但总体来说，“南方号”的入驻号，仍以机构为主。谭仕龙说，“南方号”对个人号的入驻门槛仍较高，明显高于其他平台，只有像“钟南山”这样的少量大号进驻，所以主要还是PGC，而UGC较少。

“南方号”的入驻发展也根据技术条件分为几个阶段。刚上线的前半年，“南方号”采用邀请制，并未开放申请入驻，首批入驻者都是通过邀请加入的。2017年4月融媒体后台建成后，才对外开放自主申请入驻，但功能仍不健全。至当年底，已明显改观，具备包括阅读数、评论数、订阅数在内的数据统计功能，包括投票、私信、自定义菜单、多栏目等在内的运营工具，包括热点推荐、同题作文等在内的辅助生产功能，包括以南方号指数为核心的用户体系等功能体系。

① 根据南方+时任总编辑曹斯于2024年2月8日补充提供的数据。

经过技术迭代升级，“南方号”的入驻推广也如火如荼地展开，其中一个重要目标城市便是深圳。深圳一直是南方报业的“福地”。南方都市报自21世纪初“强势进入”深圳后，就长期在发行量和广告上保持双丰收。此番“南方号”也是“强势进入”。2017年12月29日，深圳首批105家政企新媒体集体入驻“南方号”。第二年起，深圳入驻号等生产的稿件，日均近百条，频道每月有十几场直播，每月直播流量近千万，“屡创爆款”。如“双十一”海关直播点击量超300万次，深圳中学周年庆230多万次，甚至深圳市政府领导班子换届的新闻也获得40万以上的流量。截至2021年8月，深圳入驻“南方号”超过500个，成为全省入驻最多的城市。这些南方号既包括传统的政务类媒体号，也包括医院、学校、知名企业、社会组织等[①]。

“南方号”的内容生产，尽管PGC占了较大部分，但南方报业团队的原创内容仍起到重要支撑和引领作用，其主要表现在各种垂直类的“自营号”。据参与访谈的时任南方+首席内容官胡良光介绍，2022年南方+总共生产约80万篇稿件，其中集团自有媒体的产量约24.5万篇，占比超30%，其余都是入驻“南方号”的产品。在自有媒体中，胡良光曾负责政务类南方号“阅政观”。该号下面也包含“粤政一周”“政见”“阅政快评”等产品线。截至2021年8月，南方报业自营“南方号”已超过480个，2020年自营号发稿量近14万篇，阅读量超4.4亿次[②]。集团还自南方+上线伊始，开展“南方名记者培育工程”，在全国率先提出“主流网红”概念，迄今已遴选多批名记者培育对象，并相应成立名记者工作室，一批名记者像电视主播那样，在团队的帮扶下脱颖而出。

① 谢思佳主编《从 0 到 6000：南方号的力量》，南方日报出版社，2021，第 88—89 页。

② 同上书，第 76 页。

三、做强视频直播，年均千场以上

2016年3月，南方+赶在刚刚兴起的直播风口，上线移动直播平台“直播广东”，再次赶了个早集，但不久就碰到技术问题，信号输出不稳定成为“最大拦路虎”。当时集团“多措并举，多方求解”，并努力寻求第三方解决方案，最终于2017年选定“TVU信号保障设备”，加上5G环境的逐渐普及，闯过了难关。该设备源自美国TVU公司的相关技术，可提供端到端之间稳定清晰的信息传播环境，是移动直播的新一代辅助系统，央视自2016年起启用该技术。2018年2月10日，南方+记者踏上列车，借助这套设备成功完成列车直播作品《直击陈可辛〈三分钟〉原型人物刘钟母子团聚瞬间》，“直播信号完胜同行”。随后又逐步引入VR（虚拟现实）、AR、4K等先进技术，并于2019年5G技术在广东投入商用后，积极探索5G直播，令直播的场景更加丰富，声画更加优质，叙事更加流畅。

从此以后，各种场景的视频直播便成为南方+的家常菜，诸如2018年9月13日至17日对台风“山竹”的连续14场直播，2019年广东两会期间首开“代表通道”“委员通道”“部长通道”等系列现场直播，2019年的“壮丽70年　VR全景看广东”系列直播，2020年1月28日起每天举行的疫情防控工作新闻发布会滚动直播等，都为南方+带来大量受众。据黄常开介绍，其中“山竹”系列直播中的《超强台风“山竹”进入登陆倒计时》和《“山竹”登陆！省防总提醒》两场直播，令南方+成为唯一全程视频直播的主流媒体，单场直播点击量达到700万次。2020年3月，南方+和南方日报联合广东省农业农村厅，推出“战‘疫’助农”系列活动。其中，第一场直播选定了500万斤因疫情而销售困难的广东廉江扶贫小番茄，同时链接集团旗下的南方优品公司，实现直播带货，不到一小时就卖出4万多斤小番茄。随后，系列直播又在湛江、清远、惠州、佛山、广州等多个城市推广复制，助力农户销售连山大米、番石榴、蕉柑、菠萝等广东特色农产品，均获得理想的传播效果，为促进经济恢复作出了媒体的贡献。2021年7月和9月，汕尾市陆丰市（县级市）举行了两场“乡村振兴示范带擂台赛”，由陆丰市委副书记、宣传部部长、常务副市长、政协主席、人大常委会主任5位领导作为“带长”，代表5条乡村振兴示范带上台打擂，通过“成绩展示”“互评互促”等环节为自己所代表的示范带拉票，角逐最高2亿元的乡村振兴建设资金，一时热闹非凡，群众参与热情高涨。南方+以视频直播、投票等方式深度参与这两场“赛事”。2021年7月16日首场擂台赛的视频直播观看量就有约29万次，相关新闻单篇阅读量超87万，投票活动票数超过500万张。这次活动还带动了10万人下载南方+客户端①。

自开展直播活动以来，每年的直播数量也直线上升，从2017年的1000余场，到2018年的1500场，再到2019年的2000场，2021年、2023年分别达到2700场、2850场②。

四、“下沉战略”下的“共建频道”

“长期主义”“下沉战略”，是近年来南方报业推动南方+加快发展过程中的两个“显词”。黄常开认为，建设新型主流媒体，重塑现代传播力，不是一朝一夕之事，而是需要长期建设、持之以恒方能实现的。目前南方报业也只做到了“旧业还在，新业已成”，所以要坚持“长期主义”。而“下沉战略”则与之相匹配，就是要将建设的重心不断下移，全面挺进县（市、区）、镇（街）、村（居）和各垂直领域，激发末梢活力，“占领”广大群众，做大长尾市场。据他介绍，集团于2022年初发出“长期主义”动员令，深入实施“下沉战略”，重点推进“四个下沉”，即平台下沉、内容下沉、服务下沉、人员下沉。而“共建频道”则是“下沉战略”的重要方法论，也是南方日报早年在全省各地设立记者站、21世纪初在一些地市创办地方版等一系列“下沉”传统的发扬光大。

“共建频道”始于2018年3月。当时集团提出以频道建设为载体，推进南方+

① 张俊华主编《南方+频道共建方法论》，南方日报出版社，2022，第149—151页。
② 据南方报业补充提供的数据。

与地方党委、政府开展深度合作，推动新型主流媒体资源下沉到区域，以“三步走”的策略实现平台化的“多方共建”。所谓“三步走”：第一步，采用合办频道的方式，打造信息“全集纳”平台；第二步，试点垂直领域“多方共建”，以新模式连接更多优质用户；第三步，拓展深度调研、第三方评估、舆情研判、咨询培训、论坛活动等特色化、定制类服务，形成新的产品服务体系，实现新闻与智库协同生产。两年半后的2020年10月，南方+频道建设已全面覆盖广东各地市区县，加上垂直领域，共建成300多个地方频道。截至2024年12月，共建频道增至超600个。这些“共建频道”已发展成为广东“新闻+政务服务商务”的移动发布新主战场。以茂名市为例，2023年2月，南方+已与当地机构共建频道17个，涵盖6个市（县）行政区、2个经济功能区、5个垂直系统、4个“按钮栏目”。南方日报茂名记者站7人及南方+新媒体编辑5人参与频道运维工作，平均每人负责1—2个频道。由此可见，“下沉战略”不是一句口号，大量人员已经“下沉”到各地市县开展工作。

为了配合“共建”行动，南方+还出台了一系列适应频道建设的保障措施。例如实施频道责任制，遴选有创新和担当精神的年轻记者担任频道主编，对频道的内容生产、活动策划、推广合作等进行精细化管理，实现全天候在岗管理，落实“三审”制等日常管理制度。

第三节　南方周末：优质内容的变现之路

中国报纸在数字端的内容变现之路，起步早，参与者众，可惜都好景不长，鲜有成功者。最早如温州日报（2007年），最大如人民日报（2010年），都以失败告终。笔者曾指导研究生以人工方式调查截至2018年3月1日全国建立付费墙报纸的数量和付费情况，得出的结果是，在网上建有数字报的1189种报纸中，仍有49种建有形式各异的付费墙，但都处于勉力维持状态，无论是增加发行还是增加收入，都乏善可陈，未能为报纸转型带来明显的变化。笔者2022年2月应《青年记者》约稿将该调查写成文章发表，5月便被《新华文摘》全文转载。当时的调查统计中，并无南方周末。而此番在南方报业调研，方才确认，南方周末正是从2018年4月开始探索以付费墙为特征的内容变现之路的，在我们的调查统计截止日期之后。

事实上，外界并不关心媒体是否实施内容变现或靠什么生存。在人们心目中，南方周末是响当当的媒体品牌，是优质内容的代表，是很多足以形成民间记忆的重要篇章。2023年3月1日，我们在一个圆桌会议室，与南方报业传媒集团副社长、副总编辑，南方周末报社党委书记、主编王巍进行了深度访谈。

与王巍（中）访谈中（谭舒月　摄）

一、危机中的孤注一掷

王巍曾于2013年至2016年在南方周末（简称"南周"）担任总编辑，后转任南方杂志社总编辑，2018年2月又兼任南方周末总编辑及《南方人物周刊》主编。他说，当他重返南周后，发现在整个报业危机中，南周的日子也很不好过，并出现了较大亏损，跌入历史低谷。"面对困难局面，就想找个突破口来改变局面。但突破口在哪儿呢？我就觉得南周在时效和内容规模上难以和日报相比，其核心竞争力应该就是深度的优质内容，但那时很少人相信仅靠内容就能持续生存。"王巍的信心来自国内民众知识付费意识的觉醒。经过多年积累，2017年被认为是中国知识付费的爆发年。《2017年Q3阿里应用分发报告》估测，当年中国的知识付费用户数量将达5000万，付费总体规模将达500亿元[①]。尽管付费内容以泛娱乐为特征，但已出现向历史、文学、非虚构、新闻等内容蔓延的趋势。《财新周刊》2017年建立付费墙并取得成功就是一例。

王巍觉得南周内容这块长板足够长，他对此有信心。《南周》曾连续11年被中国邮政评为"中国畅销报刊"，《南周》的很多文章成为业内的标杆，其深度报道也为读者喜闻乐见。技术上，南周于2009年成为最先在苹果商店上线客户端的中国报纸，至2017年已累计下载1800万次，其"数媒工场"也积累了数字端运行的技术和经验。于是在他重新上任后不到两个月，南周就于2018年4月决定上马建设以会员制为核心的"内容付费工程"。这个工程分为两块，一块是计量式的软性付费墙，另一块是知识付费产品。王巍觉得这是一项背水一战的工程，自己心里也不太有底。但就连王巍自己也没想到的是，第一年下来，付费工程非但没亏，而且还赚钱了。

在实施内容付费工程的同时，王巍提出"三个不变"：第一是流量不变，第二是传播力和影响力不变，第三是存量业务不变。和中外很多实施付费墙的媒

---

①《2017年Q3阿里应用分发报告》，百度文库，2020年6月27日，https://wenku.baidu.com/view/e443de9c0042a8956bec0975f46527d3240ca685.html?_wkts_=1742525553360&bdQuery=%E3%80%8A2017%E5%B9%B4Q3%E9%98%BF%E9%87%8C%E5%BA%94%E7%94%A8%E5%88%86%E5%8F%91%E6%8A%A5%E5%91%8A%E3%80%8B。

体一样，建“墙”初期，最大的反对声音都来自经营部门，他们担心一旦收费，网站等新媒体端就门可罗雀，注意力必然减少，广告更无从谈起。但好在南周的付费墙采取了较为灵活柔软的策略，即一开始就设立了每月可免费阅读10篇的较为宽松的付费墙。这个免费阅读额看上去比《纽约时报》刚建付费墙时少一半，但对于总发稿量较少而单篇稿件篇幅都很长的周报来说，门槛较低，是很大的优惠，对普通读者几乎产生不了太大的影响。报社分析过，南周的读者中，真正每月阅读量较大的刚性用户大概只占10%，其余90%的读者不受影响，就保证了“流量不变”，进而“传播力和影响力不变”，广告等存量业务也不会受到明显冲击。此外，在数字端也采取分步走的方式：2018年4月启动付费工程，8月在南周客户端设立软性付费墙，11月拓展到所有旗下新媒体平台。也就是说经过7个月的过渡，付费墙才全面建立起来。在不同的数字端，免费额也有差异。例如现在由于付费阅读的用户明显增多，免费额已从当初的每月10篇降至每月5篇，但如果通过网站来阅读，免费额就只有3篇，通过App阅读，免费额为5篇，算是对移动端的鼓励。2018年当年，付费工程刨去成本已产生盈利。与此同时，整个南周的营业收入不仅未受影响，还大幅增长了30%。根据南方周末的官方数据，截至2023年底，累计付费用户已有36万。而收费价格也逐步递增，首次付费订阅是98元 / 年，现在已是288元 / 年了，打完折接近200元 / 年。

36万的数字付费订户是个了不起的数据，不仅在中国的报业中首屈一指，在全球传统媒体中也可跻身前20名了。根据有近百年历史的国际报刊联盟（FIPP）2021年1月的全球付费订阅报刊排名，英国的《每日电讯报》以32万份纯数字订户名列第13位，中国的《财新周刊》以51万份跻身前十（《财新周刊》首次入选该榜）。

二、知识付费产品的开发与生产

南周内容付费工程的另一块，是不从属于报纸内容的知识付费产品，由此与付费墙配套，构成该工程的两极。2018年11月17日，在付费墙覆盖全网的同时，南周推出第一个自主开发的知识付费产品——《故宫·皇帝的一天》。这实际上是共有10集的系列视频课，每集15分钟，其内容都是市面上已有历史图书资料所没有或不曾突出的，或者虽有但换一种更贴近当下网民需求的叙事方式，诸如“皇帝每天的头等大事是什么？”“皇帝几点起床？”“雍正为什么拿眼镜做礼物？”“夜里的皇宫只有四个男人都是谁？”之类。这套视频课原价99元，推广期间可享受南方周末会员优惠价29.9元。笔者注意到，这套视频课程直到今天，仍可在腾讯、优酷、爱奇艺三大平台搜到，并仍要付费，其中爱奇艺收费49.9元。至2019年8月，《故宫·皇帝的一天》全网销售2万份[①]。

2018年12月7日，南周的知识付费主营平台“南周书院”上线，并在知识服务平台“小鹅通”上开设了一个知识店铺，推出非虚构阅读、评论写作、虚构写作等5门自研课程。从此，各类选题的付费图书或“人文课”便层出不穷地涌向读者。其中2019年底首次推出的非虚构写作，海报一出便受到市场的欢迎，连续三年复推，销量不降反升，报名人次每期近2500人，成为南周书院的一个“爆款训练营”。由该课程衍生出的同名图书，上市半年就发行了超过3.5万册。据了解，这个南周书院团队只有7人，但从2019年起每年为报社创收近700万元，三年下来积累了3万多人文课用户[②]。王巍透露，仅南周写作课，三年下来就卖了500多万元。

在选题方面，南周书院提出了“内容品控的四原则”：（1）解读视角要有稀缺性。团队认为，人文知识的稀缺程度更多来自对知识提供者稀缺性的判断，因此致力于寻找功底深厚的大咖讲师，例如请有十几年特稿写作经验的大咖讲授非虚构写作等。（2）“拿来即用”的实用性，即充分挖掘人文课的实用价值，体现知识点的体系性，力求使听者在方法论上有所得、有所获。（3）降维表达的贴近性，即考虑到消费场景的大众化、娱乐化，让课程内容尽量深入浅出，符合大众化需求。同时在宣传推广上也“降维表达”，避免生僻概念，例如评论课

① 王巍：《南方周末内容付费工程：再造南周的生产流程和消费场景》，南方＋客户端，2019年8月9日，https://static.nfapp.southcn.com/content/201908/09/c2506380.html。

② 谢晓：《以内容之力撑开私域天空——以南周书院知识课程为例》，南方＋客户端，2022年2月22日，https://static.nfapp.southcn.com/content/202202/22/c6242603.html。

南方周末第一个知识付费产品的宣传海报（网络截图）

的题目是“怎样表达一个观点”。（4）深度交互性，即内容的生产者和消费者同在一个社群，生产者通过服务拉近与消费者的距离，建立彼此的信任，例如用户可以直接和讲师交流，进而提升听课效果，完善用户体验。

南周的知识付费产品，在获得收入的同时，也扩大了品牌效应，一些优惠政策也直接刺激了南周的付费订阅。打开南方周末App，可在“会员”栏看到琳琅满目的付费产品，其中很多产品对年付费会员是免费的。例如，在“年会员专享”栏目里，正悬挂着《一起问杜甫》《我们的苏东坡》《名侦探的诞生——解读百年中国侦探小说》《读她们：10位“大女主”的残酷与深情》《南周记者口述·新闻背后的故事》《今天读了吗？》等作品，售价168元、109元、168元、69元、99元、188元不等，年度订阅者皆可免费获取。这相当于西方一些付费报纸的高级会员制，即在普通付费订阅的基础上，增加付费而获得更多服务，但南周似乎不需增加付费，全年订阅费便可涵盖这些产品。但也不是所有产品都免费，如《南方周末少年新闻课》《鲁迅的19种生活》《故宫·皇帝的一天》等可享受较优惠的“会员特价”。

三、付费制度倒逼内容做优、经营做强

任何媒体，一旦决定实施内容变现策略，就必然要将内容做得更好，做出价值，赢得市场，同时创新一套更加符合付费墙运行规律的经营体系，中外皆然。

在内容方面，用王巍的话说，就是在实施内容付费工程的这些年，南周始终把“内容”放在各项工作的最前面，以它为枢纽决定进退取舍，一边严格控制报社运行的总成本，一边不断加大对内容专业化建设的投资。而内容最核心的部分是两块：第一是立足主业，生产真正的新闻；第二是一直坚持遵守编辑中心制，编辑部是内容生产的发动机。“我们的标准是既有南周气质，又有南周品质。南周气质就是一种新闻理想，是以真相真理和人文关怀为己任，致力于以新闻推动社会进步的媒体气质；南周品质则是一种专业精神，是工匠精神、创新精神和进取精神，在南周的历史长河中，共同构建出来的优质品质。举一个例子，我们一直坚持评定内部专业技术职称，在许多方面，对采编岗位专业技术要求高于业界普通水平。所以南周内部的高级记者或高级编辑，出去个个都是‘腕’。我们要求人人写优质稿，而不只是追求量。”

据王巍介绍，截至2022年底，相比内容付费工程推出前的2017年，南方周末原创稿件发布量年均增长7%，融媒体产品年均增长90%，“两微一端”总阅读量增长50倍。这些稿件中，不乏质量上乘、影响力巨大之作，有的引起国家高层关注、推动社会治理行动，有的获得中国新闻奖，有的创下南周有史以来最高单篇流量纪录。例如，2019年12月12日发表的《“不寒而栗”的爱情：北大自杀女生的聊天记录》。7000多字的该报道经深入调查，以南周惯有的特稿叙事方式，给读者留下较大的思考空间，一时引来阅读狂潮，全网流量近20亿，也创下南周单篇稿件阅读量之最。而此前的2019年10月17日，同一记者的另一篇近6000字的报道《冰柜藏尸背后的谜团：死者生前曾入邪教》也实现全网4亿的流量。此外，2018年12月6日《一款消毒喷剂的抗流感神话：全国覆盖，疾控推荐，成效成疑》和2020年6月11日《直播电商肆意上网，濒危植物盗采下山》等报道，都引起有关部门关注，相继出台整治或监管措施。2023年的独家跨年深度报道《弑母者吴谢宇的心理档案》、专题报道《“黑金”之战》以及“假央企”系列报道等，都在社会上引起很大反响。当年10多个微博热搜话题都与该报的报道相关。全年该报有14件作品流量过亿，78件作品流量过千万。2024年的“新年献词”仅南周旗下渠道可统计流量就超过6400万[①]。该报长期追踪的“孙小果案”和“聂树斌案”等，也都在2019年获得了伸张正义的司法结果。

南周的经营部门也围绕优质内容产品和新的商业模式展开创新经营，提出“内容立命，服务安身，品牌引领”的经营理念，自2018年以来每年实现两位数的经营增长。2023年，在品牌优质内容的引领下，该报印刷版收订量不降反升，较上年逆势增长10%；南周的付费会员累计超过36万。全年经营收入则创下总收入超2亿元、总利润超千万元，双双创出近10年来新高的佳绩[②]。

① 据南方周末提供的数据。

② 据南方周末2024年2月2日召开的2023年度表彰会披露的数据。

第四节 南方都市报：从纸媒到智媒

南方报业素以创办子报子刊的高成功率著称，旗下全国知名的报纸就有《南方周末》《南方都市报》《21世纪经济报道》等。2016年11月，在广东省委宣传部的统筹安排下，21世纪经济报道等所辖系列媒体脱离南方报业，与南方财经网等合并成立南方财经全媒体集团，成为与南方报业并列的“广东省第四家省直媒体”，南方都市报原总裁任天阳担任该集团党委书记、董事长。郑广宁总编辑说，他还在省委宣传部任职时，从宣传部的角度分析全省各主要媒体情况，就认为南方报业最大的优势就在子媒办得好，其系列报刊各具特色，分工明确，相互之间不会自己打架，而且都办出了影响，取得了较好的社会效益和经济效益。用南方报业原社长范以锦的话说，就是“龙生龙，凤生凤”。所以本章大标题中“五子登科”，即泛指以南方日报为代表的南方报业传媒集团旗下的南方网、南方农村报、南方周末、南方都市报等主要媒体。

集团旗下最大的“龙凤”，当属南方都市报。其创刊于1997年，正值中国晚报都市类报纸大发展的黄金时期。该报于2001年提出“办中国最好的报纸”，2018年增加了“做中国一流智库媒体”，两句话在《南方都市报》报头下方对称而立。目前，南方都市报已发展成为拥有1家报纸、1个网站、2个手机客户端、2种期刊、逾百个社交媒体公众号的新型主流媒体，形成一个“都市类媒体生态”，并有众多优质原创报道在全国产生广泛影响。

一、擦亮品牌的深度报道

在提出“办中国最好的报纸”的口号时，南方都市报为此付诸一系列有效行动，将报道视野拓展到全国，体现出奋力办一份优秀报纸的认真追求和勃勃雄心。这些行动中，给笔者留下最深刻印象的主要有三个：一是从2002年3月4日起，每天在报纸除头版外最显要的第二、第三版开辟两个整版的时事评论版（若干年后改为一个整版），大张旗鼓地实施评论扩容，每天刊发社论，开了中国报纸强化评论的风气之先。在此之前，国内报纸普遍评论不多见，社论非常态。即只有遇到重要事件或面临需要发声的重要时刻，报纸才会发表社论。除了《人民日报》等党报在20世纪50年代学习苏联《真理报》短暂实现每天1篇社论，当时中国的报纸几乎没有每天发表社论的，“评论立报”基本是一句空话。而西方主流报纸如《纽约时报》《华盛顿邮报》等，常态化每天发表3篇社论，每天有两个对开评论版。这是笔者2002年初从美国访学归来后常提到的一种现象。所以《南都》开辟评论版之前，曾有朋友打电话征询笔者的意见，笔者对此表示大为赞赏。正是在《南都》之后，每天开设整版的评论版、每天发表社论或社评才成为中国报纸的常态。二是大幅扩容，创办很多有特色、有分量的专版专刊，有些后来扩展成独立发行的《南都周刊》《南都娱乐周刊》等报刊。三是一系列体现舆论监督的深度报道，令《南都》真正成为全国读者广为熟悉的报纸品牌。

2003年是《南都》深度报道的发力年。这年初，中国暴发了非典（SARS）疫情，随后一个标志性事件便是对导致疫情的病源的认定。2003年2月18日下午新华社发布消息，引述中国疾控中心病毒学首席研究员、中国工程院院士洪涛的研究结论，称SARS源自一种叫作“衣原体”的病菌。次日，《南方日报》以《非典型肺炎病原是衣原体？》的大标题，引述钟南山等广东专家的意见，公开质疑国家级专家的“定论”，并在副标题上称“病毒（而非细菌）引起的可能性极大”。这篇当时受到批评但观点正确、对疫情防控研究产生重大影响、第二

访谈前与戎明昌（左）在南都直播室合影（谭舒月　摄）

年获得中国新闻奖一等奖的报道，代表了当时南方报业不唯上只唯实的科学态度。而《南都》也在非典报道中有出色表现，诸如在全国两会期间通过采访卫生部副部长，独家披露当时非典疫情并未得到有效控制；持续追踪“中国首例非典报告患者”并率先刊登长篇深度报道等。这年1月，该报借网文《深圳，你被谁抛弃？》发表相关系列报道，引发热议和全国的关注，进而牵线促成时任深圳市市长于幼军与网文作者“我为伊狂”的公开平等对话，一时风头无两。还是这年的4月25日，《南都》跨版刊登长篇调查报道《被收容者孙志刚之死》，顶着巨大压力揭露了广州收容机构及相关司法体系的严重错误。这篇报道最终促成国务院废止1982年颁布的《城市流浪乞讨人员收容遣送办法》（简称“《收容法》”）。

随后数年，《南都》也一直保持锐气，例如2004年11月5日发表《谁给绵羊插上翅膀——揭开妞妞的神秘面纱》及后续系列报道，揭露深圳市委某在任副书记的女儿和家属在作品推广炒作过程中的幕后违规行为，成为舆论监督的经典案例，一时在当地声名大噪。此后也屡有佳作问世，如2016年的大型专题调查报道“700元买到开房记录”被大量转载，引起公安部、国家网信办等机构的关注。报纸的影响力也因此不断扩大，《南都》的发行量在2014年达到185万份的峰值，跻身世界报纸发行量50强。在国家新闻出版总署2006年8月5日公布的第三期“中国报业竞争力监测报告”中，南都获得全国晚报都市类报纸竞争力第一名[①]。新冠疫情最为危急紧迫的2020年2月，南都记者跟随广东省第二批援助湖北医疗队进入疫区武汉，抢拍出最早一批前方医护人员的肖像特写照片，策划推出名为“最美逆行者”的系列海报，以及包括长图《印·记》、图文报道《你们摘掉口罩后，真好看！》、H5产品“疫痕”照相馆《让我记住你的脸》等多种融媒体报道，巨幅LED（发光二极管）屏海报在广东1000多块LED屏滚动播放，成为主流价值观现象级传播“爆款”。

①《全国晚报都市类报纸竞争力20强》，中国日报官网，2008年11月6日，https://www.chinadaily.com.cn/hqph/2006-11/06/content_726010.htm。

“最美逆行者”海报在广东LED屏播放

二、转型早期的两大探索

据笔者了解，南都在转型早期有一些创新型“大动作”，主要包括发布“南都PAI”平板电脑和创建“并读”客户端。这两大动作充分展示了南都作为一家传统报纸在数字化转型上的创新魄力与改革决心。

2010年1月27日，苹果公司发布平板电脑iPad，带来一次个人电脑的移动端革命。发布者不曾想到的是，这次“革命”不仅让PC便携化，而且直接影响到纸媒。一年后的2011年1月，默多克的新闻集团与苹果公司合作，开发出一款基于iPad的付费新闻阅读产品The Daily（日报）。5个月后的2011年6月，北京青年报推出外形酷似iPad的移动终端“北青Pad”。再一年后的2012年6月，南方都市报推出定制版的、外形也类似iPad的移动产品“南都PAI”（通称“南都派”）。报纸的“Pad”化尝试，在中美两国悄然展开。

2010年9月，南方都市报旗下的南都传媒有限公司与科技企业华茂天成公司合资组建南都嘉华传媒有限公司，以推动由内容服务商向全媒体服务商的转变，“南都派”便是这家合资公司的首个重要产品。该产品采用8英寸TFT（薄膜晶体管）屏，分辨率为1024×768，操作系统是当时最新的安卓4.0，内存为1G。半年后的2012年11月，产品升级为“南都PAI F9”，新增“全景360”“南都书屋”等应用，支持第三方账号登录，电池可使用7小时，总体上不落伍。产品的销售模式是：读者以每月38元的价格连续订购两年的南都全媒体数字信息服务，包括《南方都市报》、南都阅读、南都视觉、南都视点等内容，总共912元，就可免费获赠一台“南都派”。彼时，“南都”仍拥有很大的发行量，其内容本身具有吸引力，因而这个模式看似是合理的，订两年报纸就可获得这样一个硬件，既可实现移动阅读，还可干点别的。但“南都派”之类“平板报纸”也有至少两个致命缺陷：一是作为硬件的设备本身，面临层出不穷的新产品竞争，技术若不能保持领先，就必然会被淘汰，就像Kindle问世后，中国的汉王阅读器便失去市场一样；二是这种一机一报的模式不符合互联网时代兼容通用、平台共享、一部终端走天下的趋势，人们不可能为一份报纸而怀揣一部机器，就像此前解放日报和广州日报的电子报纸阅读器一样。事实上，就在“南都派”升级为“F9”后的不到一个月，默多克的“日报”就在累计投资3000多万美元后宣布关闭。“南都派”也大致在2014年默默退场。“北青Pad”的命运与之相似。

“南都派”的失利，令南都重新考虑客户端选项。2014年6月27日，南都与汕头的宜华企业（集团）有限公司和衣联网（一家服装电子商务企业）签署合作协议，三方共同打造“智能移动阅读App”。2015年3月6日，作为三方合作的结晶，南都的“并读”客户端上线。该客户端名称符合当时报纸客户端与纸媒品牌切割、以别致名称走向市场的趋势，但其运营方式却与众不同。“并读”打出“并读新闻，读赚天下”的旗号，试图探索一种可持续的基于移动客户端的商业模式。其最大的创新，是通过分享广告收益等方式鼓励读者阅读、评论和转发客户端内容，并在为读者带来流量的同时，开展电子商务等经营活动，为客户端增添了一定的社交功能。打开手机版该客户端，不仅可看到时政、财经、娱乐、“读图”、“热辣”等较为丰富的内容，底端还有《新闻》《并友》《抢钱》《我》4个栏目。其中，《并友》栏目中，用户可以看到自己的好友及好友发布的新闻评论，也可以邀请好友或同步手机通信录中的好友，而且邀请好友还可获得一定额度的积分；《抢钱》栏目显示用户当天通过浏览新闻、评论转发等行为获得的收入金额及广告总体分成的积分，栏目内还设置了“礼品商城”“余额提现”“兑换记录”“积分规则”等小项目。在升级后的2.0版本中，又增添了“极客范”“运动达人”“潮流教主”“旅行者”及性别选项等个性化资讯内容，新闻也分为“即时资讯”和“生活方式”两大类别。新版本淡化了“抢钱”

南都PAI F8背面（左）和并读新闻App

功能，首页“并读新闻，读赚天下”的口号也改为“并读，我的精致生活”，似乎想改变用户的草根性质。尽管该客户端还有一些小毛病（笔者当时曾让一位研究生持续关注“并读”并报告使用体验），但体现了很强的创新意识，在当时可谓独树一帜，因而一度带来下载热潮。2015年11月27日，时任南方报业传媒集团副总编辑兼南都总裁的曹轲，和武汉大学新闻与传播学院教授、中国媒介经济与管理学会副会长吕尚彬，新华社新闻研究所研究员、中外媒体发展战略研究中心主任唐润华应笔者邀请在深圳大学传播学院参加由笔者主持的“路在何方——中国报业转型的困境与出路”对话会，仿佛“锵锵四人谈”。曹轲当时透露，“并读”一定程度的社交属性和阅读积分的盈利模式，吸引了一些大学生、白领和他们认为更草根的人群。“半年多下来，下载量增加很快，下个月可以过5000万，其中三分之一在广东，广西和浙江各有百分之二十多。”他表示，要加强与广西和浙江的合作，把当地的频道做起来，“5000万到1亿下载量之后，才能去谈它的盈利模式”。

可惜“并读”最终也未能成功。主要是未能解决持续盈利的问题，而这又与投入的资金总量有很大关系，传统媒体自己是没法长期大量投资的。

三、突围：智库式转型

南都的精神是什么？戎明昌在访谈中表示，可以理解为“唯变不变”。笔者作为南都发展全过程的近观者，确实也感到，“变”是南都发展史，特别是数字化转型史中的关键词。经过几年的探索，南都再次改变“战法”，确定了转型的新方向和新定位，即以优质化、差异化内容建设为根本，以大数据、云计算、人工智能等先进技术为手段，以体制机制创新为保障，发挥媒体资源聚集力、社会动员力优势，因应新时代治理体系中的新需求，推动内容智库化、传播智能化，以此实现与用户、客户的强连接，最终将自身的内容生产力、用户连接力、舆论引导力、治理服务力转化为党的执政资源，巩固壮大主流思想舆论阵地。说到底，南都这次的“变”，是试图建成一个“数据型智库媒体”，即“既是媒体，又是智库；既是大数据发掘研究机构，又是文化创意传播机构”。而且南都这次提出了“做中国一流智库媒体”①的口号。

很多年前，就听说南都在搞数据、智库等新业态，但智库媒体转型行动究竟始于何时？戎明昌给出的答案是2017年。在此之前的2016年，南都决定“换一种方式”，搭建指数测评平台“南都指数”，想用“另一种方式做新闻”，并于当年11月8日举行“南都指数联盟发展论坛暨首期指数产品发布会”。时任南都总编辑任天阳当时解释，“‘南都指数’是南都从传统业态向新业态转型的重要产品，也是南都20年发展公信力和影响力的衍生品。‘南都指数’将通过传统报道、指数产品、线下活动等方式，逐步建立南都评价体系、评判标准，进一步提升南都话语权”②。具体而言，将分为“月度·热点监督”“季度·定点测评”“年度·重点研判”等系列，可见是之前业已进行的各类舆情监督工作的延续和扩大。在这次发布会上，南都公布了《广州市快递行业服务满意度榜单》《2016政务新媒体榜》《互联网领军人物公众好感度（2016年）》《广东自贸区便利化指数》《珠三角创新驱动发展指数》等数据化、指数化产品，从中已可窥见“智库”的行迹。

---

① 南方都市报编《从纸媒到智媒：南方都市报融合转型战法》，南方日报出版社，2022，第31—32页。

② 转引自《江湖上杀出一个“南都指数”！还曝光了南都新野心》，搜狐网，2016年11月10日，https://mt.sohu.com/20161110/n472854851.shtml。

2017年3月14日，南都联手相关机构，举办“2017金融业消费调查报告暨行业发展研讨会”，发布三大金融行业的4份金融报告：《2017年智慧银行惠民发展水平白皮书》《2017年3·15保险公众消费调查报告》《2017年3·15保险营销员调查报告》《2017年消费金融行业消费调查报告》。这为两年后“南都数字金融创新联盟”的成立打下了基础。2017年4月17日，南都在年度新闻奖颁奖典礼上，宣布已与多家知名企业结盟，开启“以资本、技术的力量撬动媒体深度融合的新探索”。其中包括：与京东集团联合设立“消费研究所”，发布全国性、区域性、行业性的消费趋势和消费指引；与一点资讯合作，联合打造视频直播产品，并引入用户画像、兴趣标签等工具；与科大讯飞合作，共同建设“智媒体实验室”。颁奖典礼上还宣布启动南都“中央厨房”，建成24小时全媒体编辑部。时任南都总编辑梅志清称，将“重点打造优质报道、智库型产品、融媒产品这三种产品形态”①。这大概是南都高层首次公开提及将“智库产品”作为发展重点。第二年，南都提出“做中国一流智库媒体”，并将它与之前的“办中国最好的报纸”一并置入印刷版报纸头版顶端。

2018年2月，南都成立南都大数据研究院，并从当年12月起，每年举办“南都智库产品发布周”。首届发布周在北京和广州两地举办9场活动，发布涉及个人隐私保护、政府治理、新经济新业态等的8份报告，如《2018个人信息保护年度报告》《中国互联网行业竞争与垄断观察报告（2008—2018）》《2018常用App隐私政策透明度排行榜》等。相关报道称，在大数据研究院成立后的10个月里，南都已陆续发布50多份智库报告，入库数据超过10亿条，“充分释放了媒体的连接功能，提升媒体新的生产能力、服务能力”②。2019年和2020年的智库产品发布周，分别扩大到6座城市和9座城市，发布报告的数量也增至18份和27份。南都连续多年推出的“广州城市治理榜”，于2019年获得首届“中国城市治理创新奖”优秀奖，是全国22个入围项目中唯一来自媒体的案例。2021年，南都全年

①《南都正式进入智媒体时代　开启“媒体＋产业＋资本”模式》，《南方都市报》2017年4月18日，第A404版。

②《南都智库产品发布周启动！50多份报告10亿条数据！这一年我们这样干》，搜狐网，2018年12月24日，https://www.sohu.com/a/284238188_177402。

发布课题研究报告和测评榜单548份，举办智媒活动129场[①]。

南都在大张旗鼓地展开"智库式转型"的同时，还将媒体的内容生产巧妙融合进去，形成一种相辅相成、互为因果的关系。例如南都智库对个人隐私的关注，其实源自《南都》2016年12月12日的一组横跨5个整版的调查报道，其中5300多字、题为《恐怖！南都记者700元就买到同事行踪，包括乘机、开房、上网吧等11项记录》的主稿，详细披露通过暗访获得的黑灰产业链服务商对个人信息交易、贩卖的实情。这组报道被包括新华社、《人民日报》在内的297家媒体转载或评论，首日全网阅读量突破1亿次，先后得到公安部、国家网信办的回应表态，3名嫌疑人被抓[②]。此后，南都就在个人隐私的题材上一路追杀，"努力不错过任何一个与个人信息相关的热点事件"，直至成立南都个人信息保护研究中心，引入大数据，形成一系列研究成果。此外，南都还于近年推进智库写作平台建设，开发金融自动写稿机器人和线索机器人。其中的写稿机器人"小南"于2017年1月上岗，第一篇稿件是《南都机器人小南播报：20日广州—武汉还有大量无座票》。2019年，南都"聚焦上市公司的机器写作平台"获得中国报业媒体融合一等奖。就在我们到访前不久的2023年2月，南都成立高质量发展研究院，此后至当年12月，该研究院先后在广州市南沙、白云、增城，以及中山、东莞大朗等地成立分支机构。

到2023年2月，南都已累计建立了30个垂直领域的数据库，累计归集数据规模达到30亿量级，建立了110个数据分析模型[③]。戎明昌举例说，南都连续多年发布的"广州城市治理榜"，下面有十几个分榜，涉及条条块块，其中南都请北京的教授帮助设计了一个指标体系，用以测量各个区的营商环境。对有影响力的企业尤其是互联网企业，南都大数据研究院会提供有价值的数据分析和研究成果，助力企业科学决策。戎明昌介绍，大数据研究院现在有100多名专职人员，所有记者都是兼职人员，因而采编队伍里增加了一个研究员系列。据悉，2018年，南

① 南方都市报编《从纸媒到智媒：南方都市报融合转型战法》，南方日报出版社，2022，第42页。

② 虞伟：《从"700元买行踪"调查看新媒体时代深度报道如何"逆势而上"》，《中国记者》2017年第1期，第53—55页。

③ 黄常开：《传播力：南方报业媒体融合实践》，南方日报出版社，2021，第372页。

笔者在戎明昌等的陪同下观看南都大数据研究院产品（谭舒月摄）

都智库创收近5000万元[①]；2019年，南都营业收入3.86亿元，利润7771万元，同比增长11%，其中新媒体和数据智库占比50.5%[②]。据戎明昌介绍，2022年，南方都市报总营业收入超5亿元，其中做智库的大数据研究院的营业收入超亿元。

四、N 视频：主力军进入主战场

在戎明昌的陪同下走进南都的展示厅，仿佛进入美国一些主流报纸的编辑部，被墙上各种大屏的数据、图表和视频所包裹。大厅左侧第一个单元，在“智媒进化史”的大标题下，列有“南方报业传媒集团”“南方都市报”“N视频”“南都大数据研究院”共4个可“点击查看”的介绍模块。接下来的单元，是两个“传播力检测中心”垂直大屏，画面正滚动显示着“累计下载量”“月活”“日活”“今日播放量”“累计入驻视频号”“第三方渠道今日流量”“日榜”“周榜”“月榜”“全网热点”等栏目数据。当日列“周榜”第一的是《全国人大代表赵皖平：建议延长春节法定假期，取消调休制度》，阅读量为1658万多次（调研期间正逢全

①《2018 传媒经营案例：南都智库创收 5000 万元，新京报版权收入覆盖采编成本》，凤凰网财经，2019 年 1 月 15 日，https://finance.ifeng.com/c/7jThRYTRF9k。

②《全媒派 | 从办中国最好报纸到全员智库化转型，南方都市报这两年在干什么？》，腾讯网全媒派账号，2020 年 6 月 6 日，https://new.qq.com/rain/a/20200606A04Z8600。

国两会召开）。正面是占了一面墙并90度向两侧折伸的最大屏幕，可随时点击切换为“南都大数据研究院”“N视频”“建设性舆论监督”等主屏页面。主屏墙上有数十个甚至上百个飘浮游动的图片模块，吸引你去触及展示。在“N视频”页面，戎明昌随手触及一些模块，便呈现各种视频作品，图像生动清晰。右侧墙上，则是为N视频专做的一个单元，随时显示N视频的最新作品和各类数据。

整个大厅三面墙上，N视频的地位十分突出，彰显南都当前内容生产的重点所在。南都的新媒体中心有170多人，主要运营两个客户端：一个是南方都市报新闻客户端，属于传统的新闻类、聚合类平台，南都所有新媒体内容的生产都首发在这个客户端上；另一个是N视频客户端，是为了应对这几年传播力的转移，用新的表达方式去连接年轻用户。N视频是半开放的客户端，已经拥有2万多个视频号，其中2000多个是机构号，其余为个人号。高校、政务等是机构号的主力。例如全省有122个县级融媒体中心，其中超过100个都入驻N视频了。

南都早在集团提出全媒体转型后的2010年，就设立了音视频制作部，生产主要基于PC端的新闻音视频产品，开国内纸媒之先河。但在移动端的视频生产形成气候时，南都反倒滞后了，直至2017年才“卷土重来”，启动“N+1”计划，重新进入视频生产。南都随即组建100多人的视频专职团队，负责“视频采集+创意开发+运营策划”等全过程工作。N视频下设i广东、N事件、小N监控室、路人甲、广角、N言N语等产品矩阵，日均生产短视频80余条。“N+1”中的“N”，既是南方都市报的“南”的首字母，也是“news”（新闻）的首字母，所以2020年9月23日上线视频客户端时，就命名为“N视频”。客户端得到广东省委宣传部的大力支持，被定位为“视频版广东发布”。经数年运作，至2024年12月，N视频已实现累计下载量3000万次，创作者入驻也很踊跃，2022年就有6415个创作者入驻①。

为鼓励PGC，N视频还定期发布各种类型的月度榜。笔者看到的最新一期是2024年2月的“Top榜”。其中“高要融媒”“广东公安”“三水发布”居当月“政务号月榜”前三名（高要、三水分别是肇庆、佛山下辖区）；广州市白云工

①《N视频2022年度成绩单来了！2023年我们这样干》，搜狐网南方都市报账号，2023年1月7日，https://roll.sohu.com/a/626561249_161795。

商技师学院、都邦财产保险广东分公司、暨南大学位列“机构号月榜”前三名；岭南视觉、深圳残摄协主席黄建华、香港高Sir位列“个人号月榜”前三名。此外还有“融媒号月榜”等五花八门的“垂类榜单”[①]。从上述榜单即可看出，N视频的视频号来源丰富，涉及面广，成为N视频内容生产的强大动力。

在2023年1月7日由传媒茶话会联合中国社会科学院新媒体研究中心共同发布的《2022年中国经济媒体融合发展实践报告》中，南方都市报和N视频两个客户端及旗下新媒体双双入选“新媒体影响力指数Top10”和“微信原创传播力指数Top10”榜单，分别位居第五名和第四名。两个榜单的前两名都是人民网和新华网[②]。

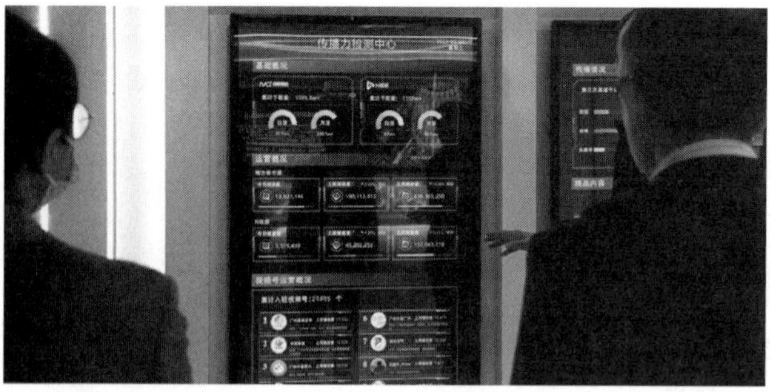

南都的传播力检测中心屏（谭舒月　摄）

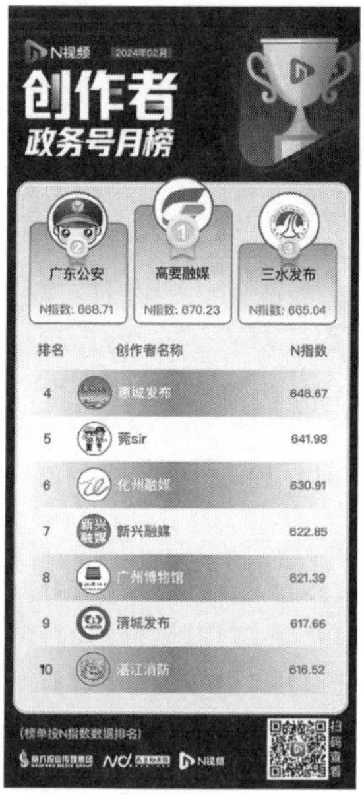

2024年2月N视频政务号创作者榜单（网络截图）

①《N视频2月创作者榜单揭晓》，网易网南方都市报账号，2024年3月8日，https://www.163.com/dy/article/ISOHHS2H05129QAF.html。

②《喜报！南都、N视频入选这两份国内新媒体影响力指数榜单TOP10》，搜狐网南方都市报账号，2023年1月7日，https://www.sohu.com/a/626459711_161795。

第五节 南方农村报：打造最大三农信息输出港

早在1896年，梁启超就借鉴西方办报经验在中国率先提出专业类报纸的概念，建议创办各行业的“分报”，其中提到“言务农者可阅农学报”[①]。在此后的100多年里，中国的专业类报刊渐渐风行，农业、农村类报刊成为其中一个重要品种。改革开放后的20世纪80年代，这些农村报曾风光一时。那时农村改革成为改革引擎，包产到户、多种经营等普遍铺开，农民对应用技术和致富技能需求甚殷，涉农报纸作为当时传递和推广农村技术的最好载体，深受欢迎，很多农村报、地方科技报等都发行量大增，百万份发行量并不稀奇。据1986年的《中国新闻年鉴》，1985年全国有农民报纸430家（含县报等主要面向农村的报纸），《辽宁农民报》每期发行130万份[②]。另据2006年国家新闻出版总署委托《中国县城经济报》对全国农村报刊进行的调查，虽经2003年报刊大整顿关闭了大多数县区报纸，全国纯粹三农类报纸仍有61种[③]。几乎每个省都有自己的农村报。20世纪90年代后，报纸广告异军突起，也反衬出涉农报纸在读者结构方面的弊端——不受大广告商青睐。再加上综合性报纸的“厚报”（含大量专版专刊）趋势挤压了专业类报纸的空间，涉农报纸便渐渐式微。至2007年底，80%的农村类报纸“基本处于自我维持的状态”，全国绝大多数农村类报纸发行处于亏本经营状态，许多三农类报纸一年的广告收入还比不上城市报纸一天的收入[④]。

所以，当被告知南方农村报社有258名员工，员工以年轻人为主，“90后”占比近68%，2022年营业收入超过3亿元时，我们颇觉惊讶。《南方农村报》是南方报业最早的子报，创刊于1963年1月1日，当时叫《南方日报农村版》，1980年3月1日复刊后更名为《广东农民报》，1994年改为现名，1997年1月1日由对开版式改为四

① 梁启超：《论报馆有益于国事》，《时务报》1896年8月9日。
② 贾培信：《1985年我国农民报发展概况》，载中国社会科学院新闻研究所主编《中国新闻年鉴1986》，中国社会科学出版社，1986，第13页。
③ 金勇、朱鸿军：《“三农”类报纸的现状分析与政策建议》，《新闻战线》2009年第3期，第44页。
④ 同上。

开小报，逢周二、周四、周六出版发行。2002年3月，该报创办“专业增刊”《养殖宝典》（2011年更名为《农财宝典》，分“畜牧”“水产”两个独立版本发行）。

一、命系三农，服务三农

2023年3月1日下午，南方农村报社党委书记、主编严亮和原副主编麦倩明在报社接待室接受了访谈。此前不久的2月18日，该报刚在广州举办“2023三农媒体峰会暨南方农村报创刊60周年座谈会”。严亮说：“我们不搞单纯的庆祝活动，而是组织了一场全国的三农媒体峰会，来了30家三农媒体。我们的命运，是跟国家的三农事业紧密相关的。三农不受重视的时候，三农报纸日子都不好过，三农事业受到重视，我们就发展起来。紧扣这个相关性，加上较高的市场化程度，又抓住服务这一块，我们这10年就走出了一条比较好的增长曲线。”严亮的话高度概括，一句话讲出三个要点：紧扣三农、市场化运作、服务到位。

首先，在内容生产方面，南方农村报及旗下的《农财宝典》等传统媒体和新媒体，踩准国家政策节奏，脚踏实地，深入乡村，展开有针对性的和多层次的报道、调研和信息服务，坚守三农舆论主阵地。多年来，该报发表了很多系列调查报道，如“打好乡村振兴第一仗”“珠三角‘美丽田园’行动深调研”“广东农村‘污水革命’AB面”“透视南粤粮安”“寻路农遗”等系列报道都引起较大反响。从2021年起，又推出“我的驻镇故事”专栏，展现驻镇帮扶工作队队员

与严亮（左一）和麦倩明（左二）访谈中（谭舒月　摄）

在乡镇的工作和生活场景。至我们到访前，该专栏已出版100期。该报记者每年至少走访上百个县（市、区）、上千个行政村、5000多个自然村，陆续撰写完成《广东省2021—2022年乡村振兴重点工作暗访报告》《广东“九大攻坚”行动第三方调研报告》《广东农村生活污水治理情况调查》《深汕合作区乡村振兴工作推进情况调查》《珠三角5市25镇实地调研报告》等有分量的系列调研报告。

此外，该报还在全国首创乡村振兴评估标准和指标体系，为广东省委、省政府推出的乡村振兴实绩考核第三方评估机制作出了重要贡献。该报本身也连续6年参与广东省推进乡村振兴实绩考核。近年来，该报以“传媒+”的形式赋能乡村振兴模式，先后完成了江门市新会区南安村、肇庆市鼎湖区黄布沙村、茂名市茂南区鳌头镇、潮州市潮安区文祠镇等多个地区的乡村振兴规划建设，并协助打造“从化荔枝品牌风貌带”等美丽乡村项目。

二、市场推动，聚力兴农

该报更令人赞叹的是以服务为抓手，以市场为导向，以“借船出海”为主要方式，常年组织实施各类三农博览会、产业大会、交流会、论坛等促进三农生产和贸易的大型活动，每年上百场，地点则并不限于本省，而是延伸至全国29个省（区、市），并成为知名品牌和重要创收来源。

严亮举例谈到“种业大会”。据悉，南方农村报于2002年首次引入“地展”概念，在广东省农业技术推广中心的广州柯木塱示范基地举办占地35万平方米的首届“广东种业博览会”（大约从第19届起改称“广东种业大会”）。从此，“种业大会”就每年一届地坚持下去，迄今已连续举办22届，疫情期间都没停办。大会累计展示11万多个国内外优新特品种，每年应用推广配套技术及装备100项，100万人次参会，辐射全球40多个国家和地区，直接带动农民增收近30亿元①。而且每次都在同一个地点——柯木塱，只是形式和规模不断创新升级：

①《二十又二！广东种业大会的“变”与“不变”》，南方农村报官网，2023年12月4日，https://www.nfncb.cn/a38025/38025.html。

2004年，在展会同期举办广东种业论坛；2006年，增设台湾农业良种示范展示区；2008年，启用品种展示管理系统，首次插上信息化的翅膀；2009年，启用“展馆+地展”新模式，展览展示和田间示范有机结合；2010年，首次启用1万平方米展馆，使展览、展示、交流、洽谈、签约无缝对接；2013年，引进商业化服务机制，为参展企业、观众增加服务内容；2014年开始，增设温室大棚、滴管喷灌等设施农业展示，开设世界种子大会广州展专场。2023年12月10日至12日举办的第22届广东种业大会暨“百千万工程”种业交易中心启动仪式，按“会、展、用、才”板块进行整体设计，充分展现种业创新+产业带动链条上的“研发新科技、产业新赛道、未来新场景、发展新议题”，突出国际化、权威化、专业化。此次大会，参展企业突破1000家，参展品种超过5000个，涉及“农作物+畜禽+水产+微生物”等几乎所有大种业类型，涵盖“种业+农技+农机+服务”全链条内容。大会在珠海、惠州、肇庆等地设立8个分会场，共设16个展区。

种业大会规模大，人气旺，虽然主办方是广东省农业技术推广中心，但南方农村报作为大会的策划者、组织者、实施者，承担了贯穿始终的一条龙办会服务，对这一品牌的创立和持续发展，发挥了关键和不可替代的作用。报社也因此获得相应的经营收入。用严亮的话说，这种模式就是“借船出海”。该报每年策划组织的此类“借船”活动种类繁多，诸如“世界数字农业大会”“中国年鱼博览会”“中国荔枝产业大会”“首届中国新农人大会”“首届中国新农人创新创业大赛”“广东农技服务‘轻骑兵’乡村行”等。我们到访时，他们正在紧锣密鼓地筹备即将于2023年3月3日开展的“首届中国国际（佛山）预制菜产业大会”。严亮说：“预制菜就是这两年我们推广起来的，其中广东省政府官网于2022年发布的《加快推进广东预制菜产业高质量发展十条措施》也是我们起草的。这些活动在提升该报品牌效应和三农影响力的同时，也带来可观的经营收入。”他还以“年鱼”为例，“年鱼”是“年年有余”的意思，此前搞了个“年鱼博览会”，也是七八百万元的单。后来年鱼就成了一道预制菜，这个概念是南方农村报推广的。南方农村报旗下还有一个全资子公司：广东乡村振兴实业发展有限公司。2018年底，该报的营业收入首次突破1

第22届广东种业大会展馆现场（南方+　提供）

亿元，成为全国罕见的“亿元农媒”。2022年，营业收入更是突破3亿元①。

严亮将这种“借船出海”称为1.0版本，因为归属权不属于报社。现在报社正努力向2.0版本迈进，即成为活动的主办方，打造自己的IP。例如“广东乡村歌手大赛”，完全是自己的品牌。据后来了解，该大赛于2023年6月12日启动，当年12月30日举行总决赛，“线上线下600多万人观战”②。

三、数字传播，信息助农

新媒体的崛起，为该报的乡村信息服务提供了强大助力。该报于2014年设立新媒体部，并很快建成了包括大量垂直账号在内的“融媒矩阵”，形成一报、一刊、一网（南方农村报网）、十几个产业公众号以及在南方+、南方号、抖音、快手、B站、头条号等设立的频道或账户等立体传播体系。其中，由于南方农村报没有自建的App，就在集团的南方+客户端设立“南方农村报”“产业园”“茶业”三个专属频道，有“预制菜宝典”等多个南方号。这些数字媒体为南方农村报的三农信息服务添加了坚韧的翅膀，活跃在广东乡村的山水之间，全网新媒体用户高达1.69亿。其中“南方农

① 据严亮访谈及南方报业传媒集团提供的数据。

②《广东乡村歌王诞生！大永宁组合斩获双料冠军 |2023 广东乡村歌手大赛》，南方农村报官网，2023 年 12 月 30 日，https://www.nfncb.cn/a38930/38930.html。

村报”“新牧网”“种业宝典”“猪业强国”“大国渔业”等近10个媒体大号的粉丝量都在百万以上，抖音、快手的粉丝量分别为4000万以上和3000万以上①。

这些多层级的活跃新媒体，在近年广东农业发展中发挥了积极的促进作用。近年来，南方农村报抓住广东发展数字农业的建设机遇，通过数字化手段，加速农业产品的品牌化，创新云直播、云发布、云签约、云采购、云消费、云拍卖等数字营销模式，举办一系列农产品网络节，组织十万电商卖农产品。其中特别是牵头实施针对具有广东特色的水果品牌的宣传推广和项目运营，产生了突出的效果。以徐闻菠萝为例。隶属湛江市的徐闻县，是有近百年菠萝种植历史的全国最大菠萝产区，人称“菠萝的海”，但其长期依赖线下销售模式，新冠疫情期间的销售更是严重受阻。2020年菠萝丰收的春天，在南方农村报的策划及南方报业新媒体的整体推动下，一场声势浩大的菠萝狂欢在网上开启。这年2月19日，在拼多多等的主导下，徐闻县时任女县长罗红霞亲自走进“助农直播间”，演示切菠萝、吃菠萝。其直播背景是难得一见的菠萝丰收壮观场面，引得超30万网友围观，近30万斤菠萝销售一空，当地农民从此由“种菠萝大军”逐步变身“卖菠萝大军”。截至2023年2月，“广东菠萝”屡上热搜，带动全网阅读量20亿次，其中“广东菠萝”话题微博阅读总量2.28亿，讨论总量5.2万次，抖音播放量12.6亿次②。

我们在调研中发现，南方农村报的项目运营高度垂直化，专指性很强。据悉，前任主编陈永曾任总经理，把经营的思维带到整个报社管理上来，还特别借鉴日本的“阿米巴”模式（即将企业划分为多个小型组织），围绕各个项目组建各种团队，并依靠团队的智慧和努力来完成目标。这些团队不是固定的，而是可以根据项目需求和人才结构随时组合，但一旦组合，就要将项目进行到底。在该报展示墙上，列有多个获奖项目。其中一个项目是“2021广东荔枝‘12221’市场体系建设总结暨广东龙眼、柚子、香蕉、柑橘营销动员大会”（一等奖奖金10万元），下面列出25人名单。奖励词的第一句话就是：“这是一场冲刺48小时呈现出近乎完美效果的活动。”而围绕“广东荔枝”的数字化营销，该报也

① 据南方农村报提供的资料。

②《田头直播四年，“徐闻模式”改变菠萝产业》，南方农村报官网，2024年3月1日，https://www.nfncb.cn/yaowen/40547.html。

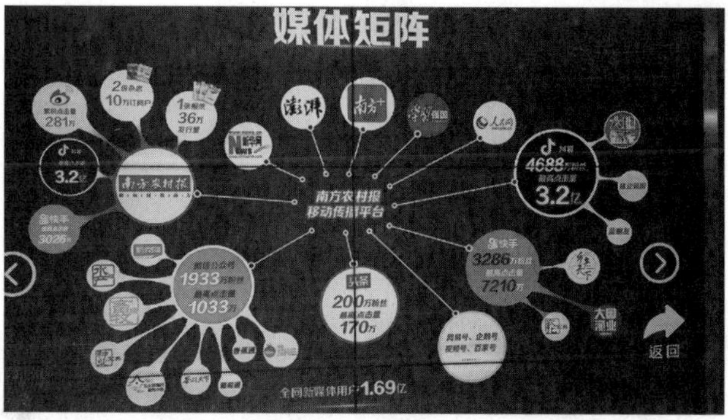

南方农村报展示墙上的矩阵图（辜晓进　摄）

硕果累累。“广东荔枝”18次冲上微博热搜榜，话题阅读总量17.6亿次，带动全网阅读量达40亿次。2021年荔枝丰收季节，该报相继策划了“十万电商卖广东荔枝”“广东荔枝快闪店”“微综艺”“虚拟直播”等活动，并协同各大荔枝产区，推动广东荔枝走进上海、北京、杭州、西安、长沙等主要销售城市，将“媒体传播+品牌营销+助农增收”落到实处。广东全省西起湛江、东至汕头的大片荔枝产区，不仅连年丰收增产，且“连续四年卖出好价钱”①。

四、租赁农田，种稻惠农

调研中我们发现，近年来南方农村报还有一件让严亮欲言又止且甚为低调的“壮举”，即该报在广州增城承包种植了3000亩优质丝苗米水稻。“丝苗米”是一种广东特有的籼稻优质稻米，外形细长苗条、晶莹洁白、外泛丝光，煮出来的饭滑爽可口，自然清香，只不过产量不高。主产区在广州市增城区，清朝嘉庆庚午年（1810年）版《增城县志》即有记载。但从20世纪50年代后期即退化少种，至20世纪70年代全县播种面积只有数百亩。改革开放后，增城被国家原农牧渔业部定为优质米生产基地，丝苗米经品种筛选、科学育种和政策扶持，提高了单产，大幅扩大种植

① 据南方农村报提供的资料。

面积。南方农村报在此过程中，不仅积极宣传推广优质丝苗米的种植理念、科学方法和管理经验，鼓励农民扩大种植，还通过旗下广东乡村振兴实业发展有限公司深入农村，参与乡村规划，甚至结合建设现代农业产业园，直接实施一些农旅项目。

南方农村报已在广州市增城区派潭镇规划建设“南方报业农业公园”，拟统筹山、水、林、田、湖等资源，打造以“传媒+现代农业、金融、农旅、研学、康养”为特色的乡村振兴综合体，努力建设成为粤港澳大湾区乡村振兴高质量发展战略高地和广东乡村振兴示范标杆。该项目已入选“广东省2022年重点建设项目计划”。2022年，项目一期全部用来种植优质丝苗米，并在选种、育苗、种植等全部环节体现最新的科研成果和技术方法。在此过程中，南方农村报还在网上开展“我在增城有三分地”活动，出资1688元便可认购，并获得包括“免费体验农事乐趣”“全流程慢直播监控稻米生长状况”“收获专属地块产出的丝苗米200斤”等“认购人权益”。南方农村报试图通过一系列尝试，探索农产品预售、定制、众筹、拍卖、认养、跨界联名、文创组合等新兴销售模式，延长农产品的销售周期。

从事如此规模的农业实操项目，严亮的底气来自团队的人才力量。他介绍，截至2023年2月，该报近260名员工中，年轻人居多，一半以上是从农业院校毕业的。其中，“90后”占比67.52%，生物与农学等涉农及经营管理专业人员占比75.7%，硕士研究生及以上学历86人。这样一支生机勃勃的人才队伍，成为南方农村报未来发展的重要保障。

南方农村报部分农旅产品（辜晓进　摄）

第六节　“两端一云”成为新引擎

在对刘启宇社长的访谈中，“两端一云”是一个关键词。南方报业近年来推出的“两端一云”建设新战略，包含南方+客户端、GDToday客户端和南方智媒云。2024年1月，刘启宇社长上任后迅速行动，推进南方报业从内容生产、平台建设、技术支撑到市场开拓、人才培育的新一轮媒体变革。特别是围绕推动主流媒体系统性变革，按照“坚持两端并立、内外宣并重、技术与内容并进”的总体思路全力推进“两端一云”建设，已经取得初步成效，有效发挥了融合转型支撑带动作用。在深耕主业、做强传播力的基础上，南方报业积极拓展多元产业，产业结构不断优化，新媒体及多元化收入占比超七成，资产规模持续增长，为更好履行主责主业提供有力支撑。

一、“四个坚持”推进系统性变革

刘启宇社长在访谈中，将“四个坚持”概括为南方报业2024年以来推进主流媒体系统性变革的“整体思路”，体现的是继承与创新的有机融合，本质上是南方报业新时代以来行之有效的一系列探索与实践、战略与战术的延续和发展。从2013年提出“深耕主业、多元开拓、加快转型、融合发展”的十六字方针，到2016年和2019年制定实施两个“三年行动”，大力推动“移动优先、数据优先、用户优先”战略，再到近年实施“三个‘一体化’”战略和移动化、平台化、可视化、智慧化“四化”理念等，皆为未来发展打下坚实基础。

南方报业传媒集团党委书记、社长刘启宇参加2024中国新媒体大会并致辞，介绍“两端一云”建设（南方报业传媒集团提供）

四个“坚持”中，第一是“坚持以一体化发展为方向”。正如前文所述，“一体化”也是南方报业近年发展过程中的成功经验与做法之一，表现为内容一体化生产、技术一体化支撑和经营一体化统筹。而在刘启宇的表述中，又增加了“内宣外宣一体化协同”和“技术与内容一体化并进”等内涵，旨在加快打造适应全媒体时代的“融媒新质生产力”。其中，“内宣外宣一体化协同”的重点是加强国际传播能力建设，包括成立国际传播专门机构——今日广东（GDToday）国际传播中心，构建起以“多语种新闻网站+英文客户端+海外网络社交平台矩阵+全球合作媒体矩阵”为主体的对外传播立体网络，协同全省各级相关部门，深化与央媒、港澳主流媒体和国际友华媒体合作，生动讲好中国故事、大湾区故事、广东故事；“技术与内容一体化并进”则侧重技术赋能，建设强大、统一、高效的技术底座，进一步整合集团各媒体原本分散的技术力量，进而在南方智媒云的支撑下为全省市、县（市、区）两级融媒体建设赋能。

第二是“坚持以内容建设为根本”。其核心是强化精品意识，强化创新意识，强化“内容增量”意识，强化用户意识，不断提升主流媒体的传播力、引导力、影响力和公信力。这种内容建设的升级，这两年已在南方报业的报刊网端各平台得到体现。例如，2024年7月党的二十届三中全会刚闭幕，《南方日报》就连续刊发20篇评论员文章及“悦言”署名文章《进一步全面深化改革　没有局外人旁观者》，开设《全面深化改革大家谈》栏目，邀请18位专家撰写理论文章，制作《党的二十届三中全会精神学习手册》等，充分体现《南方日报》“观点纸”的特色。从2023年起，广东省连续三年于开春之际召开广东省高质量发展大会，《南方日报》每次都在会议召开之际或召开之后推出影响“出圈”的重头报道和大容量版面。继2023年3月2日推出164个版的《高质量　新开局》特刊之后，又分别于2024年2月18日和2025年2月5日推出132个版的《高质量　当先锋》以及96个版的《高质量　立潮头》，其中2024年的万字宏文《“拼”出一个更好的广东》，受到广泛关注。在主题报道的融合传播方面，南方报业一方面强化《南方读+》《政经观察》《聊点政经事》等品牌栏目，另一方面推出《“中国式现代化”学习图谱》《典亮“中国式现代化”》等多媒体产品，获得全网热传，《典亮“中国式现代化”》全网阅读量超600万。南方日报、南方+于2023年推出“县委书记打擂台”全媒体系列报道，紧紧围绕广东城乡区域协调发展，请县委书记在主流媒体亮目标、谈举措、挖潜力，以视频节目、微海报、通讯、评论、手绘长图、H5等融媒体产品矩阵，创新政务新闻话语表达。当年，节目组深入全省14个市24个县，行程跨越1.3万公里，累计发布三季24期节目，全网流量超6000万，微博话题阅读量超3000万[①]。在2024年11月公布的第三十四届中国新闻奖中，《南方日报》评论《再造一个新广东》和南方+通讯《高陂抗击台风攻坚战：惊心动魄的五天五夜》双双获得一等奖，两篇作品的全网阅读量分别超过1000万和2000万；另有N视频客户端国际传播作品《探宝觅踪——寻找湾区民间文化力量》获二等奖，该作品包含8集纪录片，总播放量超8000万，海内外触达受众超2亿人次。此次南方报业获一等奖的数量并列全国各省级党报第一名，实现了南方报业的历史性突破。

第三是“坚持以新型传播平台为牵引”。其重点是依托以南方+为龙头的新媒体矩阵的传播力量，坚持“开门办端”，提升服务功能，发挥连接优势，推动形成新格局、打开新场景、拓展新领域。充分发挥党媒连接功能，强化与省市部门机构的强强联合、与重点国有企业的优势互补、与龙头互联网科技公司的技术合作，探索建立“传媒+教育、国企、金融”等战略合作新模式。

第四是“坚持以体制机制创新为动力”。其具体表现为完善适应全媒体生产

---

① 本节数据均依据刘启宇社长访谈内容，不再另注。

传播一体化统筹机制、一体化组织架构、人才培育评价机制，以系统性变革引领融合发展行稳致远。2016年以来，集团深入实施“南方名记者培育工程”，坚持“一人一策”，设立名记者工作室，着力培养具有强烈互联网思维、能采能写能拍能编能播的名编辑、名记者。目前已培育10批超过170名全媒体采编骨干，有效带动采编队伍的全员全媒体转型。

二、“两端一云”呈现新格局

2023年11月15日，南方报业正式发布“两端一云”建设方案，全力推动南方+提档升级、建设GDToday外宣旗舰媒体和打造支撑服务全省媒体融合的统一技术平台“南方智媒云”。

广东省委十三届五次全会将“强化‘两端一云’建设”明确列为全省深化改革的重点任务，2025年广东省政府工作报告也明确提出“以‘两端一云’建设为牵引，带动主流媒体系统性变革”。可见“两端一云”建设不仅是南方报业推进系统性变革的“头号工程”，也成为全省发展大局的重要组成部分。

其中的南方+客户端早已成为南方报业新媒体的领头羊，自2015年10月上线以来一直保持快速发展，成为全国省级党报的“第一党端”。据刘启宇社长披露，该客户端自我们2023年3月到访以后，又有新的突破性发展。其中，累计下

2023年11月15日，“两端一云”建设方案正式发布

第五章

新华报业传媒集团：

集团年年增长五年翻番
纸媒个个盈利不留死角

概况

人员：在职员工3032人，省管干部11人，处级干部146人，新闻采编1500余人，全国杰出专业技术人才1人，享受国务院政府特殊津贴专家27人，中宣部文化名家暨“四个一批”人才8人，长江韬奋奖获奖人才（含提名奖）4人，全国新闻出版行业领军人才4人，全国先进工作者1人，全国百佳新闻工作者4人，全国优秀新闻工作者7人，全国五一劳动奖章获得者2人，国家“万人计划”哲学社会科学领军人才1人，中国报业协会先进工作者案例1个。

媒体：集团有报纸13种、刊物8种、13个网站、10个客户端，以及若干新媒体账号（其中报纸包括《新华日报》《扬子晚报》《乡村干部报》《南京晨报》《江苏经济报》《江苏法治报》《江南时报》《扬子经济时报》《扬子体育报》《昆山日报》《海门日报》《东台日报》《靖江日报》）。

新媒体数据：截至2023年底，集团拥有网站13个，客户端10个，新媒体账号170多个，其中微信公众号（含视频号）81个（百万粉丝以上1个）、微博号11个（百万粉丝以上3个）、抖音号15个（百万粉丝以上2个）、其他类账号67个（50万粉丝以上3个）。

经营：2023年，集团总资产达91亿元；集团总收入26.5亿元，利润7.24亿元；集团新媒体业务收入占媒体板块总收入超过41%；集团旗下基金管理规模逾230亿元；集团公司入选“全国文化企业30强”提名单位、全国成长性文化企业30强。

受访人物一览

双传学（左上）、顾雷鸣（左下）、陆峰（右上）、王文坚（右中）、高坡（右下）（狄丰琳、蒋文超　摄）

新华报业传媒集团江东路总部大厦（辜晓进　摄）

19世纪中叶，一度总理太平天国朝政并曾出访美国的干王洪仁玕，在其《资政新篇》中提出一套办报设想，包括设新闻馆、准卖新闻篇、兴各省新闻官等，甚至具体要求“新闻馆以报时事常变、物价低昂，只需实写，勿着一字浮文”，天王洪秀全批示“此策是也”[①]。后值“天国”倾覆，诸策落空，否则南京的近代化报刊可能会出现得更早些，不至于迟至晚清末年。1898年，光绪帝在“百日维新”期间多次发布上谕，正式承认官报、民报均具合法地位。此后，南京才陆续出现一批较具影响力的报纸，如1904年创刊的《南洋官报》、1906年创刊的《南洋商务报》、1909年创刊的《金陵捷报》等。但直到辛亥革命后南京成为临时政治中心，特别是1927年国民政府“定都南京”后，南京的报刊才真正繁荣起来，渐渐缩短与报业先驱城市广州、上海等的差距。如现上海《新民晚报》的前身、一度在全国拥有“五社八版”的著名民营报纸《新民报》，就于1929年创刊于南京。改革开放以后，南京的报业更是空前繁荣，省、市两级机构创办的专业类、行业类报纸以及市场导向的晚报、都市类报纸大量涌现且竞争激烈。20世纪90年代，市区人口只有约300万的南京市已拥有十几种日报，总发行量超过100万份[②]，1999年更爆发引起全国新闻界关注的“报业大战”，早报市场一度“五虎闹金陵”。

“报业大战”后，一批报纸出局，其余报纸大多逐步归入省、市两大报业集团。其中南京日报报业集团2007年拥有10种报纸，新华报业传媒集团2008年拥有7种报纸[③]。两大集团中，就影响力、经济实力和转型业绩而言，首推新华报业。新华报业在我们到访前的5年内获得40个中国新闻奖，其中10个一等奖，获奖总数和一等奖数量都在全国省级党报中名列第一，成为该集团业务能力的一个标签。国家新闻出版署发布的2021年“总体经济规模综合评价前10位报刊出版集团”中，新华报业传媒集团名列第五。在融合转型方面，该集团的融合传播，旗下中江网的迅速崛起以及交汇点新闻、紫牛新闻、新江苏等10个客户端的参差

① 丁淦林主编《中国新闻图史》，南方日报出版社，2002，第 17 页。
② 周振华：《报价大战的背后——对南京报业竞争的反思》，《媒体观察》2000 年第 5 期，第 8 页。
③ 江苏省地方志编纂委员会编《江苏省志（1978—2008）：出版报业志》，凤凰出版社，2020，第 239、254 页。

发力，都可圈可点。特别是近年来集团的营业收入和利润大幅逆势增长，2018年以来利润年均增幅在30%以上，2023年实现利润7.24亿元（据新华报业传媒集团补充数据），旗下所有报纸全部保持盈利，资产总额从2017年的不到50亿元增至2023年的91.27亿元（据“启信宝”企业信息查询平台数据）。业界有“风景这边独好的‘新华现象’”一说，说明该集团在可持续发展方面有“道”可循。

为此，笔者及项目助理狄丰琳博士、吴凤颖博士后于2023年4月17日至19日赴新华报业传媒集团（简称“新华报业”）调研，其间分别与新华日报社党委书记、社长，集团董事长双传学，新华日报社党委副书记、总编辑顾雷鸣，新华日报社党委委员、扬子晚报社总编辑王文坚，新华日报社副社长、集团副总经理高坡，新华日报社副总编辑、中江网董事长、中江网总编辑陆峰（2023年5月调任江苏省广播电视总台党委副书记、副台长、集团总经理）等进行了深度访谈。新华报业的《传媒观察》主编赵允芳、新闻办主任刘志斌、研究室主任任志强、经管办副主任王海军等也参加了部分访谈。在后续补充调研中，新华日报社党委委员、副总编辑钱丽萍，新华日报社党委委员、副总编辑黄建伟，以及接替陆峰担任新华日报让副总编辑、中江网董事长、中江网总编辑的杭春燕等也以各种形式接受了访谈。

第一节　精品生产促发展，主题报道获奖频

调研的第三天上午，我们与双传学社长访谈约一个半小时，地点在新华报业位于南京河西江东中路的新大厦。附近有条市政道路，路牌显示为“融媒路”，似在时刻提醒附近的新华报人，媒体融合发展一刻也松懈不得。而在业内，新华报业一直在内容上出精品、出优品、在中国主流评价体系长期保持上游行走，其获得中国新闻奖数量之多和等级之高，近年来一直在全国省级媒体中首屈一指。所以我们的话题就从新华报业的内容生产上说起。

双传学社长认为，应从优质内容上塑造集团发展之根基，“内容精，则媒体强；媒体强，则集团兴”。访谈中，他向我们着重阐释了新华报业抓内容和抓发展的内在逻辑关系。他说，精品生产既是媒体的基本职责，也是媒体发展不可替代的最佳路径。可以说，内容之于媒体，是根，是魂。无内容，则“不媒体”。为此，新华报业牢固树立“精品立报、思想兴媒”发展导向，于2017年正式启动“精品生产年”活动，并同步出台《关于开展“精品生产年”活动的实施意见》，始终坚持全力推动内容生产供给侧改革，把优质内容供给作为事业发展的驱动力量，以内容优势赢得发展优势。

笔者与双传学社长（右）在访谈中（蒋文超　摄）

访谈结束后与双传学社长等合影，右起依次为赵允芳、任志强、双传学、辜晓进、狄丰琳、吴凤颖（蒋文超　摄）

在新华报业于2018年（第28届）至2023年（第33届）六届中国新闻奖评选中获得的48个中国新闻奖中，大多数获奖作品都是创新性主题报道和评论。

一、心怀“国之大者”，主题报道必创新

在双传学社长眼里，“精品”是引领舆论、服务大局且具有较强政治属性的内容生产，因此必须精准把握中央精神，精确解读国家战略，精心对应省委部署，精炼文字，精辟表达，精妙传播。

《新华日报》于1938年1月11日在武汉创办，是中国共产党第一张全国性政治机关报。1949年4月30日，就在南京宣布解放仅7天后，作为地方报纸的《新华日报》就在南京正式出版，初为中共南京市委机关报（彼时南京为直辖市，新的江苏省还未成立），1952年11月1日改为中共江苏省委机关报，原《苏北日报》和《苏南日报》也合并进来。有趣的是，在南京《新华日报》创办后数年内，国内还有另外一张《新华日报》存在，即曾于1947年2月28日被国民党当局查封的原重庆《新华日报》于1949年12月10日在重庆恢复出版，是为中共中央西南局

机关报，直至1954年中共中央撤销西南局建制才于同年8月30日停刊①。《新华日报》长期以来在舆论引领和服务中心大局等方面扮演了重要角色。双传学曾撰文对该报在三次主要思想解放运动中的党报作用和新闻实践加以分析，凸显该报在重要节点和舆论关口的主动进取与责任担当。

双传学介绍，党的十八大以来，习近平总书记多次亲临江苏考察调研，多次对江苏的发展作出重要指示，从“牢记‘两个率先’光荣使命”到“建设‘强富美高’新江苏”，从“争当表率、争做示范、走在前列”到“有能力也有责任在推进中国式现代化中走在前、做示范”，从提出“四个走在前”重大任务到提出“四个新”，不断赋予江苏光荣使命、高远目标和重大责任。这些年来，新华报业的新闻报道，始终把宣传阐释习近平总书记对江苏工作重要讲话重要指示精神作为主题主线，把宣传报道省委、省政府带领全省干部群众贯彻落实习近平总书记指示要求作为重中之重，不仅动作频频、创新不断，而且亮点纷呈、高潮迭起。如2014年12月13日至14日，习近平总书记在考察江苏期间提出建设“强富美高”新江苏的要求。新华报业策划推出“牢记‘两个率先’光荣使命　努力建设‘强富美高’新江苏”“推动经济发展、现代农业建设、文化建设、民生建设、全面从严治党‘五个迈上新台阶’”“协调推进‘四个全面’建设‘强富美高’新江苏——新华报业全媒体纵深行”“马上就办　真抓实干”等系列报道和系列评论，形成持续不断的舆论强势。在2023年7月5日至7日习近平第四次赴江苏考察期间，新华报业聚焦总书记提出的“四个走在前”“四个新”，先后策划推出《“拼”出中国式现代化江苏新图景——来自调研观察点的报道》《“苏”式高质量发展“新三十六计”》《加快实现高水平科技自立自强》《点燃科创引擎　培育新质生产力》等调研式系列融媒报道。

新华报业对服务中心大局工作的重视和投入清醒而坚定，这在双传学的个人论文中也有迹可循。如他在《新闻舆论工作者要时刻心怀“国之大者”》一文中指出，只有时刻心怀“国之大者”，新闻舆论工作的政治属性、传播属性才能得以彰显，主流媒体的功能作用才能实至名归。而且，高度重视重大主题报道也

① 赵剑波：《〈新华日报〉十种版本形态辨析》，《新闻战线》2019年4月（上），第122页。

成为新华报业的优良传统。每逢重要会议、重大主题活动、重要时间节点，他们都提前策划、精心组织，并在实战中形成了“逢重大主题报道必创新”的业务氛围和业界口碑。对于“创新”二字，双传学有自己的理解，报社党委、编委会提出，党报在竞争环境下要进一步突破新闻创新的观念阻碍，切实解决不敢创新、不会创新、不愿创新的问题。越是重大主题报道，越要勇于创新；越是“规定动作”报道，越要敢于创新；越是“四季歌”报道，越要善于创新。

新华日报社总编辑顾雷鸣告诉笔者，通过持之以恒推进精品生产，新华报业重大主题报道形成了“重、深、新、活”的鲜明特色。具体来说，新闻报道的总体分量求“重”，强化议程设置，突出“显政”功能；主题开掘求“深”，围绕相关主题进行系统梳理、纵深开掘；新闻内容求“新”，通过新视角、新素材、新思考让老题材展现新面貌；报道形式求“活”，以全媒体多样化的创新手段，让新闻报道“动”起来、“活”起来。注重“柔性传播”，将党的方针政策、施政成效融入生活化、个性化、故事化的丰富内容。

例如在2019年庆祝新中国成立70周年的宣传中，新华报业策划确定以“国旗漫卷，初心永恒”为主题，以“我们的五星红旗”为核心内容，从集团报、网、端三大主要媒体中抽调骨干力量，实施融媒体采访行动。此次行动的一大创新就是改变传统的“高举高打”叙事方式，通过充分践行“四力”，确保作品的新闻性、故事性，8组16路记者在一个多月中奔行5万多公里，在国土四极寻找与国旗相关的精彩故事，取得很好的传播效果。围绕全面建成小康社会主题宣传，新华报业则另辟蹊径，紧扣“听”“见”“融”三字，打造了一组丰富的视听内容产品：于2019年12月23日上线《听·见小康》新媒体专栏，开展线上线下互动，设立“小康幸福车”“小康留声机”“小康照相馆”“小康打印机”等互动体验区，并以H5等形式发布各类视觉新闻，让受众通过有声有色的内容发布，真实感受和分享江苏的小康进程。而在2021年庆祝中国共产党成立100周年的节点，各家媒体都使出浑身解数想点子、搞策划时，对《新华日报》历史颇有研究的双传学亲自拍板，以“人无我有”的独家报史来讲党史，策划推出《号角催征——解码〈新华日报〉老报纸里的百年初心》系列报道，依托老报纸的369个版面、351篇报道和文章，记者重访重大事件现场，寻访当事人及亲属后代，对话专家，实现了从“昨天的新闻”到“今天的历史”再到“今天的新闻”的连续跨越，这在全国独一份，作品最终在众多竞品中杀出重围，获得第32届中国新闻奖一等奖，也成为重大主题报道的又一创新样本。

新华报业还将主题报道推向国际传播领域，如2022年紧扣喜迎党的二十大召开的主题，新华日报策划推出双语融合报道“Home Story in Jiangsu”（“家”在江苏），以外国建筑师团队学术调研视角，观察讲述百姓生活“家”故事，创新性打破常规叙事的单一线性逻辑，实现以讲故事为核心的“柔性传播”、以创意IP为焦点的“精准传播”、以技术为支撑的“融合传播”、以田野调查为外延的“深度传播”。作品通过中英文网站及海外媒体、海外社交媒体传播，累计传播量近10亿[1]，获得第33届中国好新闻国际传播类一等奖。作品还入选中国记协“党的二十大报道融创精品十大案例”。

笔者与顾雷鸣总编辑（左）在访谈中（蒋文超　摄）

笔者与顾雷鸣总编辑等访谈后在新华报业花园合影。左起依次为吴凤颖、赵允芳、顾雷鸣、辜晓进、狄丰琳（刘志斌　摄）

① 据第33届中国好新闻Home Story in Jiangsu初评作品推荐表。

以上举例作品都是新华报业近年来的中国新闻奖获奖作品，类别涵盖了文字通讯与深度报道、融合创新、国际传播等。可见在重大主题报道中，新华报业已形成了一套成熟的打法，从集团层面高度重视策划创新，力求“人无我有、人有我优”的创意、角度和形式，以在“同题作文”的比拼中交出高分答卷。在双传学看来，主流媒体行不行，首先看主题报道强不强，重大主题报道是媒体内容产品“皇冠上的明珠”，是主流媒体内容生产的“定盘星”，起着一锤定音的作用。

二、理论舆论同频共振，“新闻纸”转向“观点纸”

双传学社长是学者出身，南京大学哲学系博士毕业，曾在高校工作10余年，是南京大学的教授和博导，又在江苏省委宣传部工作10余年，是知名的理论专家。其虽多年忙碌于省级媒体领导岗位，但仍笔耕不辍，著述颇丰。据查知网，他迄今累计在学术期刊发表论文和理论文章200余篇，其中140多篇是在调任新华报业后发表的。这一学术背景促使双传学到任新华日报社总编辑后，明确提出“思想兴媒”发展理念，以评论、策论、理论三论并发，推动党报从“新闻纸”向“观点纸”“思想纸”的转变，在媒体融合中构建具有全国影响的思想理论传播高地。

首先，完善评论方阵。评论是报纸的旗帜、媒体的灵魂。《新华日报》推出《新华时论》《江东观潮》《辛仲平文章》，开辟《辛苏》《苏言》《漫说快评》等专栏，既重思想性、理论性，又重新闻性、可读性。2019年下半年开始推出《辛仲平》大型政论栏目，每逢重大事件、重要节点精心谋划撰写，相继推出《今看东方盛世还》《凌云纵笔起长卷》《日出江海万重新》《江海乘风启新程》等一批重磅政论，《辛仲平》逐渐成为《新华日报》新的重点评论品牌，多次受到中宣部表扬。《新华时论》平均月发稿量10篇，是诞生高质量评论的“沃土”，《“暂不出新政策”也是好政策》《民生实事莫沉迷于“数字突破”》《拨开“改革触顶”的思想迷雾》……《新华时论》创办18年来9次获得中国新闻奖。此外，新华报业还着力打造《论见》《漫议》《紫金e评》《视评》等一批特色网评栏目，其中中国江苏网《紫金e评》还获评中央网信办全国优秀网评栏目。最近6年来，新华报业有6篇评论（含业务论文）获得中国新闻奖一等奖。以获第31届中国新闻奖文字评论类一等奖的新华日报署名评论《警惕"精致的形式主义"》为例，作者从某菜场拉线测量菜农的菜品是否摆放整齐的"精细化管理"入手，分析出现在各行各业的形式主义"新变"，发出及时的"症候预警"，被门户网站和各大新媒体平台广泛转载，获得10万次以上的阅读量。

其次，创办《思想周刊》。立时代潮头、发思想先声，新华日报《思想周刊》自2017年1月创刊以来，就重要国家战略命题"借脑拓展"，就重要时间节点"借势谋篇"，以精准的选题、透彻的论述、思辨的力量，在报网端产生很强的"吸睛吸粉"效应，有关版面多次入选国家展览。2018年1月，新华日报汇编了《思想周刊》创刊一年的成果，编辑出版了由《理论之光》《名家文萃》《学思践悟》《政在一线》《决策之前》五本书构成的"《新华日报》思想周刊文丛"，受到了各级领导干部、社科理论工作者和高校师生的普遍欢迎。《思想周刊》系列丛书（第二辑）也于2023年正式出版。韩庆祥、颜晓峰、李捷、齐卫平等一大批国内知名专家成为《思想周刊》的常驻作者，众多省内知名学者更是经常出现在《思想周刊》中。

最后，注重创新传播新思想。与媒体融合同步，新华报业逐渐构建起"报网端微抖"全媒体思想理论传播体系，成为全省学习新思想的权威平台。交汇点新闻重点打造融媒体专栏《习图册》，扬子晚报开发了《时习之·一席话》《读苏声》，努力打造权威化、大众化的理论学习平台。中国江苏网则做深做精《习语常听》《E起学习》系列原创品牌栏目。仅2023年，《习语常听》等各类栏目就累计发布800期，《E起学习》还获得第30届中国新闻奖网络专题类二等奖。中国江苏网还有一个品牌活动是"马克思主义·青年说"。该活动于2017年启动，每年一届，每届都包括诵读马列经典、征文、演讲、情景剧等形式，深入高校、企业、机关等单位，于线上线下同时展开，得到青年受众的积极响应，在全省各地持续刮起"马旋风"。截至2023年底，累计线上参与人次1.2亿，浏览量超过3亿次，成为江苏理论宣传创新的知名品牌。其中2018年发布的《青春，向伟大思想致敬——第二届“马克思主义·青年说”系列活动专题》，点击量3640万次，获得第29届中国新闻奖网络专题类二等奖。教育部2018年在有关工作简报中也点名赞扬了这个系列活动。

双传学表示，理论是载道之魂，舆论是弘道之器。在利益博弈、文化多元、思想交锋特征凸显的互联网时代，党报要坚持“理论当家、舆论持家、两论兴家”，既发挥科学理论“定盘星”作用，也发挥社会舆论“放大器”作用。据笔者观察，在新时代，哪家报纸做好了思想理论拳头产品，报纸就有了第二次生命，就找到了新的增长极。

三、改进内容供给侧，将优势向“分众化”“深阅读”延伸

鉴于当下互联网传播的娱乐化、碎片化倾向，有深度、有向度的优质原创内容已成稀缺资源。新华报业坚持扬纸媒之长，致力于为读者提供慢阅读、深阅读、精阅读的独特体验，以内容的深度和厚度打造精品党报，强化比较优势。

比较亮眼的是2017年以来《新华日报》相继推出经济、思想、文艺、科技、人文、智库六大周刊，从周一到周五轮流出版，以厚重翔实的分众化内容为读者用户提供“精神大餐”。六大周刊在版面设计上增强辨识度，选取不同的主色调，被读者亲切地称为“经济橙”“思想红”“文艺紫”“科技蓝”“人文青”“智库绿”，是六张闪亮的党报“名片”。

聚焦深度报道也是《新华日报》精品战略的一大抓手。“《新华日报》的记者理应是全省最能写的，《新华日报》稿子的深度理应是全省排第一的。”在访谈中，顾雷鸣告诉笔者，该报经过两年酝酿，于2021年实施新一轮改版，重点之一是强化深度原创新闻，工作日每天推出“深读”版，努力将报纸内容做深做精。改版最初4个月，“深读”就推出68篇整版深度报道，其中不乏《长三角一体化干部交流“破题”》《解码软件大省的“破万亿”之路》《“新江南人家”呼之欲出》《直面“终点”——是告别，也是新生》《试管中的生育较量》等

有影响的作品。2022年，该报还对全省70多个涉农县区的100个村进行调研，覆盖苏南、苏北、苏中等各种类型，103篇调研报道全部陆续见报。这组《乡村振兴·江苏百村调研》后来获得第33届中国新闻奖系列报道二等奖。

作为领导的双传学也在此类报道中身体力行。令他记忆犹新的是2018年，为贯彻江苏省委十三届四次全会精神，当时作为总编辑的他亲自带队，历时70天，行程超过5000公里，和江苏13个设区市市委书记进行了面对面独家访谈，并在《新华日报》特设《总编辑与市委书记面对面》专栏，相继刊发13个头版头条，报网端微全媒体立体传播，在全省引起广泛关注和积极反响，受到了时任江苏省委书记批示肯定。

影响力做出来了，报纸的发行量也不跌反增。据双传学介绍，《新华日报》印刷版的发行量由2017年的40万份增至2023年的53万份。

较为难得的是，这种精品战略并不局限于《新华日报》，而是对整个新华报业内容生产的总体要求，并取得了较为均衡的效果。如2018年以来集团获得的10个中国新闻奖一等奖中，新华日报、中江网、交汇点新闻客户端等媒体各有斩获，且都在2个以上。扬子晚报则从2016年起就“重建深度报道”，打造出“紫牛新闻”“紫牛头条”等品牌。2019年的“紫牛新闻”《阿Sir的婚礼照，我们包了》就获得了第30届中国新闻奖通讯类二等奖。像《江苏法治报》这样的专业报纸，也获得过中国新闻奖。

第二节　主力军挺进主战场的“新华答卷”

2014年被业界称为“媒体融合元年”，党中央是年8月通过《关于推动传统媒体和新兴媒体融合发展的指导意见》，将媒体融合上升为国家战略，掀起了全国新闻媒体新一轮深刻变革。新华报业作为东部沿海省份的主流媒体，在这一变革中也积极进取，在创新中前行。据双传学介绍，按照传统媒体和新兴媒体优势互补、一体发展的要求，新华报业在狠抓内容建设的同时，在平台建设、技术引领、机制创新、产品升级等方面进行了较大规模的探索实践。

一、打造各美其美、美美与共的媒体矩阵

双传学认为，谈媒体融合的原因是大家都看到互联网是新闻舆论工作的主战场，网络媒体特别是移动网络媒体是传媒发展的主阵地。因此，推动融合发展，首要任务是加强移动新媒体的建设。没有强有力的新媒体平台，就谈不上媒体的融合转型。为此，集团层面重点支持打造了三大移动端。

第一个是交汇点新闻客户端。2015年11月17日，在第三届江苏互联网大会上，交汇点新闻客户端正式宣告上线。交汇点新闻定位为集团战略级产品，当时考虑与《新华日报》、中国江苏网共同构成三位一体、互为协同、覆盖三代传播形态的江苏第一主流媒体群。“交汇点”的取名源于江苏地处“一带一路”交汇点，同时也寓意着“你我在这里交汇”。江苏省委对此高度重视，时任省委主要领导专门作出批示：“积极探索，掌握主动。”目前，经过多次迭代升级，交汇点新闻已成为江苏最大的时政新闻发布平台。

第二个是紫牛新闻客户端。这个客户端源自2017年9月上线的扬子头条客户端，2019年升级并更名为“紫牛新闻”，主攻社会生活类原创新闻报道，“支持紫牛新闻建设立足江苏、面向长三角、服务全国社会民生类新闻客户端”被列入

《江苏省“十四五”文化发展规划》。

第三个是中国江苏网的新闻客户端“新江苏”。这个客户端由新华报业旗下中国江苏网负责兴建运维，也是集团重点支持的，2020年5月正式推出，上线时间算是比较迟的。中国江苏网先后获得“2020年中国报业深度融合发展创新案例”“2021年全国报业媒体融合案例优秀奖”。在该网建端，主要是考虑到中国江苏网作为省级门户网站，没有移动端出口，会制约网站传播能力。“新江苏”重在服务党政机关，与中国江苏网一道实施“网端一体”的矩阵运作，打出的口号是“我的就是你的”，机关部委厅局无须自己搞客户端，可在“新江苏”开频道、给出口。“新江苏”先后荣获全国报业媒体融合案例优秀奖、2021年江苏省出版传媒融合发展创新案例。

从集团层面讲，以上三个客户端定位明确、错位发展、各美其美，构成了新华报业移动新媒体平台的主体。此外，新华报业还有7个支线或垂类客户端，它们由各媒体单位根据发展需要自主建设维护。

其中，新华日报财经客户端由新华日报财经传媒中心建设维护，新华日报健康客户端由新华日报健康传媒中心建设维护，二者都是新华日报探索垂类发展的创新举措。扬子晚报除了紫牛新闻，还有扬眼直播以及与集团双重管理的少年志客户端。南京晨报拥有爱南京客户端，江苏法治报拥有江苏法治客户端。其中，少年志客户端被认为是垂直类深耕取得突破的一个“排头兵”。作为江苏首个服务青少年学习成长的融媒移动端，少年志以“新闻+实践+学习”为特色，实现下载用户近500万，并形成由App、微信公众号、主流媒体客户端学习号、纸媒周刊组成的融媒体传播矩阵，同时又是一个开展活动与服务的线上线下集成平台，截至2022年底的近四年收入近6000万元，实现纯利润1000多万元，实现社会效益、经济效益“双丰收”，少年志运维单位被评为第五届全国未成年人思想道德建设工作先进单位。更加前卫的是，新华报业旗下江苏经济报还于2018年上线了新华V视客户端，是一个包含VR和AR的视频客户端。据我们有限的观察，这大概是全国报业的第一个此类客户端。后因江苏经济报战略调整，该客户端被改版后重新上线的江苏经济客户端取代。

除了积极建设移动新媒体，新华报业还十分重视传统媒体做优做强。双传学认为，扩大网络宣传阵地，并不意味着放弃和削弱原有优质的党报阵地，这几年新华报业在积极提升办报质量的基础上，旗帜鲜明、理直气壮抓发行，《新华日报》发行实现“三级跳”，一举打破发行量长期在40万份左右徘徊的局面，达到53万份，发行总量跃居全国省级党报第三位；集团旗下《扬子晚报》发行量保持在40多万份，仍是全国发行量最大的晚报都市报；《乡村干部报》近80万份，实现纸媒覆盖率的逆势上扬。

新华日报
盐城勇当打造重要阵地“碳路先锋”
南京：天颜地耀绘新卷
淮安区“希望田野”成色足

扬子晚报
端午全省接待游客超1190
端午国潮荟 龙聚首

南京晨报
假期江苏接待游客1190.4万
游客消费总额48.4亿元，同比分别增长16%和15.1%
赛龙舟 过端午

江南时报
之都建设引领绿色低碳转型

江苏法治报
做实“诉源治理”大文章

江苏经济报
仪式感催热“指尖消费”
龙舟竞渡，赛出国际友谊与消费活力

扬子体育报
女排奥运资格无忧 战术困境是最大难题

乡村干部报
“红”育人 以“绿”留人

2024年6月11日新华报业传媒集团的8种主要报纸头版（新华报业网截图）

新华报业部分客户端，左起依次为交汇点新闻、紫牛新闻、新江苏（网络截图）

新华报业部分客户端，左起依次为扬眼直播、爱南京、少年志（网络截图）

“除了建设自主可控平台，我们还注重借船出海，充分用好外部平台渠道扩大传播。”双传学介绍，集团鼓励各媒体单位、部门在人民网、新华网以及微博、微信、今日头条、抖音、视频号等外部平台开设账号，让新华报业的内容抵达更广大受众。新华日报2013年11月8日开通新浪微博账号和微信公众号，新华日报微博连续多年入选“全国党报微博十强”。扬子晚报官方微博用户数在新浪微博排行榜稳居日榜前十名，扬子晚报官方微信被腾讯称为“成长最快的媒体微信”。据新浪微博平台，截至2024年9月25日，账号名为“新华日报”和“扬子晚报”的微博粉丝量，分别为1064.9万和1997.4万。目前，集团报、刊、网、端，以及微媒体账号共同构建起科学定位、协同发展、各美其美、美美与共的现代传播体系。

二、以技术创新锻造媒体新质生产力

技术革新对于媒体发展的重要作用早在十余年前就初露端倪，也是中央强调的推进媒体融合的重要手段。新华报业传媒集团在这方面的早期重要动作之一，是建立“中央信息厨房”。双传学介绍，新华报业可能是全国最早启动“中央厨房”建设的报业集团之一。2012年上线的新华报业“中央信息厨房”是采编流程再造的一次重要实践，其大致解决了以下六个问题：一是为集团内各媒体提供了统一的内容管理、生产和发布平台；二是实现了集团内各媒体内容的全面共享和融合；三是提供了较灵活的流程再定义机制，为各媒体的业务发展提供技术支持；四是为建设集团层面的全媒体考核体系创造了条件；五是系统实现了移动化并建立了安全机制；六是采用了融合通信技术，加强了全方位协同机制。新华报业进而以“中央厨房”为依托，先后建立了集团融媒实验区、全集团数字采编中心、视觉江苏图片中心等部门。2015年，中央信息厨房项目获得王选新闻科学技术奖一等奖。这可以说是新华报业最初的“技术优势”，也为后来的融合发展打下了较好基础。最近几年，集团先后有九项成果获得王选新闻科学技术奖，其中一等奖三项，除了中央信息厨房项目，还有2021年获一等奖的新华报业全媒体指挥中心项目、2023年获一等奖的新江苏政务服务数字化基座项目。

新华报业传媒集团技术装备部主任冯海青介绍，2019年1月投入使用的全媒体指挥中心，奠定了集团媒体深度融合的技术底座。这个项目耗资近亿元，信息系统基础是交汇云，它是将私有云和公有云有机结合成的“混合云”。指挥中心包含融媒生产、智媒拓展、指挥管理三大平台，共同支撑起报网端微屏的一体化运行，在新闻内容生产传播方面形成了“策、采、编、发、控、传、馈”的完整闭环，已经成为集团的信息中枢和智慧大脑。这个系统建成后，当时在国内处于领跑地位。按照报社党委要求，指挥中心在功能上不贪大求全，关键在于应用。所以，指挥中心在使用上下了一番功夫，目前从记者编辑挖掘新闻线索、写稿，到编辑、校对、编排、看大样，再到考核打分、监控传播情况等等，整个流程的工作全部可在系统中完成。

新华报业还抢抓5G风口，2019年8月与江苏移动合作推出江苏省内首个5G融媒体实验室，积极运用语音播报、AI播报、人工智能，让技术开启传播升级新窗口。其中，“5G超高清暨智能媒资管理平台”入选中国报业媒体融合“用得好”案例和第三届中国报业深度融合发展创新案例。集团还完成网络安全态势感知平台部署，实现由边界防护、被动防御向全域联动、主动防御转变。

新华报业传媒集团全媒体指挥中心（辜晓进　摄）

三、以融合生产推动媒体深融

在传媒业界一直有着“内容为王”还是“渠道为王”的争论，而新华报业却将“内容”与“渠道”之融合视为问题之关键。访谈中，无论是双传学社长，还是顾雷鸣总编辑，都坚信主流媒体集团的主功能是新闻传播，而在推进媒体深融的背景下，没有渠道不行，但没有内容也不行，没有适合互联网传播的内容更不行。他们认为，内容产品的融合生产，是推进媒体深融的“牛鼻子”。

新华报业的融媒体生产主要体现在五个“化”。

第一是立体化。相较于传统报纸，互联网的表达方式更加丰富多样。顾雷鸣介绍，自2016年8月起，交汇点新闻编辑部在内部设立特别报道组、互动创意策划组，加强新媒体内容产品的策划和制作。从彼时起，H5、短视频、直播、长图、动图、海报等迅速增加：2016年，在庆祝中国共产党成立95周年的宣传中推出系列H5产品共16款，产生广泛影响；2017年，在省两会、全国两会和党的十九大报道中大量采用H5和短视频，全年推出100多场“视频+图文”直播；2018年策划推出“重读《新华日报》·大数据里看江苏”系列，通过历史资料和数据的可视化呈现，配合视频采访，勾勒出江苏改革开放40年的轮廓，同时创新打造“苏小吉”品牌，制作系列拟人化动漫短视频。最近几年，交汇点新闻平均每年推出专题120多个、H5产品100多个、短视频2800多条、直播600多场、动漫产品近100个。截至目前，江苏媒体所获的两个中国新闻奖媒体融合类一等奖都是新华报业旗下媒体取得的。

2019年，抢抓视频风口成为新华报业融合生产的重磅关键词。一个显著标志是，交汇点新闻精心采制的系列专题片《习近平点赞的古代人物》集思想性与历史性于一体，受到广泛好评。在一系列重大会议、活动宣传中，创新推出真人主播出镜加动漫可视化呈现的《懂××》系列视频。从当年的端午、中秋小长假的直播到国庆200小时不停播，直播成为常态报道方式。集团层面高度重视并抢抓短视频风口，最早源自扬子晚报2018年成立视频新闻部，并于当年推出500多条短视频。双传学在访谈中强调，无视频不新闻，无视频不传播。现在，新华报业的视频生产能力有了显著提高，除了交汇点新闻、紫牛新闻和新江苏三大客户端外，还有苏州、常州等几家分社视频生产能力比较强，制作的城市形象片被当地党委、政府部门高度肯定。

第二是互动化。交汇点新闻、紫牛新闻等主要新闻客户端除了开通点赞、评论、跟帖等功能外，还大量推出比较活泼的活动参与、闯关答题类产品，在加强主题宣传时更好吸引用户参与。如在2021年，围绕庆祝中国共产党成立100周年，交汇点新闻历时半年打造了大型互动手绘产品《星火传奇》，集成各类新媒体元素，邀请网友互动打卡、寓教于乐，吸引众多年轻网友参与其中，学习掌握党史知识。扬子晚报策划的系列微纪录片《共产党员请回答》成为江苏唯一进入中宣部庆祝中国共产党成立100周年活动新闻中心融媒体体验室的展示产品。前述《听·见小康》专栏，从2019年上线到2021年10月，共拍摄百姓“小康笑脸”6350余张，收集百姓签名超过10 500个，全网总点击量超过5100万。

积极发展UGC产品，让用户成为新闻报道的参与者，也是新华报业强化互动的一个手段。集团于2015年2月组建视觉传媒中心，同步建设“视觉江苏网”和“江苏图片库”，在省内外发展特约摄影师，截至2023年底，特约摄影师人数有9300多名，存储图片达320多万幅，拥有线上图片419万张、线下图片370万张，是目前江苏省内规模最大、资料最丰富、存量最宏大、检索最方便的现代化视觉产品数据库。扬子晚报也在2019年12月成立“紫牛拍咖联盟”，目前有拍咖3000多位，累计收到拍咖投来的稿件近10万篇，内容涵盖新闻资讯、人物故事、突发现场、生活分享等。中国江苏网“学习打卡我来了”线下学习活动走进全省50多个县（市、区），组建3000多人的“强国拍客”队伍，生产精美作品超过10万幅。

第三是特色化，或者说分众化。互联网因其内容空间的不受限和表达方式的多样化，为媒体的特色生产留下了尽情发挥的空间，使得新华报业的各个媒体都有一些“绝活”。新华日报的新媒体突出时政类产品，如“北京西路瞭望”微信公众号。南京的北京西路是江苏省委、省政府等省级机关聚集的地方。2018年1月2日上线的该公众号以此路命名，有点类似北京日报报业集团旗下的“长安街知事”。该公众号用足主流媒体的站位优势，采用适合网络传播的话语体系，以第三方社会观察家的客观视角，精准传递省委、省政府的决策部署，着力影响有影响力的人，取得很好的传播效果。截至2023年底，以党政干部为主要传播对象的“北京西路瞭望”公众号粉丝量已超23万。

交汇点新闻在文化传播传承上开设了一系列颇具特色的频道栏目。如着力弘扬大运河文化的《中国大运河文化讲堂》，每场在线观众均超过200万人次，截至2023年底，线上线下受众总数超过3000万人次。再如戏曲频道《昆虫记》，通过戏曲名家讲座、资深戏迷“戏中说戏”和每戏必发的戏曲评论影响戏迷，形成一个“精准对应戏剧群落”的在线戏剧部落，其组织的“昆虫记观戏团”等活动，已具品牌效应。此外还开设“我们的节日”系列专题，推出二十四节气系列海报、短视频，弘扬传统节气文化。作为社会生活类媒体，扬子晚报新媒体矩阵打造垂直类特色产品，其中《丹丹天气广播》迅速成为全国知名的语音栏目；“钱眼”微信公众号用户数超过100万，跻身全国财经类微信公众号前十名；《扬子鉴藏》《扬子名医团》等融合栏目，在读者用户中也有较大影响力。中国江苏网则突出做强党的创新理论的宣传阐释，该网有一个知名系列是“马克思主义·青年说”。该活动于2017年启动，每年一届，每届都包括诵读马列经典、征文、演讲、情景剧等形式，深入高校、企业、机关等单位，于线上线下同时展开，得到青年受众的积极响应。至2023年底，该活动累计线上参与人次1.2亿，浏览量超过3亿次，成为江苏理论宣传创新的知名品牌①。到2023年10月，《马克思主义·青年说》栏目已出到2312期。其中2018年发布的《青春，向伟大思想致敬——第二届“马克思主义·青年说”系列活动专题》，点击量3640万次，获得第29届中国新闻奖网络专题类二等奖。教育部2018年在有关工作简报中也点名赞扬了这个系列活动。

第四是服务化。2023年是抗美援朝胜利70周年，我们到访时，新华报业正在策划组织“70年·70人”志愿军英烈专题寻亲的融合系列报道，这是新华报业集新闻与服务于一体的一次重点尝试。顾雷鸣介绍，当年从抗美援朝战场下来的伤病员中，有700多人在位于泰州的江苏省第八康复医院治疗，其中70人久治不愈而长眠泰州。由于当年通信不畅、交通不便、档案缺失等因素，这些烈士亲属大

① 据中江网提供的补充材料。

多不知其下落，很多亲属都以为他们牺牲在朝鲜战场。新华报业得到信息后，与江苏省退役军人关爱基金会、中共泰州市委退役军人事务工作领导小组共同组织了跨省寻亲活动。2023年5月10日，新华报业在抗美援朝胜利70周年之际推出“新闻+服务”应用创新产品——“‘70年·70人’，帮志愿军英雄‘回家’”应用平台，在交汇点新闻、新江苏、紫牛新闻等客户端以及“学习强国”江苏学习平台同步推出。该产品既是本次抗美援朝英烈寻亲行动的宣介载体，又是一个向全社会征集线索、最大范围寻亲的应用平台。到2024年4月9日，这项大规模的线上线下寻亲活动已为30位英烈找到亲人。

交汇点新闻的另一个重磅创新应用服务，是联合共青团江苏省委、江苏省少工委推出的“红领巾劳动吧”。这是全国首个少先队员劳动教育实践网上平台，每天收到约2000个劳动教育实践分享视频，目前已有200万少先队员成为平台用户，实现江苏13个设区市的全覆盖。此外，交汇点新闻还实施“江苏品牌赋能计划”，为江苏品牌的发展助力加油；推出“交汇点公开课”，邀请国内外著名学者线上讲课，打造高端公益品牌，更好地服务江苏经济社会发展。还先后上线了“苏声汇——江苏党媒数智政务云平台”，设置“政事发布”“1号直播”“问政江苏”“智汇服务”“理响课堂”“县区看点”“融媒视窗”七个板块，落实“新闻+政务+服务”发展新模式。集团旗下其他融媒体矩阵也都在各自平台开设不同服务，取得很好的品牌效应。

第五是集成化。集成化就是在大型主题报道中进行专题化、频道化的处理，有利于形成规模声势。这也是互联网带来的内容生产特点。在2017年率先开设“十九大”频道的基础上，2018年进一步突出重大主题，省两会、全国两会报道均开设专门频道，设置系列专题，分别包括专栏41个、44个；在庆祝改革开放40周年报道中推出多个专题。2020年，在抗击新冠疫情报道中率先开设“抗疫”频道，推出15个专题，下设38个项目，充分展现了主流新媒体的显政功能、责任担当。2021年，围绕庆祝中国共产党成立100周年，推出相关频道栏目60多个。根据中宣部统一部署，精心组织实施江苏“纪录小康工程”工作，建成“纪录小康工程”江苏数据库，全景式、立体化、多维度记录呈现江苏高水平全面建成小康社会的奋斗历程。

四、推动生产关系与生产力相适配

在访谈中，顾雷鸣总编辑认为，媒体融合不亚于一场传媒领域里的革命。互联网的普及和传播科技的迭代，让媒体的生产方式、生产手段有了巨大变化，一切必须尽快适应这种变化。推进媒体深融，加强体制机制的改革创新成了高分值的“必答题”。

顾雷鸣首先提到了新华日报社2018年的组织架构调整。经省委编办批复同意，新华日报社调整了部分内设机构，主要以媒体融合为目标，将新华日报社所有采编部门全部调整为全媒体采编部门，充分体现“四全”媒体发展特点。调整后的全媒体部门，不仅负责《新华日报》这张报纸的内容生产，也负责交汇点新闻客户端的内容生产，不仅在第一时间向客户端首页供稿，还负责客户端的相关频道和部门微媒体账号的内容生产维护，真正实现一支队伍负责N个平台，有力推进了“你就是我、我就是你”的融合进程。

与之配套，新华日报社树起了新的“指挥棒”。2019年，正式出台《全媒体内容生产考核方案》，用“一把尺子”破解“两张皮”，改变过去报纸归报纸、新媒体归新媒体的考核方式，把对全媒体内容生产考核激励统一到同一个框架下，纳入同一种体系。体现移动优先原则，将报纸与新媒体打分比重由原来的6∶4变为4∶6，考核不仅体现劳动指数、创新指数，更加入了阅读量、点赞数等量化传播指数，鼓励深度耕耘新媒体。为鼓励编辑记者“练就十八般武艺”，朝着全媒体发展，如拍摄视频、开设直播、制作图表、拍摄照片等，在文字稿打分的基础上分别实行一定的加分，更好实现一体生产覆盖N级传播。同时，赋予部主任二次考核分配权，“让听得见炮声的人指挥战斗”，以便更切实际地调配生产要素。

在日常生产传播中，新华日报社不断探索新的工作流程。以2021年1月报纸新一轮改版为契机，形成了目前的融合采编机制。主要包括四个方面：一是提高“一日两会”质量。每天上午采前会讨论全媒体新闻选题，特别是交汇点新闻的内容生产，下午编前会落实报纸版面内容安排。二是建强全媒体指挥中枢。设立指挥长、值班长和参谋部，强化策采编发全流程管理。指挥长由当周值班编委担任，统领报网端微内容生产，白天以指挥新媒体内容生产为主，晚上负责报纸大样的编审把关。值班长由采编部门主任轮流担任，协助指挥长具体负责任务实施。参谋部由报纸和新媒体编辑组成，动态监控新闻热点，提出策划建议。三是设立特别报道"飞虎队"，由骨干记者轮流牵头，抽调文字、视频记者和摄影记者组成，作为由值班长直接指挥调度的特别报道组。四是强化采编互动交流。采访部门副主任、主任助理每年分别到新华日报编辑部、交汇点新闻首页编辑部值班一个月。

在集团层面建立完善融合运营机制的同时，各纸媒单位也形成自主设计、各具特色的融合运作子系统。例如，扬子晚报于2013年出台全媒体记者考核办法，对记者的任务考核覆盖微博、微信、网站等媒体；2017年、2018年，进一步完善采编体系，建立新闻采编部门中心制，推行报网端微一体化运作；2019年，以紫牛新闻上线为契机进一步向互联网媒体转变，并于2020年推动全员向视频记者转型。南京晨报2013年到2014年逐步设置新媒体岗位，2015年3月正式组建新媒体部，2018年起整个编辑中心同时承担报纸出版、视频制作，以及爱南京客户端、"两微"和其他外部平台账号的运维。集团其他报刊也陆续建立了纸媒与新媒体融合运作机制。

为了充分调动各方面的工作积极性，有力推动媒体深融，新华报业出台了一系列激励机制。特别是设立了年度奖金池为400万元的创业创新奖，以及规模为5000万元的新媒体发展专项资金，鼓励在融合发展和新媒体建设上发力。新华报业还推动人才和资源跨单位、跨部门自由组合，以工作室的机制激发融合发展潜力。2020年初，推出了369工作室、E起学习工作室、I city城市映像工作室、北京西路瞭望工作室、昆虫记戏曲工作室、老记工作室、少年志项目工作室、苏小+动漫创新工作室、未来空间工作室、新华书房、"姿正腔媛"工作室、紫牛头条工作室等首批12个媒体融合创新工作室，有的已经孵化成长为有影响力的媒体IP。

五、实事求是决定“端”之去留

自2023年春浙江日报报业集团实施“三端合一”改革，将“浙江新闻”“小时新闻”“天目新闻”三个客户端合并为“潮新闻”后，“端”的多少和去留，乃至媒体融合究竟采用何种发展模式，就成为全国报业热议的话题。

纵观本次调研的各大报业集团，新华报业的客户端算是多的。新华报业不仅在2017年前后密集上线多个客户端，而且直到2022年仍在推出新的客户端，可谓“多端”并举的典型。对此，双传学社长也一直在思考中。他说，新华报业传媒集团的发展模式是以报为基础，报网端微“集群化”发展。“新华系”主要由《新华日报》、新华报业网、交汇点新闻和若干微媒体账号组成矩阵；“扬子系”由《扬子晚报》、扬子晚报网、紫牛新闻、扬眼视频和若干微媒体账号组成矩阵；“中江网系”由中国江苏网、新江苏客户端和“学习强国”江苏学习平台组成矩阵；其他子报子刊也有相应的媒体矩阵。他说：“我们集团也有同志建议学习浙报，多端合并做大做强，但我们后来想想没有这样做。三大客户端，各有各的读者群。如果合并，中国江苏网和扬子晚报就缺胳膊少腿了，对它们的发展也一定会产生不利影响。”

双传学的思考不无道理。客户端的多寡本来就是个相对概念。早在2016年，笔者曾带领研究生通过App Annie网站对美国81种发行量在5万份以上的主流报纸做过统计。这些报纸在苹果、谷歌、亚马逊、微软四大应用商店共计推出19个类别的749个客户端，平均每种报纸有9.25个客户端。其中，《今日美国》《华盛顿邮报》《华尔街日报》名列前三，分别为67个、47个和37个，《纽约时报》以34个名列第五。若以报业集团为例，则甘尼特公司、论坛媒体集团、新闻集团、赫斯特集团、前进出版集团这五大集团的客户端数量分别为691个、208个、374个、371个、186个。就报业集团而言，美国的报业集团都是市场化的产物，旗下报纸都分散在各地，不会集中在集团总部所在城市。而中国报业集团的组成具有较多行政色彩，且政策不鼓励异地办报。集团内所有报纸聚集在一座城市是典型的中国特色，而居于一城的各报及其新媒体之间也会产生同质化的冲突，所以集团的客户端数量不具备可比性。但就单份报纸而言，美国报纸那么多客户端中，真正的综合性主客户端，一城只有一个，其余全部是垂类客户端。理论上讲，只要有足够资源，垂类客户端是多多益善的。但笔者2016年赴美调研时也发现，已有报纸展开对多个端口和网站的整合行动，意在将注意力收归一个端口——主要是官网。

实际上新华报业传媒集团在“统”的问题上也做过多次尝试。早在2014年，集团在原有媒体组织架构基本不变的情况下，以重大主题报道为切入点，着力探索媒体融合新路径。全国两会报道中，首次整合集团各类媒体资源，统一记者身份，统一指挥调度，统一发稿平台，构建全媒体传播体系。2015年2月，集团组建视觉传媒中心，整合集团各媒体的图像采编力量，负责图像产品的统一采集、加工、存储。2017年底，集团依托“中央信息厨房”和全媒体指挥体系，开始探索《新华日报》、中江网、交汇点新闻客户端和相关微媒体“四端融合、一体运作”。这些举措，可能由于各媒体的发展定位和实际情况不同，运营效果都未能达到理想状态，更好整合资源、加强融合是一个长期探索的过程。

的确，就新华报业的10个客户端而论，至少目前看各报各网的客户端是较难替代的，除非客户端本身客户极为稀少。如扬子晚报、中江网、南京晨报、江苏法治报等的客户端，都是其母报母网的重要移动出口，加之各报在外部平台的若干微媒体账号，大多已形成各自的新媒体群落，一旦调整归一，必然对这些矩阵式群落产生负面影响。但就一报内，甚至一个报业集团在一座城市的综合客户端，宜少、宜精、不宜多，其余都应走垂直路线。在新华报业传媒集团层面，新江苏的政务服务方向、紫牛新闻的社会民生方向，实际上也可视作大的垂类。但集团内垂类与垂类如果发生重叠，就需要精简。以上内容仅供参考。

第三节　“V”形反转的传媒经营样本

2012年注定是传媒行业不平静的一年。是年，全国绝大多数报业传媒单位在经营上遭遇了“滑铁卢”，由上升通道走向下滑通道，因此又被称为传媒经营的“拐点”。随后，便是断崖式下滑不止。新华报业的成功之处，在于下滑止跌时间相对较短，并迅速以“V”字形拉出一根根大阳线。自2018年双传学担任新华报业传媒集团主要负责人以来，集团连续6年效益大幅增长，平均每年利润增幅超过30%。净利润从2017年的1.4亿元增至2023年的7.24亿元，资产总额也从2017年的不到50亿元增至2023年的91亿元[①]。

一、稳固传媒主业经营的基本盘

据双传学社长介绍，近年来，集团传统媒体板块、新媒体板块和投资板块“三驾马车”齐发力，呈现三足鼎立的格局，经营结构不断优化，经营质态越来越好。其中，最重要的是在开拓各类经营业务的同时坚持深耕主业，夯实了传媒经营的基本盘。传媒主业经营，就是以媒体为平台，以内容生产传播为基础的相关经营服务。目前，主业经营不仅在定位上是传媒发展的主要依托，在规模上也是传媒发展的主要收入来源。

调研中了解到，新华报业的总体思路是强化精品供给，做强媒体平台，以内容优势赢得发展优势，以创新服务创造价值。目前，主要媒体单位业绩稳中有增，新媒体收入保持较好的增长势头，集团旗下所有纸媒都实现盈利。新华日报、扬子晚报和新华云媒分获全国传媒经营“金推手”“优秀单位奖”“优秀经营团队”“优秀品牌新媒体”等20多项大奖，集团获奖总数居全国省级媒体前

① 数据综合自高坡副社长的访谈记录和新华报业传媒集团补充提供的资料。

列。2022年，集团旗下媒体发行收入首次突破4亿元，达4.28亿元；新媒体收入3.46亿元，年均增幅也在30%以上；媒体板块实现利润4.15亿元①。

“我们持续深耕版面、精耕行业、细耕项目，经营能力进一步提升，2023年公司实现利润2.45亿元。”新华报业传媒集团编委、经委，新华日报传媒有限公司总经理樊万朝表示，作为集团第一大经营主体，新华日报传媒有限公司深耕版面夯实基础，实现了社会效益和经济效益双丰收。公司组建一批新行业工作室，陆续推出新行业专版或行业特刊，如支援合作、酿造产业链、科创中心、和美乡村、消防等，围绕新行业打造一批新项目，扩大对厅局服务的覆盖面，把“空白点”变成“增长点”。此外，强攻数字科创，赋能经营转型发展，联合高校和科研机构，打造“新华智脑——新华日报经济大数据及指数服务平台”，设计研发针对性的评价指标体系。目前，平台已经推出“县域科创指数系统”“新华日报经济大数据系统”“江苏企业ESG指标体系数据库”等一批数字产品，形成多项新媒体服务和解决方案。

扬子晚报经营工作从全案策划、事件营销入手，以垂直深耕向全领域发力，探索经营体系、盈利模式、发展方向上的开拓，稳住经营基本盘。据新华日报社党委委员、扬子晚报社总编辑王文坚介绍，在每年重要节点，扬子晚报均策划出版主题多样、内容丰富的特刊，如“3·15”特刊、“5·20”特刊、沪宁高铁特刊、端午特刊、中秋国庆特刊等。每年中秋节举办“我在秦淮品诗赏月”活动，激发节庆期间文旅消费活力。围绕“5·20”策划城市表白日活动，打造“城市表白日”浪漫IP。开展造趣节、牛牛市集、禧扬扬市集等线下活动，结合紫牛新闻客户端积分商城打造，实现“扬子晚报慧生活”线上电商平台升级。扬子晚报还优化手机移动端“自助登报”功能，推出“喜事公告”，让仪式感满满的结婚登报成为年轻人浪漫的“官宣”，吸引大批年轻人参与。紫牛新闻客户端经过5次迭代升级，实现了专业媒体与一线用户的内容共生，传播共赢。紫牛号采用国内为数不多的收费入驻模式。通过邀约大客户和为中小客户定制“拼多多”套餐，与企事业单位建立连接，紫牛号增加创收达500万元。目前，平台号体430多个，一批新号体脱颖而出。

① 据调研期间新华报业传媒集团提供的资料。

笔者与扬子晚报社总编辑王文坚（右）在访谈中（狄丰琳　摄）

“新江苏传媒（中国江苏网）努力跳出信息编发和网群服务的旧模式，积极优化服务方式、拓展服务边界、提高服务能级，逐步由‘内容发布商’转型‘内容生产商’‘创意策划商’‘运营服务商’。”时任新华日报社副总编辑，江苏中江网传媒股份有限公司董事长、总编辑陆峰介绍，新江苏传媒深耕基层开发，主动服务客户，在日常外宣和重要节点持续发力的同时，结合地方亮点和自身特色不断创新，目前已在全省多个县（市、区）实现整体经营体量超百万元，多个市县实现乡镇街道经营全覆盖。新江苏传媒还积极拓展技术输出、加速成果转化，“新江苏政务服务数字化基座”“新时代文明实践智慧云平台”等在省委宣传部、省人大、省人民检察院、省移动、省电力以及多地融媒体中心、文明实践中心等相继投入使用。还推出“有事找代表”“强国少年”“E起拍”“司法救助掌上通”“E健康”“好物云集”等创新应用，兼顾新闻性、学习性、互动性和服务性，为1800万名用户带来全新体验，并陆续打造“新江苏·强国课堂”“新江苏·强国少年团”“新江苏·强国银发团”，分别聚焦行业培训需求、青少年研学游学社会实践需求和中老年人精神文化生活需求等，统一品牌标识，打造集群化IP。陆峰在接受我们访谈后不久，即调任江苏省广播电视总台党委副书记、副台长、集团总经理。接替他的是曾获第二届“江苏名记者”称号的杭春燕女士。

新华云媒公司（交汇点新闻客户端）做强政务服务，深入基层，紧抓“小切口”，强化“微服务”，积少成多，多点开花，取得了较好成绩。新华日报社副社长、新华报业副总经理、新华云媒科技股份有限公司（简称“云媒公司”）董事长高坡表示：“在稳定营业收入压舱石的同时，云媒公司强化创新驱动激发内生动力，以创新带动经营以及运营空间。”视频服务是媒体尤其是新媒体营业收入的主赛道之一，新华云媒公司以智创优势抢占市场空间。承接的宜兴人才主题视频《宜起向兴》被评为中组部优秀音视频作品，真正做到了叫好又叫座，拍摄的省发改委现代服务业宣传视频《逐浪潮头》、省台办两岸青年工作宣传视频《苏风正劲　筑梦同行》等均在市场上打响视频业务口碑。“看法”视频新平台以老百姓喜闻乐见的形式，深入推进法治宣传教育，每月平均阅读量达100万次的短视频近50条，通过IP内容变现打造新增长点。新华云媒公司瞄准新领域市场，全方位拓展各项业务，包括直播、培训、赛事等，举办“苏货直播新农人培育行动”、“新华数媒实战能力提升特训营”、“霞路相逢”商学院越野赛（溧阳站）等，在带来经济效益的同时，进一步扩大品牌影响力。

陆峰董事长（右二）访谈后与访谈团队合影（摄者不详）

笔者与高坡副社长（左）访谈后合影（狄丰琳　摄）

二、“版外创收”，以品牌活动放大媒体价值

“版外创收”是在新华报业调研期间涉及经营的一个高频词。新媒体环境下，广告、发行等报纸传统经营业务遭受重创，特别是广告收入长期不可逆下滑，令全球报业都在寻找多种收入来源。对新华报业而言，版面之外的创收，最初的办法主要就是组织活动。如今他们已把活动办到了比做广告还重要的程度。双传学社长就认为，办活动也要像抓内容一样，推行标识化、系列化、品牌化、精品化策略，同时坚持线上引流和线下导入相结合，做到既在网上“创网红”，也在地上“当地标”，通过活动放大媒体品牌，提升传播效能，促进对外服务，积聚社会资源，从而获得经济社会两方面“增值效应”。

近年来新华报业每年举办的各类活动有150—170场次，所属各个单位几乎月月有小活动、季季有大活动，整个集团上下不是在举办活动，就是在策划活动，此起彼伏，全年不歇。这些活动中，就包括江苏品牌赋能计划、扬子江工商峰会、国际半程马拉松赛、中国国际食博会、乡村振兴百镇论坛、中国企业培训与发展年会暨教育培训博览会、全国新能源汽车下乡活动启动仪式、未来网络发展大会，以及生活节、元气UP健康文化节等一系列重大活动，努力实现品牌效益最大化。即便在新冠疫情最严峻的2020年，新华报业通过云活动等方式，举办的各类活动也达到近百场。新华报业积极发挥主流媒体品牌优势，与政府部门、企事业单位和社会组织紧密合作，担当起各类相关活动的策划者、组织者、传播者，成为联结各方资源和服务社会公众的强枢纽、大平台。

在举办的活动中，新华报业注重打造高辨识度文化IP：“新华高峰会”已经连续举办了15届，每届都有诺奖学者或全球大腕加持，成为江苏富有影响的经济发展论坛；“长三角健康峰会暨中医药博览会”连续举办四届，“人民英雄”国家荣誉称号获得者、中国工程院院士张伯礼等多名院士、国医大师参会，带来医药界顶级流量，成为中医药文化新名片；连续举办四届的“跨年诗会”重在塑造文化大省的知名标识，著名作家莫言参与的3小时诗会赢得3000多万次综合阅读量；“新年走大运、城门挂春联”活动旨在传播中华优秀传统文化，成为吸引海内外华人参与的金色名片；大运河城市文旅消费论坛、“千问千寻大运河”文化

保护传承行动，用媒体资源激活“沉睡的历史文化”；连续20余年助力盱眙国际龙虾节，被誉为媒体服务地方经济的样本案例。

双传学认为，品牌活动是传统纸媒实现主业深耕的一个重要突破口，以活动扩影响，以品牌聚资源，增值效益伴随传播流量节节攀升，不断推动价值变现、价值辐射。

三、垂直细分领域的深耕探索

如果说多搞活动是横向拓展的话，新华报业还把目光和行动放到了纵向深耕上。近年来，新华报业组建财经传媒中心、健康传媒中心、新华传媒智库、新华云教育公司、新消费传媒、钱眼新传媒等，以垂直深耕固本延链，不断向深入细分行业中寻找商机，深挖细分用户群体，探索多元业态，创造新商业模式和盈利模式。

财经传媒中心锚定“财经潮头的瞭望者、记录者、推动者；要素资源的集聚者、链接者、放大者”这一定位，垂直深耕泛金融领域，通过平台集聚客户链接资源，初步形成具有新华品质、市场特质的模式和品牌。财经传媒中心负责人陈晓春介绍，2023年全年持续策划多个新华财经自主IP活动，如江苏财经年会、长三角数字经济发展大会、江苏省大学生金融节等，探索出一条“以我为主，品牌输出，溢价营销，实现多赢”的成熟模式；秉持“量身定制，借船出海，为我所用，为我所有”的思路，承办外部各类活动20余场；为客户策划拍摄宣传视频近30条，推出“新华董秘学院”“新华日报ESG”“新华江苏100指数”等重点项目，创新打造新的增长点。

集团紧跟“智库传媒化”与“传媒智库化”时代大潮，创建江苏首家主流媒体高端智库——新华传媒智库。新华传媒智库负责人孔德信表示，新华传媒智库与国务院发展研究中心国研智库、江苏省政府研究室共同成立国研智库江苏协同创新中心，联合省内各大知名智库成立江苏新智库联盟、“强富美高”新江苏建设研究中心、长江文化研究和传播基地、中国式现代化县域实践协同创新研究和传播基地，为江苏高质量发展提供媒体视点、媒体智慧和媒体力量。举办新华传媒智库年会，开展“智库专家媒体记者地方行、行业行”，组织“服务型政府建设”研究，制订《政务服务效能评估规范》，推出《“智”说长江》《中国式现代化县域实践讲堂》等一批优质全媒体智库产品，以“库”聚“智”，以“报”传“智”，彰显党报思想库、智囊团作用。

新华云教育公司积极开启江苏首个“融媒+教育”的产业探索，以少年志融媒平台为主要抓手，着力打造精品内容生产，创新运营开发，初步打响了“少年志”品牌，形成了社会效益和经济效益双效合一的良好发展态势。“少年志”既是一个由客户端、微信公众号、主流媒体客户端学习号、纸媒周刊组成的融媒体传播矩阵，又是一个开展活动与服务的线上线下集成平台。新华云教育公司负责人王璟介绍，团队创新打造的全国首个以思政教育为特色的青少年“新闻+学习+实践”教育融媒平台少年志客户端，通过平台赛事活动引流、校园联盟合作等手段和方式，促进推广与运营，目前下载量已突破500万。2023年，依托少年志客户端垂直领域流量优势，新华云教育公司推出了“学习+活动+电商”的教育服务甄选平台“少年成长吧”，并与少年志客户端联动运营，实现用户在平台的教育服务交易闭环，进一步推动少年志品牌向市场价值转化。此外，还构建“少年志”产业联盟，打造了1500平方米的教育融媒体基地，发展了一批联盟企业。

健康传媒中心依托主流媒体的优质内容生产能力、媒体融合传播能力和社会资源整合能力，持续推进资源整合转化、不断延伸拓展服务链条。健康传媒中心负责人张琳介绍，现已构建报、网、端、微、屏“五位一体”的全媒体健康传播矩阵，涵盖新华日报健康客户端，新华日报《健康周刊》，交汇点新闻客户端健康频道，新华日报健康官方微信公众号、视频号、抖音号等，其中，新华日报健康客户端于2022年1月上线，是全国首家由省级主流媒体创办的健康垂直类客户端，目前最新增加“查疾病”“问医生”两大功能，用户可以根据医院科室了解疾病常识，向医生提出个性化问题，增强互动性和服务性。健康传媒中心着力构建全周期全方位健康传播服务体系，特别聚焦老龄健康板块，打造助老系列服务，布局长线细分产品，陆续启动“健康护老行动”，上线健康客户端抗衰老频道，打造“健康支点”计划等。

四、以“传媒+”链接社会资源

新华报业社长双传学认为，随着政府触媒、企业触媒、万众触媒，媒体与社会之间的“楚河汉界”日益模糊，媒体融合必须由内部融合走向内外兼容，从小融合走向大融合，从单循环走向双循环，让党报集团成为数字时代服务社会、服务大众的平台型基础设施。按照这一理念，新华报业大力实施跨界多元深耕战略，打造“传媒+投资”“传媒+企业”“传媒+政务”“传媒+红色文化”“传媒+公益”等“传媒+”产业集群，通过“传媒+”链接社会资源，拓展多元产业，为集团可持续发展积蓄力量、增添后劲。

一是推进“传媒+投资”，投资板块成为新华报业新增主业，各类投资收益连年增长，不断优化集团收入与利润结构，与传媒主业板块形成了互为促进、彼此赋能的盈利格局。据新华日报社党委委员、副总编辑钱丽萍介绍，集团成立的新华日报资产管理公司，是集团旗下的专业投资管理平台。该公司作为江苏省基金业协会理事单位、深圳证券交易所乡村振兴固定收益产品优秀发行人等机构，下设5家全资子公司，持有其他类、股权类、证券类私募基金管理人资格，截至2023年底资产管理总规模超230亿元，开展债权投资、股权投资、证券投资、产业投资及不动产投资等，如参股苏银金融租赁股份有限公司、江苏泰州农村商业银行股份有限公司等金融机构，获得了良好效益。集团加大总部资金归集力度，集团财务部门负责集团资金管理，内设资金结算中心，承办集团资金集中管理各项工作，包括组织实施集团资金收支计划，办理集团及下属公司的资金筹集、对外付款、内部资金调度以及银行贷款的统借、下拨和统还等。实行资金集中归集，下属单位留足经营所需资金，其余资金归集至集团层面统一运营管理。同时，不断开拓融资新业务，多次在公开市场发行超短期融资券、中期票据等，努力降低融资成本，助力集团利润增长。2022年，集团投资板块实现利润4.19亿元[①]。

二是推进“传媒+企业”，先后与江苏交通控股、中石化江苏分公司等重点

① 据调研期间新华报业传媒集团提供的资料。

企业达成战略合作，其中与江苏交通控股合作共建江苏交通文化传媒公司，同向同行，双赢互利，成为全国首个“传媒+交通”的融合范本；与金鹰集团共同打造“新华金鹰户外LED大屏品牌品质联播网”，创新推出裸眼3D项目，带来持续稳定的盈利。

三是推进“传媒+政务”，集成和运维全省各级政务发布微媒体和党务政务网站，共建“江苏政务服务”平台，由集团运维的党务政务网群规模达160家，让政务服务的品牌效应和链式影响力不断放大延伸。集团还与地方政府部门合作，在扬州建立新华日报新媒体创新中心，着力打造立足江苏、辐射全国的新媒体创新产业平台。

四是推进“传媒+红色文化”，新华文投公司在新华日报报史馆运营上下功夫，以各类“实践基地”为载体探索与多部门合作共赢新模式。新华日报传媒有限公司签约宜兴太华镇首个全国红村的整体运营，开发运用当地红色资源和产业特色，建设红色教育基地，打造新时代人文经济学实践地。新华美溧公司运营的“苏南小延安”红色李巷，入选“江苏省爱国主义教育基地”“党史学习教育‘金基地’”，红色IP运营成效显著。

五是推进“传媒+公益”，精心打造阳光助学行动、公益课堂“交汇点公开课”和“水滴公益”等项目，在青少年助学、公益募捐等方面长期开展活动，彰显了党报集团的人文情怀，进一步提升了美誉度。打破边界，整合资源，延伸共生链，不仅带来发展效益，也增强了对不同细分群体的渗透力、吸附力，有力建设以主流价值为引领、全社会共建共享的“媒介共同体”。

五、“五大定位”打造地方分社增长极

全方位媒体经营拓展不仅体现在行业，也延伸到地域。服务下沉、经营下沉，成为传统媒体加快自身事业发展的又一重要途径。新华日报社党委委员、副总编辑黄建伟介绍，集团近年来陆续在全省13个设区市成立地方分社，推动传统

意义上的记者站机构功能实质性转变，从报网端微全媒体宣传，到广泛参与、全方位融入地方经济社会发展，这既是贯彻省委要求、服务地方发展的重要举措，也是顺应经济发展的大势，是集团发展史上具有里程碑意义的事件。地方分社逐步成为集团事业发展新的重要增长极，成为推进现代传媒建设的重要组成部分，成为集团赢得社会效益和经济效益的重要来源。2022年，各地方分社全年实现收入到账2.43亿元[①]。

新华报业传媒集团给分社建设设立“五大定位”：服务地方的主窗口、内容生产的高地群、媒体融合的创新区、事业发展的大平台、队伍成长的大舞台。为此，集团出台《关于加强和规范新华日报社地方分社建设的实施意见》“1+4”管理制度，包括地方分社新闻宣传工作规定、经营管理规定、财务管理规定和人事管理规定等，进一步规范管理，促进与保障各项事业高质量发展。各地方分社扎根基层、深耕基层的潜力与红利不断释放，2023年广告经营实际到账总额突破2.79亿元，同比增长14%。

各地分社主要从以下三个方面拓展经营业务：

一是延展政务服务。在政务经营的广度和深度上不断拓展，持续夯实发展的基石。苏州分社社长包闻军介绍，苏州分社政务经营已经形成地方三级政务的服务全覆盖，由于经济基础较好，在此基础上继续向下渗透，拓展四级政务，目前已与数十家村、社区达成合作，扩张政务板块新的增长版图。

二是做大视频项目。地方分社在长期服务地方的过程中，积累了丰富的政务资源、信息资源、人脉资源等，利用自身专业特长和行业美誉度，立足精品生产，持续做大视频项目。南京分社社长颜芳表示，南京分社针对各单位不同的特点和需求，策划脚本，精心制作，拓宽营业收入渠道，由该分社策划并撰写脚本的南京国际招商宣传片《近悦远来》发布后，好评如潮。此外，宁淮智能制造产业园招商宣传片等一批视频合作也取得良好效果。通过高质量的作品和传播力赢得口碑和信任，一些活动执行、公众号运维之类的合作项目纷至沓来。

三是开拓多元经营。各地分社在深耕政务、做好服务的同时，不断创新求

① 据调研期间新华报业传媒集团提供的资料。

变，做强做大非报经营。他们积极承办市、区、街道等各级高规格活动，覆盖政务、会务、社会民生等方方面面，如南京分社承办2023南京金秋贸易洽谈会开幕式，从创意策划、设计执行、施工布展等方面，提供全流程服务，合作总额近200万元。苏州分社连续多年在元旦当天举办“新年走大运”活动，用好“运河+”概念升级城市新年俗，创新文化传播与文旅消费融合新场景，把新年行走运河活动打造为苏州品牌迎新活动。除此之外，各类专题培训班、课题调研、视觉采风等活动也开展得有声有色。

第四节　科学管理也是优质生产力

在访谈中，双传学社长表示，新华报业近几年能取得比较理想的发展成绩，主要得益于科学的管理和制度的创新，“传统报业集团的管理模式已经难以满足媒体深融的现实要求。我们认为，只有逐渐摆脱传统的管理模式和思维定式，建立起以人为本、科学规范的现代企业管理制度，才能破旧立新，才能既治标更治本，帮助我们在竞争激烈的市场环境中脱颖而出”。

一、以年度主题牵引重点工作

2023年是新华报业的“提质增效年”，也是该集团提出“主题化管理”概念的第七年。什么是“主题化管理”？双传学解释，这通常是指企业在管理过程中突出某个主题，一般是在企业的创业阶段、变革阶段或者攻坚阶段使用的，“这不同于按部就班的常态化管理，是叠加在常态化管理之上的，目的是通过突出或者强化某项工作，从而拓展和提升整体发展”，“就像我们上学时候的补习班一样，针对性加强某个科目，这样总体成绩也会提高”。

新华报业的“主题化管理”，是在抓好常态化管理的同时，每年确立一个发展主题，不断提升集团业务管理水平。深入探究该集团“主题化管理”的内核前，我们可以先回顾一下新华报业过去七年的发展主题：2017“精品生产年”、2018“服务提升年”、2019“队伍加强年”、2020“基础夯实年”、2021“发展稳进年”、2022“崇德敬业年”、2023年“提质增效年”。

当问及每年的主题是如何确定的时，双传学说：“主题化策略的选取，是系统而细致的过程，它要求我们必须深入分析发展形势，将集团的长期发展目标分解为中期目标和短期目标，然后再提炼出年度主题。”在与双传学的对话中，我们能真切感受到这位报业掌门人在战略选择中的系统思考和辩证思维。

他认为，首先要把握事物的整体与部分的关系，做到全面审视与重点突破。细分来看，从2017年到2023年，七个主题大致可分为两类。一类是指向明确的具体工作，“精品生产”“服务提升”“队伍加强”都属于这一类。另一类则是重点聚焦发展理念，侧重全面性的提升，“基础夯实”“发展稳进”“提质增效”就属于这一类。这种系统思考，应该说，对省级报业传媒集团是十分重要的。省级报业传媒集团，不仅拥有的媒体种类很多，还会涉及不同的行业业态，工作内容面广量大、十分庞杂。因此，不论是推进深度融合发展，还是推动企业自身发展，都必须高度重视系统思维，科学把握全面与重点。双传学说，新华报业年度发展主题选择的思路，不仅侧重空间维度，即同一时间各方面工作协同推进，还侧重时间维度，即借助接续不断、相互关联的局部突破来实现整体发展，“就像我们农村自己家盖房子，横竖相叠、逐片逐段反复去夯打，墙才会牢固”。

其次是把握事物的发展规律，做到远近结合。虽然一年一个发展主题，乍看感觉发展节奏很快，但是系统来看，又能明显感受到新华报业“长期主义”的战略思考。双传学给出了他的理解：“在建设现代新型主流媒体的历史进程中，既要强调灵活机动的创新探索，又要注重相对稳定的规划引领、目标管理。远期目标明确，前行才有‘指南针’，近期目标清晰，行动才有‘路线图’。如果只有前者而无后者，相关规划就有可能被束之高阁、流于形式，日常工作就有可能头绪不清、发力不准。”

立足于集团工作的全面统筹，新华报业先后确立“七重七强”发展战略，制定了高质量发展三年行动计划、“十四五”时期发展规划。其中，“十四五”时期发展规划明确提及了“建设百年党报”远景目标——“展望2038年，《新华日报》创刊100周年之时，全面建成导向正确、技术领先、覆盖广泛、国内一流的‘干在实处、走在前列’的百年党报”。加上每年拟定的年度总体工作计划，远近结合的目标管理，为集团每一年发展设置“议程”，将长远目标阶段化、具体化，针对性集中资源、解决问题，这不仅有助于提升效率，还能激发团队的动力和创造力，激励团队为实现发展目标而共同努力。

探究新华报业“主题化管理”的奥秘，还必须与该集团的发展过程结合起来。例如，2017年的“精品生产年”，提出“精品立报、思想立报”的生产理念，在新闻策划、调研采访、融媒生产、考核机制等多个方面提出举措，催生了一批精品佳作，在次年的第28届中国新闻奖评选中，新华报业共有5件作品获奖，其中，一等奖2件，二等奖3件，创下中国新闻奖设立以来该集团的最好成绩。从2018年开始，精品生产要求扩展至新华报业各类媒体，每年召开一次精品生产推进会，同时出台新的办法，加大优秀成果奖励力度。精品生产极大地优化了媒体融合的内容供给，使集团在中国新闻奖评选中连创佳绩。

再如，2019年的“队伍加强年”与2022年的“崇德敬业年”，都聚焦于人才队伍建设。“队伍加强年”提出实施“四工程一活动”，即“新华英才211工程”“新华名师带徒工程”“新华创新实验场工程”“新华创业创新工程”“业务大练兵、岗位大比武活动”，侧重提升员工的工作技能。“崇德敬业年”则侧重于思想素养的提升，提出“明大德、守公德、严私德”，强调敬重职业、热爱事业，通过“讲、写、训”三个环节组织开展各类活动。在人才队伍建设的加强工作，不仅帮助了大批年轻人迅速成长，同时也增强了新华报业对优秀人才的吸引力，近几年对外招聘中，新华报业常常出现一个岗位“百里挑一”的激烈竞争。

此外，2018年的“服务提升年”，首次提出“主动服务、精准服务、创新服务、深度服务”口号，产生出了“对标审视·厅局长访谈”“总编辑与市委书记面对面”等大型全媒体系列报道，并在2020年衍生成了“以服务强势赢得发展优势、努力建设服务型现代传媒集团”的发展理念。2020年的“基础夯实年”，提出着力完善七大管理体系、实施15项计划，为该集团2020年首获“全国文明单位”殊荣打下基础。2021年的“发展稳进年”、2023年的“提质增效年”都明确强调稳中有进，重点提升发展的整体质效，推动质的有效提升和量的合理增长，在这样的理念指导下，新华报业实现了超过预期的稳健发展。

二、以规范化、制度化管理提升工作质量

在探讨报业集团管理问题时，双传学也分享了他的个人观点。他说，管理落后比技术落后更可怕，技术的落后是明显、直观的，很容易辨别，甚至可以具体说出落后多少年，解决这个问题，一般加大资金投入就能改变，至少能够缩小差距。但管理的落后是一个综合、复杂的问题，涉及战略、理念、组织、体制、流程等诸多方面，不是花钱就能够改变的，“我常说，集团是典型的业务单位，大家都是新闻传播的行家里手，但是在管理方面，短板明显”。

短板具体在哪些地方？双传学举了一个例子。在2022年，新华报业曾经组织开展了一次谈心交流活动，在全集团范围内，谈话员工2446人，同类合并后，列出的问题清单有476条。“都很具体，细细分析，可以说基本是和管理有关，包括新闻传播的生产管理、考核管理，经营拓展方面的成本预算管理、投资风险管理，人力资源方面的队伍管理、干部管理，再小到后勤保障、食堂饭菜口味等等，都是管理的方方面面”，双传学说，这些都表明集团现代化企业治理水平还是比较低的，尤其是在合规性、专业性上，短板明显，“如果一直这样‘跛脚’前进，势必影响集团事业发展全局”。

第一，是以党的建设引领内部建设。党的二十大报告提出“推进国有企业、金融企业在完善公司治理中加强党的领导”。在2019年“不忘初心、牢记使命”主题教育中，集团组织的大调研活动在省级机关中引起热烈反响。集团党员干部围绕主要负责同志提出的60个种子课题，一个月内形成了446篇总计超200万字的调研报告，并举行为期三天的封闭式研讨交流，为完善集团决策、补足发展短板、促进集团腾飞提供了新思路新方法新力量。在2023年的“五个一百”活动中，368名干部员工形成调研成果报告325篇，汇总实事好事项目和意见建议190件。集团层面形成23条问题清单，制定整改措施54条，班子成员牵头开展重点课题调研，梳理出制约发展的45个问题，提出91条对策举措，并稳步推进问题整改，有效推动事业发展。

第二，是强化合规体系建设。制定完善《党委会议事决策规则》，建立风

险研判机制，推动科学决策，及时发现风险隐患，抓早抓小解决问题。制定《意识形态工作责任制实施办法》《党委全面从严治党主体责任清单》，层层压紧压实意识形态和党建工作主体责任。狠抓精品生产、风控合规、基础管理、人才管理、技术引领、“传媒+”管理和党建引领等七大治理体系建设，制定实施《新华报业传媒集团合规管理实施办法》，层次分明的三级合规制度体系逐步形成。其中，最特别的是，新华报业是把省委巡视问题整改、省委经济责任审计问题整改作为推动集团发展的重要契机，按双传学的话来说，就是“要正视问题、解决问题，努力将坏事变成好事”。2019年，江苏省委第四巡视组开展对新华日报社（集团）党委的巡视。2020年，集团党委把巡视整改工作作为重中之重抓紧抓实，根据省委巡视组反馈的6个方面共36个问题，具体细化为88项整改任务并实现既定目标，还制定或修订集团规章制度32项。2023年，省委对新华报业主要负责人开展经济责任审计工作。当年，以落实经济责任审计问题整改为契机，新华报业根据审计反馈情况，制定94个整改条目，同时全面梳理、新建、修订党建、宣传、财务、人事、投资一系列制度，推进常态化长效化管理。2023年，新华报业首次参加江苏省高质量发展综合考核，在纳入试点的13家事业单位中排名第一。

第三，是强化内部监督控制。加强办公信息化建设，运用OA系统、档案数字化等现代化管理手段，实现自动化流转与控制，降低人为风险发生概率。加大制度执行力度，强化督查督办工作，采取专项检查、日常督查等多样化方式，动态检查工作任务实际落实情况。这一板块工作中，最有新华特色的，应该是新华报业这几年全力推进的“1+N”大监督格局，即纪委监察与人事、审计、财务联动，探索“聚焦+放大”路径，变单一监督为综合监督，推进集团风险防控体系建设。这主要是针对企业内部监督各自为政、“九龙治水”的问题，破解监督分散、无法有效发挥监督合力的难题。具体就是在党委巡察、内部审计等专项监督检查开展的时候，加强横向联合，统筹衔接各职能部门，聚焦问题，集中检查，一体发力，发挥联动监督效应，扩大监督力量，形成涉及多部门的合规管理防线。

三、以文化建设提升精神力量

调研的时间里，我们沉浸式参观了新华报业位于南京河西CBD的新大厦。大厦三座大楼呈品字形布局，主楼西广场前矗立着新华日报社早期领导人周恩来的全身雕像《楷模》，以及潘梓年、华岗、熊瑾玎、吴克坚、何云的雕塑群像，东大门前立有一尊紫铜雕塑《号角》，取意于《新华日报》创刊词中的“本报愿在争取民族生存独立的伟大的战斗中作一个鼓励前进的号角”。大楼间绿植精致美丽，道路一尘不染。但是最吸引我们的却是楼内随处可见的电子屏，包括电梯内。这些屏幕全天候滚动播放的不是商业广告，而是新华报业近期各类融媒产品、员工活动，更特别的是，还会有明显精心设计的短视频，给当天过生日的员工送上生日祝福。当提到这一点时，双传学笑着告诉我们：“不仅有祝福，员工生日当天还会有食堂专门准备的寿面，还可以自选一份礼物。俗话说‘人心齐，泰山移’，我们认为集团发展关键在人，只有推动集团与员工形成共同的价值观，才能更好凝聚力量、激发活力，所以我们格外重视企业文化建设。可以说效果还是很明显的，现在我们员工‘打鸡血’式的干劲已经成为常态，‘新华拼’成为集团内外一致的共识与评价。”

新华报业建设企业文化的另一个重点是“红色传承”。《新华日报》是一

新华报业东大门前的紫铜雕塑《号角》（中江网　提供）

新华日报报史馆一角（辜晓进 摄）

份有着80多年光辉历程的报纸，诸如如何在新时代传承好党报红色文化等，是集团领导班子近年来深入思考、持续探索的重点。为此，新华报业加强顶层设计，全面实施了“新华红色文化”活化工程。最主要的是设立了报史研究所，以专设机构、专职人员强化专门研究，强调把新华红色文化放到整个中国共产党人的精神谱系中去找定位、做研究。特别是在中国共产党成立100周年之际，新华报业建成了面积1800余平方米的报史馆，这是该集团历史上第三次报史馆建设，也是历次建设中规模最大、投入最多的一次，收集了400多件珍贵史料、文物，采用展板、实物、情景重现和多媒体演示等方式，全面展陈“中国共产党第一张在全国公开发行的政治机关报”等光荣历史，并运用全覆盖5G网络、多媒体显示屏、VR眼镜等科技设备，复原《新华日报》各个历史时期的经典场景。报史馆已获得了江苏省爱国主义教育基地、记协“党史学习教育实践基地”、“马克思主义新闻观教育实践基地”，全国少工委首批“少先队实践教育基地”等称号。此外，该集团还出人意料地创排了原创话剧《新华方面军》。该话剧由新华报业与江苏演艺集团联合出品，取材于《新华日报》报史，其中包括1938年武汉新华日报工作人员撤往重庆的“新升隆”号轮船遭日军飞机炸沉，25人罹难等历史事

南京新华日报早期的马蹄形办公桌。陪同人员介绍，如今全媒体中心的办公台就是这张桌子的放大版（辜晓进　摄）

件，是标准的剧院演出级别话剧，自2022年2月在江苏省规模最大的剧院——江苏大剧院成功首演后，一直在各地巡演。在2023年新华报业承办的第二届中国报业创新发展大会期间，全国多家报业集团嘉宾专门观看了这部话剧。

第六章

北京日报报业集团：

供给侧改革促转型再起 数字端做大惠京城万家

概况

人员：在职职工1700余人。其中，现有处级干部132人，新闻采编首席岗位18人，新闻采编人员800余人，中宣部文化名家暨“四个一批”人才3人，享受国务院政府特殊津贴专家3人，全国新闻出版行业领军人才4人，中宣部宣传思想文化青年英才3人。

媒体：旗下有《北京日报》《北京晚报》《北京青年报》《北京商报》《北京城市副中心报》《音乐周报》《新闻与写作》《中外企业文化》等报刊，北京日报客户端、北京青年报客户端2个客户端，北京日报出版社1家，京报网、北青网、北京商报网、北晚新视觉4家网站以及在“两微一抖”等商业平台开设的新媒体社交传播矩阵。

新媒体数据：截至2024年7月20日，北京日报客户端下载量3036万，北京青年报客户端下载量超2300万，“长安街知事”公众号全网粉丝量超3400万，北京日报、北京晚报微博微信粉丝总量超3200万，负责运营的“学习强国”北京学习平台月浏览量超1.6亿，位居省级平台前列。

经营：集团2023年经营工作保持总体平稳，新媒体收入实现连续6年增长，多元经营布局不断优化，为集团发展文化科技融合产业夯实基础[①]。

① 据北京日报报业集团提供的数据。但有两点需要说明：第一，关于在职职工人数，赵靖云社长在访谈中曾提及下属公司所有人员算上，总体规模约3000人。第二，关于经营数据，集团未提供，相关表述来自公开发表的《2023年度京报集团社会责任报告》，但访谈中赵靖云社长曾预估2023年的营业收入“总盘子”12亿—13亿元。

受访人物一览

赵靖云（左上）、伍义林（左下）、张冬萍（右上）、曹斌（右中）、田科武（右下）（柏朝阳　摄）

北京日报报业集团大厦（网络图）

谈及中国历史，人们常说“五千年看山西，三千年看陕西，一千年看北京，一百年看上海”。这里的“一千年看北京”，恰与北京的报业史相重叠。据王润泽教授的新著《北京新闻史》，中国的邸报制度在元代被取消，直至明王朝建立，方才全面恢复兴盛于宋代的邸报传统[①]。而邸报之“邸”，本与皇室所在的京都相关联。正是在明成祖朱棣迁都北京后，北京才成为中国古代帝制王朝的传播中心。因此，朱棣迁都的1421年，也被方汉奇、王润泽等新闻史学家认定为北京新闻史之起点，距今600多年。也正是在北京，于明末清初出现了取代邸报的新官报称谓——京报。但在晚清期间东南沿海城市纷纷引入西式近代化报刊之际，北京明显落后了。第一份此类报刊《中西闻见录》迟至1872年才问世，比1827年创刊的《广州纪录报》晚了近半个世纪。到民国初年，北京的报业才“呈现出异军突起的发展态势”，官方报刊、政党报刊、民间报刊“展现一派生机勃勃之象”[②]。中华人民共和国成立后，北京更成为中国报纸重镇，报纸数量之多超过津沪穗汉等城市。据北京市新闻出版局2012年度报刊核验情况，北京地区登记的报纸多达303种（含高校校报），其中市属报纸53种[③]。

目前，北京市属报纸主要集中在北京日报报业集团和新京报社。多年来，笔者与该集团旗下媒体也多有交集。20年前，蒙时任北京市委宣传部副部长的肖培先生邀请，笔者曾去北京晚报社和京华时报社做讲座和交流。肖培是媒体人出身，先后在北京青年报和北京晚报最辉煌的时候担任过总编辑，现任中纪委副书记和国家监察委员会副主任。笔者转行学界后，荣幸应约成为现已是“C刊”的《新闻与写作》的作者，在该刊发表过多篇论文，并与该刊前后两届负责人成为朋友（和论文发表无关）。北京日报报业集团的体量和营业收入不如我们之前调研过的省级报业集团，但因其旗下媒体的知名度和集团在首都的独特地位而入选“中国报业转型典范”研究项目。蒙《新闻与写作》副主编李蕾女士牵线联络，我们（还有研究生柏朝阳、博士后吴凤颖）于2023年5月下旬完成了对北京日报

① 王润泽等：《北京新闻史（1421—1949）》，人民出版社，2024，第3页。

② 同上书，第123—124页。

③ 胡鹏：《北京市属报刊发展改革中突出问题研究与对策》，《传媒》2014年9月（上），第26页。

报业集团为期两天的调研。调研期间，分别与党组书记、社长赵靖云，党组副书记、总编辑伍义林，副总编辑、北京日报客户端编辑部主任曹斌，北京日报社副总编辑、北京晚报社总编辑张冬萍，北京日报社副总编辑、北京青年报社总编辑田科武等分别进行了1—2小时的深度访谈。

第一节　配套齐全的融合改革

北京日报报业集团（简称“京报集团”）组建于2000年，坐落在长安街东端南侧，近北京火车站。其北侧临街的老北京日报大楼“新闻大厦”，则已出租商用，其三楼有家“南门涮肉”十分火爆，订座不易。2023年5月22日上午，京报集团社长赵靖云在小会议室接受了我们的访谈。他于中国人民大学新闻学院毕业后就一直在北京日报社工作，从记者、部门主任一直干到总编辑，当了9年总编辑后接任社长，亲历北京日报近半个世纪的发展变化，对报社一切事务可谓了如指掌。特别在2018年接任一把手后，他大大增强了整合改革的力度，提升了新媒体的显示度与影响力，正带领团队走出困境。

一、快速止血转场新媒体

京报集团一度拥有很多报纸。这些报纸，有的是自己创办的，有的是上级调剂让集团接收的，如2012年接收的《京华时报》和2021年接收的《北京青年报》。北京作为报纸重镇，不仅有众多北京市属报纸，更有密集的全国性报纸及其子报子刊，竞争历来激烈。随着报业危机的到来，很多报纸难以赚钱，渐渐成为负担。赵靖云在总编辑任上面临的就是这样一种局面，当时集团有十三四种报纸。集团班子认为，作为供给侧媒体的报纸太多且多数效益不好，于是决定将那些亏损严重且短期内扭亏无望的报纸坚决关停。赵靖云社长称之为“内部供给侧结构性改革”。

较早的最大动作是将《京华时报》休刊，该报原为人民日报报业集团旗下报纸，创刊于2001年，初期发展很快，其发行量曾居北京早报市场第一，后因投资发展过于激进等因素，在报业危机下陷入困境。该报于2011年脱离人民日报而划归北京市管理，2012年并入京报集团。2016年底因严重亏损，其印刷版被休刊，

2018年起各数字端也陆续停更。在此之前，为迎接北京奥运会而于2004年创办的以体育图片为主的“新型日报”《竞报》也于2014年休刊。赵靖云担任社长后，提出供给侧改革的设想，加大了整合的力度。仅2018年，就相继有《北京娱乐信报》《北京文摘》《北京晨报》《京郊日报》《北京社区报》等报纸退出市场。其中，最有影响力的是1998年创刊的对开大报《北京晨报》。该报是北京市第一份彩色报纸，且采用西方流行的“瘦报”版式，外观较为时尚，广告营业收入最高时每年上亿元。此外，京报集团还对个别报纸进行转移出让，如原旗下《首都建设报》就转归北京市国资委主管。

中国的新闻媒体都是国有国营机构。在现行体制下，这种大刀阔斧的关停削减做起来并不容易，几乎所有报业集团都体验过这方面的切肤之痛，京报集团也不例外。赵靖云社长说，关闭这些报纸需要消耗大量的资源，不仅包括每份报纸多达数百人的人员分流，还包括债务处理。包括《京华时报》在内的多份报纸在关闭时都负有巨额债务。“我们算过一笔账，关一份报纸至少要投入5000万元。有的债务直到今天也未能还清，这也是改革必须支付的成本吧。”他强调，供给侧改革的目的，就是要快速止血，解决困扰集团的供给侧过多过滥且亏损严重的问题，然后腾出手来，转场到新媒体，用更好、更丰富的内容，实现更充分的供给。

赵靖云介绍，京报集团的报纸目前主要只剩“日晚青商”，即《北京日报》

赵靖云社长（左）在访谈中（柏朝阳　摄）

《北京晚报》《北京青年报》和《北京商报》，集团员工总人数也压缩到3000人左右。其中的《北京商报》作为垂类财经日报，虽不如前三种报纸知名，但做得小而精，经济效益不错。此外，还有一份《音乐周报》，创刊于1979年，是在音乐界和爱乐民众中影响较大的对开大报。这份报纸得以保留，也体现了集团对已有较大影响的文化品牌的珍惜与重视。赵靖云是古典乐迷，他说他当总编辑时曾保有全国各地主要报纸中最后一个爱乐版（《北京日报》的爱乐版），后来也停了。京报集团还拥有《新闻与写作》《北京支部生活》《大学生》三种期刊和北京日报出版社及京报网。在对外方面，集团保留了驻布鲁塞尔和东京的两个境外记者站，并在美国的《侨报》《国际日报》等欧美多家中文报纸设有“北京新闻”版。轻装上阵后，京报集团将资源朝融合改革和新媒体方向大幅倾斜，逐步改变了融合转型的格局。

不过我们后来又发现，在2020年10月19日，京报集团的《北京城市副中心报》开始“试刊发行”，并于当年11月上线北京日报客户端。一年后的2021年10月19日，该报经国家新闻出版署批准“正式公开发行”。从名称上看，该报是为适应北京作为首都的城市功能化布局而设立的“新”媒体，由北京日报和通州区合作创办。其于2022年8月与北京市测绘设计院联合推出的“时空照相馆之副中心”系列报道，以大量精美的京城画面引起人们的关注。由此可见，京报集团在供给侧改革方面，也是有破有立。

二、内部打通实现真融合

赵靖云上任后的2018年8月，北京市委“深改组”批准了京报集团的改革融合方案。这个方案的核心就在于“真打通，真融合”。在这之前，媒体融合已实施多年，但基本上还是各自为战，每份报纸都在办自己的新媒体。报纸和报纸之间，新媒体和新媒体之间，报纸和新媒体之间，都是互相不通的。赵靖云说：“我们当时从这个问题导向出发，将目标定在真打通、真融合上。首先就是下了很大决心，将北京日报和北京晚报进行了合并。”

《北京日报》和《北京晚报》分别创办于1952年和1958年，两报报头都由毛泽东主席亲笔题写，前者是京城第一大报，后者是全国四大晚报之一，都有着广泛的社会影响和较高的“江湖地位”。将一城两家主要报纸合二为一，成为一个法人，这在全国大中城市中较为少见。上海报业集团成立初期，三大报纸曾延续之前两大集团取消报纸法人的做法，但很快恢复三报独立法人地位。而北京日报和北京晚报合并之后，只在产品层面各自面对市场，而组织机构则是完全合并的，不再有独立的北京日报和北京晚报。然后又实现“三端整合”，即北京日报、北京晚报和北京日报客户端等新媒体在机构上合成一家。到2019年7月，京报集团经过对北京日报、北京晚报采编部门的全面整合，已按全天候融媒体生产的流程，划分出23个内容生产部门、13个内容发布部门、5个运行保障部门，构建起“横向集约、纵向扁平、前端统合、后端分立、融合生产、分态传播”的新型组织架构体系。

赵靖云介绍，具体运行方面，关键在于“前端统合，后端分立”。两报的前端指生产端，后端指发布端。整合之后，经济新闻部、文化新闻部、教科卫新闻部、科技新闻部、体育新闻部等部门都是合一的，不像过去北京日报、北京晚报各有自己的一套采编部门，麻雀虽小，五脏俱全。这些整合后的采编部门就成为一个“生产单元”，每个生产单元都面向三端提供稿件。“在整合之前，我们就和很多地方的报业集团一样，村村点火，户户冒烟，一鼓励搞新媒体，就各搞各的新媒体，既杂乱，也弱小。当时我们形容自己的产品体系是‘2+3+X’，‘2’即日报、晚报两大报（那时北京青年报还没进来），‘3’即京报网、北京日报客户端和长安街知事3个主要新媒体。后来改为‘1+3+4+N’，形成以北京日报客户端为龙头（‘1’），办好《北京日报》《北京晚报》《北京青年报》3份综合性日报（‘3’），重点发展长安街知事、艺绽、都视频、北京青年报客户端4个新媒体平台（‘4’），聚合系列新媒体矩阵（‘N’）。所以我和大家说，我们搞媒体融合，所有人就要坐到一条板凳上来，否则还是各吃各的饭，各说各的话。只有在组织架构上彻底改革，才能真正融合在一起。”

但实际调整并不容易，遇到各种阻力。伍义林总编辑在访谈中也坦承，内部打通的过程是比较艰难的，实际上涉及生产方式的变革，尤其是人员安排、岗位设置等都会涉及员工的切身利益。伍义林于中国人民大学哲学系研究生毕业，在北京日报工作的同时，长期关注理论问题。我们到访时，他的新著《中国共产党理论传播论》刚出版不久。谈到合并后的生产状态，伍义林说，按理想状态，采访任务最好与传播流量相匹配。也就是说，不会像过去那样，每个报纸都派人去采写同一个题材，而是按需而定。例如国际赛事，一个人忙不过来，就派两个人，如果要配合视频什么的，就可能要派三个人，但他们都出自一个部门，来自一个后方。一般的新闻，过去三个机构的部门派人，现在一个机构派一个人就可以了。“今年的澳大利亚女足世界杯，我们就派两个人过去，可以满足各个端口的需要。当然，这也带来一个问题，原来给日报写稿的记者，如今同时给晚报写，或者给新媒体写，需要一个转换的过程。”此外，由于日报和晚报有时间差，发布端就要进行个别处理。如早上7点30分开的“晚报编前会”，就要根据当天的监测和前晚9点日报截稿后发来的稿件，决定当天晚报的内容。中午12点晚报压板下清样，下午2点就见报了。日报的编前会则是下午3点开。“而在两个编前会之外，我们有个稿控室，决定客户端、微信、微博等新媒体的内容发布。”

在回答我们关于内部打通后如何体现三端的个性时，赵靖云社长说，当初一大阻力就来自这里。员工们说：“你一口对三端，三端各自的个性怎么保

伍义林总编辑（左）在访谈中（柏朝阳　摄）

持？”“我们的做法是，先解决主要矛盾，即融合到一起，然后解决个性问题。而个性问题实际上是编辑问题，解题人是位于各端口的编辑。我们把所有内容放到一个稿库里，不同端口从稿库里提取内容，然后编辑根据自己媒体的特性进行必要的加工。”他还以电工学中的并联、串联关系说服大家。他说，三个端口并不是互相平行的三个端，它们不是并联关系，而是串联关系，是一个线性的东西。每一个端都在同一个发布链条上不断往前延伸。例如今天上午发生的事情，新媒体“两微一端”可能率先发布出去了，然后中午《北京晚报》也发布了，但这个事情还在继续发展，等到《北京日报》发布的时候，就不是同样的内容了，所以要根据媒体个性和事件发展，不断叠加新的信息。

流程打通后，作为发布端和主报的北京日报，就剩下3个编辑板块，分别是要闻、北京新闻、国际国内新闻，大约25人。此外，还有专刊、副刊，但这部分人员同时负责各自的公众号、视频号等新媒体，实际上是全媒体运作，就不能单纯视为印刷版报纸的编辑。

2019年建成的京报集团融媒体“中央厨房”物理平台（辜晓进摄）

三、制度创新为改革铺路

内部“真打通”后，下一个关键问题就是发布端的表达，即如何保证以优质内容向受众呈送，这就涉及对这些内容及员工表现的评价体系。赵靖云认为，要有一个好的、科学的评价体系以及相应的考评制度，才能维持生产端的积极性并保证发布端的高质量。为此，京报集团下了较大功夫制订出一套复杂而有创新意义的考评制度，在我们调研的各大报业集团中显得较为突出。虽经我们数次要求，对方以尚在探索阶段为由始终未将具体方案给我们看，但从赵靖云社长介绍的一些基本原则中可略窥这套制度之端倪，其亮点主要有以下三个方面：

第一，集团建立了一个查重制度，在对已发布稿件进行考评的时候，先查重。例如，一篇稿件放到稿库里后，最终在北京日报、北京晚报、北京日报客户端这三个端口都发出来了，就要检测它们的重复率，如果重复率是80%以上，就只能在一端取酬，另外两端不计酬。如果检测发现三个端口的稿件之间有很大差异，也就是说体现了生产端根据不同端口发布了个性化的内容，则三端薪酬可叠加。这样可以避免一篇同样的稿件重复计酬，也有助于鼓励个性化生产。

第二，在具体的考评薪酬体系中，集团设立了“传播力指数”和“成长性评价”两个维度，赵靖云称之为“经”与“纬”，经纬交织，对所有编辑记者进行考评。其中，传播力指数是考评和员工取酬的主要依据，由各种量化指标支撑，让采编人员人人关心数字端的表现。不同于纸媒时代，那时报纸发行出去，传播就已完成，可以进行评价了；现在是新媒体时代，稿件发布出去后，还有在新媒体端传播的过程，而新媒体经评论、转发会产生长尾效应，所以考评以一个月为时长作为数据采集的时间段。这一过程也挺复杂，靠人工是无法完成的，所以京报集团设计了一个数据软件，可自动生成关于每篇稿件、每个版面、每一条视频等的传播量数据，得出一个传播力指数。这些数据在不同的端口，又加上不同权重，以鼓励内容向更重要、更具影响力的端口聚集。如北京日报客户端作为京报集团最大的自主平台，就设立了较高的权重。这样一来，“爆款”或具有较大传播量的稿件自然就能获得较高的评价和更丰厚的薪酬。

至于成长性评价，则旨在防止急功近利和短期行为，鼓励创新发展和品牌营销，即对旗下所有新媒体进行定期考核，每年一次。考核的目的是看相关新媒体相比去年的成长和发展状况，下载量、阅读量、日活、月活、粉丝量、评论量、转发量、“爆款”量等数据是增还是减。每年在数据出来后，会列出一个排行榜，张榜公布。“这相当于在传播力指数基础上的一个加权式的考核，而且前者是日常考核，后者是年度考核。虽然也是一种奖惩措施，但目前以鼓励为主，这两年奖多罚少。”赵靖云说。但他也承认，这套考评制度尽管动了很多脑筋，体现了多种创新，但要达到人人满意的完美程度仍是不可能的。过去，纸媒稿件中的a稿、b稿、c稿一目了然，而新媒体不仅有很多端口和平台，且计算权重不同，考核周期较长。不少记者觉得这个过程不够透明，而且稿件的优劣及取酬常常与自我评价有较大出入。尤其是传播力指数出来有个过程，记者往往忙了一个月，还不知道自己完成任务的进度如何。所以在我们到访时，京报集团正在征求员工意见，由分管人事的北京日报社副总编辑、北京晚报社总编辑张冬萍负责组织修改。

第三，在组织架构上，据曹斌副总编介绍，北京日报社设立了五个正处级的新媒体部门，分别是客户端编辑部、长安街知事编辑部、微博微信编辑部、视频直播部、运营推广部。运营推广部后来被划归京报移动传媒公司。曹斌认为，这些部门的设立体现了组织重建方面的创新，制度化的运作有效推动了媒体融合的发展。

第二节　融合传播下的内容井喷

大力度的融合改革令新媒体数量大增，质量也有明显提升，内容供给更加充分。截至2023年底，北京日报社全媒体矩阵用户超过4亿，其中千万级用户平台13个，百万级用户平台56个。为支撑融合传播下的内容供给，培养既能撰写脚本又能出镜拍摄还能设计运营的全能人才，集团于2022年和2023年分两批成立了18个融媒体工作室，并积极开展对外合作。2022年10月，北京日报与著名新媒体“钛媒体”的母公司北京灵动新程信息科技有限公司达成战略合作协议，拟围绕财经资讯、移动端产品、音视频业务、大型活动等展开合作。2024年5月，京报集团旗下北京商报社宣布与钛媒体合作推出专业金融数据信息产品“科股宝VIP”，支持科技投资。

赵靖云社长感叹，现在每天各端口的内容生产量多达3000条，员工压力很大，“似乎新媒体越做人手越不够”。

一、数字发力之“超级客户端”

赵靖云在访谈中说，京报集团的融合改革方案推出不久，便迭逢大事。首先是2018年的中国改革开放40周年系列报道，然后是2019年10月的新中国成立70周年系列重大报道，接着是新冠疫情，以及疫情期间举办的北京冬奥会等。在这些内容传播中，由融合改革催生的新媒体发挥了关键性的重大作用。特别是疫情期间，纸媒发行受阻，而民众在家，急切需要知道很多权威信息以及释疑解惑的服务型信息，融合传播便显示出前所未有的威力。新媒体也在这个过程中得以蓬勃发展。

作为京报集团新媒体龙头的北京日报客户端2.0版，于2018年10月9日上线运行。所谓“2.0版”，应该是相对于之前已经停更的长安街知事客户端而言。虽然与全国其他省市级报业集团相比，北京日报客户端上线较晚，但急起直追，出台多个发展新举措。先是数月后推出“学习强国”北京学习平台，一年后又推出政务类聚合平台“北京号”，全面对接北京各区、各委办局及其他重要机构，实现客户端的PGC生产。截至我们到访之时，“北京号”已有370余家机构入驻，其中还包括甘肃日报、黑龙江日报、大众日报、昆明日报、郑州日报等外地党报的入驻，这也体现出京城媒体的优势。北京日报客户端又于2022年初的北京冬奥会期间获得冬奥会官方授权，推出“冬奥会刊”专属频道。近年来，根据国际国内重要信息传播的需要，客户端还加强了涉外传播，每天参加外交部的例行发布会并传播相应内容。副总编辑、北京日报客户端编辑部主任曹斌说，“（外事内容的）阅读量还真的挺不错的”，客户端打算将其发展为一个特色内容。

更重要的一个举措是，2023年10月16日，客户端变身为3.0版“超级客户端”，涵盖基础版、北京日报版、北京晚报版、学习版、用户个人定制版“我的客户端”五种模式，2024年5月又上线北京商报版。超级客户端的最大特点是以一端解决多端需求，避免多端并举四面开花，特别是还为受众设计了个性化定制端口。受众打开北京日报客户端，可在左上角的“模式切换”中从六个版本中选择自己想要的端口。点开这些端口，可以看到，各报自成体系，从主页到栏目设置，都仿佛是该报自己的客户端。如最新加入的“北京商报版”，其主页上方依次就有《热点关注》《产经》《商经》《深蓝智库》《评论》《金融观察》《创新北京》《蓝视频》等栏目。切换至“我的客户端”，在主页上可通过一系列的个人设置，实现个性化信息供给。例如，在《看报》栏目里，有《北京日报》《北京晚报》《北京青年报》《北京城市副中心报》《北京商报》五种传统版式报纸可选，阅读很方便（但本书付印前笔者再度打开北京日报客户端时发现，目前只能看到《北京日报》《北京晚报》和《北京商报》三种报纸）。这种超级客户端的设计独具特色，且有较强的实用性，是我们此次调研的各大报业集团客户端之仅见。赵靖云说：“客户端就一个，我们不做第二个。”我们到访时，该客户端已有2700万的下载量，年收入也有2000多万元。目前，客户端共有38名员工。在国家新闻出版署官网于2024年7月5日公布的“第四届中国报业深度融合发展创新案例名单”中，北京日报超级客户端入选17个“全媒体传播建设类”。

北京日报超级客户端各版主页，上排左起依次为基础版、北京日报版、北京晚报版，下排左起依次为北京商报版、学习版、用户个人定制版（2024年7月3日截图）

在各类内容发布中，北京日报超级客户端也表现强劲。客户端上线后仅2个月，就全程直播庆祝改革开放40周年大会，吸引数十万用户在线收听收看，会后又迅速制作电子海报、分享页等，扩大网络传播范围。该客户端还与北京日报和京报网等共同推出“40年前我的家”等3款H5游戏产品，浏览量超千万。在2019年新中国成立70周年之际，客户端一连推出《70秒看北京》《北京新地标》《魔法阅兵号外》等10余个融媒体产品，涌现多个亿级话题，移动传播矩阵总阅读量突破15亿次，取得“前所未有的传播业绩”。当年12月，该客户端出品的系列微纪录片《光影记忆》入选中国新媒体大会“十大创新案例”（地方媒体）。两年后，该系列又获得第31届中国新闻奖短视频专题报道类二等奖。在对2022年北京冬奥会的报道中，该客户端共刊发4500余篇报道，多端联动营造共享冬奥的浓厚氛围，日均全网阅读量超5000万次[①]。伍义林总编辑介绍，现在仅北京日报客户端，每天就要发1000篇左右的稿件，其中约300篇是记者们的原创，所以记者的工作量比过去大多了。其余约600篇稿件则由两部分组成，一部分是上面要求或政策需要转发以及同行媒体互相推送的稿件，另一部分是信息整合稿，即根据当前热点及本地相关性、读者关注性，对相关信息进行编辑整合后发布。

二、数字发力之“长安街知事”

除了北京日报客户端，京报集团还有一个王牌新媒体“长安街知事”。“知事”本是中国古代官职的一种称谓（如“知某州事”），今日本仍沿用。公众号

访谈后笔者与曹斌副总编辑（左）合影（柏朝阳　摄）

① 本段数据均据《时间印记　北京日报70年大事记》，京报网，2022年9月30日，https://news.bjd.com.cn/2022/09/30/10172928.shtml。

以此命名，泛指人事、时政要闻，名称前加上天安门所在的“长安街”，隐喻京城大事或由京城获悉的全国重要人事。赵靖云社长在访谈中提到古代的邸报，说：“邸报是干什么的，不就是传播人事信息吗？朝廷的人事，各地的人事，所以‘长安街知事’也是靠这个起家的。”

说起“长安街知事”的发展，还颇具戏剧性。曹斌副总编辑介绍，这个想法最初是时政部的一个记者提出来的（据查询，该记者即时任时政部主任的汤一原，已于2024年4月12日由北京市海淀区委常委、宣传部部长调任新京报社社长，接替原社长刘军胜）。微信平台创新推出公众号是2012年8月23日，而北京日报于2014年11月18日就上线了“长安街知事”公众号，且横空出世，不同凡响。“长安街知事”上线初期，就设立“知人事”“知政事”“知城事”“知军事”四个功能板块，并在简介中亮出“长安街畔，我们知事说事”的宗旨。实践证明，这种以“人事”为重点的新闻传播，击中了新闻信息传播的痛点，满足了人们对时政大事“知”的需求，所以自创办以来深受欢迎，屡出“爆款”。2016年2月，“长安街知事”还上线了客户端。有统计称，仅2017年，该公众号的“政事”栏目就发表原创文章600多篇，全网阅读总量超过10亿次，篇均阅读量超150万次，多篇“爆款”文章阅读量突破1000万次①。另有文章透露，截至我们到访之时，该公众号已累计诞生几千个“10万+”作品、上百个“100万+”作品，并在微博、微信等互联网分发平台积累用户超3500万②，成为全国顶级时政公众号。而且这只有六七人的一个正处级编辑部，每年给报社带来2000万元的收入。更难能可贵的是，这些收入的九成以上来源是硬广告。

但“长安街知事”也一度遭遇挫折，特别是2018年还连同客户端被停更2个月。赵靖云说：“这对我们是很大的触动，所以开始转型。”随后“长安街知事”改变“战法”，不再过度依赖人事题材，客户端也不再运行（也可视为北京日报客户端的前身），公众号将四个板块更改为“人事快讯”“知事学堂”“反腐动态”“知事说事”。公众号的简介也改为“提供靠谱的政事分析，解读注意

① 据百度“长安街知事”词条。

② 郭涛：《时政新闻靠什么生产“爆款”》，《新闻战线》2023年第9期，第57页。

“长安街知事”编辑部成员合影（《新闻战线》）

不到的新闻细节，脑补有趣有料的政治常识。一群接近核心的小编，给你提供走心的时政新闻”。从后来的发展情况看，“长安街知事”这次转型是成功的，不但在端口上发展到各类平台号以及抖音、快手、哔哩哔哩（B站）等，而且在内容生产上善于以速度赢空间，并常常从外界尚未关注的“冷”信息中挖掘出重要新闻，实现“爆款”传播。

如2020年7月22日9时50分，外交部官网发布消息：“外交部新闻司司长陆慷调任北美大洋洲司司长；新闻司副司长华春莹接棒陆慷，升任司长。两人均已获正式任命。”3分钟后，“长安街知事”公众号就发布一则长达2000字的报道《卸任外交部发言人后，陆慷新职务公开，华春莹接棒》，推送后10分钟之内阅读量就突破10万次[①]。2021年7月1日，就在庆祝中国共产党成立100周年大会举行后不久，“长安街知事”编辑部敏锐地发现一条消息——安徽省合肥市的延乔路，是为纪念革命烈士陈延年、陈乔年而命名，6月30日晚已有市民陆续来到该路献花纪念。当时正值电视剧《觉醒年代》热播后不久，民众对那段峥嵘岁月印象深刻。编辑部迅速反应，记者快速成稿，半小时内制作短视频发布，并加入“延乔路的尽头是繁花大道”这个话题。很快，“长安街知事”主持的话题“今

① 李遐、霍青青：《时政新闻栏目品牌打造路径探析——以第三十届中国新闻奖一等奖名专栏“长安街知事”为例》，《采写编》2021年第6期，第5页。

天的延乔路”登上微博热搜第一，阅读量达到4亿次。当天下午开始，有更多市民前往献花。2019年3月，在中共中央办公厅印发《关于解决形式主义突出问题为基层减负的通知》后不久，陕西省委办公厅发布10条减负措施。“长安街知事”从3000多字的公开文件中梳理出几个关键新闻点，发布报道《省内领导称呼今起禁用“尊敬的”》，文中提到陕西省委要求调研不挂横幅、不做展板，称呼不称“尊敬的”，讲话不称“重要的”，部署文件不超5000字等。这篇千字消息“引发读者热烈反响”[①]。

如今的“长安街知事”早已不仅是一个公众号，而是微博、抖音、今日头条、北京号、人民号、百家号等多平台的数字矩阵。笔者于2024年7月4日从微博查询，“长安街知事”官方微博截至当日已有1516.9万粉丝。2020年11月2日，“长安街知事”获得第30届中国新闻奖新闻名专栏类一等奖。目前，“长安街知事”正朝视频化、智库化、IP化和全球化方向发展，转型为“跨地域的实证新闻观察+深度实证分析评论”的新模式。

三、线上线下做“艺绽”

除了“长安街知事”，京报集团近年来也开发出较多新品牌。如2019年1月1日，集团以全程直播天安门广场升旗仪式完成首个视频品牌“都视频”首秀。同年，视频直播品牌“京直播”作为客户端的一个频道问世。同年8月29日，北京日报联手天猫精灵打造的“音频早餐”正式上线，一年之内，用户量就突破1000万，并在参与排名的40周全国媒体数据周榜单上，17次问鼎“每周最吸引人新闻节目”[②]。

而目前正在打造的一个品牌叫“艺绽”。据曹斌副总编辑介绍，“艺绽”作为公众号，早在2014年11月24日就上线了，后来做过平台号，做过微信小程序，

① 郭涛：《时政新闻靠什么生产“爆款”》，《新闻战线》2023年第9期，第59—60页。

② 据新浪微博“长安街知事”2020年8月29日10：56。

然后在客户端上有个频道。这是一个可以一站式了解北京文化音乐艺术当前供给的新媒体，旨在契合“全国文化中心”的城市定位，服务于文化名城的文化建设，由于平台号的运行不太理想，便主要在微信公众号和客户端上发力。作为北京日报客户端的一个板块，“艺绽”设有《文艺日历》《文艺地图》《文艺门类》等专栏。《文艺日历》显示北京各大演出和艺术场馆的场次和时间信息；《文艺地图》是所有演出场所和展览场所的定位；《文艺门类》区分音乐会、电影、话剧、美术、舞蹈、演唱会等。2022年，还上线融媒产品《艺绽周刊》，高密度提供北京一周文化生活资讯，加大优质艺评的稳定供给。

除了线上产品，线下的“艺绽文创空间”也已建成，位于北京市东城区百子湾公园内。这是在北京日报建于20世纪70年代的一个纸库的基础上改造而成的，占地面积6000余平方米，政策背景是2019年北京市政府发布的《关于保护利用老旧厂房拓展文化空间的指导意见》，服务于首都“四个中心”的定位。这里拟打造集文化传播、科技体验、创意时尚于一体的一站式“城市复合空间”，做“文化的百老汇”。北京日报的“艺绽 · Artpost”的新媒体品牌也作为一个线下场所在此挂牌。

但作为数字产品的“艺绽”究竟怎么发展，赵靖云社长似乎还有点犹豫。他的决心是明确的，要把它“好好做一做”。但是，他首先放弃做成一个客户端的

左图为赵靖云社长向访谈团队展示客户端上的“艺绽”版块（柏朝阳　摄），右图为2023年10月9日《艺绽周刊》（网络截图）

想法，似乎还是想像“长安街知事”那样在“两微”等社交媒体上发力。在本文成稿时，在北京日报客户端上已找不到“艺绽”的端口。笔者记得，当时曾和赵靖云探讨了在北京这样文化体量的大都市，建设一个一站式服务类文化客户端的市场可能性。

四、评论引领的党报内容传播

对伍义林总编辑的访谈，侧重于内容生产，特别是《北京日报》的内容生产；而党报的内容生产，又以评论作为舆论引导的主要抓手。多年前，伍义林在一次会议上公开提出，要解决党报在媒体融合中“说得不够”的问题。调研中，我们再次提出相关疑问。他回答，进入数字时代后，一些党报在舆论引导方面确实存在“说不出来”“说得不够”“传不到位”等问题。“以我们北京日报为例，早期的评论主要围绕市委、市政府的工作部署，把市委的精神和市领导的讲话吃透，就能胜任工作，所以评论量不大，队伍也不强。有一段时间评论员队伍萎缩甚至没有了。2014年之后，我们慢慢去扩大，现在北京日报的评论队伍有9人，而且是报社最年轻的团队，平均年龄去年29岁，今年30岁。而且在选题方面，社长、总编辑都亲自参与甚至亲自撰写，并通过各门户网站、社交媒体和报社各数字端口加大传播力度，解决了‘说不出去’的问题。”然后集团又大大扩充了北京日报及其新媒体的评论工具箱，在传统的社论、评论员文章、述评、短评等之外，增加时评及“京评”等集体署名评论，再加上北京日报客户端的《锐评》《长安观察》《理论周刊》等栏目，形成规格参差、文体有别、方式各异的综合时政评论体系，实现重点、热点、要点、焦点的全覆盖，解决了“说得不够”的问题。此外，还通过强化传播矩阵、增强融合效应解决“传不到位”的问题，提升了京报评论在众声喧哗中的显示度。

他举例，京报集团实施大力度融合改革后的第二年，即2019年，恰逢香港“修例风波”引发暴乱，《北京日报》作为首都党报及时发声，“爆款”频频。

如《大批“港独”暴徒藏匿台湾欲逃美国，特朗普却拒绝这道“美丽风景线”》阅读量突破1600万次，《香港事态正在从反面教育中国人民》阅读量近400万次。2019年3月5日，就在习近平总书记看望参加全国政协会议的文化艺术界、社会科学界委员并参加联组会次日，北京日报客户端《长安观察》栏目发表《红色共和国不能被轻歌曼舞所误》的评论，阅读量也突破200万次。还有2021年4月23日的北京日报评论《公共政策不能总是“慢半拍”》，针对“带两个孩子乘公交，只能一人免票”的网络吐槽，直指有关部门在二孩政策已落地数年时仍沿用“一孩”时期政策而不思改进，建议公共政策的制订要与时俱进，“体现城市治理的温度”。该评论因切中时弊，也广受欢迎。2023年3月21日，就在年轻群体流行烧香拜佛、各大寺庙景区“90后”“00后”门票预订者占比近50%，而媒体对此“突然佛系”的现象纷纷予以批评的时候，北京日报客户端发表评论《忧心年轻人上香，不如关心他们在求什么》。文章对此现象并不简单批评，认为进庙上香“有时不过是一种心灵减压”，“大可不必上纲上线”，并提出“与其忧心年轻人上香，不如关心他们在‘求’什么”的观点，将话题转向对年轻人生活现状和日常诉求的关注。末段一句话“早起上完香不耽误坐地铁搬砖，谁还不是一边祈福一边奋斗？”更赢得很多读者的共鸣。文章在北京日报客户端首发后，随即在北京日报微信、微博及“长安街知事”“长安观察”等各端口全矩阵推出，各端传播量均有“10万+”甚至“100万+”，微博话题阅读量超1.5亿次；文章还通过《新闻我来说》栏目进行视频化呈现，阅读量突破1500万次[①]。

此外，北京日报还将评论视频化，打造“理论季评”系列短视频等产品，让理论和观点“被看见”“被听见”。2019年推出的“理论季评”，每季10集。每季的主题虽然宏大，但其中每集都找准与重大主题的契合点，坚持“小题大做”，或讲述一个重要事件，或介绍一位重要人物，或回顾某个感人故事，时

① 朱建华：《中国新闻奖参评评论：忧心年轻人上香，不如关心他们在求什么》，长江朱建华微信公众号，2024年7月30日，https://mp.weixin.qq.com/s?__biz=MzA3OTUyMzAwNQ==&mid=2652534060&idx=1&sn=54dad3e0927fb3f79f73ce19171e1f51&chksm=845ce8feb32b61e8cb83737778c99bc4d12a5a99cc04d29477ee273534b33d180f480e497bbb&mpshare=1&scene=1&srcid=0731SyENFN2qf5rSxQbvHHPB&sharer_shareinfo=f517656aacda78e0f83a0523b7eae2ed&sharer_shareinfo_first=f517656aacda78e0f83a0523b7eae2ed#rd。

长约5分钟。如第一季《解码新中国》，就聚焦新中国成立70周年，从国号、国旗、国徽、国歌等10个小题目入手。截至2024年初，已推出《解码新中国》《解码百年大党》《解码全面小康》《解码党代会》《历史的回响》五季系列。其中，《解码新中国》在北京日报的客户端、微信公众号、快手等平台累计播放量超千万次；《解码党代会》在党的二十大召开前夕播出，播放量很快突破1500万次，受到中国记协和中央网信办的关注和肯定①。

评论上的“小切口”视角近年来也常体现在北京日报及其新媒体的日常报道中，记者、小编们更加注意放下身段，贴近基层，关注民生。如在2023年北京市两会期间，该报于2月3日用大半个版的篇幅报道门牌混乱给外卖员带来的困扰，题为《有的标识缺失模糊，有的同一地多个名，有的不同地一个名：楼门号牌混乱绕晕配送小哥》，就很接地气。文章列举大量实例，甚至配上导航图例证实两个“樱花园”相距24公里的窘境，还附上“记者手记”，呼吁“别让小问题拖成大麻烦”。同日该报的其他报道，如《地铁站不少口罩机暂停使用成了摆设》《本市今年将建22处休闲公园和城市森林》《中关村延庆园73家无人机企业全部复工复产》《120个功能性湿地将全面监测》《电商卖家、实体商户假期照常运转／春节不打烊刺激消费潜力释放》等，也都契合民众之关切，收到较好的传播效果。2023年3月8日，北京日报及其客户端发布的《外卖小哥一通电话　154个单元楼装新号牌》，也因受众反响热烈而成为“爆款”，当日登上热搜榜第4位，话题阅读量高达1.5亿次，单条微博阅读量达600万次，获2.6万次点赞②。

特别要提到的是，北京日报卓有成效地加大了在新媒体端的视觉传播，甚至向海外传播，丰富了报道手法，扩大了受众队伍，拓展了传播领域。例如，从2022年中秋节开始，该报依托北京的故宫、中国历史博物馆等国宝基地，访谈顶级文物专家，讲述文物背后的故事，在包括海外社交媒体在内的各新媒体端口推出双语短视频节目《细说中国宝贝》和《国宝传奇》。仅2023年5月19日至6

① 李庆英：《让党的创新理论“飞入”网络空间——北京日报打造“理论季评”系列短视频的分析与思考》，《新闻战线》2024年3月（上），第70页。

② 孙宏阳：《1.5亿阅读量！这个爆款是怎么来的》，北京日报客户端，2023年3月10日，https://baijiahao.baidu.com/s?id=1759941318737667335&wfr=spider&for=pc。

政府与市民

有的标识缺失模糊，有的同一地多个名，有的不同地一个名

楼门号牌混乱绕晕配送小哥

地铁站不少口罩机暂停使用成了摆设

2023年2月3日，载有《楼门号牌混乱绕晕配送小哥》报道的《北京日报》“政府与市民”版

月底，每期视频的全网播放量就都超过5万次，其中《国宝传奇》的“神秘国宝在哪里”话题阅读量超过600万次[①]。同样以“小视角”切入，该报《胡同里的北京》《光影记忆》《搭地铁逛北京》《时间印记》等栏目视频产品也同样带着烟火气，飞入寻常百姓家。其中，作为北京日报首批融媒体工作室之一的《胡同里的北京》栏目，自2021年5月成立后第一年就推出140余期短视频，开展5场直播，全网累计阅读量超过1亿次，还发展出《胡同冷知识》《胡同开门》《胡同青年》三个子栏目，实现一周多更。2023年9月13日，《胡同里的北京》还以胡同众多、历史资源丰富的朝阳门街道为“据点”，挂牌“线下空间”，进一步讲好北京故事[②]。

① 刘冕：《北京故事破圈传播的融合实践》，《中国记者》2023年第11期，第94页。

②《“胡同里的北京”线下空间挂牌，将携手朝阳门街道讲好北京故事》，北京日报客户端，2023年9月13日，https://xinwen.bjd.com.cn/content/s6501943ae4b0c0caa0bf52df.html。

第三节　北京晚报：民生导向的融合创新

《北京晚报》一直是京城媒体的响亮品牌，也是全国晚报中的佼佼者，其报头也是毛泽东主席亲笔题写的。据悉，在中国记协收集到的38种毛主席亲笔题写的报头中，《北京晚报》是唯一晚报①。自1958年创刊以来，该报就承载着京城很多文化记忆，尽管1966年起被迫停刊，直至1980年才复刊。这次长达13年多的停刊，则与该报一个名专栏有关。1961年3月19日，该报在其著名副刊《五色土》上推出杂文专栏《燕山夜话》，其中文章谈天说地，旁征博引，针砭时弊，深受读者欢迎。专栏作者正是曾任人民日报社社长、时任北京市委书记处书记的无产阶级老报人邓拓同志，但用了其战争时期的笔名“马南邨”。随后他又应北京市委机关刊物《前线》邀约，与时任北京市副市长的历史学家吴晗和曾任重庆新华日报编辑部主任、时任北京市委统战部部长的廖沫沙合作，在该刊推出篇幅稍长的《三家村札记》杂文专栏。在随后的极左思潮和一系列政治运动中，《燕山夜话》和《三家村札记》遭到批判，三位作者也被打成“三家村反党集团”而受到残酷迫害，导致邓拓、吴晗含冤而死，廖沫沙被长期监禁。在邓拓于1966年5月17日深夜服毒自杀后两个多月，《北京晚报》宣布休刊。复刊后的《北京晚报》，因其浓厚的“京味”和“关注百姓的关注”而大受欢迎，三年后的日均发行量就超过100万份，最高时达到150万份，一度成为北京地区发行量最大的报纸，且于2002年以7.56亿元广告创下实收额居全国报业第二名的经营业绩②。

2023年5月29日，北京日报社副总编辑、北京晚报社总编辑张冬萍女士在一个小会议室里接受了我们的访谈。张冬萍是从北京日报记者开始职业生涯的资深报人，曾担任北京晨报副总编辑和集团人事处处长，因此也成为此次京报集团考核改革的具体操盘手。

---

①《〈北京晚报〉：四九城“回忆的仓库”陪伴北京人已走过整整60年》，北晚在线百家号，2018年3月19日，https://baijiahao.baidu.com/s?id=1595353218050943182&wfr=spider&for=pc。

②据百度“北京晚报”词条，https://baike.baidu.com/item/%E5%8C%97%E4%BA%AC%E6%99%9A%E6%8A%A5/5133104?fr=ge_ala。

张冬萍总编辑（左）在访谈中（柏朝阳　摄）

一、“一老”带两头，稳住老读者

回望大众传媒发展史，报纸的历史最为悠久，其受众群体也最为稳定。直至今日的数字时代，日本的《读卖新闻》不仅印刷版发行量仍居全球首位，而且其长期订户所占比重也一直保持全球日报第一，该报对这部分读者的服务仍小心翼翼，不遗余力。美国《纽约时报》作为数字化转型的楷模，虽然其印刷版发行量已从黄金时期的100多万份跌至最近的30多万份，但对印刷版从内容到版面质量仍精益求精，未敢丝毫懈怠。从与张冬萍总编辑的访谈中可以感受到的是，对于仍拥有较大数量纸媒读者的《北京晚报》而言，他们有同样的责任担当。她说：“我们的读者群确实老了，但报纸只要有人看，我们就要服务好。”

“我们的内容定位是围绕‘一老一小’做文章。”张冬萍说，“‘小’的方面，就是举办各种文体活动，例如我们的‘百队杯’青少年足球赛到今年已经连续举办了40届。此外也报道了青少年感兴趣的各种话题。‘老’的方面内容就更加丰富多样了，围绕老年读者关心的一切议题做文章。”北京晚报响应邓小平同志“足球从娃娃抓起”的号召，于1984年暑期创办北京晚报百队杯足球赛，一坚持就是40年，并培养出包括邵佳一、杨璞等在内的一批足球名将。其中，曾任北京国安和国家队主力并效力多个欧洲足球俱乐部的邵佳一已连续8年担任“百队杯”形象大使。2023年，第40届“百队杯”赛事规模再创新高，1300多支队伍、1万余人参赛①。2016年起，“百队杯”延伸到少年篮球赛。而在北京日报超级客户端的北京晚报端口，这些内容也被“一老一小”专栏包容。

张冬萍介绍，虽然《北京晚报》的“老”“小”专题隔周做，即一周做“老”专题，一周做“小”专题，但他们的定位实际上偏向“一老”，因为从读者成分看，老年群体占很大比重；从社会话题看，中国社会已进入老龄社会，有关老年政策、老年生活、老年娱乐、老年养生的话题关注面很广；从兴趣范畴看，作为孙辈的青少年的培养和发展也是老年人所关心的，服务好“小”的，也是对“老”的服务；从消费层次看，城市退休老人大多经济自给有余，有一定知识文化，且有闲暇时间，喜欢旅游消费，是活跃的社会群体。《北京晚报》的内容设置，如《五色土》这样偏文史类的知名副刊，以及《墨缘》等传统艺术专版，也一直为老年读者所喜爱。而且老年人读报都很认真，报纸一旦出现差错，总会有读者打来电话，甚至有些老专栏一旦取消就会遭到投诉。她举例，《北京晚报》有一个老栏目是电视节目表，存在了几十年，这在其他报纸上早就取消了。2022年12月，该报在当时的特殊环境②下曾尝试将其取消。谁知才停了半个月，就有多位读者打来电话，说专栏再不恢复，明年就不订报了。此时已是订报季的尾声，该报赶紧恢复了电视节目表专栏。所以直到今天，该报每天仍在第23版（周末是第15版）刊登近半个版的《今日／明日电视节目预告》，这也符合“使用与满足”的大众传播理论。

于是，做好“老”文章，已成为《北京晚报》的一个长期报道重点。我们前往该报调研之前，该报刚完成对北京公共厕所缺扶手现象的调查，并于2023年4月21日在“周末调查”版发表整版深度报道《蹲下起不来，老人在外上厕所有困难：厕所里多装点儿扶手吧！》，从“数量少”“安装乱”“怎么装”“谁来

①《风雨兼程　不忘初心　回顾百队杯40年点滴》，《北京晚报》2023年8月11日，第17版。
② 指当年11月30日，江泽民同志因病去世，12月6日举行追悼大会当日，全国停止娱乐活动。

装”四个维度揭示“乱象”并提供决策建议，引起广泛关注。当然，这些文章并不限于纸媒，而是全部实现全媒体传播。例如，随后于当年6月5日开启的历时四个半月的“京城养老大调研”，该报记者到访80余个社区，涉及北京市全部16个行政区，走访里程800多公里，面对面访问居民和养老从业者400余名，形成的系列报道以图文、视频、H5等形式在微博、微信、客户端等渠道传播。截至当年10月23日，“京城养老大调研”微博话题热度超2250万，快手话题热度155万，抖音视频热度约100.1万。如该报在2023年8月25日刊登跨版深度报道的同时，在微博进行“拆条处理”，在4个拆条内容下都设置了问题和相对应的投票选项，实现与目标读者的互动。例如，在“您买过最实用的养老辅具是？”的问题下，三分之二的网友选择了移动马桶和马桶扶手①。

张冬萍透露，在充分的养老报道和相关调研基础上，该报计划建设一个养老智库，以扩大社会效益，争取经济效益，而且这些报道也为报纸带来了真正意义上的商业硬广。“只不过广告的‘品相’就不太好看了。你看，除了旅游保健养生的广告，占更大比重的是‘遗嘱服务’‘房产继承’‘墓地买卖’‘回收老物件’等广告，这些广告量还挺大的。”她说。笔者行文到此随机查看2024年7月15日的《北京晚报》，果然发现有一个整版和半个版的广告内容属于此类。但这都是对目标读者的精准投放，读者有需求，报纸有收入，“品相”只能兼顾，何况商业广告对报纸来说已十分难得。

二、紧盯“身边变化”，贴近百姓民生

打开《北京晚报》及其新媒体，不难感受到浓郁的烟火气和京味文化。浏览这些内容会发现，盯住读者身边的变化做文章，是贴近读者、引发共鸣的最好方式。张冬萍总编辑也表示，“身边变化”是北京晚报策划选题与体现个性的一个重要抓手。

---

① 赵喜斌：《北京晚报“京城养老大调研”的全媒体报道方式探索》，《新闻文化建设》2024年第2期，第89页。

我们到访时，北京已决定从2023年6月1日起，部分公交专用车道在公休日和法定节假日将允许社会车辆使用。这在其他很多城市是早已实现的事，但由于北京车辆拥堵严重，为保障公共服务，公交车道一直未向社会车辆开放。张冬萍说这就是重要变化，他们已经部署，拟以文字、图片、视频全面报道这一变化。我们后来看到，该报不仅5月31日发布《全市858处公交车道标识和地面文字已完成施工／明起公交车道按照新规通行》的预告消息，还在接下来的第一个双休日组织记者前往现场观察体验，发布《记者体验公交专用道公休日开放首日效果：部分路段行驶速度明显加快》等图文并茂的现场报道。首篇报道是6月4日（星期六）见报的，记者上午体验，下午见报，体现了晚报的优势——在当日首都所有印刷版报纸中，《北京晚报》抢了个独家。而早在2017年11月13日，该报头版转内页的报道《天上有网　地上有格　街巷有长　吹哨有响：三里屯“脏街”脱胎换骨》，就曾给人留下深刻印象。

她又举了我们到访时刚出台的“种植牙”价格变化和满城“月季花”的例子。其实，北京晚报对“种牙贵”这个中老年群体的“揪心”话题一直比较关注，早在2022年9月14日就发表《挤掉水分，为天价种植牙止“疼”》，揭示“种一口牙等于买一辆宝马”、患者“望牙兴叹”现象的背后原因，透露国家医保局决心治理种牙乱象的信息。等到2023年4月20日国家开始实施“三位一体”综合治理、北京种牙价格水平较调整前平均下降72%时，北京晚报及京报集团其他媒体可谓火力全开，从政策实施前的《4月20日起实施！北京种植牙价格将大幅降低》，到政策实施后的《告别万元时代！种植牙不再望“价”兴叹》《种植牙大降价，民营诊所打起“价格战”，这些暗藏套路要小心！》等不一而足，形成舆论热点。至于月季花，是老百姓看在眼里的年年变化的景色。多年来，北京在二环、三环、四环等主要干道上不断扩大种植月季花，品种也纷繁多样，姹紫嫣红，并从2008年起每年举办“北京月季文化节”。我们到访期间，2023“北京月季文化节”正在进行，长安街上的月季花鲜艳欲滴。张冬萍说，北京晚报跟踪这些变化，每年都会组织大篇幅的报道，如2019年的《全新月季“北京粉”惊艳亮相世园会》，2020年的《250公里“月季项链”环绕京城》，2021年的《北京月季文化节本月中旬开幕，11大展区3000余亩月季陆续绽放》，2022年的《打造花园式社区，居民合力种下近3000株月季！》，2023年的《京城一路繁花，串起月季项链》，2024年的《北京大兴3000多种月季氛围感拉满，赏花正当时，品种超3000》《美图来了！北京环路繁花似锦，开启月季模式》。这些报道不仅图文并茂、视频在线，且都被各大门户网站等新媒体纷纷转载。

三、《图解新闻》从纸端到指端

北京晚报有一个名专栏是《图解新闻》，开设于2019年8月，是新闻可视化在纸媒上的一个尝试，由新成立的创意设计部负责。这一尝试可以追溯到2014年4月14日该报在头版导读栏所做的“概括图”，专栏初创阶段，由创意设计部编

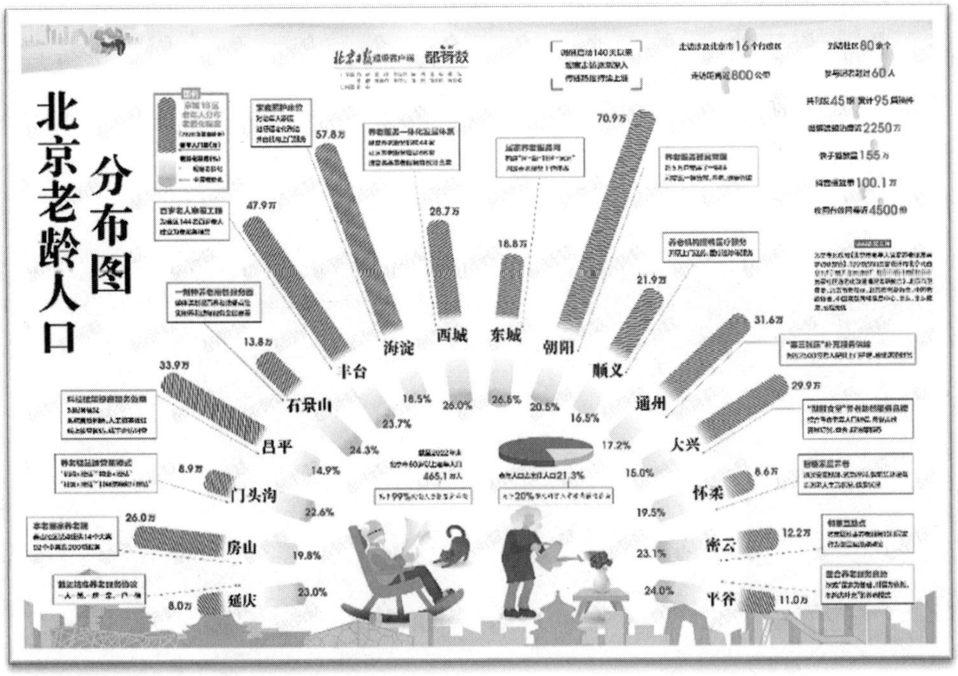

2023年10月23日《北京晚报》跨版《图解新闻》

辑从当日见报的新闻中选择适合的题材，然后协同美术编辑一起制作图解内容，呈现形式多为半版左右的插图或整版的导读封面，发布频率不确定。经过一个多月的探索，专栏固定为一周三次，版面也扩大至每次一版以上，沿用至今。

随后，该报将这个专栏同名延伸到北京日报客户端及北京晚报端口，并做了适合手机纵向显示的调整，常常以海报方式呈现。2020年8月起，该报正式开始“双线作战”，即在完成报纸每周三版之外，专门为新媒体端制作时效性更强、选题更有网感的短平快“图解新闻”，保持每周向新媒体端提供1—2帧专属长图。这些产品受到读者欢迎和好评。在新冠疫情期间，自《北京106例病例传染路径出现》开启图解疫情起，各种“图解”广泛传播，阅读量10万次以上的作品频出。“图解”的题材和表现形式也愈发多样，从时政到民生，从文化到科普，从旅游到医疗，从专栏到海报，从静态到动态。例如，《应对最强降雨，这份手册请收好！》经新华社客户端转载后，阅读量超120万次；新闻追踪作品《大跨度建筑的屋顶为何如此脆弱》经北京日报官方微博发布，话题阅读量超800万次；《北京2022冬奥会项目图解》《养老在北京——京城养老大调研报告》等更获得读者纷纷表扬并被广泛收藏。

《图解新闻》在业内也获得高度认可，获得中国晚报协会2020年度赵超构新闻奖优秀专栏二等奖。

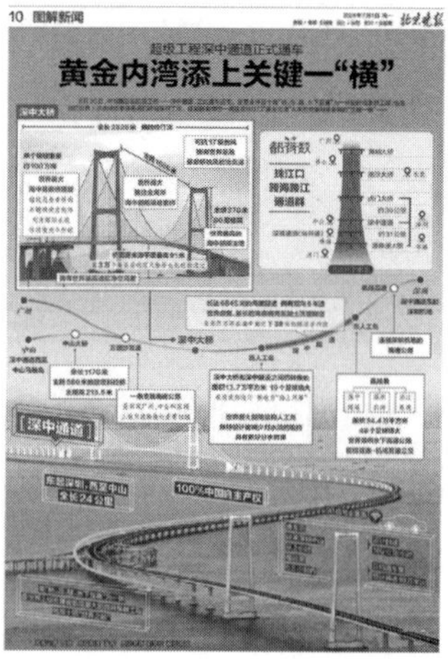

2024年7月1日《北京晚报》的《图解新闻》（《北京晚报》截图）

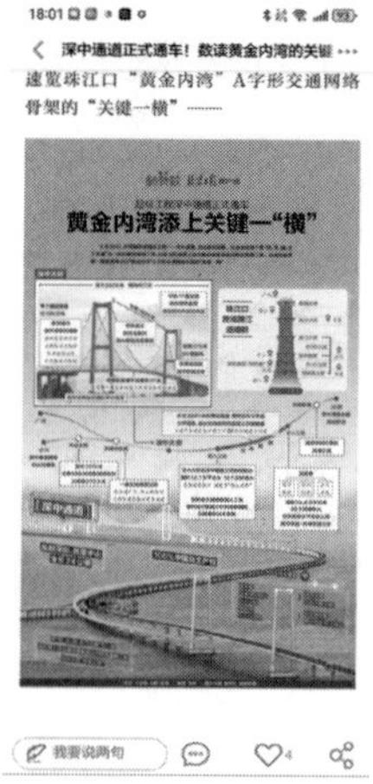

2024年7月1日北京日报客户端的《图解新闻》（北京日报客户端截图）

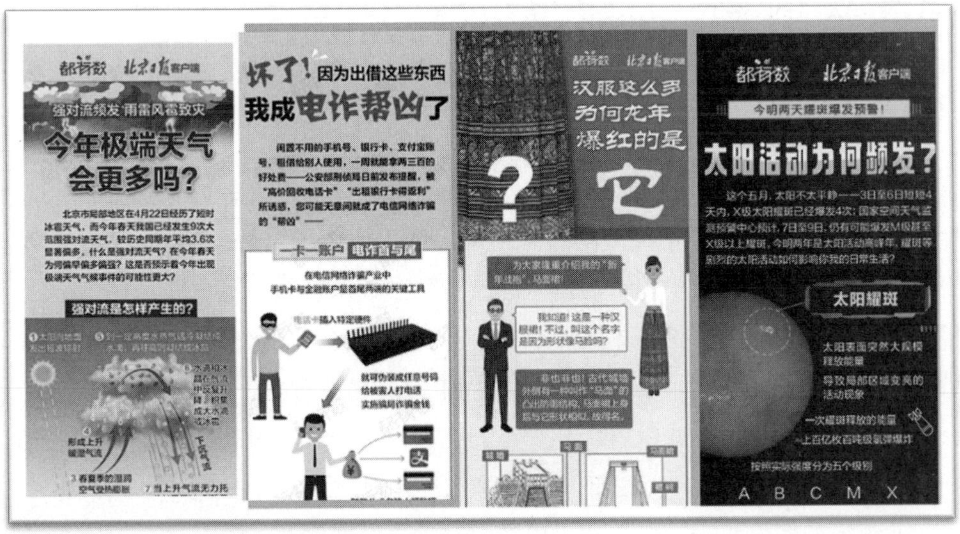

各类手机移动端的《图解新闻》（北京晚报提供）

第四节　“二次创业”中的北京青年报

北京青年报（简称“北青报”）历史悠久而发展曲折，曾有过较长的辉煌时期，一度引领中国市场化报纸的改革走向。该报最早于1949年3月21日作为《北平解放报》的一个专版出现，后以《北京青年》周报形式单独出版，1950年该周报因抽调干部筹建《中国青年报》而停刊。1955年7月1日《北京青年报》以4开4版形式复刊，1957年因抽调人力物力创办《北京晚报》而第二次停刊。1958年《北京青年报》再次复刊，并由周二刊扩至周三刊，1960年因国家经济困难第三次停刊。改革开放后的1981年7月3日，该报第三次复刊，从此进入快速发展阶段。

北青报的辉煌始于20世纪90年代初，当时该报推出《青年周末》和《新闻周刊》两个以深度报道为主的拳头产品，提出“有新闻的地方就有我们”的口号，坚持内容为王，积极介入全国热点，勇于开展舆论监督，并开创以“浓眉大眼”（大标题、大照片）为代表的版式风格，为各地市场化报纸所纷纷借鉴。随后又陆续推出《广厦时代》《汽车时代》《电脑时代》等产经周刊，大力拓展广告空间，广告收入最高时达9.2亿元，2004年的总营业收入突破11亿元，旗下“北青传媒”也于当年在香港H股挂牌上市，成为内地主流媒体境外上市第一股。北青报还曾拥有《法制晚报》《北青社区报》《北京科技报》等多种报刊。用时任北京日报社副总编辑、北青报社总编辑田科武的话说，他2005年刚加盟北青报的时候，编辑部门最头痛的事之一就是广告占版面太多，常常是努力确保16.5个的“净版量”（即非广告版面数量——笔者注），结果即便总版面多，广告版占比仍超过70%，以至有人说《北青报》成了广告报，他用了很长时间来处理这个矛盾。

然而，其颓也速。“报业寒冬”到来后，北青报于高处断崖下滑，背上沉重债务，陷入困境，并于2021年6月被划转至京报集团。田科武说：“我们正走在二次创业的路上。”截至2024年7月底，北青报已形成“三报、一端、一网、多微”的全媒体矩阵，拥有4个千万级、28个百万级平台或粉丝账号，全网用户量

田科武总编辑（右）在访谈中（柏朝阳　摄）

1.7亿，传播力和影响力不断提升[①]。

本文成稿之际，获悉田科武已于2024年7月底卸任北青报总编辑，仍担任北京日报社副总编辑，接替者是北京日报社副总编辑毛晓刚。毛晓刚曾任北京日报评论部主任和共青团北京市委副书记。

一、在困境中努力重新崛起

田科武坦率直言，与我们访谈了整整2小时。他是2005年由共青团北京市委调任北青报的，亲历了北青报的快速崛起与困难时期。谈及北青报何以突然由盛转衰时，他总结主要有三大原因：第一是上市后的经营模式问题。上市后，北青报将全部广告业务授权上市公司北青传媒经营，实行与采编业务的完全分离。上市公司将广告收入的16.5%返还给报社，同时承担印刷等费用。当时广告形势很好，一年9.2亿元，而且预测会很快突破10亿元，这样报社可以稳定获得1.65亿元的广告返还，外加作为大股东的年度分红，每年还有几千万元，但前提是广告额不能下

① 据北青报提供的最新数据。

滑。结果是，上市第二年广告额就大幅下滑，跌去近一半，这时按16.5%返还再加分红就已经难以支撑报社运营了，何况后来广告断崖式下跌。所以，2005年北青报就开始贷款了。到2018年，债务越滚越大，运营出现很大危机。第二是上市后募集到的资金未能用好。当时的投资仍局限于传统媒体，如投资创办《第一财经日报》，还投资与河北青年报、重庆青年报等合作，并创办了自己的青年周末以及时尚杂志《CeCi姐妹》（与韩国媒体联合创办）等一批报刊。这些投资的项目，在新媒体时代都是亏钱的，上市公司的资本运作未能发挥应有作用。第三是管理跟不上，缺乏刚性约束和激励机制，下面企业盲目发展。到2018年清理的时候，北青报旗下多达150家公司，主要领导都说不清楚究竟有多少家公司，而且到处都是“出血点”，都在消耗资源。“我们也做过一些成功项目，如中国网球公开赛，但这是极少数。”

田科武是2018年担任北青报总编辑的，但他接手时，报社根本没钱了，还背负巨大的债务。后来北京市委派出工作专班，协调解决北青报的问题，希望挽救这个曾经在全国有很大影响的媒体。2020年6月，根据上面的决定，北青报进行“事企分离”改革：将北青报分成事业和企业两个部分，媒体这块属于事业，其余都属于企业。企业部分除了北青网，全部托管给北京大型国有企业首创集团，包括北青报的资产和债务，当然也包括北青报的大楼——北青大厦。该大楼是北青报最红火的时候购置的，地上地下共25层，建筑面积2万平方米，于2001年启用。2020年6月团市委、首创集团、北青报签了个三方协议，从此北青报债务清零，但也失去了大楼等资产。报纸广告也归首创集团负责，按16.5%返还报社，但现在这个广告比例几乎可忽略不计了。田科武希望能将广告经营权拿回来。

尽管困难重重，北青报正以数字化转型为抓手，努力增加营业收入。营业收入来源主要有三方面：一是报纸发行收入，但只有一两千万元；二是版权收入，以自己的优质内容获得平台媒体的分发收益；三是数字端的流量和广告收入，这是大头，且增长潜力较大。只可惜北青网和北青报App在地产、汽车、金融行业的经营仍由首创集团负责，“数字端”指在这两者之外的新媒体。在新媒体上可以做内容合作，即田科武所说的整合营销。他举例，有一家金融保险公司愿意出资，要求报社做个董事长访谈，以推广一款保险产品。但报社觉得这样做广告色彩太浓，访谈做出来可能没人看，效果不会好。报社从该企业中挖掘出具有新闻价值的内容，做了一篇数千字的深度文章，题为《494名北京百岁老人的选择》，效果很好，公众号文末显示阅读量2.4万次，企业非常满意。

田科武表示，借助报业转型，北青报将努力探索新的营业收入方式，开拓新的发展空间，力争收回失地，重新崛起。2022年北青报连同北青网共约500人，营业收入约1.4亿元。

二、坚持深度报道，维护品牌价值

北青报在其黄金时期，重视深度和独家，提出“向上生长、向下扎根”的口号。“向上生长”指内容项，即做高品质、有深度的内容；“向下扎根”指表达项，即以接地气的方式，用创新的表达方式实现新闻内容的分发，包括做社区新闻。田科武认为，在新媒体时代，报纸要想立足并产生影响力，仍应坚持这些追求，否则报纸就没有存在的价值。他回忆2008年北京奥运会举办前，北青报的摄影记者曾在巴黎独家拍摄到残疾运动员金晶不畏“藏独”分子挑衅勇护火炬的事件，随即又发布后续追访《她的镜头定格她的勇敢》，在国内外产生巨大反响。他说，当时北青报并未申请到在巴黎火炬接力的采访证因而进不了第一站，记者只能在第二站守候，结果就抓到了大新闻。田科武认为，今天的记者仍需要这种坚韧不拔的职业精神（他透露，当初的摄影记者贾婷已于2015年回到母校北京电影学院，现担任摄影学院党支部书记）。

目前北青报尽管处于困境，但仍保留了近20人的深度新闻部，专门从事深度新闻报道，全年能生产200—300篇深度新闻，其中不乏舆论监督报道，而且主要在新媒体端发布，首发平台是该报的“北青深一度”公众号。查看近期该公众号的内容，发现不少阅读量10万次以上的报道，如《陕西高速桥垮塌获救者：和工友返乡途中，只有他打开了车窗》《25岁规培女医生之死》《南昌强对流天气致三人家中坠亡，家属：房子加价买入，仅入住两年》《19岁女孩最后的人生：相亲、订婚、投河自杀》《廊坊灭门案再开庭：“最初嫌疑人”出庭做证，称曾遭逼供》等。还有一些阅读量虽不足10万次但也产生较大影响的报道，如《“98洪水”抗灾人重返堤上》《无人车背后的那些“老师傅”》《业委会内斗下，360万公共收益被发给业主》《离婚诉讼中，被层层“消解”的家暴》《一桩被撤诉的污染环境案，牵出警察受贿线索》《寄成绩单、建家长群，大学管理的边界在哪里？》《当已逝亲人被AI“复活”后》《清北商科毕业生“疯狂赚钱”的野心落空后》《庭审被上级法官“遥控”，证据就在审判席上》等。近年来最有影响力的报道莫过于对苏州“和服女孩”事件的报道，“北青深一度”通过独家调查，将一个由私人记录的经历转化为公共视角的新闻表达，直至有关部门归还了没收的衣物。该报道引起广泛关注和讨论，并得到新闻学界一些专家的肯定和赞扬。从这些具有较高新闻价值的选题中，大致可以看出北青报紧跟突发事件、关注全国热点、捕捉社会变化、开展舆论监督的主动性与敏感性。

田科武说，为控制成本，北青报近年来只招两种人，一是深度报道记者，二是视频专业人才，其余基本不招人。北青报的深度新闻部因口碑在外，申请来实习的学生也较多。“在我们深度部实习并拿出独立作品的学生，等于有了去其他媒体工作的通行证，像粮票一样。”他说，“所以再苦再累，深度报道的品质都要保证。而且为了安全，所有深度新闻部的稿件我都看过。”他似乎要通过这个“北青深一度”去延续北青报的民间记忆。当问及有无关于“北青深一度”的

“北青深一度”公众号部分阅读量10万次以上的深度报道（该公众号截屏）

总结材料时，他回答说："我们不敢去总结，但相信它们都保存在互联网的记忆之中了。"他透露，截至我们到访，"北青深一度"在微博、微信、头条号、抖音、企鹅号、百家号等平台的用户近500万。

三、新媒体发力与四个"千万级"

谈到报业转型在新媒体端的发展，田科武说，"媒体融合"现在已经是一个伪命题，也就是说，现在的内容生产主要在新媒体端，互联网就像空气和电力一样，机构媒体无法离开它，必须主要在新媒体上做内容，北青报自然也在这上面全力以赴。

他介绍，就客户量而言，北青报目前有4个千万级的新媒体、28个百万级的社交媒体账号。其中，客户端于2018年12月26日正式上线，原名"北京头条"，2021年12月更名为"北京青年报"，并实现功能和界面迭代升级。该客户端是北京市重点打造的四个主流媒体客户端之一，下载量为2360万次。此外，有两个千万级的微博账号，分别是"北京青年报"，粉丝量有1500万；"北京头条"，粉丝量有2765万①。第四个千万级账号是"政知道"抖音号，粉丝量有1208.2万②。

"政知道"是北青报创办的三个系列公众号之一。2014年5月，北青报创立"政知新媒体"，组织精兵强将，推出了一批新闻公众号，由时政部主办的"政知见"是其中之一，产生多篇"爆款"文章。随后又根据市场反响和读者需求，进行差异化细分，形成"政知见""政知圈""政知道"系列产品，其中"政知见"讲时局，"政知道"讲常识，"政知圈"讲人物。短短2年时间，"政知"产品迅速入驻10家网络平台，实现每篇稿件的全网分发，受到网民的广泛关注。特别是顺应视频传播的崛起，及时强化抖音、快手、视频号等视频平台的发布与传播。10年内获得全网总粉丝量3800多万，累计阅读（播放）量突破180亿次。

① 本段以上数据均据北青报提供的最新数据。

② 据抖查查平台2024年7月23日数据。

仅2023年全年，“政知”系列新媒体就发布微信文章超1600篇，其中阅读量10万次以上的文章超过600篇，日均阅读量100万次以上①。

“政知”系列的优质内容生产，不仅带来较大的阅读量，也赢得了广泛的用户。其中，“北青政知道”快手号粉丝数达823万，“政知新媒体”今日头条号粉丝数598万，“北青政知新媒体”百家号粉丝数352万，“政知新媒体”微博号粉丝322万，“政知见”微信公众号粉丝164万，“政知道”抖音号更率先突破千万粉丝大关②。田科武说，“政知见”主要是收集、研究、分析每日最重要的“时政开源情报”，用户涵盖政治上较有影响力的群体，其中七成是男性，都非常关注时政新闻。他说这三个公众号基本上不发动态公共消息，只做原创时政深度报道。此外，北青报的“百万号”中还不乏“半两财经”“北青娱见”“北青体育”“青流娱乐”等垂直产品，各自的粉丝总数也都有二三百万。

除了“北青深一度”和“政知”系列，北青报还有一个公众号拳头产品，即“团结湖参考”，田科武习惯以“团参”称之。“团参”以北京青年报大楼所在的“团结湖路”及附近的团结湖命名，上线于2014年5月30日，正值中央加大反腐力度之际。当年7月，“团参”抓住周永康“大老虎”落马的消息，连发3篇评论引爆舆论场，单篇阅读量最高达180万次，3天内新增粉丝8万，这在媒体公众号的早期阶段是了不起的成绩。此后，“团参”坚持写“不一样”的评论，敢于在重大问题上发声，积极从百姓关注的视角切入，发表了大量深受欢迎的评论。近年来，如《“窃·格瓦拉”选择种地，是“偶像”的破灭么？》《远隔千里的副省级高官之间，还有这种“隐秘联系”？》《政法书记投案，是一个意味深长的征兆》《淄博烧烤，考的是什么？》等，都不胫而走，抵达寻常百姓。“团参”目前微博粉丝为245.8万③，微信粉丝40余万。

其余百万级新媒体，还包括北青网、“青流视频”、“教育圆桌”等，其中北青网在头条号和百家号的粉丝量就分别为657.6万和222万。田科武透露，像北青网这类新媒体，都有培养成“千万级”的潜力。

① 本段以上数据均据北青报提供的最新数据。

② 据调研期间北青报提供的数据。

③ 查自2024年7月23日微博平台。

第七章

新京报社：

追求优质内容坚持深度报道
务实融合转型打造规模矩阵

概况

人员：在职员工740人。其中，新闻采编人员473人，采编中层人员55人，首席编辑/记者30人。

媒体：新京报拥有1份报纸（《新京报》）、1份刊物（《北京》杂志）、2个门户网站（新京报网和千龙网）、2个新闻客户端（新京报、贝壳财经）、4个新媒体矩阵（微信矩阵、微博矩阵、视频矩阵、音频矩阵）以及国际传播社交媒体（@thebeijingnews）。

新媒体数据：截至2024年6月，新京报社“报、刊、网、端、微、屏”等全渠道网络覆盖人数超3亿人次，全网端口260个以上，每日全网阅读量超5亿次，每日视频播放量为3.5亿次以上，日均视频直播3场。成功打造33个百万以上粉丝账号、10个500万以上粉丝账号、8个1000万以上粉丝账号。新京报官方号、我们视频、贝壳财经、动新闻、书评周刊、政事儿、新京智库、千龙智库等MCN（指与内容创作者在多频道网络合作的机制）账号成为行业头部矩阵账号。新京报App下载量7820万次以上，其30个频道146个栏目7天×24小时全天候更新。

经营：受新冠疫情影响，2021—2023年，新京报社整体经营情况不容乐观，广告和版权收入都受到一定程度影响。2024年1—11月，报社经营总业绩同比增长6.77%，其中广告增长4.33%，版权增长26.07%，整体保持向上态势。

受访人物一览

汤一原（左上）、李海（右上）、光炜（左下）、贾一鸣（右下）

新京报所在办公楼（辜晓进　摄）

2024年7月2日，《新京报》以头版通栏导读、内页两个整版的跨版篇幅刊发题为《罐车运输乱象调查　卸完煤制油又装食用油》的长篇调查报道，揭露一些国有大型食品企业长期允许装化工液体的罐装车运输食用油的严重违规现象，因涉及与广大民众息息相关的食品安全而一鸣惊人，引起汹涌舆情。国务院食品安全办公室迅速反应，组织包括国家发展改革委、公安部、交通运输部、市场监督管理总局、国家粮食和储备局等部门参加的联合调查组，彻查有关事件。这成为自《东方早报》曝光河北三鹿奶粉等大型奶企人为添加三聚氰胺以来又一起涉及重大食品安全并引起国务院高度关注的舆论监督经典案例。据悉，早在2017年就提出“数字优先”和“移动优先”的该报，这回并未在数字端或移动端首发该报道，而是先在印刷版报纸上发表，怕的是数字端发布后受到涉事者或有关部门干扰，导致报道被“和谐”，最终难以发出。一篇舆论监督报道不仅调查实锤、勇于发表，且有战术应对，这就是新京报。

当然，这并非新京报以唯一独立报纸类型入选本次“报业转型十大典范”调研对象的主要理由。《新京报》是由光明日报和南方日报两大报业集团于2003年11月11日联合创办的综合性日报，是改革开放以来异地联合办报的重要探索性成果。2011年9月1日，经国家新闻出版总署批准，新京报社的主管主办单位变更为中共北京市委宣传部。2021年，该报被正式定级为北京市正局级、公益二类事业单位。创办以来，该报立足北京、面向全国，发表了大量有全国影响力的报道和评论并被广泛转载，成为全国上千种日报中显示度最高的报纸之一。特别是在传统媒体融合转型的改革实践中，该报行动积极，效果显著，2021年入围中国经济传媒协会“新媒体影响力指数”第五名，新京报客户端在2022年第四届中国新媒体发展年会上被评为全国十大省市级新闻客户端之一。在全国晚报都市类报纸普遍不景气、众多都市类报纸被关停的情况下，该报正努力摆脱“都市类”束缚，探索向“新型主流媒体”发展转型的新路径。目前，该报已转型为一家兼具新闻采编、社会调查、舆论传播、舆情分析、政务服务、金融信息、智库研究、教育培训、品牌推广、文创研发、活动会展等功能，集“报、刊、网、端、微、屏”传播于一体的综合性现代传媒机构。作为曾经的“都市类”报纸，新京报的经验尤其值得同类报纸借鉴。而在当前报业转型中较为普遍的重经营、轻内容倾向中，新京报长期坚持优质内容生产的努力，尤显宝贵。

新京报社坐落于北京东城区幸福大街的一个院内，办公楼别具特色：黑墙红窗，飞檐翘角，向外延伸的回廊式入口处，则装饰着明清建筑样式的红柱彩梁琉璃瓦。2023年5月下旬，我们一行三人（含研究生柏朝阳、博士后吴凤颖）由此进入这栋别致的楼房，在新京报社调研，与时任报社党委书记、社长，总编辑李海，编委光炜，平台运营部主编贾一鸣等进行了深度访谈。

本文成稿前获悉，从2024年1月22日起，新京报社党委书记、社长一职，由早年曾任北京日报社副总编辑、后分别在北京市通州区和海淀区两区担任区委常委、宣传部部长的汤一原接任。汤一原是北京日报报业集团知名新媒体“长安街知事”的创始人，可谓知媒善媒的媒体高管。前述新京报“罐车运输乱象调查”的舆论监督报道，正是在他的领导下完成的。2024年10月30日，我们与汤一原社长进行了在线访谈，相关内容补充写入本文。

新京报办公楼入口处（辜晓进　摄）

汤一原社长（中）在线访谈中，左为辜晓进，右为柏朝阳（柏朝阳　截屏）

第一节 数字时代的内容为王

《新京报》是国内地方报纸中少数几个主打全国市场并取得成功的报纸之一。该报虽多有变故，但从创刊起就形成的重视内容生产、关注底层社会、体现人文关怀、崇尚独立精神的基因延续至今。在媒体繁多、信息过剩的数字时代，是否还需要坚持内容为王的优质内容生产？《新京报》通过行动给出了肯定的答案。而事实上，欧美发达国家的几乎所有实施付费墙的主流媒体，也都给出了肯定的答案。

更重要的是，目前坚守这一原则的是一套全新的领导班子：党委书记、社长汤一原于2024年1月调任新京报社一把手；总编辑李海于2018年调任新京报，2019年2月任现职，此前曾长期在北京现代商报工作并任总编辑；副社长郭强曾长期在北京晚报工作直至担任副总编辑，2022年7月调任新京报社现职；其余两位领导也是近两年调入新京报社的。访谈中，我们可以真切感受到该报领导层对坚持优质内容生产并将其延伸到各新媒体平台的坚决态度。

一、以深度报道为看家本领

以长城烽火台为标志的《新京报》，曾在发刊词中提出“负责报道一切”的口号，体现出社会公器的责任担当。该报创刊时，恰逢SARS（非典型性肺炎）抗疫刚告一段落。创刊仅数日，该报就刊发题为《北京SARS后骨坏死患者不完全调查》的文章，率先披露SARS治疗较为普遍的后遗症问题。该报道经新华网等央媒全文转载后，在全国引起很大反响。此后，这份年轻的报纸就在多个全国重大事件中表现出难得的锐气，如2004年5月8日发表《拆迁引发姐妹同日离婚》一文揭露一些地方的野蛮强拆现象，引起央视等追踪调查。特别是从2005年3月15日发表《无辜青年10年前遭错杀？》起，该报对聂树斌案跟踪报道11年，连续发表46篇报道和评论，直至2016年12月2日最高人民法院第二巡回法庭撤销原审

李海总编辑（中）、光炜编委（右）、贾一鸣主编（左）在访谈中（柏朝阳　摄）

判决，改判聂树斌无罪，成为对这起事件报道最及时、最完整的媒体之一。

进入数字时代后，随着社交媒体兴起和移动端成为信息传播主端口，碎片化传播成为主流，深度调查报道一度被普遍忽略，很多媒体撤销了深度报道部门，众多调查记者离开岗位。但回望新京报的发展轨迹，此类报道仍一直持续可见，该报成为国内极少数保持深度报道部门并坚持深度报道的主流媒体之一。汤一原社长说，在传统媒体时代，新京报和很多媒体一样，是作为综合媒体来办的，版面很多，面面俱到。但到了互联网上，就不能再这样了，肯定要用我所长，把资源集中在最具优势的方面，这就是深度报道和舆论引导。这个优势的发挥，可能比传统媒体时代的影响力更大，更易于传播。新京报有意识地在这方面加强投入，提高产量，才可能在“众声喧哗”的互联网上发挥导向作用。以罐车运输乱象报道为例，这种舆论监督是机构媒体应尽的社会责任，只不过在当前情况下，操作上要更讲究技巧，更加专业。汤一原透露，他到任之后做了一次机构改革，为加强调查报道，在原有深度报道部的基础上，又成立了调查新闻部，专门针对当前的突发事件和热点事件。用总编辑李海的话说，新京报早已从“信息纸”转变为“深度纸”。该报每天两个版的“深读”坚持至今，2009年改版后的新京报网也设立深度报道专区持续至今，很多报道引起读者的广泛关注。

仅2010年以来的重磅深度调查报道，就有：2010年5月撕破“京城最贵中医”食疗神话的《张悟本助涨绿豆疯狂》及其系列报道、11月5日的《多省撤村圈地意在土地财政》以及11月26日的《长江渔民上岸之难》；2011年5月31日的《“被精神病”背后的收治乱局》；2012年3月26日的《一公办养老院排号7000

需等10年》；2013年7月22日的《隐秘“大师”王林的金钱王国》和12月4日逆转网络舆论“碰瓷”说的《外籍男子无证驾驶撞倒大妈》；2014年12月9日的《精神病人王大峰的死亡事件》；2015年连续7天关于“天津滨海新区大爆炸”重大突发事件的系列报道和长达数月的“东方之星”客轮翻沉事件系列报道；2016年1月4日的《“网络医托”围城》；2017年3月20日的《一个自闭症少年的死亡之路》；2018年9月27日的《一个村书记的家族式涉黑样本》和11月7日的《山东油品乱象调查》；2019年7月22日的《海南私彩调查：1∶9000高赔率的黑彩诱惑》、11月25日的《跨国婚姻骗局：带不回的巴基斯坦新娘》以及12月17日的《用伟哥续命的“蓝嘴唇人”》；2020年5月8日的《废弃厂房里的肾移植交易：买肾人花55万，卖肾人只得4.5万》以及当年20多篇“战贫记”系列报道；2021年3月22日的《来历不明的医生、地下车库里的手术室丨非法辅助生殖的地下暗网》、8月15日的《独家还原“阿里女员工被侵害案”后的18天，酒局风波后的罗生门》以及8月30日的《“90后”小伙雨中15秒救起触电司机》；2022年6月对唐山打人事件的系列报道（其中包括多篇独家消息）；2023年的《三进受灾村——23·7特大洪水系列追访》。而2024年最有影响的是本章开头提到的“罐车运输乱象调查”报道，其发布后约一周内，不仅登上热搜第一，且相关话题在微博、抖音、快手、今日头条等8个平台的热搜上榜总时长近1000小时，全网累计扩散97.7万篇次[①]。截至2024年8月6日，新浪微博上“罐车卸完煤制油直接装运食用油”“记者调查罐车运输乱象”和“煤油罐车装的食用油流向了哪里”三个话题的阅读量，分别达到4662.5万次、3115.7万次和2.1亿次，讨论量也有4.1万次、2.5万次和13.1万次[②]，其长尾效应还在延续。外界甚至称该报道是对“新闻无用论”的最好反驳。

不厌其详地罗列新京报2010年以来历年有影响的深度调查报道题目，只是想令人信服地展现该报连续多年在优质内容生产上锲而不舍的职业精神，该报开阔的报道视野、丰富的选题种类和对重大事件在场感的孜孜以求，以及该报一批真

①《热搜第一！油罐车卸完煤制油直接装食用油？》，知乎百分点舆情中心，2024年7月16日，https://zhuanlan.zhihu.com/p/709141426。

② 据2024年8月6日新浪微博平台数据。

正在做新闻事的新闻人的工作姿态。且由于已形成崇尚优质内容的媒体文化，即便遇到优秀记者离职、外部环境变化等不利因素，这种职业精神也得以延续下去。例如，在公共事件方面，该报仍保持积极的发声态度。如贾一鸣主编提到的2023年“3·15”消费者权益日前后，该报通过应聘卧底暗访等手段报道合肥两家半天妖烤鱼门店后厨乱象、南京两家蜜雪冰城门店频繁篡改食品有效期标签、大连“硼砂泡出黄金鲍”等10余个独家调查，不仅有效维护了消费者权益、推动涉事店家整改或涉事企业下架相关产品，相关报道在视频号、抖音等平台的阅读量和播放量也都“相当好”，并带来一定数量的“粉丝转化”。该报近年来的类似报道不少都获得海量传播，如以2021年的微博话题阅读量来论，“胖哥俩肉蟹煲大量使用过期食材”报道和“卧底星巴克”报道分别达到10.3亿次和5.2亿次，《济南大润发发臭隔夜肉洗了再卖》和《论文查重“黑市”调查：售价几元到上千，有商家以山寨网站欺骗消费者》分别为1026万次和3.3亿次[①]。

此外，新京报的“重案组37号”微信公众号（现已更名为“探针”），也是深度报道的重要端口。该公众号基本按照每天1篇的节奏发布重要社会新闻调查报道（详见下文）。多年来，新京报在重大主题报道方面也不遗余力，发表了不少创意丰富、传播手法先进、影响广泛的作品。

A08 深读

罐车运输乱象调查
卸完煤制油又装食用油

卸完煤制油又装食用油 无人检查罐内是否干净

深读 A09

司机：是否洗罐要听车队老板安排

散装食用油运输应专车专用

食用油厂家看照片验罐 罐体字样被随意涂改

《新京报》2024年7月2日《罐车运输乱象调查　卸完煤制油又装食用油》版面

① 据新京报社提供的数据。

二、深度报道的数字化和音视频化

在深度内容生产方面，新京报较早顺应互联网传播的趋势，将生产中心转移到网端数字化传播和音视频呈现上，并在重大主题报道方面予以突出体现。从2018年庆祝改革开放40周年到2019年新中国成立70周年，再到2021年庆祝中国共产党成立100周年，新京报从纸媒到各新媒体端口都发布了诸多重量级的大型系列报道，并以纪录片等形式开拓音视频产品。

如2018年的大型系列报道《弄潮——改革开放40年特别报道》，历时9个月，以每周1期、每期3至4个版面、总共40期的超大篇幅，涵盖了改革开放以来几乎所有地标点和关键人物。2019年由该报牵头联合制作、中央新闻纪录电影制片厂和爱奇艺等出品的大型纪录片《岁月在这儿》，从50万分钟的影像资料中筛选出珍贵的历史镜头，记录从1948年“三大战役”到2019年新中国成立70周年党和国家走过的不平凡岁月。该纪录片获得2020年中国电影金鸡奖最佳纪录片、科教片提名，2020年中美电影节最佳纪录片、科教片提名以及2020年光影纪念中国纪录片学院奖提名，并于2021年公映。还有新冠疫情暴发初期的“H5专题”《武汉！武汉！》，被2020年中国新媒体大会列为“全国新媒体战‘疫’”十大精品案例（地方媒体）之一，上线一周后，总阅读量超2亿次①。在庆祝中国共产党成立100周年的日子里，该报推出“逐光系列”大型系列报道。这些报道选题新颖，叙事亲切，故事引人，阅读量大。如印刷版报纸的跨版报道《逐梦人》、11个版的大型专题《“时代楷模——致敬中国共产党百年华诞”主题影像展》、8个版的大型专题《身后是我的国》等。视频产品则有用3D影片形式重现百年前北大红楼的近10分钟纪录片《破晓——回到一百年前的北大红楼》，并同步推出《薪火之源》特刊；全网总流量超2.1亿的系列短视频《百年百物见精神》；被包括央媒在内的大量媒体转载、微博话题阅读量破亿次的《“党徽大叔”的圆

①《新京报〈武汉！武汉！〉入选全国新媒体战“疫”十大精品案例》，搜狐网新京报账号，2020年11月19日，https://www.sohu.com/a/432948500_114988。

新京报主题报道视频作品手机封面

梦之旅》等①。其中“党徽大叔”是新疆维吾尔族人，连续护边13年，2023年7月在当地自愿帮助一辆陷入泥泞的游客小车脱困，对方欲付钱表示感谢时，大叔坚辞并解开外套露出胸前党员徽章，被路人拍摄成为“网红”。新京报帮助从未到过北京、一心想观看天安门广场升旗仪式的大叔圆梦北京之旅，一路拍摄，情景感人。

行文至此，传来“北京中轴线”申遗成功，中国的世界遗产总数至此达到59项的喜讯，并联想到访谈中对方介绍的新京报为宣传“北京中轴线”而做的持续且有特色的报道。“北京中轴线”长达7.8公里，从元代开始历经700多年建设，贯穿景山、故宫、太庙、天安门、天坛等大批著名古建筑，于2012年被列入《中国世界文化遗产预备名单》。从那时起，新京报就在纸媒和数字端不断进行积极而有创意的报道，到2022年《北京中轴线文化遗产保护条例》正式实施后形成高潮。这年新京报组织“公益骑行”活动，围绕中轴线，沿二环周边介绍名胜古迹、园林绿化变化、网红打卡美食点等，全网当天的流量达到1.3亿。这份报纸和新媒体还推出1万余字的《中轴线百问》，更于当年10月22日在印刷版报纸发布对开16版的《北京中轴线》彩色连版长卷，形成浩大声势。2024年7月29日这天，针对申遗成功，新京报火力全开，在报纸上做了16个版的《中轴长歌》特刊，又在

①《“党徽大叔”北京圆梦，何以瞬间刷屏？》，网易网新京报传媒研究账号，2022年8月25日，https://m.163.com/dy/article/HFK5CUOB0514D0JD.html。

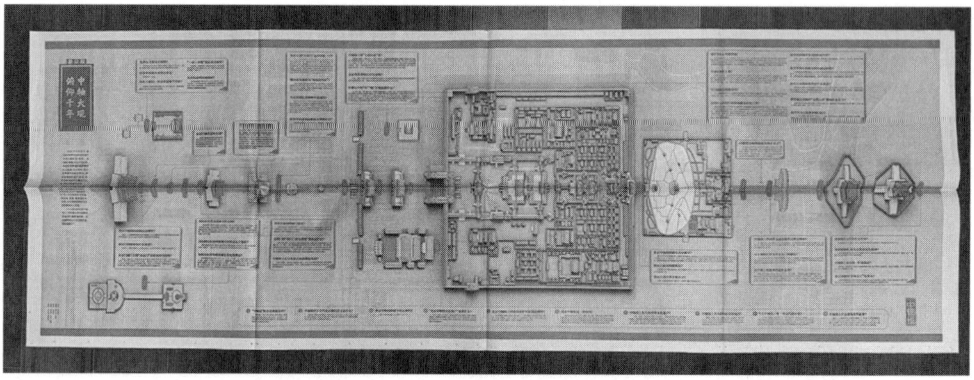

《新京报》2022年10月22日《北京中轴线》16连版长卷（正反面）（辜晓进 摄）

其“动新闻”等端口以包括互动H5、360度全景VR在内的新型传播形式，综合运用音频、视频、图画、文字等手段展开报道。该报在已呈现北京中轴线上的永定门、天坛、正阳门、故宫、景山、钟鼓楼6处建筑当下风貌的基础上，又增补万宁桥、端门、天安门、太庙、社稷坛等8个遗产点位，令传播的内容更加丰富多彩。《中轴长歌》特刊是新技术环境中与报业深度融合的一个典型案例。它通过多模态互动，让印刷纸、移动端通过二维码产生联动，文字、长视频、短视频、动画、AR、VR、H5等各发挥其长；通过技术和艺术深度融合的跨媒体叙事，以新技术赋能这部中国理想都城秩序的杰作，既有媒介组合的共时观念，也有媒介转换的历时观念，绘制了一幅蕴含着历史意义的文化地图，刻画了行走在中国大地上的文化印记。

事实上，新京报深度报道的主战场早已转移到数字端。早在2010年，该报就在新京报官网设立了《深度》专栏。2018年新京报客户端上线后，也开设了《深读》频道。不仅如此，该报的深度报道还向其他平台延伸，较为突出的是人物报道公众号“剥洋葱people”和与腾讯合作的“我们视频”。其中的“剥洋葱people”是该报深度报道部于2015年12月上线的非虚构产品，旨在“剥开人物外壳，记录真实可感的生命”。上线后，其将注意力的重点放在底层民众和弱势群体，每年推出100篇以上深度人物报道，如《做了33年售票员，康顺兴浑身都是故事》《穿Lolita装的年轻人》《被偷走的13年》《那些状告大公司的法学生》《“打假博主”被打假：网络维权是一门怎样的生意》《大理洱海边，农学生的诗与远方》《带着瘫痪母亲去上班》《术中落裤的医生说，那天站了6小时》《“护心跑男”的生命速递》《大山里的“雷电捕手”》等。对名家的报道也不乏独特视角，如《杨丽萍：孔雀迟暮》《“北斗女神”徐颖：我不是网红》《狷者，李泽厚》等。查看该公众号，截至2024年8月5日，已累计发表原创文章1782篇，篇幅都在3000字以上，多则上万字。其中，2024年5、6、7月三个月共发表41篇，阅读量超过1万次的有17篇。2024年6月5日发表的长达7823字的文章《茨姆，温和地走出山谷》，描述一位藏族姑娘10多年的生活变迁和心路历程，叙事风格令人联想到小说《我的阿勒泰》，阅读量有10万次以上。

2016年9月，新京报与腾讯公司联手推出“我们视频”纯视频新闻产品，标志着其深度报道的重点从平面媒体延伸到视频领域。那时短视频的风口刚刚到来，全世界的先行媒体都开始致力于短视频开发。“我们视频”推出第二年追加新浪网为合作机构，又于2019年进驻快手，在更多平台实现差异化分发，影响很快波及全国，关注度逐年上升。仅仅两年，其团队就从初建时区区数人发展至上百人的规模，月生产量也有2500条之多，单月总播放量高达45亿次，两年直播场次超过千场，全网总播放量达300亿次[①]。新京报又从2018年起及时向长视频发展，并相继开设《出圈》《面孔》《世面》《紧急呼叫》《你以为呢》等10多个专栏，以更好地契合深度报道的需求。题材上，则不仅几乎覆盖所有全国重要热点新闻，还延伸到海外。例如，在2018年泰国普吉岛沉船和洞穴救援等突发事件中，“我们视频”都是最早在现场直播的中国媒体之一。在2022年该报一个特别策划节目中，“我们视频”一位记者说他每年都要奔波数万公里抵达各种现场。“新京报我们视频”微博账号虽于2020年因某些涉及新冠疫情的报道不够严谨而受到批评，恢复后做了重大调整，但在吸取教训的基础上仍保持旺盛活力。截至2024年8月5日，该微博的视频累计播放量达144.16亿次，粉丝量达1518.2万，“转评赞”等互动量1.36亿次[②]。李海总编辑介绍，“我们视频”近年来经过调整，目前保持有六七十人的规模。

①《专访新京报社“我们视频”团队：带动了报社转型》，网易网传媒内参账号，2018年9月20日，https://www.163.com/dy/article/DS4RFDUQ05148MKI.html。

② 据新浪微博“新京报我们视频”2024年8月5日数据。

新京报的深度报道也延伸到音频端。近年来，该报在喜马拉雅平台开设多达35个音频播客，多为深度报道项目。如该报的“众所周知”播客，主打“众所周知的事儿你可能不知道”题材，对各类事件和现象进行深入解读。2023年6月12日，该播客播出《“祖上阔过”的印度铁路，如今为何事故频发？》，用长达23分零7秒的时间，在印度音乐的配乐中，记者胡啸以印度最新一起特大铁路事故为由头，将早于中国建设的印度铁路的前世今生及仅2021年就发生近18 000次铁路事故，造成16 000多人死亡的背后原因娓娓道来，兼具新闻性和知识性。

三、大周刊模式强化深度内容

2021年8月1日，《新京报》开始减刊，出版频次也由每周7次减为每周5次，周六、周日和法定节假日休刊。在此之前，国内已有一大批都市类报纸进入“周五刊”系列。李海总编辑在访谈中说，“7改5”对降低成本意义重大，如“7天”就得几班倒，“5天”则基本上一班到底。他强调，纸媒既然保留，就要做好，避免碎片化，方法之一就是重做“周刊”，于是开启“大周刊模式”，也是在报纸每天两个《深读》版的基础上，对深度报道的延伸。他说，现在的周刊与过去经营部门主导、重在广告的周刊不一样，而是采编部门主导，强力推进深度化的新尝试，因而大多数周刊只做一个大专题。周刊大多有8个版以上，这种大专题需要到位的策划能力和充分的采编力量。

在“大周刊模式”系列产品中，也有老面孔，如《书评周刊》。《书评周刊》是《新京报》创刊第四天即创办的文化类副刊，可以说是该报与生俱来的重要产品，其致力于建设一个“公众阅读平台”的行动，先于全国绝大多数都市类报纸。从第二年起，其便像《纽约时报》“书评”那样，每年举办年度书选活动，推出“年度书单”。其每期的封面都有独特设计，书评内容也丰富多彩，多由优秀读书人倾力撰写。如此从不间断地积累20余年，便成为首都一个较为独特的文化存在，也构成众多读者的共同文化记忆。所以，当2021年该报首次发售A3开本原刊呈现的《新京报·书评周刊》年度合订本（售价168元）时，受到读者欢迎也就不奇怪了。受此鼓舞，该报将《书评周刊》的年度合订本作为一个常规产品坚持了下来。李海总编辑介绍，2024年7月出版的2023年度合订本，出版社连续三次加印，“销售很好”。2023年11月，该报还出版《时间的刻度：新京报年度好书20年》，可谓衍生产品不断。2024年10月25日至27日，新京报“北京图书市集”首次在琅琅书声传袭百年的江苏无锡惠山区“天上村前”街区举办“书声满锡城”读书节活动，这也是《书评周刊》推动北京文化品牌“走出去”的有益探索。

稍晚些还有《地球周刊》（记得《南方都市报》也有同名周刊，依稀保留与南方报业的关联）、《娱乐周刊》等，但更多的还是新面孔。在令人眼花缭乱的各类周刊中，可以看到《贝壳财经》《零碳周刊》《时事周刊》《视觉周刊》《深度视线》《乡村周刊》《产经周刊》《新京智库》《新京公益》《大戏看北京》《学习公社》等身影。自2022年8月至2024年8月，《新京报》共计推出各类周刊449期，累计版面4086版[①]。以我们到访之前的2023年4月18日的《视觉周刊》为例，这期专题的大标题是《护鸟者》，12版的内页分别刊登《一座城，万鸟来》《护鸟23年》《鸟境之变》《“鸟调”人》《运河鸟集》《猛禽康复师》等图文，详细解读北京市野生鸟类10年来增加近百种的环境变化，并聚焦于为保护鸟类默默奉献者的群体画像。同日的《深度视线》周刊也是一个8个版的大专题，大标题是《反诈攻与防》，内页一版一文，标题分别是《反诈民警的博弈：防诈必须“先发制人”》《卧底骗子群：反诈劝阻员的“三十六计”》《每天300条预警：民警与骗子的争夺战》《“戳心窝子”的反诈民警：人人都应是反诈劝阻员》《电信网络诈骗打击队民警：追轨迹、挖链条，“要打就要往源头打”》《大学校园里的学生劝阻员：每成功一次，内心都有满满的成就感》《电信网络诈骗类型与防范措施》。从这信手拈来的例子便可看出，周刊在做深新闻中发挥的重要作用。这些周刊内容也大多通过新媒体矩阵得以广泛传播，扩大了报纸的影响力。而《贝壳财经》《零碳周刊》和《新京智库》这三大新周刊，都对应该报正在发力的分支板块，具体内容详见后文。

在定期或不定期的周刊之外，还有经常性的各类特刊，并根据市场反应将

① 据新京报社补充提供的数据。

周刊或特刊的好题材结集成书。例如，2021年6月8日推出的16版《新京报高考特刊》，以《奋斗之歌》的总标题，刊登14位院士的高考回忆录，深受学生和家长欢迎。“院士团高考”已经成为一个系列，累计采访了30位院士。2023年6月由人民日报出版社出版的《我为什么上大学：30位院士高考回忆录》，首版8000册已经卖完。新疆一家出版社也希望将版权赠送给他们出版维吾尔语版，我们访问时，全书已翻译完毕。而根据《书评周刊》内容编写的《开场：女性学者访谈》于2022年11月出版，入选豆瓣2023年度读书榜单的“年度图书”，据说卖了3万册。2024年9月出版的图书《写童书的人》，讲述了16位经典童书作家作品背后的故事，以16位童书大师的人生经历，揭示什么样的作品具有不会被时间磨灭的价值，什么样的人能创作出具有永恒价值的作品。

不过笔者也注意到，大约从2024年起，《新京报》电子版上的周刊数量有所减少，刊发频率也有所降低，雷打不动且一直保持每周一期定期出版的只有《书评周刊》等少数周刊。经询李海总编辑，答曰：该报正在对周刊进行“动态调整”，包括压缩合并、纸质版适度减少频次和一定程度的“劣汰工作”，战略上既要服务网络主战场，又要保持纸质版特色。而《新京智库》和《贝壳财经》等仍在重点发展之列。

除了各类周刊，新京报还有一份多语种的杂志《北京》。该刊是月刊，是由北京市政府新闻办、北京市对外传播交流中心和新京报社共同主办并由新京

新京报2024年8月2日《书评周刊》

报社日常运营的“北京市唯一官方城市形象刊物”。该刊也像周刊一样每期都有一个大主题，如2023年第1期正值春节将临，便以“外国人在京过春节必做的48件事”为主题，从传统、文化、休闲和美食四个方面入手，设置四个板块：一福傍身，癸卯玉兔闹新春；一景栖心，京城内外过大年；一眼千年，闹中取静品古今；一味惊蕾，千般花样慰此心。2023年第2期，则以长城为主题，大标题是《青山青史　长城长歌》，内页有类似该报《北京中轴线》长卷的《千里长城图鉴》。笔者看了这两期杂志，都可谓印制精美，图文并茂，赏心悦目。目前该刊有中、英文两种版本，法文版刚被批复，即将创刊。

四、优质内容换来版权收入

在互联网时代，大量网络媒体成为内容的“搬运工”，而“货”从何来？当然主要来自能经常性生产优质原创内容的主流媒体，新京报也由此成为二手网络媒体的大货仓。大概也正因如此，新京报成为国内最早版权意识觉醒的主流媒体之一。这一“觉醒”，让该报想到用法律武器维护自己的合法权益，进而推动与主要网络媒体签约，获得稳定的版权收益。

维权行动表现为一连串官司。2006年10月，该报向北京市第一中级人民法院起诉北京雷霆万钧网络科技有限公司旗下的TOM网站，请求判令TOM网站停止擅自转载原告文章的行为，并支付稿酬300万元。这次起诉是有明确法律依据的，因为当年5月国务院已颁布《信息网络传播权保护条例》并于7月1日正式施行。条例第二条规定：“权利人享有的信息网络传播权受著作权法和本条例保护。除法律、行政法规另有规定的外，任何组织或者个人将他人的作品、表演、录音录像制品通过信息网络向公众提供，应当取得权利人许可，并支付报酬。”[①]该案最终以调解结案，被告就侵权行为给予新京报一次性补偿10万元。

①《中华人民共和国国务院令第468号》，中华人民共和国中央人民政府网，2006年5月29日，https://www.gov.cn/zwgk/2006-05/29/content_294000.htm。

2007年10月，新京报向北京市第一中级人民法院起诉浙江在线，列出被告未经授权使用其采编的原创作品共7706篇，索赔近200万元。被告提出管辖权异议后，北京一中院裁定案件移交浙江杭州市中级人民法院审理。从2008年8月1日起，杭州中院受理此案并进行持续20个月的庭审，后书面通知新京报，要求该报只保留针对涉案文章中的1篇文章的诉讼请求，撤回其余7705篇文章的诉讼请求，并将其以7705件案件分别立案、分别审理，否则驳回起诉。遭新京报拒绝后，2010年3月29日，杭州市中级人民法院一审裁定，驳回新京报起诉。法律维权之艰难，由此可见。但该报并不气馁。2011年4月，新京报社授权旗下网络公司派博在线，将“中文报刊”iPad软件的开发者北京迈思奇科技有限公司告上法庭，要求其停止侵权、公开道歉，并赔偿经济损失60.8万元。“中文报刊”是从2010年8月起在iPad上运行的一款每日更新、包含60家国内报纸全部版面和内容的软件，《新京报》的内容也被覆盖在内。当年9月，北京市海淀区人民法院作出一审判决，判令被告停止侵权并赔偿10万元，被称为中国“iPad维权第一案”。

大众传媒的著作权维权之路，复杂艰辛，所获赔付也不多，不足以起到经济补偿和震慑作用，所以“iPad案”中涉及的60家报纸，只有新京报社一家出面用法律维权。但此案的影响深远，特别是2015年国家版权局发布《关于规范网络转载版权秩序的通知》，其中第一款就明确规定：“互联网媒体转载他人作品，应当遵守著作权法律法规的相关规定，必须经过著作权人许可并支付报酬。”[①]这导致对主流媒体优质内容有较大依赖性的门户网站以及今日头条等头部网络媒体开始采用一揽子方案获得媒体授权，一些优质内容媒体首先获益，如北京的新京报、上海的澎湃新闻、广东的南方周末和南方都市报等。

从2008年起，新京报指定新京报传媒有限责任公司旗下的派博在线公司负责版权的谈判与销售工作，先后与多家头部网络媒体达成版权销售协议，版权收入持续增长。李海总编辑透露，新京报目前已是国内重要的“版权大户”，至我们到访前的2022年，全报社版权年收入已近1亿元。汤一原社长认为这个收入是

①《国家版权局发布〈关于规范网络转载版权秩序的通知〉》，中国经济网，2015年4月22日，https://baike.baidu.com/reference/17362735/533aYdO6cr3_z3kATPyMzvykO3mXNdr47L2GA-dzzqIP0XOpX5nyFls3rtQxsfRyGB_eop0tZ9JaxLj7D0tB8fUSbqk3QrQnnXL9UVzHyLbn-9A1hJIc59cf。

除三大央媒之外，全国机构媒体版权收入之冠了。不过，他和李海总编辑也都表示，由于近年来作为版权主要购买方的大型互联网媒体纷纷缩减内容预算，版权收益不可避免地呈下滑趋势。

第二节　打造全媒体生态圈

《新京报》创刊时，互联网上的新媒体已呈燎原之势。虽然该报也经历了传统报纸最后的辉煌，但面向互联网的数字化转型一直贯穿于该报的各项改革探索中。例如，该报创刊第二年就创办了自己的网站，又于2006年世界杯足球赛在德国举行之际，尝试平面媒体的视频化呈现，即读者用手机扫描该报《世界杯特刊》中稿件旁的二维码，便可看到每一个精彩进球视频。2009年8月26日，全新改版后的新京报网正式上线，同时上线的还有包含《新闻早晚报》和《言论天下》两种手机报的“掌上新京报”以及为网友担任“生活消费顾问”的京探网。2013年，数字版“新京报新闻”相继在iOS、安卓、Windows Phone等应用平台登陆。2014年，新京报在11周年社庆大会上以“蜕变”为主题，明确其“全媒体转型”的发展方向，并于2018年以客户端“全新上线”为契机，加速融媒体转型步伐。2023年11月11日，该报在创刊20周年媒体深度融合线上发布会上，推出“新京报2024媒体融合十大行动”。其中第一项行动“传播矩阵聚力计划”，就提出以打造大端、大号、大阵为抓手，旨在做优、做精、做强新京报客户端，打造“新闻+”综合性服务平台。

汤一原社长表示，2025年，新京报将在媒体深度融合的道路上继续发力，推出智媒升级计划、融媒扩容计划等五大行动计划，放大新京报内容价值和IP影响力，向着打造在全国具有强大影响力的新型主流媒体努力前行。

一、作为客户端的新京报

新京报的移动客户端实践，最早可追溯到2011年。根据可查找到的网上记录，该报分别于2011年4月19日和2012年10月27日推出了安卓和iOS两个主流操作系统的手机客户端，名称都是“新京报”[①]。同时，该报入驻了搜狐新闻客户端，但这时的客户端主要推送报纸内容及版面，相当于移动端的电子报。另据新京报网2015年9月14日报道，该报自主研发的“数字版新京报”手机App于当月发布正式上线。从介绍看，这是一款同时可用于iPad的付费产品，仍以报纸内容呈现为主，购买者可以“在手机上体验高清原版阅读”，并在iPad版享用“版面剪切、圈阅、批注等交互功能”。而该报客户端的真正变革发生在2018年10月31日。当日，“全新的新京报App正式登陆各大手机应用市场”，并变身“一款专注优质原创新闻内容的资讯类App”[②]。新上线的客户端提出“好新闻，无止境”的口号，确立“在海量信息的时代，按照‘有限度阅读’的产品设计理念，将用户从信息过载当中释放出来”的经营理念。新客户端设有30个频道146个栏目，涵盖时政、社会、北京、观点、财经、文化等十多个领域。2022年8月，新京报客户端在第四届中国新媒体发展年会上获颁“2021—2022年度全国十大省市级新闻客户端”称号。2023年10月，新京报客户端又完成了一次重大升级，从“扩量”“塑型”“增智”三个方面进行重塑，包括汇集新京报优质资源于客户端，升级品牌栏目矩阵运营，栏目页进行重大改版，新开多个服务端口。2024年1月，客户端上线AI数字人“小慧”和“小贝”，开创视频播报新形式。截至2024年7月底，AI的视频播报已制作节目561期，阅读量超过150万次[③]。

从上述客户端的发展过程不难发现，新京报致力于“移动优先”的探索轨迹，从中可以感受到如今的新京报客户端之厚积薄发。该客户端的累计下载量已超过7820万。这个数据在非集团化的城市报业机构中，应是首屈一指的。该报平台运营部主编贾一鸣曾负责新客户端的全部工作。他在访谈中说，这个部门原来叫“新媒体部”，2018年新京报决定重新做App，并以做App为契机，把报社的架构、人力调配、考评机制等都再次进行了改革，撤销新媒体部，重新成立总编

① 宁春铃、鲍伟国：《新京报App特点分析》，《科学导报·学术》2019年第35期，转引自龙源期刊网，http://www.qikan.com.cn。

②《新京报App全新上线：好新闻，无止境》，刺猬公社百家号，2018年11月1日，https://baijiahao.baidu.com/s?id=1615890484841203977&wfr=spider&for=pc。

③ 据新京报社补充提供的材料。

辑中心，该中心后来被拆分为App运营部和平台运营部。App运营部主要运营新京报客户端以及与之关联的一些账号，如头条号、百家号等。由于与这些平台有版权合作协议，所以App的内容会自动直接同步到这些平台。目前有约35人运营App。而微博、微信、抖音、快手、小红书等较为“重运营”的新媒体账户，就归平台运营部负责。

行文至此，笔者再次打开新京报App，可看到设有16个“我的频道”和15个“为您推荐”频道，总共31个频道。每个频道又下设数个到数十个不等的栏目，总共176个专栏（这与此前该报提供的“26个频道、146个专栏”的数据略有出入，可能是变化或计算方式所致）。其中，“视频”频道的栏目最多，有24个，其中包括该报著名的“动新闻”和“剥洋葱视频”等产品。“动新闻”诞生于前App时期，2014年6月26日，一则题为《如何成为广场舞绝对高手》的H5动画经微博等传播后，一炮打响“新京报动新闻”的品牌。该产品既跟踪热点，又不乏自主性专题策划，题材丰富，时效性强，形式灵活，后发展为在App、微博、微信跨平台呈现的重点品牌。有研究按时间先后将媒体的“动新闻”划分为香港某报、新京报和新华社三种模式，暗示新京报之“动新闻”在报界的代表性。“剥洋葱视频”则是“剥洋葱people”微信公众号在客户端上的延伸，这也体现了客户端频道、栏目设计中与之前知名新媒体品牌的呼应与映射，以及在2023年这次改版中“汇集新京报优质资源”的努力，从而实现优质内容的矩阵式传播。其他还有“政事儿”频道，也是同名微信公众号的映射。

二、视觉引领下的融合传播

“视频优先”，是新京报在“移动优先”之后提出的新口号，意味着该报将视频传播放在了重要且优先级的位置上。在本章第一节有关深度报道的内容里，读者应已能感受到其视频报道之无处不在，且与深度主题紧密结合，甚至很多深度报道本身就是视频或音频产品。访谈中，汤一原社长还提到新京报利用3D建模技术重现一些未能抵达的新闻现场，并以韩国梨泰院踩踏事故为例。2022年10月29日晚，韩国首尔梨泰院地区的万圣节聚会活动发生严重踩踏事故，造成154人死亡，另有数百人受伤。包括新京报在内的国内媒体次日纷纷报道此事，唯新京报多走了一步。该报于31日凌晨在新京报网及微信、微博、客户端等的《动新闻》栏目发布《血色万圣节丨3D还原梨泰院踩踏事故》的2分55秒的视频。该视频结合各种影像材料，通过3D建模方式建构了一套直观还原事发经过的动态画面，立刻成为“爆款”。仅微博“新京报动新闻”账号的这一视频，就获得2421万次观看，点赞43.76万次，转发1.6万次，评论1.5万次，话题总阅读量10亿次[①]。这样的尝试并非首次，在2019年巴黎圣母院火灾时该报就做过类似的产品。当年4月15日当地时间傍晚，巴黎圣母院遭受了毁灭性的火灾。次日傍晚6点18分，新京报各数字端口就发布了约一分半钟的《动画还原巴黎圣母院大火》，同名话题获得154.5万次阅读[②]。这两次报道都迅速及时，有效弥补了突发事件报道形式单一的缺陷。

在短视频传播方面，新京报堪称国内报业先驱，3D动画只是短视频的高级形态，体现了该报以视频引领融合传播的明确意图。早在2016年9月11日，该报就与腾讯合作，推出重量级视频产品“我们视频”，实现视频报道与图文报道齐头并进，在上线两年后短视频产量占新京报发稿总量的三分之一。“我们视频”团队也从最初的几人发展到上百人的规模，内容覆盖几乎全部热点新闻，在微博媒体视频、腾讯新闻客户端和快手媒体号等多个榜单上，常年位居前列。创办仅两年时间，“我们视频”全网视频生产总量就已超过2万条，全网总播放量达300亿次，直播超过1000场次[③]。2018年7月，“我们视频”在原有《紧急呼叫》《暖闻》等专栏的基础上，又上线3个原创栏目，分别是专门从事暗访、卧底调查的《世面》，关注纪实新闻人物的“出圈”，以及街采热点话题。由此可见“我们视频”在内容生产上向纵深发展的决心和勇气。

新京报的视频传播并不止步于“我们视频”。如前所述，其客户端上就有一

---

① 据新浪微博“新京报动新闻”账号信息。

② 同上。

③《专访新京报社“我们视频”团队：带动了报社转型》，网易网传媒内参账号，2018年9月20日，https://www.163.com/dy/article/DS4RFDUQ05148MKI.html。

个拥有最多专栏的“视频”频道。在其他平台，该报在音视频传播方面也不遗余力。例如，2022年5月18日是“国际博物馆日”，该报在客户端等数字平台推出“12小时、6地、12家博物馆接力大直播”，邀请公众一起“云打卡”30余家知名博物馆，总话题阅读量超过3000万次①。此举丰富了新冠疫情期间人们的文化生活，也是该报以视频为引领扩大传播效果的又一次成功探索。目前该报的“我们视频”“动新闻”“政事儿”“贝克财经”“知道视频”“容我想想”以及若干抖音、快手账号等已形成一组能量较大的视频矩阵。

李海还提到在党的二十大召开之际，该报联合腾讯多媒体实验室等机构推出的“爆款”级可互动的《共绘盛世华夏》。2022年10月24日，新京报等以国画大师李苦禅1981年创作的《盛夏图》为蓝本，将其拆分“装”入手机，网友们通过手机小屏滑动指尖，逐步添加一花一叶，就能“创作”完成一幅与大师同款荷花图，并可传播出去，与朋友分享。由于操作简单、互动性强、传播效果好，这个互动程序很快“出圈”，三天内曝光量就超过2.6亿，新媒体互动页面浏览量超过2066万人次②。李海表示，将李苦禅传统水墨画代表作《盛夏图》寓意“盛世华夏”，既是对爱国之情的传承，也是用新技术手段重新挖掘传统文化的内涵和魅力的一次有益尝试。

李苦禅《盛夏图》原画（网络图）

① 据新京报社补充提供的数据。

②《曝光量超2.6亿，参与人次超2066万，“共绘盛世华夏”火了》，传媒茶话会百家号，2022年10月28日，https://baijiahao.baidu.com/s?id=1747934344225173143&wfr=spider&for=pc。

新京报《共绘盛世华夏》手机屏显示（网络图）

三、新媒体矩阵无处不在

调研期间，新京报向我们展示了截至当时新媒体端的各类数据，令人感受到强大的网络布局和传播能力。目前，该报有新京报网和千龙网两个网络平台。其中，新京报网几乎与《新京报》同时创办，于2010年6月17日全新改版，又于2020年10月1日再次改版上线，经过数次升级而成为现在人们看到的模样；千龙网则资格更老，于2000年5月25日上线，原为独立网站，2012年12月21日全新改

新京报全媒体生态图（新京报　提供）

版上线，同时启用“首都新闻网”副名，2018年10月在北京市委推动的新京报、千龙网、北京晨报三家媒体深度整合中，千龙网被划归新京报，仍由北京千龙网新闻网络传播有限责任公司运营。网络和客户端之外，则有数量众多且场景丰富的微博、微信、平台号等账号，总体构成新京报的“全媒体生态圈”，覆盖3亿人次。“生态圈”内，又包含多个分支矩阵类型。

在微信方面，新京报拥有30个公众号、1500多万粉丝。其中，“新京报”“政事儿”“北京知道”“剥洋葱people”“探针”“我们视频”“动新闻”“新京报评论”等公众号较为著名。其中的“政事儿”于2015年6月16日上线，前身为“官场现形记”，致力于反腐报道，后扩大报道范畴并以“政事儿”名称上线，提出的口号是“小细节解码大时政”，现已成为该报较为知名的时政公众号，粉丝超过27万。该公众号上线后一度“野蛮生长”，上线5个月粉丝量就突破50万。上线后的第一篇阅读量10万次以上的稿件就是《中纪委密集“调兵遣将”，有啥大动作？》。上线当年9月，习近平主席访美期间，该公众号以独特视角发布《访美期间，与习近平距离最近的六个人》和《访美归来，习近平要干这三件大事》等系列报道，引起转发高潮。不仅视角独特，该公众号还善于从对公开信息的梳理中发掘独家新闻，如2015年8月21日的《王岐山的28位“特种兵”》。另一个是由“重案组37号”更名为“探针”的公众号，虽未能看到该公众号的简介，但从名称及报道内容可知，其以调查揭示社会事件的真相为己任，有点像美剧《纽约重案组》。虽然所涉内容都需要记者前往现场深入调查，且都是数千字的大稿，生产频率却不低。截至2024年8月18日，该公众号已累计发布1971篇原创稿件，创办以来，除去双休和公众假日，几乎每天发布1篇。2018年发布的《平均60岁的“恶势力集团”调查》和《泥土检出19年前女尸DNA　亿万富翁被释放后再度归案》以及分两次刊发的《上访者陈裕咸之死》（上下篇，全文7000余字），都是该公众号影响较大的稿件。2019年12月11日发布的《跨越千里的列车押运》，讲述数十名服刑人员被通过普通列车押送至其家乡当地的监狱服刑的过程，在漫长的14小时列车上的诸多细节，并以此折射北京天河监狱24年里跨越30个省份、累计行程百万多公里、遣送近16万人次的大规模遣送工程。本文成稿时，最新的阅读量10万次以上文章则是2024年8月16日发布的《“智障男子抢劫案”改判无罪后续：龙湖法院决定赔偿234万余元》。

“微博矩阵”则有29个账号，年度阅读量在347亿次以上。其中包括几个特大号，如“新京报”粉丝4792万，“新京报我们视频”粉丝1518.7万，“贝壳财经”920万[①]。此外，还有粉丝超百万的两个视频号，分别是“新京报”（250万）和“我们视频”（173万）[②]。

在音频方面，新京报的《书评周刊》于2019年率先在“喜马拉雅”平台开设文化评论播客“反向流行”，每期邀请若干嘉宾围绕一个主题讨论。到2021年，该报与喜马拉雅全面合作，陆续开设一大批播客账号，到2024年播客总数已达35个，形成规模化的“音频矩阵”。较为知名的有探索热点真相的“37号热线”，记者聊新闻背后故事的“新闻一线”，全天候更新的“鲸快讯”，独家解密大案要案内幕的“拆案笔记”，吐槽全网热点的“新辣公社”，帮助打造私人图书馆的“硬核书单”，于下班路上轻松聊世界近况的“下班了没”等。我们到访的当天中午，该报刚上线一款新的资讯播客“午间包打听”，即于每天中午提供10分钟的午间快讯。据查喜马拉雅平台，截至2024年8月20日，“鲸快讯”的累计听众已高达2.52亿人次，仅当天上午9点30分至11点30分的两小时内，就发布了20余条新闻，可见产量之高。据同日数据，“下班了没”和“37号热线”的播放量分别达到1655.4万次和813万次，新上线的“午间包打听”也有326.5万次的播放量。

新京报的数字端还覆盖了门户网站、百度、今日头条、抖音等各类平台账

新京报新媒体品牌（新京报　提供）

①2024年8月15日微博平台数据。

② 据新京报社2024年补充提供的数据。

号。其中，“我们视频”全网粉丝超4600万，抖音号的25个账号合并粉丝超7500万，快手粉丝超3000万，平台号300多个账号的粉丝总量超4500万[①]。

为了促进新媒体的创意生产和品牌拓展，新京报还致力于打造自己的网红编辑、网红记者、网红栏目。在该报“2023媒体融合十大行动”中，“品牌战队‘星辰’计划”被列为第五大行动，重点培育“出圈”“城市体验官”“容我想想”“你以为呢”“树洞plus”“罗东时间”“展开说说”“剥洋葱”等多个融媒体品牌“轻骑兵”，以形成一支以网红记者、编辑为龙头的优秀新闻采编队伍，培育一批特色鲜明、有影响力、有传播力的融媒体账号。

① 据新京报社2024年补充提供的数据。

第三节　垂直领域新布局

在访谈中，我们还得知新京报的一个新动向，即作为都市类时政媒体的新京报，在努力摆脱“都市类报纸”印记而变身“大主流媒体”的同时，近年来也开始向一些垂直领域或专业方向拓展，而且有目标，有行动，有成就，有的甚至可能成为未来建立新型商业模式的抓手。在“2023媒体融合十大行动”中，以下两个垂直发展方向赫然在列：

一、融研究与传播于一体的智库建设

2018年9月，新京报成立“新京智库”，旨在致力于打造“具有国际知名度的综合型传媒智库”。具体实施，则是发挥立足北京的区位优势，借力“全国政治中心、文化中心、国际交往中心、科技创新中心”这四个首都核心功能，通过智库与社会各界建立工作联系网络，为企业等各类社会机构提供政策服务。到2021年时改造升级，步伐加快，组建专家委员会，组织新京智库春季峰会（现已改名为春季论坛）、天坛文明对话、广场舞发展论坛等活动，实施新京智库周刊、城市研究、城市线上治理能力指数、数字政府建设优秀案例征集等项目。

其中的《新京智库》及其数字端，是智库建设的一个重要落脚点：一方面，它是智库各类研究的公开呈现载体；另一方面，它为新京报“大周刊模式”及网站和客户端等数字端口的“智库”专栏增添和丰富了有深度、具理性的内容。例如自2021年以来，“新京智库”已经发布了近百份主题报告，主题涵盖数字政府、人脸识别、专精特新、自动驾驶、芯片人才、碳达峰碳中和、世界级城市群、互联网垄断、“一带一路”等多个领域的多种题材，如《中国芯片人才报告》《低碳中国》《人脸识别技术滥用行为报告》《通往安全自动驾驶之路》《互联网企业用工趋势报告》《中国式现代化之路》《2021中国茶饮行业发展洞察报告》《2022数字人民币与互联网融合发展研究报告》等。从这些主题看，它们也涉及人们关注的公共领域各类新现象，其内容也必然引起高端读者的兴趣。仅以2024年前8个月论，"新京智库"就先后发布了《新京报"网红城市"潜力报告（2024）》《第二届老龄产业发展论坛 / 银发经济的市场机遇与发展趋势》《数字探险：未成年人网络游戏使用现状与趋势分析》等重要主题报告。在过去的两年内，《新京智库》也出版了124期。

新京智库还重视借举办大型主题峰会扩大影响、聚集人才，每年的"春季论坛"便是此类活动的重头戏。其中，主题为"新发展格局与'十四五'大趋势"的"2021新京智库春季论坛"创下直播观看人次592万次、微博话题量1264万次、短视频观看量6280万次、部分短视频单条播放量超500万次的良好传播效果[①]。

除了"新京智库"，千龙网也有自己的"千龙智库"。在千龙网的该频道下，设有《智库动态》《舆情研究》《智库观察》《参考活页》《千龙舆情产品》等多个栏目。该智库迄今已发布多个有影响力的研究报告，其成果被更多研究引用。例如，2020年的《新能源汽车行业品牌价值影响力传播报告》，以68家在售的新能源汽车品牌为研究目标，以2020年全年为研究周期，海量抓取3000多万条信息，得出当年品牌价值传播影响力的TOP20而特斯拉高居榜首、故障投诉榜而电池问题居榜首等新发现。千龙智库这种品牌价值影响力报告，还涉及教育、家装、白酒等行业。2021年的《2021内容创作者生存报告》，以百家号为重点观察对象，发现百家号当年同比增长35%，创作者已达460万。而在"优质创作者"中，"大学率"占比约75%；所有创作者中，"90后"占比48%，且"00后"创作者正"积极上位"，显示年轻化和高学历的趋势；北京、上海、广州、深圳的创作者数量居前四名，郑州、安阳、成都、天津、武汉、杭州居前十大创作者城市榜，以及近年来每年都发布的《年度智慧教育品牌影响力分析报告》等多个垂类智库报告。

智库建设，是近年来一些报社的发展新趋势。报纸作为拥有新闻资质且具有较强原创内容生产传播能力和信息资源整合能力的机构，加上其与政府管理部门

① 据新京报社提供的材料。

等机构的合作便利，逐渐在智库建设方面探索出一套独特方法，尤以广东、上海等地报业成果突出，北京媒体也积极跟上。

二、志向远大的贝壳财经

贝壳财经是新京报于2020年8月推出的一个“独立财经品牌”，目标是成为“立足北京、放眼全国、影响世界”的财经新媒体，可谓雄心勃勃，被列为“2023媒体融合十大行动”之第二大行动。汤一原社长认为，该品牌的推出是新京报的一次“主动求变”，也是新京报内容品牌的一次全新升级。而“贝壳”隐喻远古人类用贝壳作为货币进行原始交易，象征“信用”与“信任”。贝壳财经拥有2020年8月上线的独立网站和2021年8月5日上线的自有客户端“贝壳财经News”，还在《新京报》上设有“贝壳财经”周刊，以上被称为贝壳财经“三大自有平台”，此外还有微信、微博和各平台号端口，形成一个品种齐全的垂类矩阵，全矩阵粉丝超过2000万[①]。其中“贝壳财经”微博账号就表现相当活跃，截至2024年8月20日，粉丝量已达908.4万，“转评赞”高达2385万。当日发送微博31条，阅读量100万次以上，且包含较多视频，该账号视频累计播放量达1.09亿次[②]。

从介绍看，贝壳财经的核心仍是一个内容生产机构，且成立以来一直坚持内容为王，加强舆论引领，通过独家和有深度的报道以及对热点事件的快速响应，推出形式多样、内容丰富的融媒体产品。仅独家策划的重点报道，就包括《反垄断启示录》《元宇宙虚与实》《大潮奔涌　亲历中国入世20年》《银发经济“最后一公里”》《摸底资本市场“中考”》《全球汽车为何“芯”急》《北京复工复产马达重启》等数十篇。在调查报道方面，较有影响力的则有《电荒突围　实探乌金之地（拉闸限电系列调查）》《特斯拉刹车门，30分钟数据首次

① 据新京报社提供的材料。

② 据查当日微博平台。

披露》《第七次全国人口普查系列报道》《刷脸变形记？》等。2021年7月14日至15日两天，就曾连续发布“爆款”报道。其中，7月14日发布的《土豪！600元跑腿费全国代购茶颜悦色！公司希望推出跨城代购》，揭示高价奶茶背后“奶茶代购”这一“新职业”的推动作用。文章不长，却带来370多万次的阅读量，话题阅读量高达4.4亿次。7月15日发布的《网红去世背后抽脂生意：腿部抽脂可达3万，“一天五到八台手术”》，阅读量也有288万次以上，全网阅读量600万次以上[①]。而《第七次全国人口普查系列报道》，则从2020年10月到2021年5月，以“大数据”“观察”“解读”“回应”四大板块，陆续发布数十篇深度报道，解析出很多众所不详的有趣信息，诸如“大数据”板块的《出走的东北人，到你那了吗？》《生育地图：哪些省份的人最愿意生孩子？》《七人普领导小组：我国人口平均年龄38.8岁，依然“年富力强”》等，“观察”板块的《回溯丨57年中国人口之变：四口之家“缩圈”到三口》《生育说丨愿意生孩子吗？有“70后”“拼二胎”，有“00后”“不想结”》等，“解读”板块的《关注五亿乡居人——专家解读第七次全国人口普查农村数据》《姚洋：人口老龄化带来的冲击被夸大了》《人口普查就是查户口吗？一幅长图了解“七人普”》等，“回应”板块的《国家统计局：第七次人口普查数据真实可靠，是一次高质量普查》《人口普查包括台胞吗？国台办：包括在大陆居住的台湾居民》等。

贝壳财经自成立以来，积极开展各种线上和线下的活动，并于2021年8月成立北京鲲纶天下数字科技有限公司，运用数字化技术手段，通过建设融媒精品、数据信息服务、智库服务等不断优化内容创新路径，同时提供论坛、研讨会、榜单等公共产品服务。2022年8月，贝壳财经联合中诚信推出“美丽中国ESG指数”“碳中和100指数”和“ESG评级数据库”。此前的2022年6月，贝壳财经成立“零碳研究院”，旨在为“双碳”（碳达峰、碳中和）工作提供智力支持与融媒支撑，并于当月推出首期12个版、标题为《碳寻未来》的《零碳周刊》。该周刊每月一期，已出版的包括《碳寻绿色制造　解码无锡模式》《全球变暖　能源向新》《COP28：全球盘点与责任博弈》《CCER启动在即》《战塑16年》《从

① 这两个案例数据中，微博阅读量数据来自微博平台，全网或话题阅读量数据由新京报社提供。

氢出发》等。零碳研究院还推出“零碳三十人智库”，并曾于2022年12月举办首个零碳活动“2022绿色发展峰会”。当年还推出汽车碳排放、绿色金融等多个研究报告，成为经济社会高质量发展的推动者。

与此同时，贝壳财经还于每年夏季举办“贝壳财经年会”，迄今已连续举行五届。2024年7月3日开幕的主题为“中国经济向新而行”的年会，历时6天，共设12场论坛，涉及金融、科技、文旅、消费等前沿热点话题，并发布《2024年上半年中国企业家信心指数》，工信部原部长李毅中，中国互联网协会专家咨询委员会主任邬贺铨院士，清华大学中国经济思想与实践研究院院长李稻葵，中国人民大学原副校长、中国资本市场研究院院长吴晓求，加拿大中央银行原行长斯特芬·波洛兹，北京银行董事长霍学文等一批政界、学界、业界大咖作主旨发言，体现了一如既往的高规格。此外，还实施“走出北京、布局全国”等活动。2024年的这次年会，还开辟了“大湾区分会场”，新京报联合广州粤港澳大湾区研究院发布了《粤港澳大湾区五周年发展报告——湾区共同市场：愿景与行动》。会上，新京报贝壳财经大湾区运营中心也宣告成立，旨在于首都北京与大湾区之间架设财经传媒桥梁。2021年7月6日，贝壳财经首次走出京城，在湖南长沙举办首届“资本市场高质量发展论坛”，学界、监管部门、金融机构、上市公司代表等嘉宾以及近百家企业代表参加此次论坛。2022年9月下旬，贝壳财经又在苏州举办“‘双碳两周年’新京报零碳研究院苏州研讨会”。

2024年7月举办的贝壳财经年会现场（新京报　提供）

2023年，贝壳财经开始深耕金融领域，在“金融资讯服务”“金融数据服务”“金融信息定制解决方案”三方面继续发力，致力于提供金融市场24小时资讯服务等项目，拟打造“中国上市公司可持续发展数据库”。目前，贝壳财经已有100多人的队伍，各种项目逐个推出。不难看出，新京报对其寄予很大期望，甚至谈到未来上市设想。

第八章

湖北日报传媒集团：

强纸强新美美与共
铸就双亿用户平台

概况

人员：集团现有在职员工3300余人，其中省管干部9人、处级干部182人、享受国务院政府特殊津贴专家8人（3名在职，5名退休）、中宣部文化名家暨“四个一批”人才1人、全国新闻出版行业领军人才1人、全国优秀新闻工作者2人、宣传思想文化青年英才1人。

媒体：拥有5报（《湖北日报》《楚天都市报》《农村新报》《帅作文》《湖北手机报》）、10刊（《特别关注》《党员生活》《支点》《楚天法治》等）、9网、4个移动客户端、160余个第三方平台账号，在全省17个市（州）建有分社（记者站），是湖北最大的新闻信息平台和外界了解湖北的重要信息窗口。

新媒体数据：截至2024年12月1日，集团新媒体用户总量达3.78亿，其中湖北日报、极目新闻两大自有端网平台用户分别超过1.44亿、1.54亿，湖北日报客户端和极目新闻客户端的累计下载量分别为4604万和3060万。湖北日报抖音号、快手号的粉丝量分别为4807万和956万，在全国省级党报中排名第一。湖北日报微信粉丝量为804万，在全国省级党报中排名第二。极目新闻在2023年中国报业新媒体影响力排名中居全国第三位，其微博粉丝量达2285万，微信粉丝量达880万，居全国同类媒体前列。

经营：2022年底集团总资产为107亿元，净资产为30.58亿元。2022年实现营业收入39.67亿元，利润总额3.02亿元，连续两年上缴国有资本收益6676万元。截至2024年6月，集团合并资产总额82.58亿元。

受访人物一览

赵洪松（上左）、张晓峰（上右）、周芳（下中）、熊爱玲（中左）、黄磊（中右）、马慧莲（下左）、张磊（下右）（受访者　提供）

湖北日报全媒体大厦（辜晓进　摄）

武汉近代报业虽起步晚于沪穗，但其作为19世纪中叶新开通的口岸城市和西方资本主义工商业较早涌入的城市以及辛亥革命首义之地，报业发展较为迅速。1861年汉口开埠，仅5年后的1866年1月6日，英美人士创办的武汉第一份报纸英文《汉口时报》（*HanKow Times*，一译《汉口泰晤士报》）就开始每日发行。1873年，中国人艾小梅在汉口创办《昭文新报》，虽不久就停刊，但被认为是中国境内第一份由中国人创办的报纸。此后历经80余年，英美法日等外国人在武汉创办的报纸、杂志50余种。武汉又于辛亥革命前后、第一次国共合作时期、抗日战争初期出现三次办报高潮，特别是1937年一年间创办发行的报刊就达140余种[①]。武汉解放后，各种新型报刊接踵创办，仅1949年就有《长江日报》（5月23日创刊，中共中央中南局机关报）和《湖北日报》（7月1日创刊，中共湖北省委机关报）两份重量级报纸创刊，它们直至今日仍是湖北最大的两家报纸。改革开放以后，武汉的报纸数量急剧增加，主流大报有《湖北日报》《长江日报》《武汉晚报》三足鼎立，市场化报纸一度多达七八种，武汉遂成为全国报业竞争最激烈的城市之一，堪比南京、成都。

《湖北日报》创刊仅月余，就曾因中共中央华中局要求其将重点放在新解放区农村而改名为《湖北农民报》，1950年6月1日又改回原名，并于1951年7月1日创办《湖北农民报》，后者于1953年4月停刊。现有的《农村新报》是1984年8月1日创办并几易其名后的产物。以湖北日报为骨干组建的湖北日报传媒集团在媒体产业化的道路上起点高、发展快，并在融合转型方面成果显著，呈现新媒体和传统媒体此长彼长、美美与共的局面，旗下一度有多种发行量超百万的报刊，迄今仍有两种期刊年盈利千万元；湖北日报、极目新闻两大全媒体平台用户均超过1.4亿，且有多个粉丝量超千万的大号。集团2022年底的总资产和净资产分别高达107亿元和30.58亿元，净资产较2017年底增长1.1倍，等于“五年再造了一个集团”[②]。据国家新闻出版署最新版《新闻出版产业分析报告》，截至2021年，湖北日报传媒集团的“总体经济规模综合评价”已连续三年名列全国报业第三，仅

① 据武汉地方志数字方志馆网站及相关文献。

② 据湖北日报传媒集团提供的材料。

次于第一位的上海报业集团和第二位的浙江日报报业集团。该集团同时也是全国三家总资产过百亿元的省级报业集团之一（另两家也是上海报业集团和浙江日报报业集团）。

湖北日报传媒集团总部由位于东湖之滨的湖北日报全媒体大厦和楚天传媒大厦以及旁边的楚天181文化创意产业园等建筑群构成，与对面的湖北省博物馆和湖北省艺术馆等高端文化设施构成一个文化群落。站在大厦高层，旖旎东湖，尽收眼底。2023年7月27日至28日，笔者和项目助理谭舒月（研究生）在该集团调研，并分别与集团时任总编辑赵洪松、集团副总编辑张晓峰、集团副总编辑兼楚天都市报·极目新闻总编辑周芳、荆楚网总编辑熊爱玲、湖北日报融媒体中心主任张磊、《特别关注》杂志董事长兼总经理黄磊和总编辑马慧莲等进行了深度访谈。

第一节　从报业强者到新媒体大户

《湖北日报》创办于1949年7月1日，2001年4月组建湖北日报报业集团（湖北日报社），2007年4月起更名为湖北日报传媒集团（湖北日报社）。

时任总编辑赵洪松先后毕业于华中师范大学（本科）和武汉大学新闻与传播学院（硕士研究生），毕业后就到湖北日报工作，先后在多个部门任职，并兼任过楚天都市报总编辑，创办过极目新闻客户端等新媒体，因而对整个集团的工作特别是对新媒体的发展脉络了然于胸，访谈中很多事实和数据信手拈来（本文撰稿时获悉，赵洪松年满60岁后已于2024年7月转岗，任湖北省政协文化文史和学习委员会副主任，继任者是原长江日报传媒集团社长、董事长陈光）。

一、居安思危，“好日子”过后的新媒体觉醒

改革开放以后，随着社会经济全方位的快速发展，武汉报业市场也由繁荣昌盛而进入激烈竞争状态。当时武汉主要报纸呈三足鼎立态势，分别是湖北省委机

时任总编辑赵洪松（右）在访谈中（谭舒月　摄）

关报《湖北日报》、武汉市委机关报《长江日报》和1961年在《长江日报》停刊（并入《湖北日报》）期间创办并代行武汉市委机关报职责的《武汉晚报》。这个格局很像广州的报业市场，后者有《南方日报》《羊城晚报》《广州日报》三驾马车。2003年，长江日报与武汉晚报合并组建长江日报报业集团，这又有点像上海2013年前的报业市场，后者有解放日报报业集团和文汇新民联合报业集团两大集团。在三大报的竞争中，湖北日报渐占上风，发行量和总体经济实力都在湖北及整个中部地区首屈一指。

到了报纸黄金时期的20世纪90年代至21世纪初，三大报各自又派生出若干市场化报纸，如长江日报旗下的《武汉晨报》、武汉晚报旗下的《今日快报》、湖北日报旗下的《楚天都市报》等，三家相加就有7种，再加上知音传媒和长江出版集团合办的《长江商报》等其他小报，武汉最多时有近10种都市化报纸。赵洪松说，那时市场好，办报就有钱赚，所以办报一窝蜂，很快就陷入同城恶性竞争，掀起价格大战。这些报纸中，1997年1月1日创办的《楚天都市报》一直占据优势，发行量高峰时期稳定在百万份以上，年广告额高达六七亿元。赵洪松说："但这么大的发行量参与价格战，肯定要吃亏。于是我们在《楚天都市报》下面又办了张《楚天金报》，让它作为《楚天都市报》的护卫舰，去拼价格战。"他说："在报纸赚钱容易的黄金时代，办《楚天都市报》就是抓住了风口，否则我们集团的实力不会那么强大。但到了2014年前后，报纸利润逐年下滑，发展空间被大幅压缩，好日子已然过去。当时参与价格战的都市类报纸大多停刊休刊了，而《楚天都市报》还活得不错，到2016年之后仍保持每年两三千万元的稳定利润，在湖北都市报市场算是一统江湖了。但传统媒体走下坡路是必然的，我们必须做出新的选择。"

首先是在2017年，湖北日报传媒集团主动将《楚天金报》休刊了，尽管它当时还有几百万元的盈利，但盈利的下滑趋势是显而易见的。2016年以集团副总编辑兼任楚天都市报总编辑的赵洪松说："新冠疫情前我们这一亩三分地日子过得蛮好，但面对传统媒体衰落、新媒体发展的必然趋势，我们做出决断，就是从零起步，向新媒体进军。"就在集团开始在微信、微博等新媒体上发力的时候，新冠疫情对武汉的突袭客观上也刺激并加速了集团内媒体的转型步伐。那时交通阻断、道路封闭，《楚天都市报》停刊长达75天，印了也送不出去。《湖北日报》的发行也受到严重影响。“那时楚天都市报被迫全员投入新媒体，新媒体成为我们内容生产和向外界发布信息的唯一渠道，转型成为唯一选择，大家这时也猛然意识到新媒体传播的必要性和必然性。这也是因祸得福吧。”他说。

此情此景，有点类似2005年美国卡特里娜飓风灾难期间，新奥尔良最大报纸《皮卡尤恩时报》因全城水淹无法印刷发行而被迫转入新媒体传播并大获成功的案例。

二、抓住风口，实现粉丝量爆发性增长

赵洪松认为，他们在短视频方面的意识是比较早的。2016年9月在抖音上线后不久，2017年楚天都市报就着手组建视频团队，要在新媒体上实现大突破。从那时起，不仅开始做短视频，还要求做直播。到2018年时，已经做到每天至少一场直播，当年就做了400多场。同时配套改革考评机制，对“爆款”产品进行奖励。随着粉丝量和传播力的提高，“爆款”的标准也水涨船高。

以短视频为抓手，湖北日报和楚天都市报在各大社交平台和平台号上全线出击，较早占据了发布高地。例如，抖音是2016年9月20日上线的，当时还不为主流媒体所重视，湖北日报于2018年6月即入驻抖音号。到2024年8月27日，抖音平台该报账号的粉丝量已达4797.3万，连续多年稳居全国省级党报官方抖音号之首；同日，楚天都市报的“极目新闻”抖音号的粉丝量也达2815.3万，微博粉丝达2275.6万[①]。截至我们访问期间，湖北日报快手号和微信公众号的粉丝量分别为753万和720万，极目新闻的微信公众号粉丝也有720万，这在全国省级报纸中都名列前茅。而且全集团的新媒体用户，从5500万左右增加到2.9亿[②]。赵洪松认为，早期新媒体各主要平台的跑马圈地是非常重要的，谁先占到了，就强者恒强，会有一种马太效应。就像湖北日报的抖音号，2019年底时粉丝只有几万，

① 据查2024年8月27日抖查查网站和微博平台。
② 据访谈时湖北日报传媒集团提供的数据。

但到2020年4月8日武汉解封的时候就超过1000万了，到当年10月就上了2000万，现在（2023年7月）是4300万。在这样的基础上，要增加100万或200万是很容易的，但这时再从零起步，就很难了。

而从湖北日报融媒体中心主任张磊的角度看，新媒体的内容生产方式也发挥着至关重要的作用。作为新媒体的操刀手，他在访谈中介绍了一套方法论方面的经验。他介绍，湖北日报是2017年组建融媒体中心的。中心组建初期，湖北日报的微信只有约12万粉丝，微博也只有一两百万粉丝，然后是2018年开抖音账号，2019年开快手账号。中心一开始也遇到涨粉困难，抖音开了1年多，粉丝只有5万多，跟省级党报的地位极不相称。员工一度很畏难，觉得抖音这种年轻人的平台可能和传统报纸“气质不符”，但后来发现不是这么回事，他们可以掌握短视频的传播规律，如上线初期最好突出一个“短”字，视频长度限定在15秒以内。而且短视频不一定都是视频形式，照片也可用来做视频。如2020年1月22日，湖北日报抖音号发布短视频《这真的真的是一个很好的消息！湖北首例！武汉大学中南医院新技术成功救治新冠肺炎患者》，其实当时无法拍摄视频，只用了3幅现场照片，但做了视频化处理，再加上压在照片上的醒目文字，结果迅速成为“爆款”，播放量达3.29亿次，点赞1374万次，留言57万条。“这给了我们很大的信心。在厘清短视频内容生产的规律后，我们就实现了爆发性增长。”他说，“首

张磊主任（左）在访谈中（谭舒月　摄）

先，要将影像思维转变为新闻思维，真正的流量密码在于新闻价值。其次要以互联网思维推进产品生产，做到简单、极致、易扩散。例如，2020年2月，关于一位年轻医生因在工作中感染新冠而去世的一则视频，也是用一张珍贵图片做的，播放量超过2亿次。”他特别强调要以质而非以量取胜，他们的抖音账号每天最多发15条，通常维持在12条左右，就是要走精品化路线。

张磊还总结出实现“爆款”的几条经验：一是“爆点”藏在标题里，短视频的标题提炼是“爆款”形成的重要因素之一。他举例，2021年7月23日，湖北日报记者从河南开封抗洪现场传回一段视频素材，“作战”50多个小时的中部

湖北日报传媒集团全媒体指挥中心（辜晓进　摄）

大厦内有多个这类视频演播室（辜晓进　摄）

战区战士们坐在堤坝上分批吃饭。这段视频看起来十分普通，很难发掘出“爆点”。不过，编辑提炼出了一个十分精妙的标题《这段视频没有配音乐，只有知了的鸣叫和小伙子们狼吞虎咽的声音》。这条几乎没有任何剪辑加工、原汁原味的短视频，通过标题字幕的牵引，让网友真切感受到了战士们的辛苦疲惫和奉献精神。作品在湖北日报抖音号、快手号、微信视频号均形成了“爆款”，总播放量达7965万次，点赞量达271万次。二是“爆点”藏在新奇点里，即内容的新奇性与不寻常性。2022年3月3日，湖北日报短视频编辑部收到投稿，大意是一男子酒后驾驶被查，跟交警说自己是推着车过来的。编辑在核实后立即编辑制作短视频《大爷醉酒后被交警拦下，坚称自己没骑车，交警一查还真是一路“推来的”》，发布后收获268万次点赞，总播放量1.59亿次。其他还有“爆点”藏在热点里、“爆点”藏在话题里、“爆点”藏在情感共鸣里等。如2021年12月7日，电影《亲爱的》人物原型孙海洋陪着被拐14年的儿子孙卓回到湖北监利老家。湖北日报短视频编辑制作了短视频《等啊等、盼啊盼，孙卓终于到监利老家了！》，引发受众强烈情感共鸣，很快上升为抖音热点，播放量达2.09亿次，点赞217万次，成为抖音平台当时播放量最大的作品。

为适应向新媒体倾斜的内容生产需求，集团旗下媒体在内部实施了顺应全媒体传播规律的考核机制改革。以湖北日报为例，从2018年起先后出台《湖北日报编辑部全媒体绩效考评实施细则》《湖北日报编辑部关于全媒体绩效考评的补充规定》《湖北日报全媒体稿件评分办法（试行）》《湖北日报编辑部关于视频类稿件评分的补充规定》等政策性文件，将湖北日报社采编部门全部纳入统一标准考核，推动建立健全符合融合发展需要的考核体系。在该报的媒体融合一体化业务平台内，在报纸、客户端、微信、微博、抖音等平台发布的稿件，由系统自动计入工作量。所有稿件实行机器打分和人工评分相结合的方式，其中报纸稿件由值班总编辑人工按质评分，新媒体平台稿件包括文字、图片、音视频、直播等产品，由一体化业务平台根据作品体裁和流量进行统一评分。在此机制的激励下，新媒体发布稿件数量和得分明显增多，近年来，一些一线记者新媒体稿件数量占总稿件数量的比例已经超过80%。

至2024年1月，仅湖北日报社旗下有“湖北日报”标志的主要新媒体用户数就总计达1.25亿。其中，湖北日报客户端3998万，湖北日报抖音号4694万，湖北日报微博735万，湖北日报微信765万，湖北日报快手807万，湖北日报头条号397万，湖北视频矩阵466万[①]。

赵洪松还特别提到对各类新媒体的精简与清理，以避免一哄而上，大家都发展不起来。例如各类平台号，楚天都市报最多的时候有200多个，最后精简到只剩40个，那些只有几百粉丝、几千粉丝的平台号或“僵尸号”一律清理掉，集中资源将主号做大。

三、融通共建，打造“年更百万”超级平台

早在2011年6月1日，湖北日报传媒集团就上线了iPad新闻客户端。虽然这主要还是电子版的报纸阅读产品，却可视为该集团最早的移动端尝试。2015年1月20日，动向新闻客户端上线。张磊主任介绍，“动向新闻”当时主要由集团旗下的荆楚网运营，2017年其更名为湖北日报客户端，开设40个频道和专栏，覆盖湖北全省17个市（州），由湖北日报直接运营。且因“湖北日报”名下的“两微一端”都齐全了，湖北日报的融媒体中心也就此组建完成。

此后，客户端就成为湖北日报转型改革的引领者，其名下的各个平台大号蓬勃发展，相继诞生令业界瞩目的超大用户量新媒体，如前文所述的4000万级的抖音、800万级的快手、700万级的微信和微博等，构成强大的党报新媒体矩阵。正是在如此量级的新媒体基础上，湖北日报传媒集团设计出一个以省带县、全省融通、共建融合传播生态的战略构想，并于2022年开始实施，计划完成“一年试点、两年全覆盖、三年成生态”的任务。这年3月，湖北日报客户端与湖北全省县区融媒体中心的“共建”工作正式启动，“共建”的方式是湖北日报客户端下沉地方，与县区融媒体中心合作建设地方频道，以此提升地方信息的传播力和

---

①《湖北日报传媒集团社会责任报告（2023年度）》，荆楚网，2024年5月16日，http://news.cnhubei.com/content/2024-05/16/content_17900795.html。

省级平台的内容产量，实现省地之间的“双向奔赴”，建成年更新稿件百万篇的“区域超级传播平台”。

2022年8月，首批12个试点县市区频道在湖北日报客户端上线，其中就包括位于湖北西部、宜昌市辖区内人口18万多的远安县。“共建”后，远安县一则“板凳男孩”故事经“超级平台”传播，迅速成为“爆款”。男孩名叫方宇翔，两岁半时因一场车祸被高位截肢，小板凳从此成为代步工具。2023年7月，他在中考中获得A等优异成绩，以全县前100名考入远安县第一高级中学。湖北日报客户端旗下的“远安频道”等新媒体于当年8月25日起陆续发布《坚持参加军训的“板凳男孩”，何以如此“阳光”？》等视频，《湖北日报》和客户端又于8月31日发表通讯《“板凳男孩”的振羽之歌：两岁半时被车祸夺去双腿，但他一直笑对生活》。这些信息经“超级平台”传播进而被央媒和头部新媒体转载，获得广泛关注。张磊说这次传播的全网阅读量高达4.7亿次，真正实现了地方内容的“出圈”。2024年8月在本文撰写期间，恰传来方宇翔入选中央文明办等单位发布的2024年全国“新时代好少年”的喜讯。

位于恩施土家族苗族自治州的鹤峰县也在“共建”后出了一则“爆款”新闻。当地有一所位于海拔1800多米、每年有近8个月低温期的“高原小学”，从2011年10月起开始为学生提供免费午餐，一坚持就是12年，老师们用4245条微博记录着孩子们的伙食。湖北日报鹤峰频道的编辑对此素材如获至宝，制作了一

2023年9月3日在哔哩哔哩（B站）“湖北日报”号发布的“板凳男孩”军训视频，显示观看量为256.2万次（哔哩哔哩截屏）

条10秒钟的短视频《湖北恩施一学校用4245条微博记录学生午餐，12年里从未断更》。视频发出后，在微博获得150万次观看并冲上热搜榜。而位于襄阳的保康县也受益于“共建”。湖北日报客户端保康频道于2023年4月上线，至2024年3月22日，不到一年时间里，已累计发稿16 338条，其中827篇稿件冲上“热推”或被“学习强国”等第三方平台转载[①]。恩施市融媒体中心主任朱述耀介绍，2023年以来，湖北日报客户端恩施市频道阅读量10万次以上的稿件共20多篇，“湖北日报客户端让恩施市的新闻宣传产生了蝴蝶效应，仿佛世界的各个角落都能通过此平台听到恩施的好声音”[②]。

从实际效果看，融通共建计划进展顺利。截至2024年4月，湖北日报客户端已与全省109家县级融媒体中心实现共建，频道总数达171个，日均更新内容3500条以上，其中县市区频道2500条左右，2023年已实现“年更百万”目标。湖北日报客户端自身的下载量也因此增长50%以上，达3992万[③]。计划如期实现，且取得双赢效果。

为了更好地营造“融合传播生态”，湖北日报传媒集团还举办“全媒体训练营”，定期、高频率地开展面向基层融媒体中心的融合传播训练，以解决基层人才缺乏的难题。我们调研时入驻集团旗下的楚天粤海国际大酒店期间，“训练营”正在同间酒店进行第15期的“全媒体”培训。湖北日报副总编辑张晓峰在访谈中说，“全媒体训练营”于2022年开营，当年计划举办10期培训，后受新冠疫情影响少办了几期，2023年恢复正常。每期参加人数100人起步，通常为120至150人，都是县区融媒体中心的人员。15期培训人员近2000人。

2024年7月5日，国家新闻出版署官网公布了“第四届中国报业深度融合发展创新案例名单”。在总共60个名单里，湖北日报传媒集团的“湖北日报区域超级传播平台”入选17个“全媒体传播建设类”案例。

---

①《湖北日报客户端与全省103个县市区融媒体中心进行实体、人才、管理和服务链接——牢牢黏合，融出“年更百万”超级平台》，中国新闻出版广电网，2024年3月29日，https://www.chinaxwcb.com/2024/03/29/99839795.html。

② 同上。

③《湖北日报传媒集团社会责任报告（2023年度）》，荆楚网，2024年5月16日，http://news.cnhubei.com/content/2024-05/16/content_17900795.html。

笔者与张晓峰副总编辑（左）在演播厅（谭舒月　摄）

四、“强纸强新”背景下的经济增长

湖北日报传媒集团不愧为大型综合性媒体集团，产业多样，业态丰富，实力雄厚，而且近年来传统媒体的创收能力保持较好，新媒体的收入不断增长，在集团媒体主营总收入中的占比显著扩大。到2022年底，楚天都市报·极目新闻新媒体的收入已超过报纸收入，但报纸收入仍保持较大的数额，这就是前几年实行“强纸强新”双强战略的效果。

所谓“强纸强新”，指在发展新媒体的同时，以纸媒为代表的传统媒体也得到稳定发展，以达到“此长彼长”的要求。一个鲜明的例子是《湖北日报》在发行上的逆势增长，价量齐升。2011年时，《湖北日报》的发行量已跌至20万份左右。集团班子采取一系列有效措施，在报纸提价的情况下，将发行量增长了1倍多，2023年7月发行40多万份。这些措施包括：加大系统征订工作的力度，省直机关采取“财政划拨、集体分送”模式，积极探索“党报走市场”，开展党报进机场、进加油站、进超市、进工地、进客房等营销活动，争取省委组织部、省财政对窗口行业实行订报补贴等，同时狠抓发行服务质量，在自发和邮发相结合的同时，发挥自发网络客户资源丰富的优势扩大征订。与此同时，《楚天都市报》也成功保持14.3万份的发行量。旗下期刊《特别关注》也保持在100多万份的发行量（详见后文）。

赵洪松说，在媒体主业的主营收入中，传统媒体仍有很大贡献，如《湖北日报》《楚天都市报》《特别关注》《党员生活》等印刷媒体的年利润都有千万元，甚至像《新闻前哨》这样的业务期刊，也能有微利。而作为原来传统业务两大亏损来源的发行公司和印务公司，经过改革也已扭亏为盈。其中的发行公司，最高峰时有五六千人，后来一段时间有一千多人，现在发行业务大大压缩，仅限于武汉中心城区的发行，只剩下几百人，兼做电子商务，现在也有了利润。印务公司最多时每年亏损几千万元，现在积极开拓市场进行商业印刷，如疫情期间大量印刷药品包装盒和说明书，去年（2022年）也实现了盈利。他说：“同时我们也大力推进媒体的供给侧改革，所有不赚钱或养闲人的公司，一律关闭。”当然，这涉及人员去留，在公开、公平、公正的原则下，严格按规程推进，多项改革如期顺利完成，如《楚天金报》关闭的时候有近200人，集团只留出29个岗位来消化。这些人怎样筛选？当时由集团纪委、楚天金报编委会、集团办公室和集团经管办组成一个工作专班，设置一些硬指标，如近3年采编人员的稿件计分和获奖作品，经管人员拉来的项目及为报纸增加的收入等，按此进行打分排名，再全部进行考试，也做出排名，两项得分总数成为留用的主要依据。排名前29位的人再由高至低进行岗位选择。赵总说，这样的公开操作，结果是“波澜不惊”。

张晓峰副总编辑介绍，为壮大实力，支撑媒体转型发展，集团近年来各经营板块也比翼齐飞。目前，集团在媒体主业之外，分别有文化地产、文化创意、文化投资三大板块。其中，文化地产是最大的板块，包括已建和在建的遍及武

到访时仍每天坚持打分、下面写着“天天评报　天天进步”的《湖北日报》评报栏（辜晓进　摄）

汉及周边的20多个楼盘，以及楚天粤海国际大酒店。楼盘中不乏“楚天都市·雅园”“楚天都市·丽园”“楚天都市·沁园”等优质项目。在房地产辉煌的时候，这块的收入和利润都很高，目前营业收入和利润有所下降，但2022年仍有超过20亿元的营业收入。作为第二大板块的文化创意，主要包含两个文化产业园。一是楚天181文化创意产业园，这里原本是湖北日报传媒集团旗下的楚天印务总公司印刷厂的胶印车间，占地约4万平方米，紧挨集团总部大厦，与湖北省博物馆和湖北省艺术馆隔路相望，产业园因位于东湖路181号而得名。二是位于武汉光谷的楚天传媒科创园，占地面积约308亩，主要用来搭建产业孵化器，吸引科技企业招租入驻。文化投资这块较为多元，既包括对湖北银行、汉口银行、长江证券等金融企业的股份和基金投资，也包括全资的楚天粤海酒店、控股的珍珠液酒公司和参股的泛亚文旅公司。其中，珍珠液酒是一种酱香型白酒，公司位于湖北襄阳；泛亚文旅是湖北日报传媒集团与楚天激光联袂打造的高科技文化创意产业平台，集团一度控股，现为第二大股东。第三大板块文化投资方面，2022年的营业收入超过2亿元。其他还有一些多种经营项目，如全媒体训练营的培训项目也成为新的营业收入增长点。

为降低成本，集团在报纸发行方面也做了大幅度调整，改变了过去全部自办发行的做法，实现“自发”和“邮发”相结合，因此仍保留了一支有一定规模的发行队伍（目前约700人），主要确保武汉、襄阳城区两地的发行，其余中长途距离的地方都交给邮局发行，后者占大头。集团副总编辑兼楚天都市报·极目新闻总编辑周芳介绍，以《湖北日报》和《楚天都市报》两报为例，我们到访时，《湖北日报》期总发行量的400 360份中，武汉为89 426份，襄阳城区为13 488份，其他地区邮发297 446万份；《楚天都市报》发行量的143 666份中，武汉101 338份，襄阳城区4720份，其他地区邮发37 608份。其余子报子刊，也大多采用自发和邮发相结合的方式发行。

产业收入反哺新媒体发展。赵洪松说，新媒体不仅用户数量显著增长，由上年（2022年）的2亿增加到今年的3亿，创收能力也逐年上升。上年（2022年）新媒体收入约2.8亿元，现在（2023年7月）已有2.91亿元，全年突破3亿元毫无问题。他对未来充满信心：“如果说单靠报纸还能有五年、八年生存，一旦极目新闻等做大，楚天都市报就可以保证10年至20年无忧。”

第二节　报端和鸣的“极目楚天舒”

在华中地区报业市场，早年的《楚天都市报》和新创办的极目新闻客户端，都是引人注目的媒体现象。而传统的“楚天”与新兴的“极目”正在相互融合的转型道路上积极探索前行，呈一体之势。这两大媒体的负责人是年轻的女报人周芳。她原来在湖北日报社当政治新闻中心主任，2021年8月升任该报副总编辑和集团副总编辑，随后参与创办极目新闻客户端并兼任极目新闻和楚天都市报的总编辑。她当日凌晨刚值完夜班，还根据事先了解到的笔者的生日，向笔者赠送了一份出生当日的《湖北日报》——非常别致的文创纪念品。

一、群雄中脱颖而出的《楚天都市报》

《楚天都市报》创刊于1997年1月1日，前身是湖北日报社旗下的《楚天周末》。如前文所述，该报创刊前后，武汉市的都市类报纸如雨后春笋般涌现，竞争激烈。最终该报占得上风，日均发行量长期稳居华中地区首位，并先后20次获得中国新闻奖，获奖数量及等级均居全国都市类报纸前列。2009年1月4日，该报还经国家新闻出版总署批准创办了第一个地方版《楚天都市报·襄樊版》，2011年更名为《楚天快报》。在集团报史馆的展墙上，展示有《楚天都市报》的发展轨迹，其中有“2001年日发行量突破130万份”字样。该报早期的快速发展，得益于创办人杨卫平的创新精神和开拓能力，可惜他在该报发行量接近100万份时于2000年因病英年早逝，年仅50岁。

周芳介绍，在纸媒断崖式下滑的背景下，《楚天都市报》目前的日发行量仍保持在14.3万份。展望全国，都市类报纸发行量超过10万份者已如凤毛麟角，《楚天都市报》大约排在第二位，第一位的应是江苏的《扬子晚报》。在主报之外，还有若干地方“读本”，如半月刊《武昌读本》，期发行2万份；月刊《江

周芳总编辑向笔者赠送笔者出生当日的《湖北日报》（谭舒月摄）

夏读本》，期发行1万份。该报旗下还办有面向全国中小学生发行的，以写作、阅读和鉴赏为主旨的课外读物《帅作文》周报，期发行量高达50万份。该周报是湖北日报传媒集团与中国出版集团所属人民文学出版社于2010年11月3日合作创办并交由楚天都市报编辑经营的报纸。若将这些报纸都算上，楚天都市报的报纸集群日均发行量为21.6万份。

如此业绩和影响力，主要来自该报长期坚持优质内容生产，积极开展关注民生、温暖社会等活动的口碑与公信力。创办24年来，这份“扎根武汉、覆盖全省”的报纸，发表了大量反映社会现实、新闻价值高、能引起读者广泛关注的报道。例如，该报展示墙上列举的《记者暗访半月　揭开贩肾黑幕》，指的是2013年该报记者接到举报后，在疑似地下贩卖人体器官和实施摘肾、移植手术的目标别墅附近驻扎长达10天，经暗访调查并与警方配合，摸清犯罪团伙的来龙去脉和犯罪事实。团伙被一网打尽时，该报于当年8月20日发表长篇调查报道，内容触目惊心，被人民网、央视、央广等央媒及门户网站大量转载。第二年，央视播出据此内容采编制作的40分钟纪录片。2018年8月2日，该报通过其微信公众号推送《武汉37岁男子被查出胃癌晚期，他的朋友圈让人泪崩，面对疾病他有太多话要说》一文，在短短7小时内，阅读量就突破100万次，9小时后阅读量达210万次，人民日报、新华社等900多家媒体纷纷转发。截至当年11月底，该文的阅读量超过1600万次，人民日报转发阅读量也超过1000万次，最终全网阅读总量超过5000万次[①]。以“全心全意为市民服务”为办报宗旨的该报，还受一封寄自某贫困灾区学子的来信启发，从2000年起，发起“心系贫困大学生”活动。信中说：“我们好不容易考上了大学，却没有学费上学。你们能帮帮我们吗？”该报遂在头版刊发募捐消息。此后连续20余年，该报携手团省委、省青年基金会每年举办资助贫困大学生活动，20年间已累计募集2.5亿元，资助7万人[②]。

周芳总编辑说：“武汉市民对《楚天都市报》很有感情。现在虽然发行量掉下去不少，但仍有一批市民对她保持忠诚度，所以我们暂时没必要将报纸强行关闭，何况它现在还有很好的市场基础，我们必须办好它。前段时间，同事去武汉大学一位老教授家访谈，（我们从）拍回的照片中就看到他家茶几上有一份《楚天都市报》。这就是我们报纸贴民生、接地气的群众基础。”

跟一些城市的强势都市报一样，在内容生产屡出佳作的同时，楚天都市报的经营活动也风生水起，业绩傲人。2000年，是创刊第四年，该报的广告收入就突破2亿元，2004年翻了一番后达4亿元，2010年再增至5.44亿元[③]。此外，该报还通过主办各种活动扩大经营收入。周芳介绍，2022年，楚天都市报全年营业收入19 557万元，其中新媒体营业收入占总收入的53%。

二、在毛主席故居上线“极目新闻”

武汉东湖宾馆坐落于浩瀚秀丽的东湖之滨，园内梅岭有一栋看上去并不起眼的地面单层别墅，是毛泽东故居陈列馆。我们到访武汉时，该故居并不对外开放，承湖北日报社帮助联系，方得入内参观，但手机须存入专柜，不得拍照。馆

① 魏曦、肖苔：《5000万级微信“爆款”如何炼成——楚天都市报“胃癌病人遗愿清单”报道的探索》，《新闻前哨》2019年第1期，第45页。

②《“20助”20年筹集2.5亿元善款，助7万名贫困学子圆梦》，极目新闻百家号，2019年10月24日，https://baijiahao.baidu.com/s?id=1648230632628307624&wfr=spider&for=pc。

③ 综合自《纪念湖北日报创刊70周年，重温社史上的70个No.1》《楚天都市报创新经营出奇招》等报道。

内藏品比想象的丰富，包括很多难得见到的珍贵手书和历史照片。讲解员介绍，毛泽东主席在中华人民共和国成立后，曾先后48次入住这里，这是他在中南海之外居住次数最多、居住时间最长的场所。居住期间，毛主席接见过64个国家的94批客人。中华人民共和国很多重大政治决策，也在这里作出，如西藏平叛、炮击金门、提议邓小平复出等。那首著名的《水调歌头·游泳》也在这里写就。毛主席自己不曾想到的是，一句“万里长江横渡，极目楚天舒”，会在他身后成为两个重要媒体的名字：《楚天都市报》和极目新闻客户端。

2015年11月26日，楚天都市报创办的看楚天客户端上线，但影响力限于省内，难以“出圈”。这个难以“出圈”的客户端在新冠疫情期间暴露出弊端。赵洪松介绍，抗击新冠疫情的武汉保卫战告一段落后，湖北省委时任主要领导要求对标澎湃新闻，打造全国一流的新媒体品牌。东有澎湃新闻、界面新闻，西有红星新闻、封面新闻，北有新京报，南有南方+，湖北作为中部大省，不能没有一个强大的新媒体品牌。于是在湖北省委的指导下，打造一个强大的新媒体品牌就进入议事日程。

首先是起名字。起初编委会一帮人绞尽脑汁，对起的名字都不满意，于是全编辑部悬赏，录用者奖3000元。结果报上来100多个名字，其中有5个提到“极目”，最后“极目”入选。赵洪松说：“其实毛主席早已为我们取好了名字，‘极目’不就是‘楚天’的2.0版吗？新闻人要干什么？不就是要当船头的瞭望者吗？怎么瞭望？登高而极目远望嘛。所以‘极目’诞生后，我们又为其确定了12字的定位：全球眼、中国心、瞭望者、思想家。”2021年3月28日，极目新闻客户端作为湖北省委“深改委”2021年度的重大改革专项任务，正式上线。上线仪式专门选在毛主席写“极目楚天舒”的地方——武汉东湖宾馆梅岭礼堂举行，象征意义浓厚。

我们到访时，极目新闻上线还不到两年半，但张磊介绍，总用户量已达1.17亿。如今，我们发现极目新闻果然“出圈”了。在一些全国热点新闻中，我们除了看到澎湃新闻、红星新闻、新京报等常见身影，极目新闻也越来越多地闪烁其间。记得访谈时还专门问过赵洪松：如果想打开全国市场，就必须有全国内容生产的布局，新闻发生时，极目新闻的记者能不能到达现场？他的回答是：“极目新闻从诞生起就在努力这样做，例如，土耳其地震我们派人去现场采访了；孟晚舟归来，我们也在深圳宝安机场全程直播了。但由于一些相关规定，我们无法在全国各地设记者站，而是采取总部迅速派人的方式。但总部人员有所侧重，有的熟悉西南，就负责那块地区的事务，熟悉华东的就多跑华东。我们为此将原来的机动记者部改为省外采访中心，以保证全国新闻的原创力度。”

三、“咬定优质内容不放松”

我们从网上发现，不知从何时开始，原楚天都市报在包括微博、微信、抖音等第三方平台的账号都已更名为“极目新闻”。楚天都市报记者的名片或对外打出的名号，也都变成“楚天都市报·极目新闻”。除了报纸印刷版，在新媒体世界，“极目新闻”渐渐成为替代“楚天都市报”的品牌。用周芳总编辑的话说，两家媒体现在是“两块牌子、一套班子”，在湖北省内打“楚天都市报·极目新闻”的牌子，出省就只打“极目新闻”的牌子了。事实上，这“一套班子”主要致力于全媒体的内容生产，其中专为纸媒《楚天都市报》工作的编辑只剩10人，各种重要报道都实现了“极目”优先。种种迹象表明，极目新闻承接了当年楚天都市报在优质内容生产上的追求与实践，并借助新媒体的强大传播力，在更大范围生产和发布积极向上的优质内容，他们称之为“咬定优质内容不放松”。周芳说：“我们始终坚持内容为王，内容为本。”

她举例，2023年5月30日，中联部在湖北召开“中国共产党的故事——习近平新时代中国特色社会主义思想在湖北的实践”专题宣介会。湖北日报传媒集团高度重视，组织精兵强将做好包括极目新闻在内的全媒体报道，全网传播量近28亿次，其中极目新闻贡献了9.3亿次的阅读量。在此之前的2月，土耳其发生大地震，当时武汉有支蓝天救援队即将前往救援，极目新闻就安排两位记者跟随前往，其中一人是英语八级。他们在土耳其待了9天，克服重重困难，抓住一切机会采访写稿，文字、图片、直播、短视频一样不缺，9天发回100多条报道，直播首日全网观看量有1000多万。“这既实时记录了中国救援队现场救援的人道主义精神，也夯实了我们极目新闻在这种国际重大突发事件中的在场感。”还有就是2023年除夕，一位55岁的民警（一级警长）完成除夕安保值班后于大年初一（2023年1月22日）凌晨2点多回到家门口，却倒地不醒，撒手人寰。极目新闻闻讯后，第一时间采访报道，于1月25日在报网端及各平台发布新闻《民警除夕完成安保任务后倒在家门口，再也没有醒来》，经人民日报、新华网、央视新闻等100多家媒体转发，引起很大反响，全网传播量超5000万次。

极目新闻近年来有越来越多稿件在全国产生广泛影响。周芳提到2022年的“大葱哥”新闻。“大葱哥”是河南省洛阳市某镇的村党支部书记朱德林，在2020年春节期间，湖北疫情最严重的时候，他曾率领300多名村民，在冰天雪地里收割10万斤大葱，驰援武汉。但到2022年11月底全国多地疫情严重的时候，他自己的葱连一车也卖不出去，面临全部烂在地里的困境，于是他向媒体发出求助信息。极目新闻闻风而动，于11月30日开辟《鄂来帮帮“大葱哥”》的专栏，并发挥媒体的资源整合力，分别联系武汉的中百超市、中百仓储，又联系菜鸟物流，那时跨省的关卡多，还紧急帮助办理了通行证，记者随车前往河南产地。12月3日，菜鸟物流长达17.6米的厢式货车就满载1.34万公斤大葱，昼夜兼程，往返1300公里，回到武汉。极目新闻全程跟踪采购运输全过程，推出6场直播并在其他平台发布，还联手河南日报社的顶端新闻等当地主流媒体，实现跨省爱心接力传播，全网观看量超过600万次。极目新闻还不失时机地进行舆论引导，于12月2日发布“极目快评”《浓浓的葱香里，包含人间温情》。广泛的媒体传播也引起各方积极响应，至12月1日，“大葱哥”就收到近20万斤的订单。12月6日，“大葱哥”朱德林给极目新闻发来感谢信，并通过该客户端“向英雄、有爱的武汉人民致敬”[①]。

“孙海洋寻子”的报道，则体现了极目新闻与《楚天都市报》的接力传播、最终获得大团圆结局的传承精神。早在2008年5月，《楚天都市报》就发表过《两家湖北人深圳开起“寻子店”》，成为最先关注“孙海洋寻子”的湖北媒

① 以上数据来自极目新闻、顶端新闻相关报道。

体。此前一年，湖北监利人孙海洋4岁的儿子在深圳南山区某社区被拐走，伤心欲绝的孙家人要卖掉老家房产悬赏20万“寻儿子”，甚至还和另一位丢失孩子的湖北老乡彭高峰合伙开了一家“寻子面包店”。此事经广东媒体报道后引起楚天都市报的关注，后者作为两个寻子家庭的家乡媒体，之后连续多年跟踪报道。2011年初，彭高峰的儿子被找到，但到2021年，孙海洋的儿子尚无下落。这年3月，极目新闻上线，接手继续报道，报、端同时发力。当年底，孙海洋的儿子在失散14年之后，也回到了家人的怀抱。寻子期间，以孙海洋为原型的电影《亲爱的》先后在第71届威尼斯国际电影节和国内各大院线放映。2022年初，极目新闻推出“极目寻亲”全媒体栏目，将关注点引向更多此类事件。2022年2月12日，两个寻子家庭共7口人做客极目新闻，一同回顾艰辛的寻子经历和最终团聚的快乐心情，也与读者、观众分享了媒体长期报道的温暖。

在传播形态上，极目新闻也从诞生起就致力于全媒体、全形态传播，其中尤以视频传播为重点方向。目前极目新闻平均每天发布5场直播，一直保持着较高的发布频率，更于2022年7月武汉高温期间首次推出“慢直播”产品《现场测试：33 ℃高温下，“雪糕刺客”多久会化？》。“雪糕刺客”是近年来网络上批评的“天价雪糕”的别称，有商家更宣称某品牌雪糕31 ℃室温放1小时不化，上了热搜，2022年7月5日甚至传出网友用打火机点燃某雪糕的视频。针对当时的关

两个寻子家庭于2022年2月12日下午做客极目新闻（极目新闻）

注热点，一些媒体纷纷开始测试，唯独极目新闻于7月7日采用全过程慢直播，引发观看热潮。周芳说，该直播全平台在线观看超过1100万人次。当年10月24日，党的二十大刚刚闭幕，极目新闻发布了重量级融媒体产品《江山与人民：长江大保护的答卷》。该产品通过线上融媒体互动和线下视频、海报、报纸等综合传播形态，并采用微信SVG（可缩放矢量图形）功能，实现视差滑动效果，使长图观看有“裸眼3D”的感觉，全方位展现长江大保护的新气象。该创意产品还在武汉市的武商MALL户外大屏上循环播放，让更多市民跟着江豚欣赏长江变化。该产品也被国内数十家主流媒体广泛转发。2022年4月9日、10日，不会游泳的维吾尔族人玉苏普江·艾比布拉，在湖北监利长江沙滩先后2次下水救出3名落水者，网上赞声一片，楚天都市报等媒体也积极予以报道。极目新闻抓住这个“民族团结、舍己救人”的典型，采访大量现场细节和人物生平故事，创新性地采用“动画还原+真人讲述”相结合的表达形式，于当年12月22日推出微视频《我们就是亲兄弟　“95后”新疆青年两天勇救3名汉族落水者》，全景再现当时的感人故事，引起热烈反响。

极目新闻一些跨区域的大型报道活动，已经成为知名品牌并被坚持下来。2022年开始，极目新闻每年组织“寻找最美长江协助巡护员”活动，范围覆盖长江流域多个大中城市。习近平总书记对长江经济带作出“共抓大保护，不搞大开发”重要指示后，农业农村部从2020年1月起实行长江流域10年禁渔政策，逐步将原来的“捕鱼人”转型为“护鱼员”，试行“协助巡护员”制度。2022年起，极目新闻每年展开对长江流域保护和巡护员生存状态的系列融媒体报道，并于每年7月31日“世界巡护员日”评选揭晓当年“最美长江协助巡护员”。周芳说，武汉是一座英雄的城市，挖掘这座城市的感人故事是极目新闻这样的主流媒体之本分，“寻找”活动就成为一个很好的抓手。活动由农业农村部长江办指导，记者们深入长江协助巡护第一线，展示母亲河卫士的工作精神与生活细节，第一年在武汉举办，第二年在江西举办，第三年在四川举办……从极目新闻2024年8月1日的新闻中，笔者注意到有102名来自长江流域15个省市的长江协助巡护员获得2024年度“最美长江协助巡护员”称号，他们是2.7万协助巡护员的杰出代表。新闻中嵌入了这些巡护员在当地工作的视频。

四、终于“出圈”的客户端

作为“一套班子”的楚天都市报·极目新闻，现有员工362人。截至我们到访时的2023年7月，上线不到两年半的极目新闻客户端已经取得了快速进步和不菲成绩，而且实现了内容传播出省“出圈”，其用户除湖北本地外，山东、浙江、广东、江苏用户数排名靠前，且与报纸读者群不同的是，用户年龄分布在18岁至45岁之间。甚至上线仅9个月后的当年12月，极目新闻就入选国家新闻出版署公布的“2021年中国报业深度融合发展创新案例”。

而据撰稿期间向湖北日报传媒集团取得的更新数据，截至2024年12月1日，极目新闻全媒体平台用户总量已达1.54亿。用户中，客户端下载量3060万次，微信用户880万，微博用户2285万，抖音用户2816万，快手用户1010万。第三方平台有3个超2000万粉丝大号，这在全国晚报都市类报纸中，显得较为突出。在内容生产方面，2022年极目新闻“两微一端”总发稿量超过25万条，客户端稳定实现日均发稿超1200条，其中原创稿件240篇，原创视频90条。这些稿件中，日均被央媒转载29条，日均微信阅读量10万次以上的稿件有3.56篇，阅读量过亿次的微博话题有143条，点击量过亿次的短视频有56条。

用户总量大了，内容“出圈”、出“爆款”的概率也大大增加。就在我们到访前的2023年上半年，极目新闻阅读量过100万的图文作品首次超过千件，达1035件；三大短视频平台“爆款”数为647条，同比增长57%，其中播放量过亿次的有9条；微信阅读量10万次以上的稿件有593篇，相当于每天3.3篇，同比增长19%；微博阅读量过亿次的话题有77条，同比增长32%，其中“脱口秀演员house不当言论”4条系列话题合计阅读量达17亿次；直播共910场次，总观看量5.87亿次，分别同比增长46%和63%。“脱口秀演员house不当言论”指我们到访前不久发生在娱乐圈的新闻。2023年5月，笑果文化脱口秀演员house（真名李昊石）在表演时，所用的包袱被指涉嫌侮辱人民子弟兵，舆论哗然，笑果文化无限期停止演出。极目新闻对此进行调查报道后，引发热议和大量转载，成为相关话题的主要贡献者。由于影响力和公信力与日俱增，极目新闻2023年上半年每周接转的新闻线索有1200余条，较上年同期翻倍，而且大多数的报料来自省外，从一个侧面体现极目新闻影响力出省“出圈”的趋势。

也正因为有了大用户量的基础，极目新闻的经营能力也不断提升，目前已形成包括策划营销、品牌推广、活动定制、版权运营、媒体智库等的较为完整的新媒体全域服务体系。例如，在我们到访之际的这个夏天，极目新闻已经举办了17场“极目送清凉”活动，既提升品牌影响力，也带来经营收入。2023年上半年，楚天都市报·极目新闻累计实现税后营业收入1.069亿元，新媒体收入占比59%[①]。

当问及在近年来集团“三轮驱动”战略中，同为“主轮”的湖北日报报网端和极目新闻客户端如何差异化发展时，周芳总编辑介绍：湖北日报客户端旨在打造为区域超级传播平台，致力于深耕湖北；极目新闻则要努力打造成具有全国影响力的特色新媒体品牌。至于其他两个“副轮”，一是集团各媒体成功打造的一批第三方平台头部大号，二是探索推进作为大众传媒有益补充的“专精特新”垂直账号。

---

① 本目数据除微博、抖音数据查询自平台外，其余均由受访者提供。

第三节　荆楚网“营收过亿元”之路

湖北日报传媒集团的第三家营业收入过亿元的机构，就是荆楚网。该网站创办于2004年4月，前身是2001年12月创办的“荆楚在线”网站。2017年增设湖北日报网功能，与该网实行“双品牌一体化”的运营模式，所以“荆楚网”和“湖北日报网”的标志并列于荆楚网主页左上方。此次调研中，我们与荆楚网董事长、总编辑熊爱玲女士和副总编辑汪明进行了深度访谈。熊爱玲曾任楚天都市报社副总编辑和总经理，现任湖北日报传媒集团副总编辑兼荆楚网总编辑。荆楚网虽然一直是湖北省唯一的“全国重点新闻网站”，并于2014年在全国重点新闻网

熊爱玲总编辑（右一）和汪明副总编辑（右二）在访谈中（谭舒月　摄）

访谈后笔者与熊爱玲总编辑（右）合影（谭舒月　摄）

站中率先挂牌“新三板”，但在经营方面曾长期亏损，2018年才扭亏为盈。真正的快速增长是2019年之后，并于我们到访前的2022年实现1.116亿元营业收入、2016万元利润的良好业绩。

一、集成创新强化网络传播

2020年6月22日，荆楚网全新改版上线，立足“新闻更多、看点更足、体验更丰富”的目标，力求时政新闻更厚重，热点资讯更突出，焦点分区更清晰，重点栏目更显著。新版在“首页首屏”全新打造头条、要闻区、焦点区、视频区等时政报道区域，将重点放在聚合整合和集成创新方面。

熊爱玲介绍，荆楚网现有本部员工186人，14个部门分为两大类：一类是支撑部门，负责内容生产；另一类是经营部门，负责经营创收。但由于原创内容占比少，荆楚网并没有一个纯粹的新闻采编部门，内容生产是个平台，以聚合分发、集成创新为主，兼做舆情，但也尽量进行重点题材的自主策划生产。在转发方面，做到三点：一是集团稿件能转尽转，二是突发事件讲究速度，三是同类稿件比拼集成。她说，作为网站平台，内容集成很重要，考验的是编辑创新的能力。集团也要求，最优秀的集成创新应当出在荆楚网，“这也是我们变短板为优势的可行路径”。例如改版前，对于国家关于长江灾害防御的响应级别等稿件，通常在首页显著位置发布相关消息，改版后的2020年7月4日，荆楚网在发布《长江水旱灾防御4级响应升至3级》主稿的同时，链接《梅雨期或延迟到7月中旬》《暴雨出行安全指南》等配稿，再加上图解新闻和专题，就使相关主题的报道资讯更丰富，视角更多元，内容更好看，进而带来更大的阅读量。再如2021年两会期间，获悉外交部将为湖北举行全球特别推介会，荆楚网立即着手策划。内容团队从“湖北因水而兴”的历史变迁中找到灵感，将“水”定为关键词，搜集与水相关的数据与事实，涉及湖泊数量、水运商贸、桥梁船舶、水产养殖、绿色能源、科技人才等诸多方面，并从不同角度制作10余张数据动图，分别插入对应的视频，做成内容丰富且有说服力的5分多钟短视频专题《疫后重振看湖北丨湖之北，善若水》，于4月12日推介会之前重磅推出，向世界展示一个浴火重生、生机勃勃的湖北，被广泛转载，取得令人满意的传播效果。

2024年2月初，湖北出现大范围雨雪冰冻灾害。荆楚网在运用图、文、音、视等多种形式连续滚动发布预警报道和风险提示的同时，在微观报道上挖掘新闻细节，生动讲述民众自发展开救援的小故事。2月4日，该网记者获悉大广高速麻城段高速路面结冰，大量乘客受困滞留在高速路上，在河南漯河务工的湖北麻城小伙夏亚玲返乡后，第一时间将自家小卖部的商品搬上高速路支援受困乘客。次日，荆楚网的微信公众号首发附有短视频、图片和动图的推文《夏亚玲，你家小卖部被搬空了！》，并首创“搬家式驰援”概念，阅读量很快达到10万次以上，次日被人民日报微信转发，新华社、光明日报等平台也跟进报道，话题全网阅读量超过3.2亿次。2月6日凌晨，湖北宜昌点军区土城乡步淌村一位29岁的产妇出现临产迹象，而当时大雪封山，人员和车辆进出困难，救护车虽到达产妇家附近，但最后400米无法行驶。最后医生护士决定用雪橇拖，和产妇家人及村民一起找来地毯和棉絮做成临时急救床，在雪地里拖行400米，将产妇送上救护车。当天下午5点30分产妇平安生下一女后，荆楚网微信迅即发布《凌晨3点！最后400米，用“雪橇”拖！》，次日被人民日报微信头条转发，再次引发刷屏现象。这次灾情的三天报道里，荆楚网的稿件连续三天登上人民日报微信头条。而

早在2004年7月，该网站就首次用视频访谈的方式采访了著名舞蹈家杨丽萍（荆楚网）

2023年7月的20天内，该网稿件也曾5次登上人民日报微信头条，使得荆楚网的内容频频“出圈”[①]。

熊爱玲说，在我们到访前的2023年上半年，荆楚网日均发布稿件已突破3200篇，而上年同期是3000条，体现了该网作为主流平台的集纳和发布能力。“日更量是重要的衡量指标。我们的日更量，在全国省级网站中应该是第一梯队的。而我们所做的集纳创新，主要体现在做新闻专题上。网站做专题，微信做二次编发，贵在创新传播。”荆楚网的微信在2019年时只有68万粉丝，至我们到访前，已突破700万。“一个集团里，有三个粉丝数超过500万的微信公众号：一个是湖北日报，一个是极目新闻，一个是荆楚网。这在全国媒体中也不多见。”她说。

二、舆情服务实现两个效益

近年来，荆楚网将“助推社会治理”作为转型发展的重要方向，其中最主要的形式就是发挥省级重点新闻网站的内容生产和技术服务优势，提供舆情大数据服务。事实上，荆楚网的舆情服务起步早于国内大多数媒体，开始于2012年，当年荆楚网经湖北省委宣传部批准成立了湖北省网络舆情信息研究基地。2018年，荆楚网以该基地为基础成立舆情服务智库——楚天舆情数据研究院，探索“新闻+政务、服务、商务”新模式，构建涵盖全媒体整合传播、舆情大数据、网络评论引导、内容平台代建代维、数字制作和线下活动策划执行的新媒体服务体系。这不仅加快了舆情大数据服务的发展步伐，也大大拓展了经营领域，初步探索出作为网络平台的新型商业模式。

舆情大数据服务的服务对象以政府部门为主，主要从以下几个方面展开：

一是舆情大数据监测及报告服务。产品形态主要为舆情信息监测、预警、报告、研判、处置建议、舆情培训等。目前接受服务的客户单位有165家，涵盖湖北

① 吴安康、胡莹：《新媒体专栏正能量稿件的编发技巧——以荆楚网“荆楚温度”为观察对象》，《新闻前哨》2024年4月（下），第36页。

省政法、卫健、环保、应急等多个系统，基本实现对省内市（州）的全覆盖。

二是编辑出版舆情智库读本《网络新舆情》。该内部刊物创办于2012年，初为内参类读物，主要供党政领导参考。后发展为专业化的舆情分析读本，聚焦社会治理特别是网络舆情中的典型案例分析，以中高级公务员为主要读者。该读本为旬刊，以电子版为主，同时向电子版用户寄发纸质版，目前年度订阅用户已超过7600家单位和部门。该读本重视实践总结，强化服务属性，关注各地突发事件中的网络舆论形成路径和处理情况，总结相关政府在危机管理、媒体关系处置方面的得失，截至2024年9月10日，已出到第528期。以第528期为例，涉及本省及全国多起舆情事件，且时效性强，分析及时，如8月17日的河北11岁骑行男孩遭小汽车碾压身亡事件、8月22日的河北“男子献血8次不能优先用血”事件、8月28日的青岛逆行女司机打人事件、8月底曝光的甘肃硫黄熏制枸杞现象等。该内刊旨在引导读者通过活生生的舆情事件及处置结果增长见识，获得启发，积累经验，使刊物成为“领导干部的舆情读本”。

三是设立指数标准引导客户单位进行形象构建。多年来，荆楚网积极探索网络传播、舆情处置与管理、社会治理方面的相关标准，建立了基于数据信息分析的考评模型和评价体系，包括为省生态环境厅、省民宗委等单位定制开发了大数据考评管理系统。早在2014年，荆楚网就开始发布湖北政务微信、微博排行榜，每月定期发布省级总榜和省直、市州、区县以及政法、旅游等行业的分榜。从2018年起，连续6年举办“湖北十佳政务新媒体”评选。2020年起，发布武汉城区、医院、银行、地产、金融、旅游等行业的网络传播指数榜。2022年起，又连续三年承办湖北省委网信办走好网上群众路线的“百佳新媒体账号”推选活动。行文至此，见荆楚网发布2024年湖北政务微信“8月TOP100榜”，其中“武汉发布”以阅读总数第一、头条阅读量第一、阅读量10万次以上第二、点赞总数第四“蝉联榜首”，团省委的“青春湖北”以阅读量10万次以上第一、头条阅读量第二、阅读总数第二、点赞总数第二位居亚军，武汉市文旅局位列第三。榜单下还有“数据评析”“原创文章解析”等分析文章。可见这已经是一个常态化的评价推选活动，必将对政务新媒体的内容生产发挥激励推进作用。

四是案例推介助力提升社会治理创新水平。从2020年起，楚天舆情数据研究院携手华中科技大学国家治理研究院发起“楚治——‘荆楚杯’社会支持创新十大案例”品牌系列活动，以选树先进典型、分享先进经验、探索创新规律、助推基层治理体系和治理能力现代化。三年来，经主办方五次推介，汇集全省17个市（州）的600多个案例上线角逐，有千万人次投票，再经武汉大学、华中科技大学、省社科院及省相关部门的专家评审，迄今已有近百个案例获奖。

五是开展干部培训。荆楚网自2017年成为湖北省委党校厅干班、处干班的政务舆情现场教学基地以来，已有500多名厅、处级干部先后在此参加培训。此外，荆楚网还通过“请进来”“走出去”等方式对客户开展舆情专场培训，累计已有500余场，受训人员涵盖省直、市州、区县各级党政机构和企事业单位。

由上可见，荆楚网的舆情服务已经成为湖北省政务领域的一个重要而活跃的服务项目。从熊爱玲总编辑的介绍中也了解到，舆情大数据服务在取得良好社会效益的同时，也带来了可观的经济效益。2022年，这方面的收入达3000万元，其中《网络新舆情》智库读本收入就有1100多万元，舆情信息服务收入为1900万元。而我们到访前的2023年上半年，舆情大数据服务收入已实现1730万元，同比增长23%，全年此类收入有望超过3500万元，占荆楚网总收入约三分之一，且呈现快速增长之势。

三、手机报订制抓住尾盘效应

在荆楚网调研期间，有一个项目引起了我们的注意，即手机报的定制服务。在中国，手机报出现于21世纪初，曾经是各报纷纷推出、实现手机端移动阅读的重要举措。但这种基于短信、彩信等传播形式的有偿“手机报”推送，在社交媒体大行其道、智能手机迅速普及的2010年之后，就普遍衰落，直至被很多报业集团放弃。荆楚网的手机报上马相对较迟，却也一度兴盛，最流行时用户突破800万，年营业收入数千万元。直至今天，湖北日报传媒集团官网的旗下报纸中，《湖北手机报》仍赫然在列。

据荆楚网副总编辑汪明介绍，《湖北手机报》创办于2006年10月，合作方是中国移动湖北公司。彼时手机报在全国方兴未艾，智能手机和社交媒体都还没有上场，模拟传播成为移动传播的主流。《湖北手机报》也和全国其他报纸的手机报一样，开辟导读、天气、国内新闻、国际新闻、湖北新闻等多个栏目，可包含若干图片，实现彩信发布，并作为移动运营商的一种套餐，付费订阅。《湖北手机报》创办后仅两年半，用户数量就突破100万[①]。但到2010年后社交媒体迅速兴起和智能手机逐渐普及，手机报随即衰落。荆楚网发现，手机报的套餐定制模式有其独特的优势，即传播精准、到达率高，即便关了机，一开机信息就在那儿，不易错过。“一机一号”的精准性明显优于其他方式。此外，还有安全性，如自上而下发布一个通知等，实现点对点传播，不会外溢。这种优势在系统内部的上传下达中尤为明显，不是社交媒体可以替代的。在新冠疫情期间，一些较为偏远的县区基层因信息通达不畅，不得不又拉起“大广播”，恢复很多年前的“喇叭通知”，这时手机报的优越性也愈发突出。

手机报兴盛之时，三大移动运营商自营及与各地合作的手机报也遍地开花，使得大量没有新闻生产资质的机构和企业也通过手机发布各类“新闻”。2013年起，中宣部和中央网信办先后在山东、四川等五省开展“一省一报”试点，由省委机关报牵头整合各省手机报，这为湖北手机报的重新崛起带来机遇。2013年8月15日，全新改版的《湖北手机报》正式上线，开启了《湖北手机报》的“全省一报”模式。新版手机报每天推出上午版和下午版两个版本。随后根据一些区域、行业、机构的要求，充分发挥自己的定制化优势，陆续开发出综合版、市州县版、惠农版、行业版、机构版等多种版本。例如，2013年12月10日，手机报开辟《湖北手机报·政协版》，编辑们主动对接省、市（州）、县（市、区）政协和各民主党派的通讯员，开通面向通讯员的投稿邮箱，拓展了内容来源，强化了政协系统内部的信息流通。政协版手机报一度发展成为《湖北手机报》客户量最大的专属版本。熊爱玲说：“为做好服务，我们有专班为政协系统发布信息，每天发好几次。我自己是政协委员，每天都能收到这些信息。”到2014年，《湖北

① 涂琳：《湖北手机报发展现状及利弊分析》，《大众文艺》2010年第9期，第144页。

手机报》已上线27个细分版本，全省用户数达300万[①]。从2014年起，湖北手机报提出“一县一报”概念，推动全省各县（市、区）与湖北手机报合作创办具有地方特色的“手机党报”。到2015年4月，湖北全省已有46个县（市、区）开通手机报，“一县一报”用户数跨越百万大关[②]。

汪明说，后来行业内、系统内的定制就成为手机报的主流形态，特别是在交通、通信不够发达或网络不能全覆盖的行业（如电力行业），这种需求还呈现一定的刚性。定制了手机报，无须上网，一对多的信息便可传播到位。最多的时候，定制单位数量达46个，用户有400多个。但随着5G商用和智能推送渐渐普及，需要付费的手机报定制就受到很大影响，近年来明显萎缩。连最大的客户政协也从2022年停止了合作，熊爱玲说：“作为补偿，他们让我们代运营政协的微信公众号。”目前定制单位已不到20个。手机报是靠规模效应赚钱的，失去规模，运营商也缺乏积极性，就手机报的收入而言，2020年一年还有575万元，2021年为524万元，到2022年只有371万元了。熊爱玲说：“我们现在对手机报的要求只是降本增效。不过手机报团队很努力，今年（2023年）上半年给他们的利润考核指标只有10万元，结果他们做了67万元。”

就《湖北手机报》而言，下滑的趋势难以改变。但他们正在努力延长这一媒体的尾盘效应，为荆楚网的营业收入继续作出贡献。熊爱玲介绍，荆楚网的收入板块共有5个，分别是：传统广告收入，占比33%；舆情服务收入，占比27%；新媒体代建代维代运营收入，占比17%；数字制作，包括视频、H5等收入，占比18%；手机报业务收入，占比5%。访谈中获悉，目前全国手机报做得比较强的集中在四川、山东、重庆、河南等省（市）。我们调研的河南日报社的手机报，状态仍好，详见第十章。

①《〈湖北手机报〉全省用户超300万》，《楚天都市报》2014年1月1日。

②《湖北手机报“一县一报”用户跨越百万》，荆楚网，2015年4月28日，http://news.cnhubei.com/www/hbsjb/201504/t3244326.shtml。

第四节 发行百万的纸媒奇迹

在湖北日报传媒集团，不仅有2个“亿”字号用户量的媒体、2个“2000万”以上粉丝的大号，3个“700万”公众号，还有一份发行量“百万”的期刊。这构成了该集团全形态的传播力，也体现了“强纸强新”战略的奏效。尤其是在当前纸媒衰落的数字时代，一份地方期刊发行量仍能保持百万份，殊属不易。这份期刊就是《特别关注》。2023年7月28日，该刊董事长兼总经理黄磊和总编辑马慧莲接受了我们的访谈。黄磊4月刚从湖北日报经济中心主任位置调任现职，马慧莲则一出校门就进入该刊，见证了该刊的创办与发展以及发行400万份的高光时刻。

一、内容定位，由时政转文摘

马慧莲回忆，《特别关注》创刊于2000年10月，当时集团的想法是做一份时政杂志，取了个名字就叫《特别关注》，拟聚焦于重大时政新闻。但到全国各地走了一圈后，发现时政类期刊普遍办得不太好，发行量大的很少，限制也多。

黄磊董事长（中）和马慧莲总编辑（左）在访谈中（谭舒月 摄）

而当时发行量较大的期刊是《读者》《青年文摘》等文摘类期刊。于是集团调整方向，决定做以文摘为主的综合性期刊，而且在刊头上方做了个标签：“成熟男士的读者文摘”。这样做的原因是，当时市场上女性期刊较多，极少数男性期刊也是做兴趣爱好类，几乎没有做综合内容的，集团想寻求差异化发展道路，做出自己的特色来。在实际操作中，当时的负责人还是决定办成一份“男女老少通吃”的期刊，基本放弃了细分市场的想法，然后从人性的角度考虑内容的定位。一个是人生智慧，考虑到当时社会转型期出现各种思潮和各种焦虑，职场技巧、生活技巧等为人们所关注，围绕智慧做文章；另一个是心灵抚慰，如何获得幸福，怎样感受平凡中的美好等。所以，这表面上是瞄准男性目标，实际上却盯住了所有人。“但我们调研过几次，我们读者群中，男性和女性的占比分别为60%和40%。”

黄磊董事长说：“所以，我一来就取消了‘成熟男士的读者文摘’标签。现在期刊市场普遍萎缩，再提‘成熟男士’不等于自己约束自己吗？而且作为发展了20多年的成熟期刊，我们自己也是大刊名刊了，早就该有自己的品格了，不需要去傍中国的《读者》或美国的《读者文摘》。我们现在由一本刊发展到4本刊，最多时6本刊，已经形成一个期刊方阵。我们于2014年完成公司化改造，2015年在新三板挂牌。”笔者注意到，现在的《特别关注》刊头上方，已经换成“激扬人生智慧　抚慰读者心灵”的文字，这似乎更符合当初的定位。

马慧莲接着说，当时集团对这份期刊也没抱太大期望，给了80万元作为启动资金，只要求尽快实现盈亏平衡，3年内如果80万元亏完了，就停刊。但是，集团给了很大的政策支持。他们最初几个月的发行量只有不足3万份，在2001年底将近春节的时候，集团决定随报纸向每位读者赠送一份《特别关注》，这样一下子就随《楚天都市报》发行到省内80万户。这样做，集团也不亏，因为通常过年时因《楚天都市报》休刊，也会给读者发送一点礼品，这次就拿《特别关注》当作礼品。此举后来被该刊办刊人称作“高台跳水”，意指起点高，入水猛，水花四溅，容易引发关注。加上期刊本身内容不错，《特别关注》果然不胫而走，广为人知，到2002年，发行量在省内就增长到18万份。这成为该刊日后大发展的一个小高地。

《特别关注》首先在内容上下功夫，内容的一个重要标准就是选好故事。该刊确定三条用稿标准：引人入胜、扣人心弦、发人深省。但凡讲述的故事，符合两项标准即为好故事，三者兼得则是最好的故事，仅符合一项就不能算好故事。我们到访时，收到该刊赠送的2023年前8期杂志。打开一看，发现这份每期96页的杂志，封面已从过去的以照片为主改为清一色的水彩画设计，内页虽版式比较“《读者》”化，故事却独树一帜。例如，8期杂志的“卷首语”，几乎都用历史名著中的小故事来说事论理，借古喻今，有一定的阅读趣味。其中，7篇引用《水浒传》的故事，1篇引用《三国演义》的故事。而内页各篇“故事”，则放在《家事》《国事》《天下事》《开心事》《史事》《心事》《男人的事》《书中事》共8个专栏的细分框架中，使得这些故事题材的选择既有政治考量、国际视野等较高站位，又侧重社会与生活，还兼顾文化、历史等知识传播。这样的“故事”既与《知音》《故事会》等杂志的“通俗”故事相区别，也比《读者》更接地气。编辑们似乎善于在家国大事中挖掘大众阅读兴趣，如2003年的《1亿条裤子换1架波音飞机》。

笔者不知道20多年来该刊在内容生产上经历了怎样的发展变迁，但有一点可以肯定，就是该刊的内容策略是成功的，因为它赢得了一大批读者的青睐，巅峰期发行量每期高达430万份。国家新闻出版署《2020年新闻出版产业分析报告》所列平均期印数排名前10位的期刊中，《特别关注》排第8位，较上年还上升了

《特别关注》2023年第1至第8期封面（辜晓进　摄）

两位，且是排行榜中仅有的两种非央媒期刊之一（另一种是《读者》）。这两种期刊也是榜上仅有的总部不在北京的期刊。

二、发行得法，成功覆盖全国市场

对媒体而言，再好的内容还要靠渠道来支撑。在发行量达到18万份后的第二年，《特别关注》打算走出湖北，开拓全国市场。当时的负责人去各地邮局做了一番调研后，觉得全国市场潜力很大，遂决定先将河南和山东两个人口大省作为试点，认为湖北能发行十几万份，在这两个省应该也能做到。

马慧莲回忆，当时报刊已流行自办发行，邮局备受冷落，对发行杂志充满热情。他们与某县邮局局长聊天时讲到杂志发行，对方大包大揽，说在本县发行1000册没问题。他们的策略是先抓订阅，再促零售，果然奏效。在河南和山东，杂志就与邮局合作，当时杂志定价5元，高于《读者》《青年文摘》等普遍实行的3元定价，这样邮局就更有积极性。结果当年在两省就各自突破了3万份的发行量。随后几年，发行量增长很快，在山东一省的发行量就有三四十万份。两省成功后，《特别关注》又向全国更多省份进军，就这样像滚雪球一般，实现了一份地方期刊的全国化。2005年，该杂志的发行量首次突破100万份；2006年底，发行量突破200万份，此后一直稳步增长，2009年突破300万份，直至2013年突破400万份[①]。2023年9月20日，中国邮政集团有限公司在第十三届中国数字出版博览会上发布了《2023中国邮政发行百强榜》，《特别关注》荣登榜单，在榜上43种期刊中名列第18位[②]。事实上，经查历史数据，中国邮政自2013年首次发布"发行百强榜"以来，《特别关注》一直榜上有名，包括最近的2024年榜，只不

①据"特别关注"百度百科词条，https://baike.baidu.com/item/%E7%89%B9%E5%88%AB%E5%85%B3%E6%B3%A8/8739174?fr=ge_ala。

②《2023年度中国邮政发行百强榜发布，人民政协报上榜》，人民政协网百家号，2023年9月22日，https://baijiahao.baidu.com/s?id=1777674748829143619&wfr=spider&for=pc。

过排名从2013年的仅次于《读者》的第2名降至2024年的第20名。

在邮局订阅取得成功后，《特别关注》又在零售领域发力。马慧莲说，当时的办法是，杂志成立了一支发行队伍，一个省一个省地去找各个地方的民营代理，通过他们推动杂志在各地报刊亭落地。黄磊说，在纸媒黄金时期，仅武汉城区就有1500个报刊亭，而当时全国有8万个报刊亭在销售《特别关注》，“以订促零”的发行策略取得令人满意的效果。

三、应对挑战，巩固纸媒优势

随着市场扩张和经济实力的壮大，《特别关注》的规模也不断扩张。2012年5月28日，该刊注册成立湖北特别关注传媒股份有限公司。2015年6月30日，“特别传媒”在全国中小企业股份转让系统（新三板）挂牌上市，成为湖北日报传媒集团继荆楚网2014年7月1日挂牌“新三板”后的第二家“新三板”上市公司。彼时公司旗下的期刊也由一刊而变多刊，拥有《前卫》《特别健康》《楚天法治》等刊，后来又增加英文版*Special Focus*等刊，一度同时拥有6种期刊，成为事实上的期刊集团，或者如黄磊所说的“期刊方阵”。

《特别关注》经营的成功，最终体现在营业收入和利润上。黄磊董事长说，当年80万元开办费还没花完就开始盈利了。在2013年完成公司化改造之前，《特别关注》已连续多年每年产生3000多万元的利润，创刊12年以来累计向集团贡献了3亿多元的利润，这别说是一个只有20名员工的小媒体，放在任何同等规模的工商企业，也算是奇迹了。但到改制完毕后，新媒体的强大冲击也来了。与所有文摘类报刊一样，《特别关注》的商业模式长期较为单一，主要靠发行赚钱，广告占比很小。而文摘类媒体的优势是在媒体内容不丰富的时代帮助读者发现和选择更多的优质内容，这个优势在有着海量内容、搜索工具发达、传播速度快捷的互联网世界，就显得微不足道了。所以，新媒体对《特别关注》发行业务的冲击是巨大的，直接导致营业收入和盈利的大幅下滑。而且，杂志发行密度小了，邮局的积极性也在消失。“邮局以邮政储蓄和快递物流为主要盈利方式，对我们这种杂志，一年要投递12次还收不到多少钱，就没什么兴趣了。”黄磊说，“所以从2014年到现在近10年时间，累计上缴的利润只有4000多万元，年利润最少的时候只有200万元，而且低迷情况持续了几年，最近这几年才转为增长，且发行量还能保持100多万份。去年（2022年）的营业收入为5800万元，利润为1300多万元。”

这样的业绩，对于一个目前只有65人的媒体公司而言，也很不容易了。就人均利润率而言，《特别关注》可能超过集团内任何媒体，但这个衰退趋势也早已引起杂志领导层的警觉。面对困境，他们采取了各种应对办法。第一是杂志提价。公司近年来对杂志进行了2次较大幅度的提价，一次是2021年由每份5元提升至8元，另一次是2023年又升至10元，以此部分抵消发行量下滑对收入的影响，这也是全球报刊在数字时代的普遍做法。第二是内容提质。数字时代给内容的发现与筛选带来便利，但也更易产生同质化问题。编辑部一方面加大对图书馆馆藏中经典内容的发掘力度，另一方面加大筛选力度，尽量避免与网上内容雷同。马慧莲说，很多经典故事来自图书馆，而不是网络，所以杂志社仍保持在图书馆和传统书报刊的筛选传统，而且加大了筛选力度和编辑力度。目前，杂志用稿率约为5%，即每期刊登的100篇左右稿件，是从编辑上传的约2000篇稿件中精选出来的。即便是与《读者》等同一来源的稿件，也经过压缩和编辑加工，最后出来的稿件面貌并不相同。同时，对拟用稿件，编辑部会在网上查验，一旦发现在网上多次出现，例如出现5次，就坚决放弃了。网络传播较广的内容，基本不用，这样才能尽量保证杂志内容的新鲜感和稀缺性。第三是数字营销。黄磊坦承，文摘类媒体的数字化转型有特别的难处，因为毕竟是二手内容，有版权限制，不宜作为数字产品在网上发行，这也是《读者》等面临的共同难题。但可以通过数字营销来强化纸质版杂志的发行。现在报刊亭大量减少，大大冲击了杂志的零售业务。于是，《特别关注》通过网上的数字营销来弥补线下发行的空缺。一方面，通过第三方数字平台进行推广营销，例如总部位于成都的“杂志铺”，是2009年上线的国内第一家专事杂志订阅的网站。《特别关注》2023年1月开始与其合作，第一期就通过网上订阅做到1万份的发行量。还有一家网站是总部在石家庄的“牧狼人杂志专营”，《特别关注》与其合作了3年，第一年每期5000多份，第二年每期7000多份，2023年每期超过1.2万份。“这些数量都大大超过我们过去任何一个零售网点。”另一方面，杂志自己上网开店直营，目前在淘宝、京东都有店，同时通过微信公众号、视频号、抖音等进行推广营销。多种渠道并举，才使杂志能持续多年保持100万份以上的发行量。第四是多种经营。杂志近年来努力打破依靠发行的单一商业模式，开发包括与邮局合作推广“形象刊”在内的多种经营项目，这也是近年来营业收入增长的重要来源。

在采取上述措施的同时，《特别关注》也对组织架构进行了调整，近年来停刊了两种亏损且不具备专业优势的杂志，都是教辅类的，旗下杂志数量从6种减到4种。

第九章

深圳报业集团：

特区报业排头兵
亿元媒体俱乐部

概况

人员：集团现有采编人员1400余人，副高级以上人员170余人，外语人才200余人，2人获长江韬奋奖，9人享受国务院政府特殊津贴，2人入选中宣部文化名家暨“四个一批”人才。集团设立博士后工作站，与复旦大学新闻学院联合培养博士后近20名。

媒体：集团拥有9报（《深圳特区报》、《深圳商报》、《深圳晚报》、《晶报》、《香港商报》、*Shenzhen Daily*、《宝安日报》、《南方教育时报》、《深圳青少年报》）、8客户端（读特、读创、深圳Plus、晶报、见圳、香港商报、宝安湾、深学客户端）、3网站（深圳新闻网、香港商报网、EyeShenzhen网）、5刊〔《经济导报》（香港）、《特区教育》、《妈妈娃娃》、《汽车导报》、《融媒前沿》〕、3出版社（深圳报业集团出版社、香港商报出版社、经济导报出版社）、270余个第三方新媒体平台官方账号，代运营逾270个新媒体平台账号，全媒体生产传播体系覆盖内宣、外宣阵地。

新媒体数据：集团全媒体包括读特、读创、深圳新闻网、香港商报网、EyeShenzhen（爱深圳）等。集团视听中心产品全网传播量超70亿；“学习强国”深圳学习平台（集团承接）上线以来累积浏览量超97亿。

经营：集团资产总额近70亿元，物业涵盖北京、上海、广州、深圳等国内9省市及香港特别行政区。集团年营业收入规模在20亿元左右。（以上数据由深圳报业集团提供，截至2024年12月）

受访人物一览

刘大岭（上左）、丁时照（上右）、邓自强（下中）、胡洪侠（中左）、叶晓滨（中右）、蓝岸（下左）、汪博天（下右）（何莉、狄丰琳 摄，刘大岭图片为受访者提供）

位于深圳报业集团南院的深圳特区报业大厦（何莉　提供）

位于深圳报业集团北院的深圳商报社大厦（右）和新媒体大厦（左）（何莉　提供）

在此次调研的城市中，深圳市的历史最短，新闻史更短。现在深圳所辖区域内的第一份报纸，是创刊于1956年3月30日的宝安县委机关报《宝安农民报》，初为四开单张周报。但该报在随后的短暂历史中一波三折，数度变更。先是创刊约半年后更名为《宝安报》，约一年后改为周三刊，1959年第1期更名为《宝安日报》，实现每日出版。但到同年7月1日，又恢复《宝安报》刊名，出版周期也退回到周三刊。至1960年12月28日第769期出版后，宝安区档案馆的馆藏报纸“至此戛然而止，很可能就此停刊了”[①]。据分析，这应是当时国民经济极度困难、物资极度匮乏所致。现在的《宝安日报》为1993年重新创办。

改革开放以后，深圳的新闻业也与这座城市一样从无到有，快速发展。从1982年5月24日《深圳特区报》创刊起，深圳很快涌现出一批类型各异、名目繁多的报纸，先后不下20种。就因各种缘故已经停刊的报纸而论，就林林总总有《深圳青年报》《深圳工人报》《蛇口通讯》《开放日报》《深圳都市报》，以

① 关万维、申晨：《1956—1960〈宝安报〉研究》，海天出版社，2021，第1—3页。

及金融系统的《金融早报》、交通系统的《红绿灯报》、劳动人事系统的《深圳劳动报》等，还有南山区的《南山日报》、龙岗区的《龙岗日报》。上述“已故”报纸中，作为蛇口工业区机关报的《蛇口通讯》因1985年2月28日在头版刊文点名批评工业区党委书记袁庚而破了“党报不得批评同级党委”的“规矩”，成为当年新闻改革的一个标志性事件。深圳目前仍有10余种报纸在版，且绝大多数为日报，除《证券时报》《蛇口消息报》《深圳侨报》等外，皆隶属深圳报业集团。

2002年9月30日，经国家新闻出版总署批准，于1999年成立的原深圳特区报业集团与深圳商报社合并成立深圳报业集团，是继2001年文汇新民联合报业集团成立之后，国内第二个同城两大报系合并案例。合并后的第二年，深圳报业集团创造了若干个“全国之最”：以50亿元的资产规模成为中国规模最大的报业集团，以30万平方米的自有物业成为中国自有物业总量最大的报业集团，以21.43亿元的广告收入（2003年1—11月）成为中国广告收入最多的报业集团，以4种报纸年广告收入过亿元成为中国广告收入过亿元报纸最多的报业集团①。在新冠疫情前的2018年和2019年国家新闻出版署发布的《新闻出版产业分析报告》中，深圳报业集团在“总体经济规模综合评价”中分别名列第七和第九，在城市报业集团中名列第三和第四，也是五大经济特区中唯一上榜的报业集团。近10年来，该集团在数字化转型特别是新业务经营方面积极探索，亮点颇多。

2023年8月8日起，笔者和项目助理、博士生狄丰琳对深圳报业集团进行调研，先后与时任集团党组书记、社长丁时照，时任集团总经理刘大岭（副总经理朱永峰、集团财务中心原主任郅兴武参加），时任集团副总编辑、深圳晚报总编辑叶晓滨（深圳晚报发展公司副总经理张强、汪洋、谢泰春参加），时任集团副总编辑、晶报总编辑胡洪侠，时任深圳新闻网董事长、总裁、总编辑蓝岸，深圳商报总编辑邓自强以及读特客户端副总编辑詹婉蓉、总编助理刘思敏和张露峰等媒体或部门负责人进行了深度访谈。其中，笔者与丁社长访谈两次，总时长近4小时。因一些领导临时有事，访谈工作拖延至9月15日才结束。2024年10月10日，我们又去集团旗下深圳一本传播投资有限公司做补充调研，与董事长汪博天进行访谈。同月，

①《深圳报业集团创造五个“报业之最”》，《城市党报研究》2004年第1期，第8页。

还对丁时照社长进行了书面补充访谈。笔者在本书付梓前的2025年4月下旬获悉，丁时照社长已到龄退休，深圳报业集团原总经理刘大岭女士已升任集团党组书记、社长，深圳特区报社原副总编辑唐亚明已升任集团总编辑、深圳特区报总编辑。在此之前，蓝岸升任集团副总编辑、香港商报副社长、执行总编辑；胡洪侠到龄退休，由米鹏民接任；叶晓滨调任深圳广电集团副总经理（2025年4月升任总经理），由杨勇接任。

第一节　多措并举，剑指“再造”

深圳报业集团（简称“深报集团”）有“南院”“北院”之分，还有位于深南中路的老特区报旧址以及龙华印务基地、书报刊大厦等成片物业。南院是位于深圳主干道深南大道北侧的原深圳特区报大院，由曾经全国报业最高楼的深圳特区报业大厦和1栋裙楼、1栋宿舍楼构成。其北门所在的小路因深圳特区报的到来而修建，故被命名为“新闻路”。北院位于南院正北方约2公里处的商报路，由深圳商报社大厦、奥林匹克大厦和2020年落成的新媒体大厦及原印刷厂构成。目前集团旗下的所有媒体，除《宝安日报》《香港商报》《经济导报》外的几乎所有媒体都在新媒体大厦办公，只有集团管理层在深圳特区报业大厦办公，北院从此成为集团真正意义上的媒体运营中心。

和丁时照社长的访谈分8月8日、8月9日两次，在他位于南院深圳特区报业大厦38楼的办公室进行。毕业于复旦大学新闻系的丁时照早年从湖北日报调入深圳商报，深报集团成立后历任深圳晚报总编辑、深圳商报总编辑、深圳特区报总编辑和深圳报业集团总编辑，2022年接替原社长陈寅担任集团党组书记、社长。丁时照思维活跃，视野开阔，其担任深圳晚报总编辑时扭转了该报持续多年的衰

丁时照社长（左）在访谈中（何莉摄）

退，使之成为至今仍有较多盈利的报纸。我们到访时，他持续十多年撰写的“新闻魔鬼定律”系列已写完80篇，正打算结集出版（已于2024年3月由高等教育出版社出版，定名《趣味传播定律》）。

一、“再造一个报业集团”的底气

丁时照社长谈到当前报业的发展和未来设想时，常有思如泉涌的表现，但也掺杂着信心、决心和力不从心的复杂情绪。他说：“深报集团在纸媒阶段是王者，但在印刷机如印钞机的时候，我们有力无心，未能抓住互联网的发展机遇。在现阶段互联网背景下，我们成为追随者，想在新媒体上有所作为的时候却有心无力。现在传媒的主战场上没有我们的阵地，在我们的主阵地上看不见敌人。所以，我们都非常焦虑。我们也有强大的优势：其一，我们是内容的原创者，人们在手机上看到的靠谱信息大多是我们这些新闻人生产的；其二，我们有权威的发布，即我们有新闻资质；其三，我们享有体制上的赋能。”

我们到访时，深报集团即将迎来创办21周年的生日，集团高层提出“再造一个报业集团”的大胆构想。丁时照说，所谓“再造一个集团”，是全面的“再造”，要通过“五力”来“再造”，即实力、传播力、公信力、影响力、引导力，实现由里而外的“再造”，最终必然要体现在经营目标上，例如，将总资产从现在的60多亿元翻到100亿元以上。这样做的底气在哪儿呢？他认为，深报集团有一批“隐形冠军”和一个阵容不小的“亿元俱乐部”，是形成未来爆发性发展的基础。另外，他说：“集团的基本面还在，4000人，人才还在，硬件还在，机制体制还在，优势还在。”

所谓“隐形冠军”，指深报集团近年来的多个业内“第一”。它们包括：深圳新闻网，自2013年起，在中央网信办推出的城市网站传播力排行榜中，长期位列全国第一；读特客户端的下载量超过6300万，成为五大特区第一端；读创客户端以深圳400万商事主体为主要客户，是“中国商事主体第一端”；晶报在政务媒体代运营方面起步早、规模大，在全国报纸中排第一；深圳晚报开创以“活动”为主要收入来源的新业务形态，连续11年实现正增长，在全国报纸中居领先地位；宝安日报在营业收入方面居全国县区报纸第一；集团同时全资拥有香港重要媒体《香港商报》、香港《经济导报》和改革开放后经中央批准的第一份地方英文日报*Shenzhen Daily*及其客户端和由其经营的9语种深圳对外门户网站EyeShenzhen，是省市报业集团中最强大的国际传播矩阵。除了上述7项业内第一，还有多家亿元级机构，即深圳特区报、深圳商报、深圳晚报、晶报、香港商报、宝安日报、深圳新闻网这7家媒体的年营业收入都超过了1亿元，此外，文博公司、资产运营公司、创意智慧港科技公司、地铁传媒公司、印务公司、深圳一本传播投资有限公司等的营业收入也过亿元，这10多家机构形成丁时照所谓的“亿元俱乐部”。

丁时照说，上述“隐形冠军”和“亿元俱乐部”是用来加底气、增底色的，是5年内“再造一个报业集团”的重要基础。他也坦承，现在困难很多，盈利方面乏善可陈，还有多个大出血点，导致目前总体是亏损的（2023年，深圳报业集团实现盈亏平衡）。他认为，这也正是增收的潜力所在。

至于“再造”的发力点，丁时照提到目前主要开展以下“三项行动”：

一是调存量，以整合资源为重点。具体包括：（1）将主要新媒体平台从纸媒剥离，加快筹建数媒集团。（2）将两家地产物业公司（金风帆物业公司、地产经纪公司）和一个总部部门（工程项目部）“三合一”组建新的报业资产运营集团有限公司，目前已挂牌运作。他透露深报集团目前房地产存量的最新准确数据为47.2224万平方米，“这是昨天才给我的数据”，而这较大的存量房地产仍有较大潜力可挖。刘大岭总经理在访谈中说，这些房地产的存量目前自用的就有一半，太宽松了。现在日子不好过，应当将三分之二拿来做经营。其中，广州记者站和上海记者站的自有物业位置都很好，可以腾出来商用。这都是增长的潜力所在。（3）推进宝安、龙华两个印刷厂“二合一”改革，实现传统产业链板块提质增效。他说，目前宝安印厂能赚钱，而龙华印厂规模虽大却是亏损的，需要整合起来取长补短。

二是扩增量。具体包括：（1）做大做强文博会，探索文博会“1+N”模式输出。文博会全称中国（深圳）国际文化产业博览交易会，是中国唯一国家级、国际化、综合性的文化产业博览交易会，也是国际展览业协会（UFI）认证的大型文化产业展会，被称为“中国文化产业第一展”，从2004年起每年在深圳举办，由中宣部、文化和旅游部、商务部、国家广电总局、中国贸促会、广东省人民政府、深圳市人民政府主办，深圳报业集团、深圳广电集团、深圳出版发行集团承办，深报集团旗下的文博会公司运营。20年来，文博会累计总成交量超过2.8万亿元，深圳的文化产业增加值也由2004年的163亿元增长至2023年的2750亿元①。如此大规模的文化展会，从2018年起开始探索“1+N”的办展模式，“1”即文博会，“N”包括两个方面：一是从文博会平台延伸出N个专业类展会；二是借文博会“天时”，充分发挥深圳市场的“地利”，在全市优选68个文化产业园区，成为文博会分会场，向“永不落幕”方向发展，全年展示文博会平台的产品和项目。这一模式在2024年第20届文博会上已得到部分体现。这届展会，主会场展览面积18万平方米，另设52个分会场，共展示文化产品12万余件，规模为历来最大。（2）发挥深圳一本传播投资有限公司投资平台作用，推动集团资产证券化，已经有较好的投资收益（这部分内容详见下文）。（3）探索数字产业项目建设。（4）扩大活动经营，积极承办由市委、市政府等相关部门主办的各类颁奖、赛事、文艺汇演等活动。

三是做减量，主要是加大对经营“出血点”的清理。具体包括：（1）清理法律诉讼。丁时照透露，集团在他2022年上任社长时面临“六大诉讼”，总标的超过10亿元，成为集团转型发展的隐患与风险。其中涉及自有房产项目的诉讼有两个，一个是位于福田区的深圳特区报老报社“报春大厦”案，另一个是位于宝安区的“宝晖大厦”案。前者经多轮协商谈判，已在2024年1月达成和解协议，分别撤诉结案，房子已经租出去了，开始收租金了。后者老租户逾期占楼不交，导致新租户起诉深报集团。他说这个问题也已解决，2023年上半年已办理新老租户交接，集团实现租金收入，成功盘活3万多平方米物业资产。其他还有集团龙华印务厂区二期工程续建工程案、成都地铁传媒广告经营权案、昆明地铁广告

①《2024文博会：文化盛宴“带货”先锋》，《羊城晚报》2024年5月28日，第A4版。

笔者与集团副总经理朱永峰（右一）、集团财务中心原主任郅兴武（左一）访谈后合影（何莉摄）

经营权案等，截至2024年11月也都基本解决。此外，宝晖大厦顺利收回并对外出租，每年可新增租金收入数千万元，成都地铁传媒广告经营权案已追回各项费用7000余万元。第六大诉讼涉及在珠海横琴的一块土地纠纷，是省、市多家媒体集团联合投资的，深报集团在那里已经投入1.8亿元，目前尚困难重重，丁时照说这很可能不是一时半会能解决的，需要创新思路来求解。（2）清理“僵尸”企业。集团要坚决退出长期亏损且扭亏无望的投资项目，对两年不盈利的企业立即关闭。（3）精简总部机构。即进一步优化总部机构和职数设置，精简人员规模，提升管理效能，打造“小、精、专”战略赋能型总部。访谈时，他表示第一刀就要砍向集团总部，说集团办、总经理办、总编办这“三办”可以合一。至2023年底，集团总部的部门已从年初的18个精简为6个，减少66.7%，总部人员总数也减少33%。

二、AI引领“数字新基建”，提升传播力

谈到数字化转型，丁时照提到深报集团有很多客户端，有的他连名字都叫不出来。他认为，客户端已经成为老媒体，而且是“重资产”的媒体，例如集团的第一客户端读特，总投入已超过1.2亿元。深圳作为“最互联网的城市”，却没有一个在全国叫得响的客户端，这与城市气质不匹配，“是我们的心中之痛，也

常被市场诟病”。他打算成立一个数字媒体集团，把读特、读创等主要客户端以及深圳新闻网等核心新媒体都装进去，取消客户端的“附庸”地位，让他们独立运行，自主经营，有采访权、经营权和独立的媒体属性，有法人资格。他认为，目前的客户端在各报里都是“小融合”，各报的主要资源还是放在报纸上，这样就很难有能拿得出手的客户端。他表示，要把“数媒集团”作为头号工程来做，并展开“数字新基建”，对接智慧城市建设，最终的目标是整个报业集团彻底数字化。

到本文成稿之时，“数媒集团”动静不算大，只是读特客户端从深圳特区报独立出来直属集团管理，并于2023年进行组织架构重组，“数字新基建”则已初见成效。“数字新基建”的核心是人工智能，用AI赋能。为此，集团发布“人工智能战略”，构建“1+3+N”的人工智能应用生态，将人工智能技术切实融入采编发全业务流程，重塑智能化、高效能的媒体新生态。其中，“1”是1个大模型底座，指依托2024年5月26日深报集团与北京智谱华章有限公司签约合作共建的湾区传媒人工智能研究院，以人工智能技术驱动，共同研发传媒行业垂类大模型创新应用系列产品，目前已建成“深报·智汇”传媒行业垂类生成式大模型，拟申请中央网信办大模型备案。“3”是3个AI媒体应用服务体系：优化“深新”智能内容生产体系，重塑内容生产力；构建“多闻”智能传播体系，精准提升传播效能；打造“明眸”AI舆宣风控体系，确保内容准确安全。“N”是N个AI媒体垂类应用服务。截至2024年11月，集团已推出“集团AI应用开放平台”“深报AI助理”“AI传播”“AI风控”“读特AI工坊”等系列人工智能应用服务，将智能技术融入内容生产、传播和风控流程中，实现智能写稿、创意设计、音视频制作、数字主播、媒资检索、知识问答、事件理解、内容风控、辅助决策等应用。

丁时照社长对连接深圳市“智慧城市”建设尤其充满期待。他曾带队拜访深圳市智慧城市科技发展集团有限公司（简称“深智城”），这是一家成立于2018年底、在短短数年内由几百人发展到几千人的副局级市属国有企业，目前正在大量建模，要构建整座城市的智慧底座，覆盖所有城市基础设施的框架结构。他认为，新闻产业完全可以融入这个基本建设，成为它的一个信道，并打算很快与之签约，从集团所有媒体历史内容的全部数字化做起。

三、客户端的 AI 化改革和垂类发展

正如丁时照所说，深报集团有很多客户端。这些客户端也如丁时照所说，大致归属相应媒体，如深圳特区报旗下的读特客户端，深圳商报旗下的读创客户端，晶报的晶报客户端，深圳晚报的深圳Plus客户端，宝安日报的宝安湾客户端等。多年前，读特客户端被作为深报集团的主客户端进行升级改造，力争做成深圳的门户端和“特区第一端”，并成为整个集团转型发展的重要抓手；第二大客户端读创则朝垂类端方向发展，客户主打“商事主体”。2023年8月8日，我们与读特客户端副总编辑詹婉蓉，总编辑助理刘思敏、张露峰进行了访谈，得知读特正作为集团AI应用的一个场景，加快转型发展。而在2023年9月15日与深圳商报总编辑邓自强的访谈中，他谈到读创正瞄准深圳400万商事主体，努力建成商事主体的社交平台。

读特客户端是2016年3月28日上线的，名称中包含“读者”和“深圳特区报”的关键词，并以谐音“独特”寓内容优质而独特之意，当时由深圳特区报的新媒体部负责运营。截至访谈当日，读特客户端的下载量已超过6300万次。詹婉蓉特别强调，这个下载量是实在的，并无历次更新的叠加计算，也就是说，确实有6300万台手机下载了读特客户端。

访问读特客户端编辑部后合影。右起依次为副总编辑詹婉蓉，辜晓进，总编辑助理刘思敏、张露峰（何莉　摄）

读特近年来在内容生产方面有诸多创新，取得了较好的传播效果。仅举三例：一是在2020年深圳经济特区建立40周年之际，推出联手后浪公司制作的《为什么有深圳》。该作品打破城市形象宣传片的常规套路，以深刻拷问为起点，从城市人群、城市精神、城市定位、城市规划、城市未来五个维度进行回答，并以一个创作故事加以呈现。该作品于当年9月23日推出后，经人民网、新华网、中新网等广泛转载而引发全网关注，在10月14日深圳经济特区建立40周年庆祝大会当天又经人民日报新媒体矩阵等平台重磅发布，并被“学习强国”全国平台首页推荐，全网传播覆盖数亿人群。该片于2021年获得第十二届虎啸奖营销案例综合类和创意作品类两项金奖。二是2021年6月起，读特推出四集系列黏土定格动画《深圳红》，以全新的形式讲述80年前的深圳革命史和党史故事，其中包括广东抗日游击队东江纵队实施的对800多位文化名人和爱国民主人士的惊心动魄的大营救行动。第一集当日点击量即突破千万次，连续两天占据微博同城热搜前20。截至2021年底，《深圳红》定格动画产品全网传播量突破3.2亿次，并于2022年2月23日获得深圳“版权作品金奖”。三是从2023年4月22日世界地球日起，读特推出365天全天候海底系列慢直播项目“海底探粤”，通过在海底放置多组4K电影级高FPS（每秒帧数）摄像机、配备数百米长高强度专业级光缆和UPS（不间断）电源等，实现365天×24小时全天候实时慢直播，带领观众近距离观察深圳及广东海底生物的多样性。开播首日，即在全国超120家媒体、平台同步推流，并在多个平台被推上首页或热门，同时在全国首次实现海底实时通话直播。5月24日至27日，摄制组又与中国科学院专家一起蹲守野生珊瑚“下蛋”，连续72小时由潜水员志愿者潜入海底直播珊瑚产卵，主持人与中国科学院南海海洋研究所副研究员张浴阳在岸上演播室进行深度解说。直播内容经180家媒体同步播出，收获2亿传播量。7月24日起，摄制组又在广东惠东县海龟国家级自然保护区，携手海洋环保组织“蓝蹼生态”与保护区专家，连续96小时直播海龟洄游产卵实况，全网观看量超1.2亿次[①]。此外，读特还负责运营深圳特区报在第三方平台的

① 据调研期间读特提供的数据。

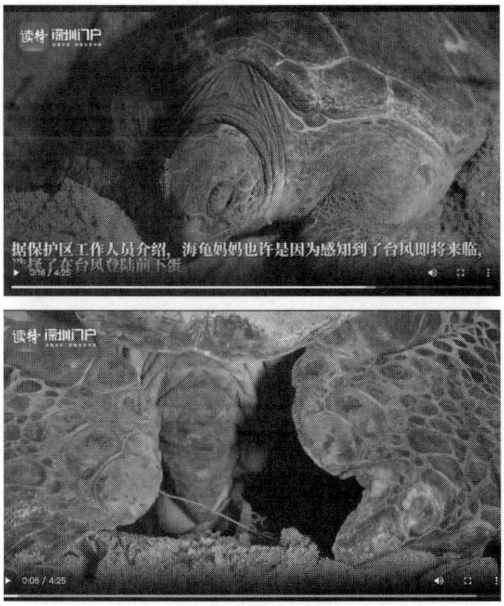

海龟正在产卵（海底直播视频截图）

10多个账号，其中深圳特区报微博粉丝量截至2024年11月25日为998.6万①。

读特目前共有91名员工，2023年底进行组织架构重组后设立采访中心、经营中心、产品中心和平台部4个部门，并开始利用AI技术赋能内容生产与传播。AI技术的全面引入，成为读特发展的一大亮点，表现为积极而又谨慎地在内容生产中引入AI。2023年11月，读特的产品中心实施整体转型，利用AI赋能内容生产，从而丰富供给，提升效率。产品中心是负责海报、直播、视频、H5等融媒体生产的创意部门，也是AI最容易产生效果的领域。中心采用AI海报、AI视频、AI写作、AI财报简讯等四大工具，并以海报和视频为起点，于2023年的年终报道期间进行尝试，设立人机共创的AI专区下的4个栏目。2024年3月的全国两会期间，读特推出AI共创的集成式产品“深报AI跑两会”，进行了一次较为成功的实战演练。又于2024年3月28日读特上线8周年时进行“AI焕新”，将产品中心转型为“读特AI工坊”，在常规生产中大张旗鼓实施AIGC（人工智能生成内容），每日都推出《AI读头版》、《AI瞰深圳》、《艺术家共创AI海报》、AI数字人栏目《热搜AI TALK》

① 据新浪微博平台。

等，作品包含AI创意大片、AI数据新闻、AI条漫、AI音乐MV、AI泥土动画等形式。

其中，在2024年3月28日AI工坊成立当天推出的读特AI形象片《下一个未来》，从脚本到特效均由AI辅助制作，制作团队通过近30天的AI大模型训练，“一键生成”了太空漫游、时空穿梭、赛博格觉醒等近百个4K镜头，被四大商业门户网站等近百家媒体转载。于同年4月22日世界地球日发布的深圳首部生态AI影片《神奇动物AI深圳》，利用AIGC技术呈现深圳的珍稀动物，并构建了一个既遵循科学逻辑又充满艺术想象的拟人化动物世界。5月文博会期间，推出“AI唱文博”活动，公开邀约市民一起共同作词作曲，共征集到300多首歌曲，与QQ音乐联手评出20首入围歌曲，在QQ音乐专区上线当天就获得650万次点击量，经“学习强国”学习平台推荐发布后，一周内实现超千万次播放；为文博会推出的第一条AI数据新闻，在“学习强国”学习平台获得270万次点击量；推出深圳首部文化主题AI大片《AI上千面南山》，24小时内观看量突破百万。2024年8月18日，读特携手画家陈湘波、设计家韩家英等全国超百位艺术家，牵头成立了AI工坊艺术家梦工场，当天和深圳地铁联手用2万屏滚动播放AI共绘长卷《鹏城万里》，总覆盖人流超3100万人次[①]。读特还于2024年5月牵头成立“读特AI工坊大模型应用联盟”，邀请腾讯混元、字节跳动豆包、百度文心一言等头部大模型团队，以及暨南大学、深圳大学等高校新闻院系等参与共建。

在积极运用AI技术的同时，读特也出于内容安全考虑保持谨慎态度，要求在AI转型过程中始终坚持三个原则：一是强调共创，由人主导AI，严禁使用AI新闻标签；二是设置底线，关注监管政策，不触碰价值观红线；三是发力应用，实行拿来主义，择优使用AI工具。

读创客户端于2016年12月上线，由深报集团第二大报纸深圳商报负责运营，创办初期亦以深圳商报的编辑方针为方向，内容主打“财经+科技+文化”结构。截至2023年6月30日，读创客户端的注册用户总量为167.23万，企业入驻总量为16.01万。《深圳商报》自1991年复刊以来，长期作为一份综合性报纸，与同城的《深圳特区报》竞合发展。2002年与深圳特区报业集团合并组建深圳报业集团

① 以上据深圳报业集团补充提供的材料。

邓自强总编辑（左）在访谈中（狄丰琳　摄）

后，渐渐朝财经方向收缩。近年来，该报强化垂直发展力度，撤销时政新闻部和文化新闻部，充实壮大财经科技采编力量。这一改变是在2021年3月由深圳晚报总编辑转任深圳商报总编辑的邓自强领导下实现的。在此之前，读创客户端已转变思路，朝更加垂直的方向发展，以深圳的商事主体为目标受众群，服务对象由C端（消费者端）转向B端（企业端），为优化深圳营商环境建设贡献力量，争取建成“中国商事主体第一端”。深圳商报现在的定位是“财经新媒体”，拟加快打造与城市相匹配的财经媒体，并将深圳商报与读创的二元平台打通，实现深圳商报的整体转型和一体化发展，“以后全体人员都要进入读创。我们现在人员外出的身份都是‘读创·深圳商报’，把读创放在前面”。在2023年4月深圳商事主体总量突破400万时，读创独家发布了《深圳400万商事主体高质量发展白皮书》，其中的信息成为当月被大量引用的深圳数据。邓自强说，读创的下载量虽然不大，但日活的比例可能超过很多其他报纸，主要是在商事主体目标群体内人气渐隆。

四、构建国际传播新平台

2018年3月7日，习近平总书记在参加十三届全国人大一次会议广东代表团审议时指出，广东既是向世界展示我国改革开放成就的重要窗口，也是国际社会观察我国改革开放的重要窗口。当年7月召开的深圳市委六届十次全会将“两个重要窗口”置于重点工作之首，对深圳媒体的国际传播也提出了新的要求。在国际传播方面，深报集团拥有得天独厚的优势。深报集团正充分利用这一优势，构建更大规模的国际传播新平台，以强化国际传播的功能与作用。

多年来，深报集团已陆续建立起三大对外传播平台：一是1997年7月1日创刊的英文《深圳日报》（*Shenzhen Daily*），是中国改革开放以后创办的第二份英文日报、第一份地方英文日报，也是目前内地唯一的副省级城市英文日报，在中国内地与香港两地公开发行，并从2009年起与起步于印度尼西亚雅加达、总部在洛杉矶的国际日报集团合作，随该集团媒体在美国西部和印度尼西亚发行，成为最早在海外定期发行的中国地方英文日报。据当年国际日报反馈，英文《深圳日报》在美国西部和印度尼西亚全国分别发行了2万份和6万份。该报还于2009年创办华南地区唯一英文手机报，长期以来致力于为国内和境外外国人群体提供信息服务、讲好中国故事，发挥重要的外宣作用。二是创刊于1952年、深圳特区报业集团1999年参股经营的《香港商报》，目前该报由深圳报业集团控股运营。《香港商报》作为长期关注中国经济发展的香港报纸，在香港工商界有较大影响力，早年曾因首版连载金庸的《碧血剑》《射雕英雄传》以及梁羽生的《还剑奇情录》《女帝奇英传》等武侠小说而在香港家喻户晓。被深报集团控股后，《香港

香港商報
港府全力推動新能源汽車產業發展
粵港經貿合作邁上新台階

《香港商报》2024年11月28日头版

Shenzhen Daily
City's livestreaming sales boom in first 10 months
The timeless elegance of Qing Dynasty porcelain
Sipping and studying: Academic bars emerge in city

英文《深圳日报》2024年11月28日头版

香港經濟導報
ECONOMIC HERALD
乘风而上
——港股市場新機遇
恒生中國企業指數
7,061.00

香港《经济导报》2024年11月28日头版

商报》经中央批准，成为唯一可在珠三角公开发行的境外报纸。三是深报集团从2011年起控股经营香港历史最悠久的中文财经杂志《经济导报》。该杂志于1947年1月1日创刊，1993年起特许在中国内地扩大公开发行。在1996年该刊创刊50周年之际，时任中共中央总书记、国家主席的江泽民曾为该刊亲笔题词。此外，深报集团还在香港拥有自己的2台海外服务器，用于香港媒体官网和客户端。用丁时照社长的话说，深报集团在国际传播方面的基础和底子都很好，无论是硬件建设还是人才积累，都拥有很大优势。

近年来，深报集团以三大外宣平台为依托，加大了国际传播建设和发展的力度。2023年6月，由英文《深圳日报》（*Shenzhen Daily*）运营的连续多年稳居国内城市同类外宣网站前列的深圳英文官方网站“爱深圳”（eyeshenzhen.com），升级为包括英文、法文、德文、阿拉伯文、韩文、俄文等在内的9个外国语种加繁简中文网站，深圳也因此成为国内首个拥有9个外国语种官方门户网站的城市。深报集团同时整合旗下*Shenzhen Daily*和EyeShenzhen两大外宣平台资源挂牌成立深圳报业全球传播中心，并成立“爱深圳”国际传播学院，推出深圳全球传播使者计划，目前已建成全球传播使者精英库，举办系列国际友好交流合作项目，向海外讲述真实而精彩的深圳故事、湾区故事和中国故事。2024年4月起，中心先后发布中英文双语版的《国际友人“深”游指南》和九语种版的《深圳外籍人士服务手册》。据百度网站统计和谷歌流量渠道数据等第三方平台统计，截至2024年11月28日，“爱深圳”访客总数已超过276万，显著超过京沪同类网站，访客来源包括中国、印度、美国、法国、英国、阿联酋、埃及等20多个国家，且新访客占比达60.11%①。

香港商报则联动“全球商报联盟”，携手世界华文媒体平台，全面提升中国故事在海内外的影响力。2024年3月全国两会期间，香港商报经采访海军负责人后发布独家视频《第四艘航母是否核动力？海军政委：很快会公布！》并引起热烈反响，全网传播量为5亿次以上②。2023年，香港《经济导报》两次派员赴台，

① 据英文《深圳日报》提供的材料。

② 据深圳报业集团提供的材料。

打通因疫情而中断的在台发行业务，成立台湾分社，并于当年7月12日与台湾《工商时报》签署新闻合作协议，互相开放记者稿件。2020年2月，深报集团成立港澳台中心，被誉为对港舆论宣传工作的“国家队”，多次受到中央网信办等上级各部门的赞誉和来函表扬。该中心还受中宣部港澳台新闻局委托，于2023年至2024年间两次开展“港澳台国际舆情专报及视频评论”项目。

第二节　创意不止促成“深晚现象”

《深圳晚报》（简称“《深晚》”）是中国报业的一个有趣案例。一是其发展曾有过山车般的起伏，二是最近10年两次以“深晚现象”为全国瞩目。创刊于1994年1月1日的该报，在创刊总编辑王田良的带领下，从无到有，迅速崛起，后来居上，广告收入超亿元，发行近50万份，一度与《扬子晚报》《钱江晚报》《武汉晚报》并称为“中国晚报新四小龙”，2003年的广告刊登额已达2.98亿元①。但在2004年王田良离任（升任深圳商报总编辑）后，深晚很快进入衰退期，而彼时仍是中国报业广告增长的黄金时期。例如，同在一个报业集团，晶报的广告实收就于2012年到达顶峰的2亿元。用叶晓滨总编辑的话说，在丁时照接任深晚总编辑的2012年底，该报的营业收入已进入“前所未有的历史低点”，亏损累累，“大家当时都有一种危机感，担心集团中最先被关的可能就是晚报”。从2013年起，在丁时照、邓自强、叶晓滨三位总编辑及一度主持工作的常务副总编辑唐亚明（现深圳报业集团和深圳特区报社总编辑）的接力努力下，该报积极

叶晓滨（右一）、张强（右二）、汪洋（右三）在访谈中（何莉　摄）

① 万仕同：《精心制作鹏城“名片”——写在〈深圳晚报〉创刊10周年之际》，《新闻战线》2004年第1期，第29页。

转型，各种创意层出不穷，即如唐亚明所说的“从信息传播者到创意策源地”，在讨回“失去的8年”的同时，逆势实现连续11年的营业收入正增长，并于2023年首次超过旗舰报纸《深圳特区报》，成为深报集团各媒体的盈利冠军。

2023年8月9日，我们与深晚叶晓滨总编辑及深圳晚报发展公司副总经理张强、汪洋、谢泰春进行了深度访谈。2024年3月，叶晓滨调任深圳广电集团副总经理（2025年4月升任总经理），接替者是深圳特区报经济新闻部主任杨勇。

一、头版广告的现象级营销

在新媒体时代，全球报业因广告衰落而陷入困境，中国报纸的广告也一落千丈，含金量最高的头版大面积商业广告更是近乎绝迹。然而，《深晚》因其极具创意的头版广告不仅赢得了市场，还跑出了圈外，获取了名声。

时间回到2016年。这年5月26日，《深圳晚报》突然打出整版的头版广告，且内容奇特，形式突兀。广告分上、下两部分，由两家企业分担。上半版的广告词是：“不懂为什么／就是突然想打个广告”。下半版的广告词似是对上半版的回应：“我也不懂为什么／见楼上打了我也想打一个”。落款是两家互联网公司。广告一出，顿成网络热门话题，虽然《深圳晚报》的发行量远不及当年，但广告的网络效应大大出乎预料。在两家自媒体公司因此名声大噪的同时，《深晚》广告现象也引起互联网巨头们的注意。这次广告4天后的5月30日，阿里巴巴旗下的智能移动办公平台“阿里钉钉”也在深晚头版刊登了广告。此次广告的内容以一个多月前的一桩微信诈骗事件为背景（事件中武汉某女士被伪装成“董事长”的诈骗犯拉到一个克隆了的该女士同事账号、头像的微信群，结果被骗汇款85万元），所以文案为“李女士：惊悉您在某群／被骗85万公款／我们想说／在我们这里／无论‘蒋总’／董事长、还是同事们／都是真的／您不会再上当受骗”。该广告再次成为线上线下热议的话题，广告效果令更多商家艳羡。从当年7月11日起，上海的门户网站东方网一连7天在《深圳晚报》为其“东方头条”刊登整版广告，广告文案也别有风趣，颇具话题意识。东方网负责人后来公开表示，本来和深晚签的是5个头版广告合同，但由于效果特别好，不由追加2个头版，而且最后一次竟用了“感谢信体”，文案中的最大标题是“报纸广告 / 非常有效”。7月28日，腾讯也忍不住了，买下《深圳晚报》头版为QQ即将上线的AR技术做了一则广告。广告主体是模糊的油画蒙娜丽莎，下面的文字是“扫一扫，用QQ读懂蒙娜丽莎迷之微笑！”短短数月，《深晚》一口气做了70余个头版整版广告，这在当时整个中国报界都堪称奇迹。而由该报创出的“不懂体”“低调体”“钉钉体”“感谢信体”等广告样式则不但产生了令人意想不到的溢出效应，且也不胫而走，被各地媒体效仿，一时热闹非凡。

在传统媒体时代，报纸广告一旦出街，便意味着传播的结束。《深晚》头版广告现象却证明，对优秀的创意广告而言，报纸出版只是传播的开始，往往会在网络上形成一波波更为广泛的传播涟漪，形成线下与线上的良性互动。时任深晚常务副总编辑的周智琛（现任财新传媒副总裁）是这一系列头版广告的创意来源和主要操刀手，那段时间笔者也常和他接触。他认为，媒体属于创意产业，是要靠创意生存的，特别是在数字时代，媒体比拼的是创意。他戏称，这些头版广告的创意在于用不正经的方式做正经的事，用有意思的办法搞定有意义的事，结果

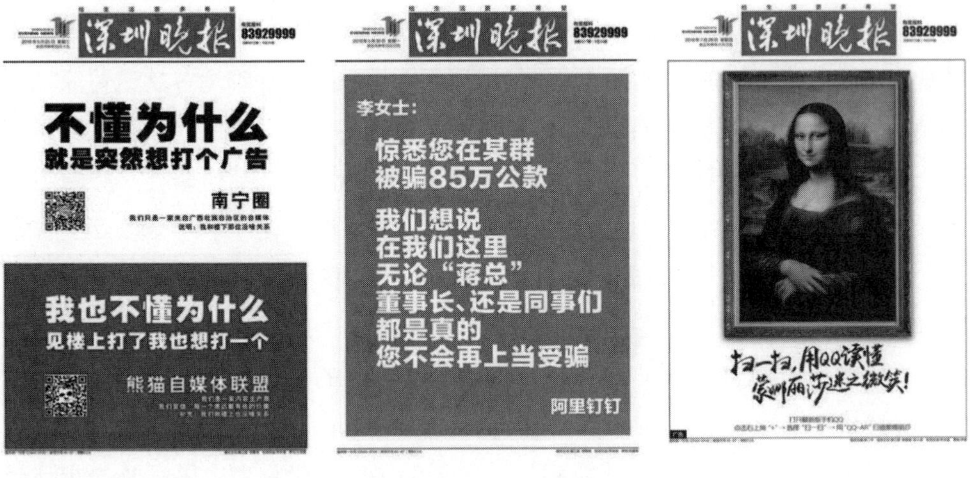

《深圳晚报》头版广告之“不懂体”“钉钉体”和“蒙娜丽莎”

东方网2016年7月接连在《深圳晚报》刊登7个头版广告，第8个则是深圳建行在深圳经济特区建立36周年时刊登的引起全国热议的广告——深圳36年证明：中国建设很行（实为中国建设银行购买的广告）

给人一种“坏坏的亲切感”，实质是以变化的手法顺应变化的时代。

这些怪异而有趣的头版广告，也源自该报从2014年起就开展的创意头版尝试。在传统媒体中，报纸因最早尝到衰退苦果而最先开始数字化转型，这也为作为报纸脸面的头版的数字传播创造了条件。正是基于这样一种认识，深晚发挥员工的想象力和创造力，在头版上大做文章，努力让头版更加新颖别致，实现最大限度的线上传播。例如，2014年5月3日，该报报道深圳湾首次设置深圳湾5年禁渔区，头版用候鸟抢夺鱼钩上的小鱼构成强烈暗示，衬托主标题“终结人鸟争食战”。同年10月9日，该报推出“食品美丽恐怖色”系列调查，标题用了“色戒”二字。11月9日，适逢第24个全国消防日，该报设计了一个以“小心这‘家火’”为双关语大字标题的头版，上面是“深圳前11月涉火警情6372宗 / 多数由家庭用火用电用气不慎引起”的提示性小标题。2015年5月21日，当年深圳最强暴雨导致271个航班被取消，《深晚》用暴雨下的上百个航班号衬托特大标题“落汤机”，形成强大的视觉冲击力。从2018年起，该报又创立一种由“双主题+二字标题”构成的“互文式头版”，每天的头版导读只突出最重要的两则新

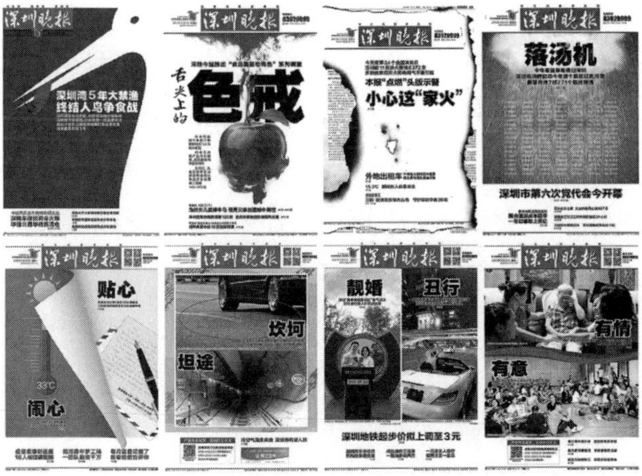

《深圳晚报》头版创意版面，上排选自2014—2015年版面，下排选自2018—2019年版面（深圳晚报时任一版美编谢泰春　提供）

闻，每则新闻都用双字标题概括并辅以注释性文字，且两个标题之间形成并列、递进、反差、成语合成等各种逻辑关联，成为业界热议的又一个话题。

二、“最互联网报纸”的融合传播

由于《深晚》头版常常成为网络热议的话题，业界有人称其为“中国最具互联网气质的报纸”。而这种“互联网气质”，更体现在该报内容生产的融合传播以及在与头部互联网媒体的积极合作中“借船出海”的渗透性传播。

早在2014年，深晚就与深圳市政协合作，承担深圳重大文史工程《深圳口述史》的采编制作和传播工作。该项目以“亲历、亲见、亲闻”为特色，遴选深圳各行各业最具权威性或代表性的建设者代表，讲述他们在深圳建设发展过程中的精彩故事，共同诠释“敢为天下先”的改革精神，成为具有独特人文价值的文史资料。在2021年中国传媒大学等举办的“中国口述历史国际周”中，该项目获得“年度口述历史项目”荣誉。至2024年，该项目已坚持10年，完成五季，共采访500名各界代表。他们的口述内容分别见诸报纸、广播、电视、图书、网络，实现全媒体传播。其中，对每位口述者的内容，《深晚》都提供跨版2页的报道篇幅，以每周1至2期的刊载频率发布。从第三季起，深晚携手喜马拉雅平台，在“人文国学”频道下开启“深圳口述史”专栏，以方便民众随时选听。截至2024年10月31日，第三季口述史已在该平台播放270.2万次，第四季播放87.1万次，刚陆续上线的第五季也已播放2.7万次①。该报还于2013年底联手深圳市摄影家协会等，推出深圳城市大型影像艺术项目“影像深圳家谱”，计划拍摄1000个家庭，试图以“照片+故事”的形式缔造“深圳独特的当代城市史诗”。截至2024年7月，已完成八季共800个家庭的拍摄和采写，并开始向社会公开征集第九季100个拍摄家庭。该项目每年出版一本大型画册，并在展览馆、地铁广告屏、城市主干道等线下线上发布，每年超过5000万人次观看②。

在纯粹数字传播方面，深晚近年来更是“爆款”频仍。叶晓滨总编辑举例说，仅在新冠疫情期间，深晚就生产了很多“爆款传播”内容，如音频版“安心家书”专辑的收听总量超过950万人次，各种版本的“安心家书”全网播放量是上亿次量级，并于2020年3月登上央视《新闻联播》节目，2021年书信内容集结为《安心家书》正式出版。2021年6月发布的《百米距离竟走出41006步！》，讲述深圳市龙华区观澜街道黎光社区党委书记吴国斌为社区采样等琐碎工作操劳，在一条仅百米长的道路上加班加点无数次往返，其6月9日记录的微信步数高达41 006步，其他一线社区工作者的步数也常在3万步以上。该报道连同《“移动帐篷”风雨中撑起“温暖怀抱”》等直击一线的系列报道，获得全网超过2亿的点击量。2022年1月9日，深圳一孕妇因等着住院要核酸证明，但等了12小时还未出结果，无奈在深圳卫健委的公众号“深小卫”留言求助，没想到很快收到深圳卫健委的回复：“电话发我”，事情随即妥善解决。深晚的微信推文《“电话发我！”孕妇求助深圳卫健委获回应》引发网络热议，话题全网曝光量超1亿次③。从2018年4月起，《深晚》还推出漫画专栏《十八楼西不加班》。当时深晚相关部门位于深圳商报社大厦18层西侧，该名称一看便知有调侃意味。专栏上线后推出“吐槽系”和“历史系”两个产品线，前者尽力轻松幽默，诸如《从未觉得自

① 据查喜马拉雅平台。

②《〈影像深圳家谱〉征集 100 个拍摄家庭》，《深圳晚报》2024 年 7 月 9 日。

③ 据深圳晚报提供的数据。

已老，直到看不懂“00后”社交黑话……》；后者主打趣味知识，诸如《深圳这个秘密，恐怕来了20年的人都不知道》。不料该漫画专栏很快成为网红，几乎每条漫画的点击量都突破10万次，一年内累计阅读量超6800万次①。我们到访前的2023年上半年，该报新媒体产品传播量百万次以上的有300件，上千万的有9件，过亿的有6件。

为借助头部平台力量实现更大规模的传播，深晚成为深圳与互联网平台合作最密切的媒体。2015年，深晚与曾于2011年被苹果公司评为2011年度最佳新闻类应用项目、已有1.4亿用户的扎客（ZAKER）合作，上线“深圳ZAKER”频道，由深圳晚报整合深圳的新闻资讯、生活服务和社交内容向用户推送。上线一年后，该频道用户量超500万，日活50万，日阅读量840万次。在2016年8月举办的全国报刊媒体融合创新案例路演中，“深圳ZAKER”荣获“全国报刊媒体融合创新案例20佳”，位列第十②。深晚与扎客的合作，被认为是“中国传统区域纸媒第一次真正意义上与互联网强势媒体实现全领域的融合”③。这一年8月5日，深圳晚报发展有限公司挂牌成立。同日，该报与阿里巴巴旗下生活消费资讯聚合平台“淘宝头条”宣布合作启动本地化战略——城市斑马计划，“淘宝头条”同步推出与深晚合作的“深圳频道”，旨在提供“专属于深圳、专属于你的生活消费资讯，教你怎样买买买！”④。2017年，深晚又与有5.3亿用户的网易新闻合作，于当年3月22日上线“深圳网易”，继续探索“内容+技术”合作模式，延续深晚的“基因改组计划”。2019年，深晚又看中方兴未艾的音频蓝海，与占国内音频市场七成份额的音频头部平台“喜马拉雅”展开合作，于当年7月18日与上海喜马拉雅科技有限公司联合成立深圳市喜马拉雅深晚发展有限公司（简称“深圳喜马拉雅”），注册资本1000万元，上海喜马拉雅持股51%，深晚持股49%。

---

① 徐雅乔：《篇篇10万+是怎样炼成的——深圳晚报网红漫画栏目“十八楼西不加班”周年记》，《传媒评论》2019年第4期，第57—58页。

② 杜婷：《媒体融合探路　“深圳ZAKER”居第十》，《深圳晚报》2016年9月2日，第A3版。

③ 梁坚：《改变传统媒体的基因——看深圳晚报移动互联网的转型》，《青年记者》2015年10月（上），第55页。

④《“深发展”、淘宝头条深圳频道360度全解析》，搜狐网深圳晚报账号，2016年8月6日。

双方合作后在推出“喜马拉雅深圳”频道的同时，还上线深晚官方音频平台“深圳晚报电台”。“电台”上线后不久，恰逢新冠疫情暴发，于是在2020年1月28日推出“疫情防控音频特别节目”，一个月内便制作了9个专辑，累计发布音频新闻1000余条，其中收听率最高的专辑《抗击新型冠状病毒肺炎最新消息》上线仅22天，收听量就突破1亿次，在喜马拉雅新品榜、热播榜等多个榜单中排名第一①。叶晓滨在访谈中透露，他们正在与喜马拉雅商议，将深晚的股份由49%提升至51%，成为控股方。“这样才能并表，营业收入等财务数据才能算在我们这边。”他认为，“音频这个市场还有更多想象空间，会比我们预料的发展更快。所以我们要推动它，在我们的业务生态中更好地与之嵌入衔接。”

2023年12月15日，《深晚》推出全国首份AI融媒新闻纸。当期的报纸版面运用了大量AI生成的内容摘要、延展报道和动态图片，除了头版和4个广告专版，11个新闻版面均由AI和深圳晚报社记者、编辑合力完成。例如在摘要方面，第二版稿件《6维度解码营商环境　最佳口碑城市“三连冠”》右侧，AI生成3篇关于

深圳晚报
向新而立
深圳晚报创刊30周年生态伙伴大会今举行
本报推出全国首张AI融媒新闻纸
深圳晚报号
扬帆世界湾区帆船赛

向新而立 创无止境
深圳晚报创刊30周年
生态伙伴大会今日举行
深圳市法治化营商环境年度报告发布
6维度解码营商环境
最佳口碑城市“三连冠”

下半年最强冷空气16日抵达 深圳迎来“冷暖大逆转”
17日早晨最低气温将降至10℃左右
深圳即将迎来
今年下半年最强寒潮

《深圳晚报》2023年12月15日部分AI生成版面

① 余津津、张强、周智琛：《用声音传递战疫〈最新消息〉——深圳晚报电台战疫音频特别专辑上线22天收听量过亿》，《传媒评论》2020年第2期，第23页。

营商环境评价指标的内容摘要；在第三版新闻《17日早晨最低气温将降至10℃左右》的基础上，AI生成延展性报道《深圳即将迎来今年下半年最强寒潮》，这是这份“最互联网报纸”跟随AI潮流的最新探索。

三、“场域传播”带来的商机

近年来深晚引起外界关注的另一个重要原因，是其多年持续开展各类创意活动而带来的经营业绩大幅增长。在大量线下活动中，有一个明显亮点，即叶晓滨总编辑所说的“场景传播”。他解释：“场景传播就是通过创意去营造一个主题宣传的沉浸式场景，然后在场景里植入拟宣传的主题，植入舆论引导或党委、政府中心工作的某个意图，再去展开一揽子的活动。”

有了“场景传播”的理念后，深晚的一些活动的切入点就有了不同的视角，经营的起点也抬高不少，并得到甲方的高度认同。他说，与晚报在这方面合作最多、交给深晚项目最多的，是市委组织部。市委组织部的“干部读书周”和“我是深圳公务员”系列视频等各种主题活动都由深晚完成。深晚团队根据对方需求，对相关项目进行重新规划，重新设计场景，并取得了令对方满意的效果，所以深晚成为市委组织部此类合作的首选对象。这种场景传播突出体现在深圳各地党群服务中心的设计和建设中，最典型的是深圳北站党群服务中心，深晚负责全部改造设计工作，包括一楼和二楼的展示和内容输出，以及名为“喜阅书房”的24小时自助数字空间和各类文化空间，成为全市党群服务中心的标杆。这个服务中心占地2800平方米，不仅有前述数字书房，还包括办证服务大厅和24小时自助便民服务、老年日间照料、党员志愿者调度中心、人才驿站等20多个社区服务项目，是深圳最大的党群服务中心。2018年10月24日中午，正在深圳考察的习近平总书记来此视察长达30分钟。此后，深圳各区各街道纷纷来北站学习，很多单位向深圳晚报提出合作申请。2021年，该报还为龙华区民治街道设计了“美团骑手党群服务中心”，为大鹏新区农科院7000平方米稻田设计种植庆祝中国共产党成立100周年的“稻田画卷”，还上了央视。2023年，深晚应约承办的深圳对口支

深圳晚报为大鹏新区农科院设计种植的“稻田画卷”（深圳晚报提供）

援的新疆喀什的党群服务中心设计制作任务也圆满完成。

此外，该报还积极承接宣传口的新时代文明实践中心全案设计，从2022年起在深圳各区全面展开。其中，福田区的实践中心建在香蜜湖公园里，被称为“公园里的大学”，深圳市委常委、宣传部部长还在这里开现场会；龙岗区的实践中心涵盖多个基层实践站，并策划改造了东部公交的一条“810”专线巴士，作为流动的新时代文明实践中心，受到广东省文明办领导的好评；跨市的深汕合作区实践中心已于2023年底交付使用；体量最大的是南山区新时代文明实践中心，标的金额高达千万元。据叶晓滨介绍，目前全市有一半的新时代文明实践中心由深晚设计，我们到访时，在新疆喀什的实践中心的阅读空间已经交付，“数字书房做到了红其拉甫边防哨所”。红其拉甫哨所位于中国版图最西端，是全国海拔最高的边防哨所。

展会空间则成为深晚近年来重点打造的特殊“场域”，构成场域传播。深晚专门成立了一个创意策展中心，由深晚公司副总兼任中心主任。叶晓滨认为，策展是空间文化含量的重新梳理，也属于空间传播的范畴。2020年是深圳经济特区建立40周年，深圳推出系列展览，深晚承接了其中“深圳经济特区档案文献展”的一揽子设计项目。2019年底，叶晓滨亲率40多人的团队，“在深圳档案馆泡了6个多月，梳理特区建立40年历史上几万件历史资料”，最后推出一个1200

平方米的展览，题为“先行之路——深圳经济特区档案文献展”。由于展览内容丰富、富有创意，原本确定的临时展升格为常设展，成为党史学习教育的全市三大必看展览之一，市委组织部予以推荐。“这个项目，是深晚第一个常设展策展项目，从策划到全链路执行，证明晚报正式进入了一个新赛道，受到市领导高度评价，市财政给了400多万元。”叶晓滨说。此后，深晚又先后为民治、龙华、观澜、观湖、大浪、福城6个街道设计实施“奋斗者广场”系列等城市空间开拓项目，为罗湖区燕罗街道燕川社区设计了“全国第一个园林式村史馆”燕川村史馆，为龙岗区策划设计“龙腾三十年——龙岗建区30周年成就展”，策展团队忙得不亦乐乎。有了能力，有了业绩，订单自然接踵而来，这也应了政府部门常说的一句话，“有为才能有位”。叶晓滨透露，深晚近几年每年策展都有两三千万元的营业收入。

四、被甲方高度认同的“融媒传播”

在叶晓滨的眼里，所谓“融媒传播”不是单纯的新闻内容，考验的是一种媒体融合的能力以及在整合传播方面为社会服务的能力，这种能力不仅有利于内容传播，也

深圳晚报设计制作的园林式“燕川村史馆”（深圳晚报 提供）

有助于品牌经营。在这方面，深晚要和晶报的政务新媒体代运营“错位竞争”。

多年来，深晚注意到很多大机构和大的企事业单位，都有品牌传播和创意策划活动的需求，而他们自身缺乏应有的执行能力。深晚聚焦这一痛点，开展有针对性的“文化创意综合服务”，其中一个大客户就是深圳市总工会。多年来，深晚一直与市总工会保持密切的合作，帮助他们举办合唱节、音乐节、劳模演讲会、工人脱口秀、展览等全年各种活动，深受对方信赖。笔者从深圳市总工会融媒体中心了解到，2024年，仅这个中心就计划实施完成“深圳劳模工匠宣讲系列活动”“劳模宣讲微视频”“《能工巧匠》微纪录片”“深圳职工音乐美育计划”“创意宣传片”“五一劳动节全城亮灯仪式”“深圳工会粉丝节活动”等数十项活动，而该中心对接的合作单位主要是深晚。深晚甚至帮对方完成了电影《工夫》的拍摄制作，开了传统报业涉足院线电影的先河。该片取材于深圳劳动者的真实经历，讲述7位职工的感人故事，由7位导演联合执导完成。影片作为国际劳动节的献礼片，于2021年五一前推出，在影院上演并于视频网络上线。上映7天全网播放量超过75万次，相关报道全网浏览量700万次。接着，深晚又帮助工会拍摄每年一季（于五一国际劳动节期间播出）的《能工巧匠》微纪录片，每季通过8个特点鲜明的故事主题，鲜活、生动地展现工匠们经年累月淬炼而成的“独门绝技”，迄今已完成3季共24集微纪录片，全网播放量接近千万次。每年组织举办大量丰富多彩的活动也为深圳市总工会扩大了影响力，提升了美誉度，自2020年以来，“深圳工会”词条全网累计覆盖超4.6亿人次[①]。叶晓滨透露，深圳市总工会已成为该报“千万大单”的重要甲方。

深晚近年来专门成立影业公司，并获得“龙标”（电影公映许可证）以及广播电视节目制作经营许可证，以强化在线视频为主要传播方式的活动组织和策划，并提出“无视频不活动”的要求。除了前述与深圳市总工会的合作，该报还给各行各业提供类似服务。例如，2023年2月，深晚受深圳市福利彩票发行中心委托，拍摄制作了该中心第一部公益微电影《星光》，在网络上播出后广受好评，被中国福彩中心作为成功案例向全国推广。受此鼓舞，深圳市福彩中心又与

① 据深圳市总工会融媒体中心杜南星提供的相关材料。

深晚合作拍摄了长达37分钟的第二部公益微电影《星火》，于2024年5月29日在一家IMAX超大屏幕影院首映，随后于6月1日在腾讯视频平台独家首播。影片讲述一位在深圳工作的单亲妈妈的遭遇和困境以及与留守在家的孩子产生情感隔阂，后在“常回家看看”项目资助下顺利回家、与孩子和好如初的故事。此外在各类活动中，也都会配套一个“开场片”，这种“开场片”形式颇受客户乐见。深晚甚至还做音乐短片（MV），2021年出品的“贺岁MV”《写给理想的歌》上了网易视频，2022年推出的《深圳晚报》出版1万期主题曲《你可以永远相信》登上QQ音乐平台。叶晓滨说，深晚现在一年的视频可以换来3500万元的营业收入。

而外界多有不知的是，深晚自己也有一个客户端——深圳Plus，是2022年6月26日正式上线的，打出的口号是“美好时光　乐享其城”，旨在“以媒体链接城市”。这个客户端具有经营性质。叶晓滨坦承，对这个客户端，深晚不盲目投入，不追求大的下载量，所以目前的下载量很小，主要用来为各种活动做配套，“让一些年轻人上去玩一些有调性的东西”。例如，从2023年起龙岗区每年举办“美好生活节”，深圳Plus与之紧密合作，几乎每个季度都帮对方举办一个大型活动，还帮助打造“咖啡集市”，以客户端为信息输出原点，并融入各部门各街道。龙岗区委宣传部每年提供500万元购买此类服务。该客户端干脆加了个“美好生活节”的后缀，以专属客户端姿态进入市场。所以，“这个客户端虽然下载量不大，却是盈利的”。

五、“创意特种战队”是怎样炼成的

多年前，笔者就曾为深晚在传统采编部门之外新设那么多创意部门而感到惊讶，这些部门包括“深晚品牌智库”“深晚营业”“深晚演艺”“深晚设计”“深晚公益”“深晚社教”“深晚展览”“深晚音乐”“深晚数据”“深晚图书”等各种“中心”。当时曾问时任深晚总经理的周智琛：“你们干那么多事，又拍电影又写歌的，有那么多专业人才吗？”答曰：“只要有事做，就会有人才，社会是个大宝库。”事实上，在长期的创意策划实践中，深晚已经组建了一支年轻而又多才多艺的强大团队，并营造了一种尊重创意的企业文化，大量的订单主要由深晚“自己人”完成。叶晓滨称其为“创意特种战队”，说“人才都是在一场又一场硬仗中锻炼起来的”。

深晚目前共有10多支“创意特种战队”，有100多人，分别对接视频、音频、策展、直播、演艺、设计等板块，开展并完成一个个创意项目。在团队内，还有进一步细分，如创意设计板块里，细分出创意品牌、创意出版、数字创意等垂类分支，以提高创意设计的“边缘生产力”。该报为这些团队或部门建立了一个“超级协同”的工作机制，团队或部门之间没有硬性边界，跨部门合作成为常态。以前面提到的现象级融媒体产品“安心家书”为例，接到项目后，创意策划中心先对整个项目进行创意策划，形成创意全案，明确相关部门的责任与工作任务。然后分别由时政新闻中心进行采访和报道，全媒体中心推进新媒体产品的制作与传播，深晚影业拍摄创意视频，深圳喜马拉雅进行音频创作，深晚演艺部门举行线下活动。项目进行过程中，“整体意识”成为被重点强调的内部文化。项目完成后，由创意策划中心对整个项目进行复盘并推动第二期项目的展开，促使项目向纵深发展。再以音频团队为例，音频中心主任兼深圳喜马拉雅总经理李哲

2024年11月5日，深圳第25届读书月开启之日，笔者与丁时照（左三）、米鹏民（晶报负责人，左二）、杨勇（深圳晚报负责人，右二）、李福莹（深圳晚报新闻中心执行主任，左一）、李哲哲（深圳喜马拉雅总经理，右一）在由深圳晚报策划设计的深圳书城“数字阅读艺术展”合影（陆颖　摄）

哲介绍，该团队于2019年合资公司成立时组建，初始只有4人，后通过内部遴选和市场招聘，逐步扩大至如今的13人，其中深晚员工3人，深圳喜马拉雅公司员工10人（其中1人为上海喜马拉雅总部派遣人员），成员多为新闻专业和新媒体专业背景。就是这样一支从无到有的音频团队，迄今已累计签订近400个音频项目，其中包括品牌电台、专辑119个，有声图书馆42个，创意有声空间27个，大型朗读活动15场等。这些资源也用于为该报的传统大客户深圳市总工会服务，为其开设深圳工会电台，下设《暖工之声》《暖工学堂》等有声专辑，为全市小微企业职工提供经营培训、素质提升等服务。叶晓滨说，他们每年已能做到近2000万元营业收入的体量。

为营造奖掖先进、鼓励创新的文化氛围，深晚一方面改进内部评价考核体系，建立有利于事业发展的内部职称系列，如围绕创意岗位设立首席创意官、首席创意师、高级创意师、资深创意师、创意师等由高到低的完整系列。目前深晚创意师团队共有14名，其中首席创意师1名，资深和高级创意师7名，创意师6名。另一方面是对这些优秀团队和杰出人才以各种方式进行奖励和表彰，尤以每年年终举办的“金碗奖”最为隆重。该颁奖活动每年颁发“年度卓越合作项目”“超级IP奖”“最佳团队暨超级队长奖”等十大奖项，同时颁发集团优秀员工、年度创意师奖和总编辑年度大奖。截至2024年，“金碗奖”已连续举办五届。

第三节　作为代运营全国标本的晶报

深报集团旗下的《晶报》，是深圳主流报纸中最年轻的媒体，属于“00后”，创刊于2001年8月1日。早在1995年的报业黄金时代，深报集团尚未成立，深圳特区报和深圳商报还是竞争对手时，眼见对方已经创办《深圳晚报》，深圳特区报也打算创办一份市场化报纸与之竞争，并征得市委同意，名称暂定为《深圳特区报·下午版》，后又提议更名为《今报》。由于一时未能获得刊号，广东省新闻出版局批准暂作为“报中报”随《深圳特区报》发行，并建议用名《鹏城今版》。“今版”甫一创刊，就从内容到版式作了一系列的突破式改革，如首创对开报纸头版每天一个大特稿，于地方报纸率先开辟国际社会新闻版和娱乐新闻版等，深受读者欢迎，助力党报进入寻常百姓家。创办当年，《深圳特区报》的自费订户就首次超过公费订户，全国数十家党报曾来深圳取经。2001年，见申请刊号无望，深圳特区报便将旗下的财经周报《投资导报》申请改刊，最终沿用民国时期上海、香港曾有过的知名报纸《晶报》名称。该报从创刊总编辑陈寅到副总编辑及主要部门负责人，都曾在《鹏城今版》工作过。所以，该报可谓带着市场化报纸的决心和探索创新的基因诞生。创办月余，恰逢美国发生“9·11”恐袭事件，该报在英文《深圳日报》采编人员的助力下，大量编译发表有关恐袭的最新图文，成为本地乃至本省相关内容最充分的报纸，一时洛阳纸贵，发行量飙升至20万份，5个月后突破50万份，2003年发行量已达60万份，成为深圳市内发行量最大的报纸。该报的广告也延续此前的势头，于2012年突破2亿元。

2023年8月9日，我们和时任深报集团副总编辑、晶报总编辑、深圳报业集团出版社社长胡洪侠进行了访谈。一年后，他退休，接任者是深圳特区报原编委米鹏民。访谈时获得的最新数据是，晶报的官方微博粉丝量有1156万以上，官方微信粉丝量有55万以上，2019年上线的晶报客户端下载量超300万次，2022年全年营业收入10 101万元，其中新媒体收入占比53%。

时任晶报总编辑胡洪侠（左）在访谈中（何莉　摄）

一、代运营模式带来转型新契机

胡洪侠是2009年12月接替已升任深报集团社长的陈寅担任晶报总编辑的。他说："我来的时候，互联网就发生了两个大事件，一个是2007年智能手机诞生，一个是2009年微博诞生。这两个诞生的新事物不但对媒体产生整体性威胁，而且对都市类报纸的影响最大，再加上后来的微信，基本上把都市报打没了。我们的所谓转型，应该就是从这时候开始的。2014年上线的澎湃新闻对我们触动也很大，我们那时已经在考虑：经营模式怎么转，内容生产怎么转。"

也正是这一年，深圳的体彩中心找到了晶报。体育彩票、福利彩票等博彩行业对传统媒体长期依赖，每期都会在报纸上刊登最新抽奖结果，以鼓励更多人去买彩票，因而也是晶报每年发行和广告的大客户。到了2014年，体彩中心对晶报说，现在人们都不看报纸了，所以不想做广告了，但仍可以合作。他们自己想做个公众号，自己在网上发布信息，希望晶报给予帮助。那时还没有代运营一说，但这个合作项目，体彩中心每年愿给几十万元"广告费"。胡洪侠说："当时我们觉得，不买版面就不买版面吧，还省去我们一些版面成本，于是同意与他们合作，晶报记者帮他们做这个号，包括日常内容生产和运营。我们那时也突然发现，竟然还有这样的业务需求。"

2015年1月，深圳市教育局一位颇具媒体意识的副局长也找上门来，明确提出晶报帮助代运营公众号的想法。于是，双方商定合作创办一个政务新媒体，晶报负责包括名称、标志、页面设计、内容生产、驻场编辑等在内的“全案事项”。对方要求两个编辑24小时轮流值班，于是双方商议费用，最后商定每年40多万元，公众号连同新浪微博都定名为“深圳教育”。“这是我们代运营政务新媒体定价体系的开端，但实际上我们当时定低了。”胡洪侠说。“深圳教育”开了深圳主流媒体代运营政务新媒体的先河，后来办得很好，上线当年就获评“广东最具传播力政务微信公众号”，“深圳教育”微博也于2015年在人民日报、新浪微博评选的“全国十大教育系统微博”榜中名列第三，此后也长期入选深圳政务新媒体排行榜。

受“深圳教育”成功的鼓舞，晶报开始将新媒体代运营作为转型生存的一个重要战略加以实施，深圳一些机构也开始找上门来与晶报合作，“代运营”一时呈遍地开花之势。胡洪侠总编辑介绍，到2018年，晶报代运营的新媒体已超过150家，涵盖教育、医疗、安监、公安、政法、交通、民政、社保、城管、国土、住建等各类部委办局，涉及市、区、街道、社区各个层级，规模居全国政务新媒体运营机构之首。该报甚至于2018年3月跨出深圳，与副部级的最高人民法院第一巡回法庭合作，参与运作其新媒体，使得该报政务新媒体矩阵有了“国”字号面孔。其中，晶报代运营的深圳市市场监管委的官方微信“深圳市场和质量监管”2017年被国家市场监督管理总局官方媒体评为全国工商系统政务微信第一名，并多次蝉联“清博指数”工商类微信榜第一；代运营的深圳市城管局官方微博在“2018年度人民日报政务指数微博影响力报告”中，名列“全国十大城管微博”第五。在深圳本地历年评出的深圳政务微信年度排行榜中，晶报代运营的政务号多次占据半壁以上江山，其中2017年度的榜单前两名，分别为其代运营的深圳卫健委、深圳交警局的公众号。截至2024年11月11日，“深圳交警”的订阅号和服务号的粉丝量分别为167万和1500万[①]。截至2024年11月7日，微博“深圳交

① 据晶报补充提供的材料。

警”已有302.3万粉丝，1427.8万“转评赞”[①]。这些代运营政务号服务粉丝总数约4000万[②]。

晶报的政务新媒体代运营模式，很快引起全国媒体的关注，被很多媒体复制。甚至人民网也于2019年6月12日上线“人民运营”暨人民网政企新媒体平台，并于同日在北京举办首届政企新媒体发展论坛。复旦大学新闻学院教授张志安得知晶报的实践后，认为晶报代运营的这些政务新媒体，相当于办了100多张“小机关报”，大大扩大了晶报的内容生产边界和信息传播范围。大概是受这一评价的启发，晶报于2018年设想将这些“小机关报”连接起来，推出“政务联播”，希望既强化晶报在内容生产上的发声力量，又让一些部门的重要信息得以在更大范围传播，宣传主管部门也满意，可能会皆大欢喜。当年1月18日，该报在深圳城市文化菜单发布的当天，连夜制作宣传长图，在晶报官微首发的同时向代运营的政府公众号推荐选题，得到“纷纷转发”，其中“深圳交警”转发的信息当天就突破1万。2月，该报又以“政务联播”的方式助推深圳城市外宣片《我在深圳等你归来》等，市、区各级公众号50余家予以转发。晶报原创的《一图秒懂“扫黑除恶”》长图一经发布，即被50多个政务微信转载，被数千家媒体公众号引用。但胡洪侠也坦承，由于各“甲方”在选题方面不易达成共识以及针对非本行业信息发布的审批较为复杂等因素，“政务联播”未能成功运营。

自2017年代运营收入达到4500万元后，这块的收入一直占晶报总营业收入的近一半，成为该报最大的收入来源，也是该报新媒体收入占比过半的最重要支撑。胡洪侠在访谈中自嘲说，当时上这个代运营项目时，内部有异议，有人认为这是为他人打工，有如“三来一补”，工作辛苦，赚钱有限，他自己也决心不大，让同事算笔账，回复如果今后报纸这块收入都没了，单靠这个业务，只要做一两百个号也能存活，他这才下决心去做。后来，晶报干脆注册成立了深圳报业政务媒体运营公司。“多亏了政务媒体代运营，它确确实实在我们转型的荒地里给了我们粮食，而且这些粮食是前所未有的。”他说。

---

① 据微博平台数据。

② 据调研期间晶报提供的材料。

在2019年正式上线晶报客户端后，晶报全力打造“新闻1+5+N”的全媒体传播格局，即1个晶报客户端+每周5天《晶报》印刷版+运营的110多个政务微信公众号，100多家民生政务公众号也在客户端上以“阳光号”的面目集体亮相。在2019年8月举行的第十二届中国传媒经营大会暨2018—2019中国传媒经营价值百强榜发布会上，晶报进入新媒体三十强（客户端类）和全国都市报二十强（第九名）。

二、“非视频不传播”改变内容生态

晶报于2015年提出“非视频不传播”的口号，推动整个报社向视频化内容生产转型。当年胡洪侠把时任国家网信办副主任的任贤良请来授课，强调视频在网络传播中的重要性。特别是2016年9月新京报“我们视频”上线以及2017年1月澎湃新闻《视频》栏目上线，对他们触动更大。为提升员工的视频生产能力，晶报先后推出四大提升计划：一是“培英计划”，即分批组织员工参加集中线下培训课程，进行全员手机视频基础培训；二是“晶英计划”，即组织一线员工轮换去北京“后浪电影”培训点和杭州“新片场”培训点分别进行为期9天的集中脱产实战培训；三是“领英计划”，即组织中高层管理者及视频运营团队前往上海澎湃新闻、梨视频、观察者网、视频自媒体“一条”等媒体参观学习；四是“领翔计划”，即采取线上自主学习的方式，帮助有视频制作基础的员工针对某项技能进行强化学习。2017年，晶报在融媒体中心组建视频制作部，并于2018年派10名骨干赴苏州“二更学院”参加短视频高强度集训，并与梨视频、“看了吗”、二更网络科技有限公司等视频平台签署战略合作协议。

如此大张旗鼓、不惜工本的员工培训，大大提升了晶报的视频生产能力，取得立竿见影的效果。2017年1月19日，晶报为深圳市卫健委“120急救宣传日”拍摄的《危难时，他们是这座城市的“摆渡人”》，播放量达117万次，并于第二届全国卫生计生微电影节上荣获公益片最高奖金奖。2018年5月4日，晶报与深圳市公安局龙岗分局合作拍摄的反诈短视频《一次特殊的社会实验》，被中国警察网、长安剑、广东省公安厅等官方微信平台以及公安部刑侦局副局长陈士渠等网络大V转载推送，上线第二天播放量就超过300万次。数日后又出现更大的“爆款”。“5 · 12”国际护士节，晶报与深圳市卫健委在代运营的公众号推出短视频《戏精女护士爆笑吐槽，看完眼泪都笑出来了》，上线一小时，微信阅读量就有10万次以上。后经过新华社、人民日报、央视新闻、腾讯、抖音、医学界传媒等头部流量号转发后，全网点击量突破5000万次，成为传播效应和社会效益俱佳的现象级传播事件，中宣部的《新闻阅评》也给予高度评价。2019年护士节，“戏精护士”播出“第二季”，再成“爆款”，当天总播放量就超过1000万次①。

2019年初，晶报开始打造观点类视频栏目《晶报说》，致力于产品影像化、观点可视化，于当年5月在晶报客户端等平台推出，迄今已稳定刊播700余期。其中于2022年3月上线的短视频评论《这几天，你要适应“深圳慢”》，收获了1.2亿次大流量②。据查，截至2024年11月7日，该视频在微博平台的观看量为250万次。在2019—2020中国传媒经营价值百强榜上，《晶报说》进入新媒体四十强，并入选2020年度全国新闻出版深度融合发展创新案例。2020年初新冠疫情暴发初期，晶报“火线”报道团队先后7次深入到深圳唯一收治新冠患者的深圳市第三人民医院采访拍摄，随后推出系列视频产品《火线》，真实记录一线医务人员紧张抗疫的感人故事，引发受众广泛关注。其中《火线1》全网播放量突破2.2亿次③，成为深圳报业集团首个达到亿级的现象级“爆款”产品，并荣获2020年度广东省新闻战线“走转改”优秀作品一等奖。为进一步营造“非视频不传播”的生产氛围，总编辑胡洪侠还亲自出马，于2023年3月17日推出《晶报元故事视频》栏目，主打“大侠讲元故事”概念（“大侠”是胡洪侠的昵称），时长约5分钟，每月一辑，同时还推出“胡说30秒”金句环节，以及长视频的名人访谈。

---

① 本段数据来自李鸿文：《5000 万级主旋律“爆款”如何炼成——从短视频〈戏精女护士〉看〈晶报〉“视频优先”探索》，《中国记者》2018 年第 6 期，第 98—99 页。

②《“晶报说”出到 500 期了！主流媒体评论原来可以这么优秀……》，读特客户端，2022 年 8 月 2 日，https://www.dutenews.com/n/article/8320775。

③ 据调研期间晶报提供的材料。

其中与黄渤面对面的专访，总播放量有500万次以上[①]。同时，还打造若干员工明星视频栏目，实施晶报视频的“星链计划”。

为应对政务新媒体代运营的新趋势，晶报近年来开始在腾讯的视频号平台推出视频号代运营。从技术上讲，视频号的门槛更高，政府部门和一些机构更加依赖晶报这类有强大视频生产能力的媒体，但目前效果尚不理想。

三、代运营面临的挑战

就在晶报的“代运营”模式进行得如火如荼并在全国蔓延时，三大挑战也接踵而来：

其一是监管冲击。上层管理部门对政务类新媒体开展监管和清理工作，导致大量政务新媒体关停。据人民网舆情数据中心数据，截至2018年底，全国经认证的政务微博达17.6万个，政务类微信超过50万家，头条政务号超过8万个。国务院办公厅在2018年12月27日下发的作为国务院2019年第1号公报的《关于推进政务新媒体健康有序发展的意见》中，明确要求避免“一哄而上、一事一端、一单位一应用”，“对功能相近、用户关注度和利用率低的政务新媒体要清理整合，确属无力维护的要坚决关停”[②]。2019年4月1日，国务院办公厅一连发布两个“指标”，即“政府网站与政务新媒体检查指标”和“政府网站与政务新媒体监管工作年度考核指标”。此后一度出现政务新媒体“关停潮”，客观上挤压了晶报等媒体的代运营市场。但这一监管也有利于代运营，因为关停的对象主要是那些“僵尸”型或“确属无力维护”的少人问津媒体，晶报等代运营的政务新媒体大多活跃而且有关注度，反过来促进缺乏运营能力的机构向晶报等主流媒体靠拢。

① 据调研期间晶报提供的材料。

②《国务院办公厅关于推进政务新媒体健康有序发展的意见》，中华人民共和国中央人民政府网，2018 年 12 月 7 日，https://www.gov.cn/gongbao/content/2019/content_5355471.htm。

其二是同业竞争。晶报模式一出，从理念到实操，都很快被其他媒体模仿复制，毕竟这个技术门槛不算高，内容生产的能力，各媒体也都具备。近年来，晶报已有多个成功运营多年、粉丝量很大的优质代运营媒体花落别家。例如，前面提到的“深圳教育”，就已两次“被撬”。胡洪侠解释，近年来教育系统经常出现“舆情”，如2019年4月深圳某普通中学与河北衡水中学合作，在全市高三“模考”中，该校进入前十的学生超过深圳四大名校，网上有人披露该校“尖子生”涉嫌衡水中学“高考移民”，一时沸沸扬扬。有关部门希望自己的新媒体能在这种“负面舆情”的化解中发挥作用，甚至帮助“危机公关”。这时市外某报因有长期处理舆情的经验，经说服，深圳市教育局就决定不再与晶报合作，而交给该市外报纸运营。该报运营不久，“深圳教育”又被本土媒体、同属深圳报业集团的深圳新闻网拿了回来，主要原因是深圳新闻网在舆情监控和处理方面也有强大的能力。又如“i深圳”公众号。2018年8月17日，该公众号作为深圳“数字政府”的官方公众号正式上线，2019年2月1日深圳市政务服务数据管理局挂牌成立后，“i深圳”也成为该局的微信公众号。该公众号自上线之日起，就交由晶报运营，发展迅速，特别是在新冠疫情期间，其作为i深圳客户端的配套社交账号，在深圳享有很高的知名度，2020年就登上“最具影响力政务新媒体”榜首。到2020年12月15日，“i深圳”的注册用户已达622万，阅读量10万次以上已成为该公众号内容的常态，2022年全年累计阅读量突破1.3亿次[①]。然而，这样的网红“深圳第一号”最终也离晶报而去。据胡洪侠介绍，原因是甲方的要求越来越苛刻，而给的费用越来越少，再加上其他媒体的低价竞争，终于在2023年转由深圳广电集团旗下媒体运营。脱离时，该公众号的粉丝量为9 171 933[②]，直逼千万大关。

其三是自主运营。从成本和人力资源考虑，晶报为各机构代运营的团队规模都很小，寥寥数人而已，甚至一个团队运营多个账号。在长期磨合的过程中，甲方也渐渐看出门道，觉得变“他营”为“自营”只需拥有这样一个小团队而已。

① 据晶报补充提供的材料。

② 同上。

最突出的例子，即前面提到的深圳市卫健委的微信公众号“深小卫”。这个从创办起一直由晶报运营的深圳政务媒体“第二哥”，在连续两年“戏精护士”成为大“爆款”且屡获上级主管部门表彰或好评后，就有了新的想法。对方的主管负责人来自某省电视台，是一名懂媒体的领导干部，而“戏精护士”是一则视频产品，晶报当初制作时也曾聘请电视台的编辑来做编导。于是，在对方眼里，这类活他们自己也能干，同时双方在运营理念上也出现差异。2018年合约到期后，对方便未再续约，将“深小卫”收归自营，连带将晶报的团队也一同“收编”。好在这样的例子不多，对于大多数政府机构而言，专业化的门槛是确实存在的，对方不可能都“懂媒体”。

面对挑战，晶报一方面紧跟各类技术迭代，强化专业服务的能力，提高专业门槛，另一方面想方设法巩固既有合作关系并不断开发新的关系。所以，该报目前基本保住了代运营的大盘，这方面的总收入保持平稳。但胡洪侠也不无感慨：“代运营是个风险角色，运营不好，人家把你踹了；运营好了，人家自己干了。”

第四节　深圳新闻网

深圳报纸的“触网”，以深圳特区报于1997年上线的人间网为发端。随后不久，深圳商报创办了深圳新闻网。2002年12月28日，两报官网合并，组建隶属深报集团的深圳新闻网（以下简称“深新网”），从2010年后加速发展。自2013年中央网信办每月发布“中国新闻网站综合传播力总榜”和“城市网站综合传播力榜”起，深新网长期高居地市级城市网站榜首，只有一次落至第二名。深新网因此被推举为中国城市网站联盟的理事长单位和“一带一路”网盟的会长单位。2017年6月26日，深新网挂牌新三板，成为广东省第一家依托传统报业集团、以原有新闻网站为载体挂牌上市的媒体公司。挂牌以来，已累计向母公司深圳报业集团上缴分红接近1亿元。2023年，深新网的营业收入为1.35亿元，利润为937.52万元[①]。我们到访时，深新网旗下的“深小新”“圳小新”“奥小新”等组成的微信矩阵粉丝量突破1000万，成为深圳微信粉丝量最大的媒体机构[②]。

2023年8月9日，时任深新网董事长、总裁、总编辑的蓝岸分两次接受了我们

蓝岸总编辑（左）在访谈中（何莉　摄）

① 据天眼查数据。

② 据深圳新闻网提供的材料。

的访谈。他于2016年调任深新网总编辑，2019年调任深圳特区报编委分管读特客户端等新媒体，2021年重回深新网，直至2024年升任深报集团副总编辑、香港商报常务副社长、执行总编辑。作为深新网最快速发展时期的领导者和见证者，他勇于创新，颇多心得，并于2017年荣获深圳首届新闻英才奖。

一、以作战思路重塑组织架构

深新网是一个功能齐全、内容丰富的大型新闻网站。打开网站，第一层有简繁体中文及英语、西班牙语、法语、德语、日语、韩语、俄语、阿拉伯语、葡萄牙语共10个语种的选项；第二层是深报集团旗下7份日报、1份周报、2份期刊的数字版；第三层是《政务》《时事》《财经》等16个专栏以及深圳10个行政区和深汕特别合作区、前海自贸区共12个板块。下拉还可见到“我说深圳事”“深圳论坛”等热门互动社区。此外，还拥有包括广播电视节目制作经营、营业性演出、增值电信业务经营、网络出版服务等8个许可牌照，是集团内唯一拥有全牌照资质的互联网企业。

蓝岸要改变的东西，正是外界看不到的支撑这些内容生产和经营发展的组织逻辑。蓝岸像个军迷，他说，他的改革思路参考的是中央军委对军队的改革，即由军区制改为战区制。他认为，从作战思路看，军区制的弊端就是各自为政、重“块”轻“条”，即庞大的“块”外加海陆空等军种，结果是各军区不知道自己的作战任务是什么。而战区制是以目标为导向的，战区主战，军种主建，军委管总。媒体架构的改革则与军队改革有共通之处，要通过战区制的方式来拟定他们的责任，以目标受众群为先导来重新调配他们的资源，“例如南海有事，是不需要坦克的吧？”蓝岸将约390人的整个公司员工分成前台、中台、后台三个部分：前台是作战部门，即他所说的“战区”，分为政务民生事业部、科教产经事业部、区网区融事业部、舆情智库事业部、技术服务公司共5个“战区”，他透露技术服务公司的主要服务对象是宣传部和网信办；中台是支撑部门，即他所说的“军种”，主要有总编室和创意中心两大部门，创意中心又分为项目商务部、产品执行部、服务支撑部、数字产品部4个小组；后台是服务部门，包括总裁办、财务部、党群部、工会等。调研中，我们发现深新网有很多小空间，像用来开小会，更像用来谈商务。蓝岸说，这就是深新网的洽谈室。以前是各谈各的，政务合作会产生很多标书，现在都统一到这里，设立一个标书库，可以借鉴其他单位、其他部门的标书。“我们的平均客单价上升很快，现在平均是每单27万元，大大超过很多媒体的平均价。但这27万元不是一锤子买卖，都是需要协同作战才能完成的。”

上述团队中，区网区融事业部是最大的“战区”，有120人，目前运维包括深圳发布、市政府发布、政协发布、统战发布在内的超过100个政府部门的新媒体矩阵，运营全市“10+2”区的网站、微信和客户端。2023年初，深新网提出“区网街区6000万营收工程”。我们到访时，他们已经完成5个区级网站建网续约和4个区级融媒客户端的技术或内容运维续约，实现时间过半，任务过半的预期目标。创意中心的主要产品“视频动画”则分为创意类、直播类和AI数字类三种类型，承担内容和经营方面的视频生产任务。其中，创意类近年来承担了大量甲方宣传推广任务，如商业电视广告拍摄的《你好，松岗》街道宣传片、大鹏文体旅游宣传片、MG动画（动态图形或者图形动画）《河套规划纲要》、微电影《深圳第一个党支部》等；直播类的产品包括协助深圳市市场监督管理局的系列直播《星期三查餐厅》，加强法治建设的“龙华直播”“盐执在线”等，扶持街道的“松岗街道‘党员助企’直播带货”，还于2023年8月18日至27日承担“王者荣耀·电竞嘉年华”的直播任务；AI数字类则利用深新网的虚拟直播间，探索“AI+XR（扩展现实）”视频技术，提供虚拟制片、数字人现实、虚拟直播、虚拟发布会、广告拍摄等服务。其中，全程直播不打码的《星期三查餐厅》已连续播出四五年，成为知名品牌。

二、创意活动：自有IP品牌与B2B全案营销

多年来，深新网一方面为甲方积极提供创意全案营销活动，另一方面不断推出自有IP品牌的大型系列活动，获得令人满意的社会效益和经济效益。

访谈中，蓝岸提到“谁是故事大王”的案例。2017年起，深新网在深圳市关爱行动组委会办公室和共青团深圳市委的指导下，联手中国银行深圳分行等，举办“谁是故事大王”深圳少年儿童讲故事大赛，至2024年已连续举办8季，受到家长和孩子们的热烈欢迎。“每年都有约15万孩子参与，而每一个孩子的参与，往往能吸引6个成年人的关注，所以这个赛事的社会影响还是挺大的。”他说。当问及这是不是面向C端向家长收费的项目，他予以否定，说这是个公益服务项目，不收费的。笔者追问，深新网作为主办方如何获得收益呢？他回答，采用的是第三方买单模式，找个企业来冠名，“现在能把标志打到学校里去，对企业还是有诱惑力的，所以一些大公司愿意赞助”。这种商业模式屡试不爽，蓝岸又以与深圳市委组织部的合作为例。深圳市建市45周年时，市委组织部希望深新网帮助做一个老同志的系列访谈，以亲身经历回顾深圳的发展历程，最好有30个，甚至50个，但财政经费有限，只能当成政治任务来接。于是，蓝岸建议成立一家公益基金，专门指向这个活动。结果一经推广，腾讯基金和地铁公司都愿意参与，成立了一个总共700万元的基金会。最后不仅圆满完成了任务，还做了一个城市

深新网主办的“谁是故事大王”深圳首届少年儿童讲故事大赛颁奖现场（网络图）

宣传片，深新网也获得了自己应有的收益。深新网还连续多年于年底举办“圳能量”深圳网络盛典活动，推出当年政务新媒体排行榜、“网民眼中的正能量十件大事”、“网络答政成效示范单位”等多个榜单，至2023年已连续举办6届。

作为经营的重要组成部分，深新网的活动更多集中在为甲方提供“全案营销”的一站式创意服务。例如，从2021年起，为深圳市残疾人联合会提供新媒体服务，负责运营“深圳残联”抖音、“深圳残疾人”视频号、深圳残疾人网以及市残联的微信公众号、微博等新媒体。2022年后，又新增残联微电影、“深圳好声音”深圳残疾人歌唱比赛、“了不起的演说家”等线下活动。仅2023年截至我们到访的8月，深新网就为市残联组织了包括“体验残疾朋友的一天”、“深圳好声音”残疾人歌唱比赛、深圳残疾人迷你马拉松赛、“我们都一样”残健共融公益嘉年华、“了不起的演说家”等10余项活动。仅新媒体项目，2023年就从深圳市残联获得405.5万元服务收入，较上年增长10%以上。2014年，深新网为深圳市政协搭建了安全可靠的官方网站并代运营至今。以此合作为起点，深新网从内容策划、项目合作、宣传报道三个方面为对方提供全方位的服务。在内容策划方面，历年两会期间在网站和微信公众号等平台推出“会议专题”页面，并与深圳特区报、读特客户端联合对大会进行全网直播，策划推出《委员热议》《两会观察60s》《委员履职VLOG · 两会特别版》等原创委员履职短视频专栏。2020年起，深新网又承接“委员议事厅”网络直播项目服务。截至我们到访的3年间，深新网已举办30余场涉及160位委员、专家的直播活动，累计播放超过3000万次。此外，深新网还深入政协各专委会，承接“身边事好商量”等宣传报道服务以及“深政学堂”“政情通报会”等内部直播服务。深新网与深圳市政协合作的服务性收入，每年也超过100万元①。

① 据调研期间深圳新闻网提供的材料。

三、舆情智库参与社会治理

深报集团的网络舆情工作起步较早，主要由深新网实施，始于2005年，以网络舆情、社情民意分析研究起步。在第26届世界大学生运动会在深圳举行的2011年前后，深新网不仅积极参与宣传报道，还帮助进行大运会的舆情监测和分析。2012年成立舆情工作室，首创并每月发布“深圳市网络舆情应对能力排行榜”，每期邀请10位舆情专家、高校学者、自媒体人以及100位市民代表参与评分，并每月出版1期纸质版的排行榜、评语、分析文章和参与者名单（笔者也曾多次获邀参与评析和打分）。2016年，深圳舆情研究院成立，进一步推动舆情业务向规模化、规范化发展，并建立超过300人的专家智库。

据蓝岸介绍，深新网以深报集团为依托，以“深圳一流，湾区一流，全国前列”为目标，向全国推出舆情智库的全案服务，重点关注舆情应对的前后两端，服务范围覆盖舆情事前、事中、事后各阶段，帮助实现舆情的常态化防范、体系化应对、规范化引导。为了做到这点，他们首先从技术上提升信息监测的能力。深新网已装备有自己研发的大数据舆情系统，可实现全时段、全媒体、全平台、全载体以及境内境外的信息监测，并研发了舆情督办系统，通过搭建“智能化智慧平台”，将舆情信息的“录入—推送—反馈—评估”纳入全流程监督，通过线上审核进度的监督模式，推动相关职能部门开展舆情应对工作，实现舆情应对可回溯、可核查、可量化、可考评。2023年5月，深新网推出“问政深圳红黑榜”，获得广泛关注。目前，已建成“年度预测+月度预警+每周风险提示+每日风险提示+节点预判+专项防范”的综合预警体系。此外，深新网还于2022年1月上线“深圳网络辟谣”平台以澄清谬误、引导舆论，并于2023年10月升级改造，形成涵盖微信、微博、哔哩哔哩（B站）、快手、今日头条、百度等平台的辟谣账号传播矩阵，截至2024年10月，已发布近300篇辟谣稿件。深新网由此形成的舆情管理机制，经过集团内全媒体协同和跨部门协作，有效提升了各层级的舆情应对能力。在深圳近年来由欢乐谷过山车碰撞、大鹏所城城墙因强降雨发生小范围坍塌、果农自家搭建窝棚被警告拆除、厚德书院面临关停、73岁老人肺移植等热点事件引发的舆情中，上述舆情应对体系均发挥了积极有效的作用。

与南方报业传媒集团等媒体一样，深新网的舆情智库建设在服务政府、服务社区的同时，也探索舆情工作的产业化，使之成为经营的一个抓手。2023年，舆情智库事业部完成公司化改造。截至当年6月9日，完成归属当年合同金额822.41万元，较上年同期增长96%。目前舆情方面的年营业收入已有约2000万元[1]。

① 据蓝岸访谈内容。

第五节　“一本”模式探寻资本运营新路

深报集团的资本运营，经历过从“朴素投资”到“借船出海”再到“自主探索”三个阶段。早在集团成立之前的20世纪90年代，深圳特区报和深圳商报就相继投资了中国平安、深圳城市合作商业银行、惠州港等企业，投的都是法人股，如果公司上市就赚了，具有较大的不确定性。例如，其中对中国平安的投资就获利甚丰，虽曾做部分减持，但主要股份持有至今，总投资收益超过280倍。惠州港没有上市，就乏善可陈。所以，这个阶段被视为“朴素投资”。2011年，深报集团通过旗下的文博会公司代表三大集团与中银国际、中央电视台等联合发起成立中国文化产业投资基金（简称“中文投”）一期，成为第二大股东，深度参与基金的运作，是为“借船出海”阶段。这一阶段由于投资的人民网和新华网等都上市了，所以收益也较多。2015年12月，集团组建成立专业化的股权投资平台深圳一本传播投资有限公司（简称“一本”），利用传媒信息资源优势，开启“自主探索”资本运营的新阶段。时任集团经管办主任的汪博天出任一本董事长兼总经理。

我们在调研中注意到，一本不仅为深报集团带来较为显著的投资收益，也有很多已引起央媒及其他媒体关注的创新，不宜一笔带过，遂于2024年10月10日前往位于南院深圳特区报业大厦20层的一本进行补充调研。其间，笔者与项目助理狄丰琳博士生与汪博天总经理及行政总监陈楠进行了两个多小时的深度访谈。

一、进入基金管理市场

一本成立之初，集团就有做基金的想法。汪博天认为，报业集团做基金是有优势的：第一是有强大的信息资源，例如当时除了集团旗下众多媒体，还有与深圳地铁集团合资成立的深圳报业地铁传媒有限公司，有承办中国文化第一展“文

汪博天（右二）、陈楠（右一）在访谈中（狄丰琳　摄）

博会”的文博会公司，并运营国家对外文化贸易基地（深圳）和深圳国际版权交易中心，以及与清华大学合作建立的大数据中心和2017年在新三板挂牌上市的深新网等；第二是对本地优秀企业及重要的科技成果较为熟悉，能及时掌握新项目、新业态、新技术等信息；第三是有较雄厚的存量资产。再加上2015年公司成立时，他们已经通过与中文投的合作积累了一定的投资经验。

于是，集团明确提出建立一支自己的团队，取得基金牌照，市场化运作基金管理。当时计划争取三年获得中国基金业协会的基金牌照，结果不到三年就实现了。2017年12月，深报一本股权投资基金管理（深圳）有限公司（简称“一本基金”）正式挂牌成立。2018年3月，一本通过了中基协的备案登记，获得私募股权投资基金的牌照，当年7月就成功发起首只基金——深报一本文化产业基金，计划总规模100亿元，首期规模7亿元，合伙人包括来自深圳、湖北、海南、珠海的10家企业，其中深报集团旗下的一本等企业投资2.3亿元，占比约34%，处于相对控股地位。

2020年11月，一本又发起第二只基金——大数据基金，规模2.11亿元，一本投资1.05亿元，拥有近50%股权，也处于控股地位。2024年，又发起文化产业基金二期，规模10.2亿元。其中一本投资3.1亿元，中国文化产业投资基金二期投资3亿元，安徽文化和数字创意产业投资基金投资3亿元。截至我们到访的2024年10月，一本基金管理的基金总规模为20多亿元。

一本基金就是这样从无到有，实现了市场化的基金管理与运营，并且撬动资金的比例超过不少同类国有基金。汪博天强调，资本募集过程中，并无来自政府的直接支持，几乎所有资本都是市场化募集的。他举例，二期基金中安徽文创投是一个市场化运作的母基金，2023年向全国公开征集基金管理人，共有44家机构报名，然后筛选出16家机构参与公开答辩。一本基金获得答辩第一名的好成绩，成功获得安徽文创投的定额出资。不仅如此，安徽省的安庆数字还配套出资9000万元。

二、增值服务获得高额回报

手上有了资金，关键就要通过成功的投资，在增值服务中获得高额回报。收益的多寡，是检验基金机构运营能力大小的试金石。一本基金正是通过吸引社会资本参与股权投资，重点投向包括深圳在内的全国优质文化科技企业，累计投资管理20余个项目。据介绍，在这些项目中，有3个项目已成功上市，1个项目上市后退出，2个项目通过回购或并购退出，另有多个项目正在推进上市进程。在吸引社会资本金额和投资项目成功率方面，一本基金在全国报业集团旗下基金公司中名列前茅。

早在作为深报集团全资投资平台时期，一本就以集团自有资金投资了4个项目。第一个项目是2016年以3000万元投资的易点天下。该公司是2005年成立、位于陕西西安市的高科技企业，是中国最大的海外移动广告运营平台，2022年8月19日在A股科创板上市，也是一本投资后上市的第一个项目，上市后通过减持退出，获得1900多万元的利润。同年投资的第二个项目是3300万元投资扎客（ZAKER），即前文提到的与深圳晚报合作的公司。汪博天说这是战略投资，本来想把这家总部位于广州的内容平台迁到深圳来，后来虽因政策原因未能迁来，但投资的年化收益率仍在10%以上。第三个项目是2016年以3000万元参与D轮投资的“梆梆安全”，这是移动互联网企业级安全防护商，目前正在准备IPO。全资平台时期最后一个项目是2018年以4800万元参与C轮投资的龙帆传媒，

2023年4月4日，一本基金投资的"云天励飞"在上海证券交易所鸣锣上市。左二为深报集团社长丁时照，右一为一本基金董事长汪博天（深圳一本传播投资有限公司　提供）

这是国内公共交通广告的两大龙头企业之一，也已退出，收益率为14.09%。上述三个回收项目共回收1.6亿元，利润约6000万元。

一本基金一期运作后，花7亿元投资了14个项目，已经成功上市2家，另有多家在筹备上市。其中，云从科技是国内计算机视觉“四小龙”之一，被当时的工信部称为“国家级小巨人”。2018年参与B轮投资后，已于2022年5月27日登陆科创板，2023年6月退出完毕，年收益率17.08%，赚了1倍多。2018年参与B轮投资的云天励飞，也已于2023年4月4日在科创板上市，预测投资回报在1至2倍之间。汪博天说，当时这个项目的投资争议很大，投委会共有7个成员，要有5票以上才能通过，差点未通过。其他项目包括被称为“高端机器人领导者”的乐聚机器人、央企旗下唯一金融科技公司甜橙金融、国内高端半导体元器件的龙头分销商科通技术、国内最大物联网户外广告平台易售科技、中国科学院孵化的大数据应用公司中科闻歌等。据汪博天介绍，其中的科通技术已经于2024年6月30日上会，后因政策变动须在2025年重新报会；易售科技作为目前全球最大的户外数字屏聚合平台，聚合了包括楼宇屏幕在内的全中国及部分海外国家的6500万张屏，可以实现一键密集覆盖的多屏呈现。2023年8月22日七夕节这天，深圳晚报就和易售科技等合作开启“爱你一万屏”的城市营销活动，自上午8点起，在全城9区的1万个大屏同时点亮。而中科闻歌是利用大数据服务疫情防控的头部公司，对标的是当年曾协助锁定拉登位置的美国上市公司帕兰提尔。

一本在二期之前总共投资了18个项目，总体状态都很好，目前尚未出现亏损投资。作为深报集团的资本运作公司，一本也已反哺母公司，2023年向集团贡献利润2700万元，累计向集团回款1.5亿元，其中利润近5000万元。2024年二期基金募集完毕后，相关投资活动也已展开。目前已投资的项目包括国内最大开源代码管理平台开源中国、著名地理信息应用开发企业天耀宏图、引入AI技术的基于目的地旅游的视旅科技以及人工智能在生物医药领域应用的华森制药。汪博天说，他们这么多年从未投资过生物医药，这个华森制药是最好的。他透露，一本基金正在打造中国第一只文化产业的并购基金。他认为，中国文化类上市公司共有200多家，整体并不特别优秀，而且体量较小，偏传统，这会带来较大的并购空间。从国际上看，并购才是主流，项目数量远多于IPO数量。

2023年8月22日，易售科技与深圳晚报等开启“爱你一万屏”活动（《深圳特区报》）

2024年1月，一本基金在第七届博鳌企业论坛上获评“2023年度股权投资行业最佳投资机构”。

三、探索符合市场运作的体制机制

多年来，深圳报业一本基金在密集的投资与基金管理实践中，注意总结经验，加强行业研究，吸取其他基金管理公司的经验与教训，建立起一套全面的制度体系，涵盖行政管理、财务管理、投资管理、风控管理、三会管理共5大系列60多项内容，有力地保障了基金公司的健康发展，也得到上级主管部门的肯定，在多次检查中得到中基协、国资平台等监管机构的好评。

据汪博天总裁介绍，基金为了确保投资的稳健和高成功率，最终在公司内部制定了《一本投资基本法》，从8个一级维度、20多个二级维度审核项目，同时有对14个触发事项的一票否决，另有7条谨慎投资事项，由此构成基本法的框架。“这是经过大量案例的分析调研，才能得出的东西。”他说：第一，公司每年都做宏观经济研究，因为投资是认知的变现；第二，文化产业的九大领域，公司每年要做分析报告，原先是每年做两次，现在改为一次；第三，对文化与科技进行交叉研究，涉及5G文化产业、大数据文化产业、人工智能文化产业、AR / VR文化产业、区块链文化产业等，今年（指2024年）就文化新质生产力也做了专门的报告。这些研究报告不仅在内部分享，也呈给报业集团，有些在内部公众号发布，并纳入考核。

在一本基金诸多管理体系中，最具亮点的是团队管理，即对员工的管理。汪博天说，基金行业的核心是靠人、靠团队，人员如果流动很大，不断培养人又不断流失，肯定难以成功，必须管得好、留得住。首先是管好人员入口。当初成立一本时，从集团过来的骨干包括汪博天在内只有5人，而目前团队总共有17人，其余都是从社会上招聘的。为此，公司建立了严格而科学的招聘制度。每次招聘，公司都公开发布信息，收集筛选简历，然后进行严格的考试。考试用一天时间，撰写投资分析报告，专家盲审，再面试。集团人力资源中心及相关部门专家组成面试团队进行打分。待遇上，则对标市场同类公司中等水平。最重要的是，公司采用了一套激励机制。一是在日常工资薪酬之外还有超额收益分配，即按收益的一定比例奖励团队，收益超额部分的80%分给投资人，20%给基金管理公司，其中的8%奖励管理团队。二是实行员工持股制度和全员强制性跟投制度。公司专门注册了一个员工强制跟投平台，要求团队员工自己出资跟投基金的投资项目，将管理团队的利益与风险和公司经营捆绑在一起，形成“人人关心公司业绩、人人为本职工作负责”的良性局面。汪博天介绍，在全国报业集团的投资平台中，一本是第一家实行员工持股和强制性跟投制度的，现在浙报集团也这样做了。

第十章

河南日报社：

壮大传媒“基本盘”
升级智数“主航道”

概况

人员：现有员工4300余人，其中媒体从业人员1400余人，享受国务院政府特殊津贴专家、全国宣传文化系统“四个一批”人才、全国新闻出版行业领军人才、全国优秀新闻工作者、长江韬奋奖获奖人才21人次，各类省级人才53人次。

媒体：现有10报（《河南日报》《河南日报农村版》《大河报》《大河健康报》《河南商报》《河南法治报》《期货日报》《大河美术报》《今日消费》《河南手机报》）、2刊（《顶端少年》《新闻爱好者》）、2网（大河网、河南一百度）及多家报刊附属网站、电子商务网站等。纸媒期均发行量108万份。

新媒体数据：重点打造顶端新闻、河南国际传播中心等平台，拥有网站、客户端、微博、微信公众号、手机报等新媒体端口500多个，代运营省内外政务项目300多个。新媒体覆盖用户3亿人。

经营：截至2023年底，拥有全资、控股、参股企业75家，集团总资产97亿元，集团成立以来年增资产17%，累计缴纳税费20亿元，2023年总营业收入25亿元，利润1.7亿元。

受访人物一览

刘雅鸣（左上）、孙德中（左下）、关国锋（右上）、李铮（右中）、张帅（右下）（柏朝阳　摄）

河南日报大厦及大院门口的红色“新闻眼”（辜晓进　摄）

河南是中华文明的发祥地和夏商周三代文明的核心区，是历史悠久的中原大省，甚至有“一部中国史，半部在河南”一说。但由于远离沿海边境，长期以农耕为主，河南受西方工业文明影响滞后，因而主要由“外力”催生的近代新闻业也明显迟于本书所述其他省市。无论作为新老省会城市的郑州、开封还是河南全境，近现代报刊的萌芽也迟至20世纪才发生。作为早期的省会城市，开封是河南新闻业的源头。已知河南的第一份报纸《河南官报》（1904年12月11日）、第一份日报《开封简报》（1906年7月6日）和革命党人在河南创办的第一份报纸《大中民报》（1912年4月10日）皆诞生于开封。截至袁世凯当局镇压报刊的1913年“癸丑报灾”，河南知名的报刊已有30余种。而作为现今河南新闻业重镇的郑州市，第一份报纸则是清末进士刘瑞璘创办于1916年9月15日的《郑州日报》，数年后出现办报高潮，相继有《郑埠日报》《大中国日报》《国民军日报》《通俗日报》等一批日报问世[①]。

中华人民共和国成立前后，以1949年6月1日在开封创刊的《河南日报》为标志，河南的报业再次进入快速发展阶段。当年该报由《豫西日报》和《开封日报》合并而成，又于1954年11月1日随省会西迁郑州而搬至郑州市。1949年10月，毛泽东主席在一张约八开大小的宣纸上书写了四组“河南日报”报头，并在自上而下的第一组和第四组右下角各画了一个小圆圈。1949年11月1日，《河南日报》启用第一组报头，1952年7月1日起改用第四组报头至今。河南日报自身也从1963年1月15日创办第一份子报《河南日报农民版》起，陆续创办《河南商报》《大河报》《新闻爱好者》等一批报刊。2000年7月28日，河南日报报业集团成立。但直至我们此次调研才得知，根据河南省事业单位重塑性改革方案，河南日报报业集团（河南日报社）作为事业法人已于2022年更名为河南日报社，目前与2010年成立的河南日报报业集团有限公司以“一社一公司”的形态“一体化运营”。虽然变集团为报社，河南日报社事实上是一个媒体众多、业态丰富、经济实力雄厚的大型报团或报系。在国家新闻出版署2023年公布的《2021年新闻出

① 综合自《河南史志》及《开封近代报业简史》（董淑明、张民德）、《河南近代报业的发展轨迹》（高丽佳）等文献。

版产业分析报告》中，河南日报社的“总体经济规模综合评价”排名第六。河南日报社在融合转型方面也积极进取，在旗下11个客户端中，河南日报客户端累计下载量已于2023年9月2日超过1.2亿；2021年才正式上线的顶端新闻客户端发展迅速，风头正劲。曾在中原大地一纸风行的《大河报》，现在也发展成拥有网站、客户端和多种数字端的综合媒体。

2023年9月6日至7日，笔者和项目助理、研究生柏朝阳在河南日报社开展调研。我们分别与河南日报社党委书记、社长，河南日报报业集团有限公司党委书记、董事长刘雅鸣，河南日报社党委副书记、总编辑孙德中（规划发展部主任陈天文、办公室主任刘静沙参加），集团公司副总经理、顶端新闻董事长关国锋，时任大河网络传媒集团总编辑李铮（大河报总经理王世伟、大河网总编辑张培君参加），传媒技术中心副主任张帅（中心员工任思雨、胡菁妍和办公室李富春参加）等进行了深度访谈。刘雅鸣原任新华社河南分社副社长，于2019年调任河南日报报业集团党委副书记、总编辑，2023年1月转任现职。她因有其他公务，见面后留下一份根据我们访谈提纲准备的书面访谈材料，并委托孙德中总编辑代她解答了我们的进一步提问。我们还专门参观了河南手机报编辑部，手机报副总编辑范娟华接受了我们的现场访谈。

第一节　百条“大河”助党媒壮大

任何关注河南日报社的人，都不会忽视该报旗下的“大河”现象。“大河”原指中华民族的母亲河——黄河。最早的历史文献如《山海经》《尚书》等，就记载有黄河经河南向东分流，后虽经七八次改道，其很长的历史都与河南难脱干系。河南大粮仓的形成，也与这条伟大的河流息息相关。这条“大河”既满含着璀璨历史文化，又充盈着跌宕命运故事。所以，当1995年河南日报创办全省第一份都市报时，以“大河”名之也就不足为奇了。《大河报》的成功创办，又相继孕育出大河网、大河网络传媒集团、《大河文摘报》、《大河健康报》、“大河

笔者与刘雅鸣社长（右）合影（柏朝阳　摄）

孙德中总编辑（右一）、陈天文主任（右二）在访谈中（柏朝阳　摄）

财立方”、“大河云”、大河基金管理有限公司、大河数字公司、大河印刷有限公司、大河速递有限公司、大河酒店投资管理公司、大河锦江饭店、大河全媒体广告集团等涵盖从传媒到消费等多个领域的近百个大河品牌，形成“百川争流、奔腾入海”的壮观景象。

与河南日报社总编辑孙德中的访谈，长达两小时。孙总编辑体格健壮，1988年毕业于北京大学经济学系，曾任河南日报理论部主任，发表过数十篇理论文章，并有文章获奖，还参与过国家课题的研究，2023年4月由副总编辑升任总编辑。访谈中，他介绍了各媒体、各产业板块的具体情况，特别提到“六大产业集群”的发展态势，让我们切实感受到河南日报社家大业大、亮点纷呈，同时面临挑战的现实格局。

一、作为党媒党端的河南日报及其客户端

本文成稿的2024年，恰逢堪称诸“河”之源的《河南日报》创刊75周年。而在上年的访谈中，孙德中总编辑也和我们简单回顾了该报的辉煌历史。这份诞

河南新闻博物馆展示的《河南日报》创刊号（辜晓进 摄）

生于开封，后迁到郑州市纬一路1号，又搬至农业路东28号现代化高楼的报纸，正是在不断创新和探索中发展壮大起来的。早在创刊之初的1952年11月，该报就在全国地方报纸中率先创办内部业务研究刊物《河南日报业务通讯》，该刊后于1986年1月改为《新闻爱好者》，公开出版发行，并于2023年跻身CSSCI（中文社会科学引文索引）（扩展版）来源期刊，该报社也因此成为国内极少数拥有“C刊”的报社之一。1956年1月1日，《河南日报》积极加入全国报纸的改版行列，与《人民日报》《北京日报》等21家中央级和省级报纸一道，实现中国报纸由竖排改为横排的历史性变革。此后，该报在引进现代化的大型高速轮转胶印机、采用激光照排技术告别铅与火、创办周末版和市场化报纸、创办报纸官方互联网站、开设社交媒体官方账户、成立报业集团、运维省级政府门户网站、投资兴建酒店、拓展教育产业、推进档案报纸数字化等方面，都积极进取、不甘人后。

在传统报业受新媒体严重冲击的近20年里，河南日报社积极实施融合转型，构建包括报、网、端、微、屏、云在内的全媒体传播平台，采用包括音频、视频、AR等在内的各种呈现技术，拓展发声渠道，提质内容生产，强化党媒传播力。早期的融合案例可以《焦点网谈》为例。2004年10月，该报创办了每周两期的《焦点网谈》专版，同时在旗下的官方网站大河网开设同名频道，且在手机报上部分呈现。《焦点网谈》在版面和频道内开设《本期焦点》《焦点民声》《网事聚焦》《嘉宾网谈》《网友贴图》等固定栏目，每年发表大量关注民生、表达民意、切中时弊的报道和评论，由此开了国内报纸报、网、手机三端互动的先河，也成为该报融合转型的成功实践。《焦点网谈》在创办当年，就获得中国新闻奖名专栏一等奖，也成为河南省报刊史上第一个新闻名专栏。2010年8月24日至9月9日，作为产粮大省的主流媒体，《焦点网谈》以“面”为主题，连续推出《“面”对河南》《“面”向全国》《“面”对挑战》等大型系列报道，引发热议，也获得业界的广泛好评。河南日报在2017年9月19日就开通了抖音账户，是全国最早开通抖音号的省级报纸之一。很快，该报就将抖音作为融合传播的新出口和创新党报叙事模式的新实践平台。例如，对于一件感人的好人好事，该报抖音号2019年8月5日以《村民拦住消防队员：你要走我就给你跪下》标题呈现，34秒的视频顿成“爆款”，点赞量、评论量、转发量分别为51.6万次、260万次和395万次[①]。截至2024年12月18日，该账号已有121.7万粉丝，累计获点赞2976.4万次[②]。在各类主题报道中，河南日报也通过全媒体传播扩大稿件的影响力。例如，近年来在贯彻落实河南省第十一次党代会提出的“十大战略”中，该报及旗下媒体精心策划，实现平台联动、形态多元、层次细分的报道格局，重点推出如《图说“十大战略”》《“十大战略”深度看》《“十大战略”进行时》等30个特刊、60多个融媒产品及一批调研报告，一些精品在全网刷屏，相关报道阅读量过亿次[③]。据刘雅鸣社长的书面访谈，目前整个报社已拥有各类新媒体端口500多个，覆盖约3亿人。从2024年起，该报全面进入AI辅助生产阶段，已基本具备AI写稿、AI播报、AI海报和视频制作的生产能力。

在转型发展过程中，河南日报也重视自有平台建设，于2016年6月1日上线河南日报客户端，实现“一报一端”的协同发展。上线不久，适逢当年10月底召开河南省第十次党代会，该客户端运用视频直播、图文直播、无人机航拍、视频

河南日报社大河云指挥中心（辜晓进　摄）

① 王鹏飞、禄鋈魁、王文齐：《党媒为体、智媒为用：融媒时代〈河南日报〉的创新传播路径》，《新闻爱好者》2024年第5期，第42页。

② 据抖音平台。

③ 马雯：《重大主题报道如何出新出彩——关于〈河南日报〉“十大战略”主题系列报道的启示》，《新闻爱好者》2024年第6期，第74—75页。

“街采”、音频H5、互动游戏、图解、电子号外等多种新媒体形式，推出一系列党代会报道，并在会议前围绕“焦裕禄”“红旗渠”“大别山”等独具河南特色的标签点进行系列直播，刷新了传统报纸此前的报道形态。其中，于会议当天推出的音频H5《听！谢伏瞻原音带你秒懂党代会报告》，将充满仪式感的视觉元素和省委书记谢伏瞻的报告原声相结合，音画交融传播报告精神，迅速刷爆“朋友圈”。仅党代会召开的一周内，该客户端就新增下载量20多万[①]。河南日报客户端近年来还立足“时政党媒、数智服务”的党端定位，重点推出《豫论场》《豫政周报》等品牌栏目并进行全平台传播，进一步丰富“政库”平台，借力大河云资料库建设，在数据新闻、地图海报、“漫新闻”等产品上实现新突破，客户端目前累计下载量已达1.2亿，仅次于南方+而居省级党报客户端第二位。

2017年12月，河南日报又上线大河财立方客户端，向财经垂直领域发力，目前已成为河南省最具影响力的财经全媒体平台，其中的《极刻》《财1线》《财金先生》《立方观察》《立方财知道》等栏目已成为知名融媒体品牌。作为深度原创新闻栏目的《极刻》，上线以来截至2024年3月已更新920多期，涌现出《直击郑州富士康一线》《河南工厂简史》《红色金融在河南》《助企“金十条”实施月余仍存“政策棚架”》等获奖作品。原本作为财经人物报道栏目的《财金先生》，已于2023年6月独立出来作为新的App上线，致力于打造河南财经大数据平台和河南企业家大数据平台。近年来，大河财立方着力打造“中原首席财经服务商”这一品牌，实施智库化发展路线，在积极承办论坛、大型展会的同时，连续4年发布《河南上市公司白皮书》，连续2年发布河南城投公司发展报告，2023年还首次发布《河南省债券市场发展白皮书》《2023年河南上市公司ESG报告》等研究报告。看得出来，“大河财立方”已成为河南日报社垂类发展的重点品牌，前景可期。

---

① 张光辉：《河南日报客户端：探索有公信力主流媒体客户端的打造之路》，《中国记者》2017年第3期，第25页。

二、融合背景下的报纸多元化发展

河南日报社旗下的传统纸媒板块数量多、品种全，呈真正意义上的多元化发展，似并无一些报业集团受制于早年“野蛮”生长而落入的同质化窠臼。调研期间，笔者在与顶端新闻关国锋董事长访谈时收集了他们仍在出版的各类报刊，共有9种，分别是《河南日报》《河南日报农村版》《大河报》《河南商报》《河南法治报》《今日消费》《大河美术报》《期货日报》《顶端少年》。但这仍不全，至少缺漏了《大河健康报》。《河南手机报》则并非纸媒形态。

上述报纸中，除《河南日报》外，《河南日报农村版》是老资格。1963年1月15日，《河南日报农民版》作为《河南日报》第一份子报正式创刊出版，初为5日刊，发行量最高时达30万份，“文革”期间停刊。1980年4月1日恢复出版后数次更名，由《河南农民报》到《河南农村报》，直至经国家新闻出版总署批准于2005年1月1日起更名改版为《河南日报农村版》（以下简称“农村版”）。此次更名改版的背景是，当时的河南日报报业集团党委和编委会根据报刊市场的走向，决定将《河南日报》分为城市版和农村版，整合内部报刊资源，停办《河南农村报》。改版后农村版每周出版5次，成为全国第一份面向农村发行的综合性党报。如此大费周章地办这样一份农村报，皆因河南是农业大省、农业品牌大

河南日报社旗下主要报刊（辜晓进　摄）

省、农业人口大省、粮食生产大省、粮食转化加工大省，涉农信息丰富，三农传播举足轻重。1980年复刊以来，该报不仅紧扣三农，在包括农村土地承包制改革、多种经营勤劳致富、发展乡镇工业、建设社会主义新农村等农村各发展阶段都发挥了重要作用。特别是2005年改版后，围绕“为三农服务，帮农民致富。家事、农事、天下事，事事关心；亲情、友情、故乡情，情深意长”的新办报宗旨，开设《乡情民声》《乡村教育》《文化娱乐》《天下财富》等10多种专版，并在新闻版开设《乡村时评》《城乡热线》《街谈巷议》等专栏，丰富信息内容，满足农村不同层次读者需求，改版当年的发行量就比之前的《河南农村报》增加5万多份，达11.7万份[①]。近10年来，农村版也顺应数字传播的需求，积极走融合转型之路。2013年相继开通新浪微博和微信公众号两个官方账户之后，又于2015年利用音频、视频、海报、H5等呈现方式丰富传播手段，进而于2019年起入驻抖音、快手、今日头条、百家号、视频号等第三方平台。2021年顶端新闻客户端上线后，农村版又在顶端新闻开通了100多个官方或个人入驻账号[②]。至此，农村版基本形成适应新时代要求的融媒体矩阵。

河南日报社旗下仅次于《大河报》的另一份重要报纸是《河南商报》，1983年8月由河南省第二轻工业厅、河南省商务厅、新华社河南分社创办。1997年在全国都市报创办热潮中，该报改为综合性都市日报，与河南日报社旗下的《大河报》互为竞争对手，2004年划归河南日报报业集团主管。2008年该报在时任总编辑孟磊的主导下转向财经定位，一度发展迅速，曾连续数年利润超千万元，但2014年后效益滑坡，由盈转亏。该报遂积极实施数字化转型，同时瞄准公务员、商人、妇女三大目标用户，扩大影响，寻找商机，并积极开拓非报经营业务，包括开办“商报驾校”和投资一家大型批发市场等。2017年起，该报扭亏为盈，2018年底的营业收入已达5524万元，同比增长47%[③]。在融合转型方面，以河南商报网及其旗下的“第九大街”等为代表的融媒矩阵分别发力，2019年与《河南

① 于为民、童浩麟：《探索党报走向农村的新模式》，《传媒观察》2006 年第 10 期，第 11 页。

② 张莹：《深度融合背景下涉农媒体融合探究——以〈河南日报〉（农村版）新媒体为例》，《新闻爱好者》2021 年第 9 期，第 92 页。

③ 据曾任河南商报总编室主任的王海英应约提供的材料。

日报》携手入选“全国报纸融合传播百强”。

现在由顶端新闻编辑出版的《顶端少年》，则来自河南日报社旗下一份老资格期刊《漫画》月刊。《漫画》创刊于1985年10月，是改革开放后诞生的第一家漫画月刊，刊头由著名漫画家华君武题写，据称曾一度为同类刊物中发行量最大。但该刊在数字时代也遭遇“滑铁卢”，于是2022年初被改造为《顶端少年》，开拓青少年和家长用户市场。于1985年1月1日在安阳创刊的《河南法制报》，也曾多次更名，如2005年曾更名改版为综合性报纸《今日安报》，2008年恢复旧名，2024年10月更名为《河南法治报》。该报早期曾以推出任长霞、王百姓、李庆军等一批政法系统的典型而闻名，2009年创办“河南法治在线”网站，2018年成立融媒体中心，以“直播先行，视频同步，文图补充”为口号加快转型步伐，其短视频平台“法直播”至2022年就已发布直播1500余场，总点击量超过5亿，抖音平台粉丝751万（据抖查查平台，2024年底为801万）[①]。《大河美术报》则由原《大河文摘报》改刊而来，发展历程也颇有趣。《大河文摘报》于2003年8月1日创刊，当时还是报业的黄金时代，文摘类报刊的市场都很好，这是该报创刊的大背景。而报业黄金时代的刊号资源尤其稀缺，所以《大河文摘报》用的是《城市早报》的刊号，后者又是由创刊于1987年7月的《国际经贸报》改刊更名而来。《城市早报》并入大河报之后，更名为《绿城新闻》继续出版。2021年初，经新闻出版署批准，《大河文摘报》更名为《大河美术报》。一个报纸刊号在短短30多年间承载了5种报名，这在改革开放后的报业史上还是不多见的，但这也见证了报业由盛而衰的历史变化。关于《大河健康报》，在调研中得知，其是2006年3月27日在原大河报健康卫生部门的基础上创办的。在我们到访时看到的刘雅鸣社长的上半年工作总结稿中，有“大河健康报围绕卫生健康领域加强活动策划，收入利润大幅增长”的概括表述，表明发展尚好。2004年3月15日创刊的周报《今日消费》，是河南报业市场唯一全彩印刷并采用铜版纸封面和封底的报纸，近年来也在电商、直播带货等方面有可贵尝试。由上可见，这些子

① 李智群：《法制类报纸的视频传播探索——以河南法制报“法直播”为例》，《采写编》2022年第5期，第94页。

报都在各自的分众领域探索新的生路。

诸多子报中，最具独特性的是一份垂类报纸《期货日报》。该报创刊于1994年9月，1997年创办中国期货网，2010年由大河网络传媒集团有限公司与人民日报社旗下的深圳证券时报社有限公司共同投资（各持股50%）实现公司化运营，目前每周出版5期，是国内唯一的同类日报，也是“全球唯一全面反映期货市场发展动态的专业报纸媒体”。作为中国证监会系统单位中国期货业协会、中国期货市场监控中心、中证商品指数公司以及5家期货交易所的长期合作伙伴，该报不仅在全国10个区域中心城市同步发行印刷版报纸，在北京、上海、深圳、大连设有分支机构，还通过中国期货网和第三方平台的新媒体矩阵覆盖超过100万用户。该报还通过承办全国期货（期权）实盘交易大赛、中国最佳期货经营机构评选、中国（郑州）国际期货论坛、中国大宗商品峰会等活动，扩大在业界的影响。其中，与美国、英国、日本、新加坡、韩国及中国香港、中国台湾等地的40余家境外金融机构保持长期合作，至我们到访的2023年，已连续举办10届全球衍生品实盘交易大赛。调研中，对方虽未透露具体经营数额，但确定该报已形成一套独特的商业模式，多年来保持盈利，并将成为期货市场的综合服务商列为中期发展目标。

三、以“文化”为抓手的产业集群

河南日报社及旗下企业河南日报报业集团有限公司，有着丰富产业形态和较大产业规模。据刘雅鸣社长的书面访谈，报社目前共有4300多名员工，其中媒体从业人员有1400多人，其余人力资源大多在其全资或控股的31家二级文化企业中。经过多年积累，报社资产总额近百亿元，并连续7年保持“全国文明单位”称号。而各类文化企业主要聚集于六大集群，即数字经济、文化旅游、文化地产、文化投资、文化教育、文化创意六个领域。

数字经济集群，包含传统媒体数字化改造后形成的数字新业态以及数智化治理平台建设等，因而最能体现媒体经济效益和营业收入规模。早期电商探索的“大河鲜生”和由发行业务转型的“大河速递”等都可归入此类。该集群2022年实现营业收入3.11亿元，同比增长19.8%，占总收入的比重提升至16.3%。

文化旅游集群，主要包含交通资源和酒店资源两大类。交通资源方面，河南日报社拥有郑州市全部线路的地铁媒体资源和包括河南省最大高铁站郑州东站在内的16个高铁站点的媒体资源，年营业收入超过2亿元。酒店资源方面，河南日报社先后投资建设了大河锦江饭店、大河国际饭店、大河商务酒店、大河锦悦酒店，并在开封和焦作各有一座在建酒店（据查，位于开封的大河希尔顿逸林酒店已于2024年10月30日开业；位于焦作的武修大河锦华酒店于2021年8月30日封顶，何时开业不详）。在上述六大酒店“六店联动”的发展格局下，河南日报社积极推动大河酒店品牌与全省文旅消费深度融合，开展一系列文旅活动，每年实现文旅消费收入超亿元。

文化地产集群，包含河南传媒文化园、海南新媒体绿都、开封大河锦悦城以及正在建设的河南开封科技传媒学院新校区等文化产业项目。其中，海南新媒体绿都是位于海南省保亭黎族苗族自治县、五指山南麓的小高层度假社区，占地154.48亩，总建筑面积22万平方米，于2016年6月开工建设（何时竣工开业不详）。河南传媒文化园作为郑州国际文化创意产业园的重要组成部分，占地4.2万平方米，集办公楼、酒店、写字楼、社区商业等于一体，于2022年7月建成交付使用。位于开封的大河锦悦城一期项目则包含已经开业的大河锦悦酒店和写字楼、公寓等项目。河南日报报业集团有限公司董事会秘书、河南日报社规划发展部主任陈天文补充介绍，整个文化地产的总占地面积约2000亩，2023年上半年文化地产这一块的营业收入为4.16亿元。

文化投资集群，指整合报社各投资平台建立金融资产管理平台，近年来则采取“有进有退、有所为有所不为”的谨慎态度，重点在对低效存量项目实施退出。截至2023年的近五年来，已退出13个股权和实业项目，令报社的投资结构更加合理。

至于文化教育集群，因河南日报社的情况较为独特，我们在访谈中特别询问了孙德中总编辑。他介绍，文化教育集群下面，除了一些在线教育和职业教育、商务培训等项目，核心项目是河南日报报业集团有限公司举办的河南开封科技传媒学院。该学院的前身是成立于2003年的河南大学民生学院。2009年，河南大学根据教育部颁布的《独立学院设置与管理办法》的要求，寻求合作伙伴进行合作办学，当时的河南日报报业集团便决定投资参建。集团共投资3.9亿元进行学院基本建设和硬件设施投入，占股57%。河南大学以“河南大学民生学院”法人名称、河南大学民生学院办学自主权等无形资产作价2.1亿元和500亩土地使用权作价1亿元出资，占股43%。2020年5月，教育部办公厅印发《关于加快推进独立学院转设工作的实施方案》，河南日报社决定借此有利契机，以报社的传媒优势为学院发展提供业务支持，以学院的人才学科优势为报社的媒体深度融合赋能提速，推动媒体与教育的融合发展。2021年初，经教育部批准，河南大学民生学院转设为普通本科高校，更名为现名“河南开封科技传媒学院”（简称“科传学院”）。2022年5月，报社与河南大学签订股权转让协议，科传学院由报社独家举办。学校自成立以来，其培养质量与社会声誉在省内乃至全国同类院校中名列前茅，全校目前在校学生2万多名，最近几年学生考取研究生数量在同类民办高校中都排全国第一。在2023年“软科中国大学排名”中，科传学院在民办高校的综合排名中居全国第5名，在民办财经类中居全国第1名。

文化创意集群，主要体现在创意设计和城市营销方面。例如，河南日报在广告创意方面曾连获大奖，包括旗下大河全媒体广告集团于2019年获得有“欧洲设计行业奥斯卡”之称的意大利A’设计大奖赛广告设计类金奖，以及2023年三件作品获得中国报业协会“年度精品公益广告”和“年度优秀公益广告”荣誉。城市营销，则包括连续多年来举办郑州国际马拉松比赛等文体类活动。

第二节　顶端新闻：后起之秀，影响“出圈”

近几年，河南日报社将“一朵云”和“一个端”作为融合转型的新战略和“两大枢纽”工程来展开。“一朵云”指2021年6月1日经过半个月试运行后启动的“大河云融媒机制”，作为河南日报社全部媒体的底层平台，实现内容汇集、用户沉淀、数据分析等功能。“一个端”是指2021年1月1日正式上线的新客户端“顶端新闻”。此客户端“资历”虽浅，却已经过一次大的转折，目前呈现快速发展、频频“出圈”的良好态势。2023年9月6日下午，我们与河南日报报业集团有限公司副总经理、顶端传媒科技（河南）有限公司董事长关国锋进行了深度访谈。他当日带病与我们谈了近一个半小时。

一、新客户端的模式之变

顶端新闻作为该报打造的“新时代党端”，起初借鉴的是“知乎模式”，以问答作为内容生产的主要形式，打出“问答天下”的旗号，旨在回应“人民之

笔者与顶端新闻董事长关国锋（右）访谈后合影（柏朝阳　摄）

问”“时代之问”，理念为“时代是出卷人，我们是答卷人”。当初希望通过“开门办端”的方式，吸引广大用户参与信息生产传播，生产群众更喜爱的内容，这个出道略迟的“顶端新闻”可谓雄心勃勃，形式也别具一格。但这样的想法虽好，实施效果却并不理想。调任顶端新闻董事长前曾任河南商报社长的关国锋觉得，这种模式不能体现党媒作为原创内容生产者的优势，且也难以与知乎实现差异化发展，更没有人家那样的海量信息支撑。

经大量调研后，顶端新闻从2022年初开始改变打法：定位为“河南优质资讯集散地”；宗旨是“做顶端垂直原创，坐河南聚合分发”，指导原则是“遵循规律、发挥优势、博采众长、集成创新”。同时叠加“今日头条”的两大核心竞争力：一是自己搭建创作平台，实现UGC生产；二是千人千面精准推送的算法。关国锋说：“我们自己研制了一种算法，不是‘今日头条’那种会形成信息茧房的算法，而是加入了社会主义核心价值观24个字权重的算法，即推送的内容要符合这些价值观。我们专门成立了一个内容运营部，用人工的方法对内容进行引导和干预，我们称之为‘顶端算法’。”此外，新的顶端新闻还设立“问政”和便民服务两大功能，以增加客户端的用户黏性。在我们到访前的2023年6月16日，顶端新闻又将定位中的“河南”改为“中国”，即升级为“中国优质资讯集散地”。对此，关国锋解释：“在发展中，我们逐渐意识到，互联网产品没有边界，舆论场是打通的，只守着河南不行。何况顶端新闻平台现在的创作者都是全国顶尖的，是国内各行业的领头羊，这也驱动我们走向全国。”他没有说的是，作为想走出河南打开全国市场、与河南日报客户端实现差异化发展的综合性客户端，做全国内容也是必由之路。

在客户端改变模式后的诸多新功能上，最值得一提的是顶端新闻的“问政”频道。这里的“问政”显然已不是“知乎”之“问”，而是就具体事项直接向相关领导发问并寻求解决的舆论监督之“问”。关国锋说，打造这个问政平台，借鉴了人民网“领导留言板”的经验，就是要发挥媒体独有的舆论监督功能，着力解决百姓急难愁盼问题，而这是商业平台无法做到的。问政的形式，是将接收部门和问题领域垂直细分，邀请河南省各厅局和省辖市、县（市、区）党政“一把手”入驻平台，成为被@的对象，并将留言诉求分为医疗、教育、城建、交通等13个大领域和小学入学、市政道路等106个垂直细分领域，同时设置求助、投诉、建言、咨询和感谢五大留言场景。具体操作时，先从受众留言中选取有效问题，再呈送相关领导寻求解决方案，然后将问题与回复一起在客户端上呈现。其中会经过一套包括列单、交单、办单、清单的“闭环处置流程”。据关国锋介绍，截至我们到访时的不到2年时间里，该问政平台已累计获取受众有效留言3.2万件次，办结2.4万件次，既赢得百姓口碑，也获得中宣部、中央网信办等上级部门的好评，并被人民日报点赞。2023年，该频道入选中国记协“媒体+”创新案例库首批案例，又与“浙江宣传”“河北邢台掌上议事厅”和“广东佛山网络辟谣体系”一起作为中宣部挑选的全国4个“加强正面宣传和舆论引导，巩固壮大主流思想舆论”的代表案例，入选2023年宣传思想文化工作案例教材。在“问政”获得成功后，平台又衍生出“@名师”“@名医”“@律师”“我想@老板”“我想@市场”等@系列服务产品，强化客户端的服务功能。其中的“@名医”已从全省20多家主要公立医院中邀请100多位专家入驻；“我想@市场”则具有供需双方撮合功能，旨在帮商户反馈招聘、招商、找仓库、找物流、维权等难题，并在农贸市场流通环节打通人找菜、菜找人、货物配送等通道。

行文至此，笔者打开该客户端，可见有“我想@领导”与“首页”“视频”“社区”四大主频道并列于底端，“我想@领导”就是顶端新闻的“问政”频道。点开该图标，可看到在“我想@领导｜河南网上问政新平台”下，有横向滚动的《我想@领导问政榜》《今日热问》《顶端寻人》等专栏。再下面是《@政协委员》《顶端舆情》《民生百问》《顶端调研》等10多个横向专栏。然后便是各种“问政”结果，设有“最新回复”和“最新留言”各5条。当日“最新回复”中有2条“@郑州市人民政府市长”，另有“@高新区管委会主任”“@濮阳市市委书记”“@管城回族区区长”各1条。在第一条“@市长”下，先有投诉内容“举报高新区水滴教育语文学科类培训”，点开后可见投诉全文和郑州高新区教育文化体育部的回复。下面有“留言办理满意度评分”，当前的满意度是4分，满分为5分。在“最新留言”中，第一条是@郑州市委书记的，投诉内容是原告当事人关于离婚财产执行问题，请求市委领导“督办”郑州市中级人民法院云云。

顶端新闻“我想@领导”编辑组
（柏朝阳　摄）

二、海量内容平台的建构逻辑

顶端新闻“变局”后的最大特点，是建成“中国优质资讯集散地”，这就必然要同时解决质和量两大问题。关国锋说，做优质内容，就要从包括政治、经济、文化、体育、文旅、教育、健康等在内的全国各行各业中遴选并邀请符合社会主义核心价值观的优秀创作者加盟顶端新闻，因此推出“中国顶端创作者MCN”工程。目前已有包括胡锡进、吴晓波、刘震云、何亮亮、杜文龙、邱震海、叶檀、罗源、意公子（指“意外艺术”创始人吴敏捷）、笔记侠（一个专门整理发布各种嘉宾演讲的自媒体）等一批网络大咖入驻客户端。目前顶端新闻的优质大咖、大V创作者已有约1.7万人，形成一支强大的原创内容作者队伍。至于如何才能邀请到他们，顶端新闻用了四个“li”：有礼的“礼”，真诚诚恳，礼节到位；道理的“理”，官方平台，党的主流阵地，希望得到支持；利益的“利”，有劳动必给回报，绝不剥削作者；力量的“力”，给更大的发声权力。

关于扩大信息量，顶端新闻是三管齐下，同时发力。一是做强PGC，不断扩充包括机构号、自媒体号、媒体号及各行业优秀作者等在内的专业内容生产源头，目前已有近2000个活跃的顶端号每天在发布内容。笔者随机打开顶端新闻顶层频道中的“顶端号”，发现内设“顶端大V”（当日可见胡锡进、叶檀财经、冰川思想库等入驻号）、《顶端明星》、《顶端繁星》、《文学咖》（当日可见刘震云、李洱等）、《军事咖》（当日可见杜文龙、邱震海、何亮亮等）、《职场咖》、《文化咖》（当日可见意公子、考古人许宏等）、《体育咖》、《娱乐咖》（当日可见戴玉强、豫剧王素君等）、《设计咖》等10多个栏目，每个栏目都有笔者知道或不知道的大咖在发布内容。二是打通市县融媒体，即发动全省各县（市、区）等底层融媒体机构发掘和生产本地内容，方法是推出“一端百面”工程，即在每个县（市、区）生成一个与顶端新闻“几乎一模一样”的客户端，实现底层统一、用户共享、彼此连接。截至我们调研时，顶端新闻已通过市场化、自下而上的方式，完成“顶端管城”“顶端柘城”等系列客户端的建设，并与新安县、伊滨区、川汇区、舞钢市、汝州市、郏县等区县展开合作，甚至将合作的范围扩大到省外。关国锋说，2023年4月提出这个概念，6月份就正式开始实施了，现在已有两个客户端签约上线。截至2024年10月30日，“一端百面”工程已与本省柘城、伊滨、汝阳等县区，省住建厅、应急管理厅等厅局，开封日报报业集团等省内媒体，新疆兵团日报等省外机构共20多个主体开展合作。三是做活UGC，让用户在“顶端社区”里自由发言。行文至此，笔者查看顶端新闻的“社区”，发现打开后有3个选项：“所有圈子”“本地同城”“我加入的”。在“所有圈子”里，有“话题热点”“财经消费”“健康养生”“姓氏文化”“玩在顶端”“单车联盟”等30多个类别和“设计圈”“顶端评论”“社区居委会”“城市观察员”等10多个圈子，其中“顶端调查”和“社区居委会”是加入人数最多的圈子，都有上千人。“本地同城”则列有全省17个地级市，各市也有不同的兴趣群，如“郑州”有“郑州吃饭”“郑州去哪儿玩”“郑州刺青”“郑州大学”等30多个兴趣群。通过以上三方面的内容建设，顶端新闻目前已实现每日1万条以上信息的内容产出（不含普通受众的跟帖、发帖内容），初步形成关国锋所说的“大进大出”的“平台型内容批发市场”。

经过这样一番内容平台建构，顶端新闻已开始在全国崭露头角，并积极介入热点，常以评论发声，以至远在广东的我们也不时可以听到顶端新闻的声音。仅2024年，顶端新闻的报道和评论就频频登上热搜榜，引起全国受众的关注。例如，1月在元旦、春节期间推出的“河南年味最中国”系列短视频，就“破屏出圈”，全网触达用户3600万，19个话题登陆微博热搜榜，并获得150余家媒体的转发助力；2月下旬，在极端恶劣天气下，《顶端快评》发布评论文章《大雪面前全员上大分，实力诠释河南温度》，评论阅读量2.5万次以上，刷新该栏目自2022年创办以来最高数据；4月，当“放弃工作去摆摊月入9万”冲上热搜后，顶端新闻查了当事摆摊人的原始视频和浙江媒体“丽水在线”的原始报道，发现“月入9万”实属夸大其词的假新闻，随即于4月12日《顶端快评》发表《月入9万的“伪励志”是在羞辱读者的智商》，揭穿“新闻”的假面目，历数种种“伪励志”，评论立即被包括新浪、搜狐、知乎等在内的各大门户网站和各种媒体转载，掀起一股波澜；当月18日，正当人们对调休议论纷纷之时，顶端新闻《顶端快评》再发评论《反对调休的声音，不能装作听不到》，当日便冲上新浪微博热搜榜全国第一、今日头条全国热搜第一、百度全国热搜第一，以顶端新闻为主要贡献者的同名话题实现4.9亿次的阅读量；10月，《顶端100 ℃》推出“农村秸秆焚烧禁改限”系列报道和评论，其中《多省探索秸秆限时焚烧，全面禁烧或成历史？》《一刀切禁烧，就是折腾农民》等稿件，均上了微博、今日头条等平台的全国热搜榜，阅读量都有400万次；11月11日，《顶端100 ℃》又推出《六问“3名95后大专学历女干部被提拔副科”》，登上6个全国热搜，仅微博话题阅读量就达2.4亿次；同月，在被炒得沸沸扬扬的“夜骑开封”事件中，顶端新闻冷静发布评论《青春激扬，勿忘安全第一》，迅速得到全网广泛传播，相关话题分别登上微博、抖音等平台的热搜榜①。

从以上案例可发现，《顶端100 ℃》作为顶端新闻的深度报道栏目，正频频介入全国热点。与之相邻的《顶端快评》《中原策》《顶端无界》等栏目也与之携手，“逐步走向全国”。细观具体案例题材又不难看出，顶端新闻重视流量，却又不单纯依靠追逐社会热点的方法，而是努力发挥主客户端的舆论引导作用，将民生、气象、过节、生产等列入重点选题。

① 本段数据据顶端新闻补充提供的材料。

三、走自主研发技术之路

与大多数报纸客户端一样，顶端新闻起初也想通过“外包”方式解决自己的技术问题，并与某著名互联网公司签约合作。但实施一年多，效果并不理想。“我们想要一架飞机，对方却给了我们一个风筝。”关国锋说。他认为，这里面既有双方的沟通理解问题，更有技术本身的不断改进和迭代问题，而且每一次产品改动升级，都需要付出高额的沟通、时间、金钱成本。顶端新闻也尝试过局部试点外包，如推出“汤圆社区”互动专栏时，为节省时间也尝试外包，结果也不行。这是他们放弃外包的主要原因。顶端新闻最终通过招聘组建了自己的技术团队，选择了独立自主的技术发展道路。

2022年起，顶端新闻的技术团队就以今日头条为对标，把它当成一艘航母，将其拆解为15个板块，把研发技术平台比作建设瓦良格号航空母舰，对应成立了大数据、算法、算力、社区等15个技术攻关小组，分板块拆解和组装平台，加上顶端新闻的需求和要求，就完成了顶端新闻想要的产品。结果发现，“越是深入研发，我们的团队越是自信”。关国锋董事长觉得，现在技术的门槛在降低，而公司内的技术人才在聚集，这两个条件为自主研发增添了底气。在此过程中，他们以“给你想看的，给你适合看的，给你应该看的，给你最好看的”为算法逻辑，研发符合社会主义核心价值观的“顶端算法1.0版本”。同时，技术团队通过完善大数据中心，不断构建完整算法体系，提升智能计算能力，完善各场景算法应用，为各部门数字化转型提供动力支撑。2022年10月后，这套技术体系就在应用中“爆发”了。

技术自主也体现在上文提到的“一端百面”工程。该工程的目标是将各县（市、区）的融媒体中心连接起来，共建区域App，建成一个内容共享平台，表现形式就是为各基层“生成一个与顶端新闻几乎一模一样的客户端”。关国锋说：“这仿佛是我们建造了一个小区，楼房是框架结构。顶端新闻打造了一个精装修的样板间，其他房间与顶端新闻的结构一样，基础装修也一样，只需对家具、家电等进行个性化配置就可以了。”也就是说，各县（市、区）的“客户端”并非真正意义上的独立产品，而是与顶端新闻底部相连但却能以个性客户端面目示人的应用。由此想到北京日报报业集团的“超级客户端”，不知是否有异曲同工之妙？而这样一套体系，也主要都是顶端新闻自己的技术人员研发完成的。

目前，顶端新闻已建成自己的数据中台和AI中台，并借助“大河云”平台实现线上线下的融通，实现海量信息在顶端新闻客户端的聚合与交互传播。此外，顶端新闻不断通过频道合作等方式，探索出“平台+媒体”的融合模式，不仅与河南商报及旗下《顶端少年》等一体化运营，还融入河南日报、大河报、大河网等集团内7家单位的核心业务。

不过，关国锋也承认，顶端新闻和其他大多数主流媒体一样，面临高端技术人才短缺的问题，且媒体毕竟不是科研机构，而是技术应用机构，对前沿技术保持敏感是最重要的。为此，顶端新闻正在探索成立北上广技术研发中心，以解决当下和未来的技术难题。

四、立足“顶端”提升经营能力

顶端新闻客户端，最早是河南日报社的一个融媒体项目，由大河网络传媒集团代运营。2021年6月16日，河南日报报业集团、大河网络传媒集团共同认缴出资1亿元，成立顶端传媒科技（河南）有限公司，开始以独立市场主体的方式运营顶端新闻客户端。关国锋董事长曾担任河南商报的总编辑、社长。顶端新闻改版后，与河南商报实现一体化运营，河南商报原来的近500人都成为顶端新闻的业务团队。我们到访前几天，顶端新闻的记者已获得新闻出版署下发的记者证，顶端新闻的人员不用再像过去一样凭河南商报的记者证外出采访了。而和所有新媒体一样，顶端新闻在完善内容生产体系和实现最大化传播的同时，也一直探索市场化生存、提升自我造血能力的方式方法，经营上大力推进传统营销向数字营销、智慧营销转型。据介绍，顶端新闻大体从以下三个方面入手展开实践：

一是从自身传播渠道和资源的整合中寻找商机。关国锋说，顶端新闻和河南商报已经拥有数量较多、品种较丰富的媒体官方号和矩阵号资源，形成可以按照流量付费的“顶端巨浪”全案营销模式，即围绕客户需求，进行创意策划，并通过媒体矩阵在全平台传播并扩大影响。如2023年6月上旬举行的郑州国际赛车嘉年华·2023年中国超级跑车锦标赛郑州站比赛，顶端新闻作为主要宣传承办方，经过全案策划，全网传播量高达1.6亿次，实现营业收入约200万元。顶端新闻执行策划的2023年南阳正月十五烟花晚会活动，全网累计传播量1.5亿次，营业收入500多万元。

二是与各行各业的头部创作者合作，将创作者资源转换为渠道资源。这时顶端新闻的系列频道和垂直专栏就作为“经纪人”，对加盟顶端新闻的大咖创作者进行签约运营，这些创作者在第三方平台拥有数十万、数百万粉丝，可在各种品牌建设中，为河南乃至全国的好山、好水、好产品“种草”和代言。关国锋举例：“20天前，我们按照中国顶端创作者MCN模式跟位于仰韶文化发源地渑池的仰韶酒业公司谈合作，承诺可与选定的大咖进行代言推广等营销活动。原来仰韶酒业与我们一年的合作广告费是20万元，但了解我们的理念和运作方式后，董事长就先打来200万元的订金。现在看，我要200万元还少了，应该要2000万元的。过去提供策划方案时，我们作为乙方总是求着甲方，但这回我们讲述方案时，他们的高层听了都很兴奋，反倒催着我们赶紧办。”他认为，仰韶酒业的案例，也可以在古井贡酒、习酒、比亚迪汽车等企业复制，“因为目前这一资源是我独有的”。

三是以频道为依托，探索“媒体+智库+创意”和“新闻+政务、服务、商务”的新模式。顶端新闻已经接入很多公共服务功能，客户端内的“办事大厅”频道，“交水费的、充话费的、交热力费的、货拉拉、滴滴出行、租房、订火车票、订机票等，全都有了”。以2024年2月顶端新闻商贸频道与郑东建投合作承办的“郑州有戏 奇妙东游”元宵奇乐会活动为例，该项目通过调动行业专家、文旅垂类KOL等创作者资源，策划创意无人机表演、花灯走秀、沉浸式实景穿越体验、寻宝互动、国风国潮等“水陆空”立体化活动，多维度立体式打造城市IP，共吸引约28万人次前来现场参与，吸引了央视、人民日报等官方媒体报道，

17家主流媒体直播，实现线上传播量26亿，活动营业收入400万元①。

在内部，顶端新闻也创新完善管理体系，营造有利于独立面向市场、鼓励经营的文化和考核机制。其中包括：建成内容、技术、运营、经营、管理“五位一体”的“现代工种体系”；推行“工资包干制”，实现收入分配向业务带头人、业务骨干、创新型人才和团队倾斜等。

有了上述路径和机制，顶端新闻在改版后就实现了营业收入的高速增长，2022年较上年增长418%，2023年又同比增长221%，2024年营业收入同比增长31%。顶端新闻近三年营业收入平均增长率达161%，复合增长率达到21%。2024年顶端新闻智慧服务、一端百面等新型业务，同比增长139%②。

① 据河南日报社补充提供的材料。

② 同上。

第三节 从《大河报》到大河网络传媒集团

在河南日报社旗下，体量最大的一个媒体板块就是大河网络传媒集团，其包含6个机构，分别是大河报、大河网、大河财立方、大河手机报、期货日报、大河速递。集团2022年的营业收入为4.3亿元（受新冠疫情影响，较上年的5.6亿元有所下降），2023年实现恢复性增长，仅上半年营业收入就达24 981万元，利润813万元。而该网络集团的发展又来源于两大媒体：一是于1995年8月1日创刊的《大河报》，二是于1998年9月25日上线的“河南报业网”。2023年9月8日下午，我们与大河网络传媒集团有限公司党委副书记、总编辑李铮（现任河南日报社党委委员、副总编辑），大河报（大河传媒有限公司）总经理王世伟，大河网总编辑张培君进行了访谈。

一、《大河报》：曾经的辉煌与视频化升腾

就上述媒体而言，早年最有影响力的是《大河报》。这家以贯穿河南的母亲河命名的报纸，是中国报业黄金时代诞生的最早一批都市类报纸之一，也是中

李铮（左二）、王世伟（左一）、张培君（左三）在访谈中（柏朝阳摄）

原地区最成功的都市类报纸，在河南可谓家喻户晓，在省外也有较大名气。李铮总编辑说，《大河报》之所以能“飞入寻常百姓家”，是以讲故事起家的，体现的是贴近和亲民。该报发行量在2003年突破100万份后曾高位维持多年，广告收入也于2013年突破4.3亿元，每年有利润1亿多元。王世伟说，这是《大河报》最辉煌的时候，但很快就急转直下，2016年已亏损3000万元，直到2021年才扭亏为盈，2022年的利润超过500万元。这样的变化，主要得益于以豫视频为抓手的视频化数字化转型和内部体制的转变。

2021年大河报做了两个“大动作”。一是转变内部管理机制，通过机构重置、队伍重组，真正实行公司化运营。但起初很多报社员工接受不了，不愿意转到公司，因为他们当初是与报社签的合同，骨子里是担心原有的“事业”身份被改变了。于是大河报提出报社、公司一体化运营，作为机制转型的过渡，到2022年才把全部员工的合同转到公司上来，但对原来事业编制的员工在人力资源部的档案里保持身份不变，其他员工一律都是企业编制。二是将大河报向豫视频整体转型，聚焦移动化、视频化转型，大河报品牌也升级为“大河报·豫视频”。如今大河报·豫视频下的第三方平台账号数量超过100个，其中有3个粉丝量超过1000万，如豫视频抖音号的粉丝有1183.1万，累计点赞6.7亿次①。李铮说，河南省最大的第三方平台号都在大河报·豫视频旗下，各平台号的粉丝总量已超过1.2亿。

曾长期在河南商报和大河报工作的王世伟介绍，豫视频的前身是大河报于2017年6月上线的微信公众号“豫直播”，曾推出《大豫米》《春光的春光》等一批微纪录片。2019年12月31日，豫直播迭代升级为豫视频客户端，成为河南日报社通过大河报打造的河南第一短视频资讯平台。而这次重大升级也受到当时出版不久的《重走美国大报——美国报业转型：颠覆与重生》这本书的启发，美国报业在转型特别是视频生产方面的很多做法，都有借鉴意义。这次变革的结果，是将过去的一个小产品变成大河报的替身，大河报从此对外打出大河报·豫视频的旗号。王世伟说，现在豫视频的名气很大，压过了《大河报》。现在记者出去

① 据抖查查平台2024年12月29日数据。

大河报·豫视频24小时指挥中心
（辜晓进　摄）

说是《大河报》的，很多人都不吭声，但一提豫视频对方马上来劲了，还有点不相信豫视频也是大河报办的。为了这个转型，内容生产的流程也整个变了。以前大河报是上午一个采前会，下午一个编前会，从2021年起全改了，改成几乎是7天×24小时，每天只有夜里12点30分到早晨6点之间是停更的休息时间。转型后的大河报，编辑部的规模大幅缩小，原来大河报的300多人大多转向豫视频。印刷版报纸本身连同校对都只有16个人在工作，还兼管大河美术报。报纸也更加注重本地化、B端化和实用化。

2021年，豫视频为强化视频产能而成立“影像创意工厂”，并在“工厂”内划分四个“专业车间”，分别是影像编创车间、影像采集车间、后期制作车间、市场营销车间。后又成立“豫视频学院”，据称是河南省首个打通短视频产、教、研、学、用全链条服务的综合性双创平台，2022年线上线下累计培训超过3000人次。内容生产方面，先从名称、口号、目标受众、内容赛道、技术属性、商业模式、资源整合七个维度打造垂类产品。之后，在客户端内建立了四个维度的生产架构：一是以“首席观澜”为代表的重点关注，聚焦各级各地党委、政府工作，主打影响主流人群的主流报道；二是以垂类产品为主题的行业资讯，围绕国家及河南战略重点，深度介入行业生产方式和百姓生活环节；三是以“邻妹妹”为代表的帮办类产品，线下深耕社区、链接百姓，主打“民生帮办”和

“社区服务”；四是以“大河看见”为代表的原创视频类资讯IP，包括“正视辟谣”“光说”（视频化评论专栏）等产品，围绕国内热点快速反应。在上述新闻产品建设的基础上，豫视频以“无视频，不传播”的理念开启包括视频、动图、图表、图片等在内的视觉传播时代，以可视化报道展现自己的特色。

在2021年中国共产党成立100周年前夕，豫视频通过自己的影像创意工厂推出短视频作品《赞歌百年唱给党》，以经典红色歌曲联唱的形式，通过系列歌曲，在约5分钟里回顾了从1921年中国共产党成立到抗日战争、解放战争，再到中华人民共和国成立、改革开放等重要历史时期、时间节点及其中的重大事件，致敬伟大建党精神。截至2021年7月10日，相关话题阅读量超过5000万次，成为当年主题宣传一大“爆款”作品。2023年5月4日，豫视频又推出五四青年节特别策划《清澈的爱》，讲述1958年至1975年间建造长达1500公里的“人工天河”红旗渠的艰苦卓绝的故事，被媒体广泛转载转发，观看量突破千万次。此外，豫视频还成功推出一批微电影和微短剧。其中，于2023年6月高考前推出的微电影《逐浪》是一部音乐电影，尝试采用AI绘画、三维模型与视频合成等先进技术，最终以出彩的歌词创作、创新的脚本思路、高超的摄制水准和先进的影像技术成功“出圈”，全网收看量超5000万次。同月推出的微短剧《酒馆逸闻》，其中第一集剧情巧妙演绎出《红楼梦》与宝丰非遗的“不解之缘”，受到观众喜爱[①]。2023年，在党的二十大召开之际，豫视频推出全景VR影像作品《元宇宙“河南号”飞阅中原》，运用全景VR和3D建模、线下体验、线上交互等元宇宙表达方式，以元宇宙“河南号”的视角，带领观众沉浸式体验山水河南、厚重河南、发展河南、宜居河南等河南风光与经济生活，获得网友广泛好评，数十家媒体参与转发，1小时内全网播放量即突破1500万次。在我们到访前的2023年上半年，大河报·豫视频共生产2.61万条视频，其中原创视频1.01万条，全网视频播放总量超110亿次[②]。

在强化视频内容生产的同时，豫视频不忘创新经营，增强新老媒体的造血

① 本段数据来自许笑雨:《大河报视频化转型发展的探索与思考》,《新闻爱好者》2024年第5期,第53页。
② 据访谈期间大河报·豫视频提供的材料。

能力，其中一个重要项目就是从2020年开始打造的“影像管家”商业模式。这个模式的实质，就是通过对外输出全套商业化的有偿影像服务，以完整的产品形式和全网络的播放渠道满足客户需求。目前已实现“接单—匹配摄影师—下单—执行对接—交付完成—视频交付上传—评论审核—摄影师评级—素材管理、调取”一整套生产服务流程，客户以政府单位、大企业、媒体单位为主，且已与宇通客车、阿里巴巴、吉利汽车、河南联通等多家大型企业签署合作协议，“影像管家”的工作服务足迹覆盖北京、上海、广东、浙江、西藏、青海、四川、湖南、湖北、福建等地，还延伸到海外十余个国家和地区，2023年“影像管家”的年营业收入已超过1500万元①。王世伟介绍，总部位于郑州的上市公司宇通客车是豫视频目前最大的客户（据宇通客车官网，该公司客车产量全国第一，全球占有率超过10%，2023年生产各类客车36 518辆，营业收入270.42亿元）。“该公司的业务量很大，几乎是宇通客车走到哪，我们的记者就跟到哪，有时一个合约，光宇通客车一家就要派出去四五路摄制人员。我们对它的服务从3万元的单开始，今年（2023年）会有350万元左右。去年（2022年）我们专业的商业视频生产了409个。”

在2024年2月21日召开的2023年度全国传媒经营工作总结大会上，大河报·豫视频获得“金推手”系列6个奖项。其中，“大河助农团”获评“优秀专业工作室”。2023年全年，大河报·豫视频营业收入为9332万元，利润为607万元。

二、大河网：内容技术比翼飞，社会经济双获益

大河网络传媒集团总编辑李铮于大河网前身河南报业网创办这年入职河南日报社，大河网总编辑张培君则是新大河网创立之时加盟大河网，所以他们都亲历或目睹了大河网发展壮大的全过程。

河南报业网是1998年9月25日创办的，属于全国最早一批报业网站，形式也与其他报业网站一样，主要刊载《河南日报》和《大河报》等报纸的内容，但丁

① 本段数据来自许笑雨：《大河报视频化转型发展的探索与思考》，《新闻爱好者》2024年第5期，第53页。

第二年开通了名为“山楂树”的社区聊天室，是报业BBS（网络论坛）的早期探索者之一。2000年8月，网站又开通了“大河论坛”，该论坛于此后数年间跻身全球中文论坛100强。2002年5月，河南报业网承办首届“网上看河南”活动，这种“网络行”集体采访报道传播活动在全国产生较大影响，并被全国各地“复制”，遂作为一个品牌坚持下来，至2015年已连续举办13届。但近年来，似乎未再看到后续活动。2004年，河南省委宣传部创办了大河网。2005年1月25日，河南报业网首次直播河南省两会。2006年7月6日，河南报业网与省委宣传部旗下的大河网合并组建新的大河网，由河南省委宣传部主管、河南日报报业集团主办。这一年8月6日，大河网网友“半月大哥”在大河论坛发出“关于举办郑汴国际马拉松比赛的倡议”的帖子，引发数万网友讨论，进而惊动决策层。次年2月15日，国家体育总局田径运动管理中心同意举办郑汴国际马拉松比赛。当年5月6日，郑汴马拉松正式开赛，5600人参加。如今这项已更名为“郑开国际马拉松赛”的赛事，成为河南省唯一常设大型国际体育赛事。2013年5月19日，大河网组织的“万人帐篷节”在三门峡黄河湿地公园举行，成功冲击吉尼斯“最大规模的帐篷露营活动”世界纪录。2015年，在河南省委宣传部的主导下，河南日报报业集团对旗下具有互联网属性的媒体和企业进行了一次重要整合，成立大河网络传媒集团，是新大河网成立后的又一次大变动。

多年来，大河网勇于创新，积极拓展，在功能建设、内容生产和务实经营方面都多有建树。例如，在内容生产的社区互动方面，除了其前身河南报业网早年的“山楂树”实践和2000年8月创办的“大河论坛”，大河网又于2011年12月25日上线关注时尚生活的互动社区“大河邦邦网”，更于2015年1月24日上线眼遇客户端。眼遇聚集此前大河网各类社群的用户资源，以生活社交为主要内容，探索“社群化运营”的经营方式，成为国内报业最早的此类垂直客户端之一。眼遇上线不久，就陆续开通20多个板块共100多个子栏目，涵盖旅游、生活、时尚、餐饮等娱乐文化生活的多个方面，其中《快乐之旅》《大河骑友会》《大河车友会》《大河拍客团》《亲子》《健步行走》等栏目人气较旺，并叠加“公交查询”“违章查询”“快递查询”“医疗挂号”等便民服务功能。其中，大河骑友会组织的“新年第一骑”到2024年已连续组织了13届。

在主题报道策划方面，大河网从2005年起推出“新闻专题”频道，专题报道数量从第一年的44个增长到2020年的122个①，并以河南作为文物大省、产量大省、革命老区等地方特色确定重大报道选题。例如，2019年大河网联动千龙网、东方网、北方网、中国江苏网、金羊网等十多个省级门户网站同步推出的互动融媒产品《中国真中》，以及当年记者跨越三省的特别报道《大别山为什么这样红》等，都受到网友热议。大河网长期重视深挖河南历史宝库，推出《中原文物见证中华文明》《写意中国·说文解“字”》《豫游记》《甲骨文连连看》等一批文博策划报道，更联手河南省文物局，从2022年11月4日起推出《追寻文明的足迹》系列报道，累计13期，通过包括H5互动在内的多种形式，讲述河南各地13个重点历史遗址的文明意义和古今风貌。该系列报道的新闻页面访问量超2000万人次，并于2023年6月10日获得国家文物局2023年度中华文物新媒体传播精品项目奖②。作为产粮大省的主流媒体，大河网对农村农业的报道更是用力用心。例如，于2022年推出24期“二十四节气话农耕”系列融媒产品后，大河网又于2023年涵盖惊蛰节气的全国两会期间，再推出融媒报道《中国时间里的美好农事》，大受欢迎，全网阅读量超过1亿次③。大河网组织的“我想唱歌给党听”全民接力传唱活动、“赶考路上”再寻焦裕禄、让世界“中意”中国等全媒体报道和活动，全网总阅读量超过50亿次④。大河网甚至于2018年7月16日经过两个月的试运营正式上线了英语频道，先后推出《让世界爱上河南》《让世界聆听河南》等双语特别报道，开通《“欣”闻NEWS》《追寻文明足迹》等双语专栏，并代运营“豫见世界”客户端、省政府门户网站英文版、河南发布客户端英文频道、省文旅厅海外账号等多个外宣平台，拉近了历史大省与国际社会的距离，也提升了大河网的国际传播能力。

① 李锦慧：《大河网2016—2020年新闻专题报道策划研究》，硕士学位论文，河南工业大学，2021，第17页（大河网李铮为校外指导教师）。

②《喜讯！河南文博策划〈追寻文明的足迹〉获国家文物局大奖》，大河网，2023年6月10日，https://news.dahe.cn/2023/06-10/1252263.html。

③ 王曦辉、张培君、张磊：《融合创新让传统文化展现新魅力——大河网〈中国时间里的美好农事〉融媒报道实践》，《中国记者》2023年第4期，第62—64页。

④ 据访谈时大河网提供的数据。

右起依次是李富春、胡菁妍、张帅、任思雨在访谈中（柏朝阳摄）

自2006年新大河网组建以来，大河网已10次获得中国新闻奖，其中包括2个一等奖、1个二等奖。

在经营方面，代运营和舆情监测等服务性经营成为大河网的重要支撑，此外，还有“大河车展”“牛羊大会”等会展和直播经营活动。河南日报社传媒技术中心副主任张帅说，大河网的技术力量比较雄厚，技术团队已从早期的五六名技术运维人员发展到100多人，河南日报社的“中央厨房”和“大河云”也主要由该技术团队自主研发完成。2021年，已经公司化运营的大河网成立大河网数字科技有限公司，通过市场化输出技术获取服务收入。近年来，大河网先后推出网站群集约化解决方案、融媒体中心解决方案、无障碍适老化改造解决方案、营商环境解决方案等技术服务项目。大河网络传媒集团总编辑李铮介绍，目前河南全省包括省四套班子在内的500多家政府部门的新媒体都由大河网代运营，特别是2019年上线的一批重要新媒体。当年3月，由大河网承建的河南省人大融媒体中心正式对外开放，成为全国人大系统首个融媒体中心；4月，由大河网负责平台研发和后期维护的河南省政府网站统一技术平台项目正式投入使用；12月，由河南省委宣传部主办、大河网开发运维的“志愿河南”服务系统在郑州正式上线，1200多万志愿者从此有了自己的网络新家园，截至我们到访的2023年9月，该系统已经累计注册志愿者200余万人，志愿服务组织6万多个，发起志愿服务项目20

余万个，累计记录志愿服务时长4640万小时[①]。大河网甚至走出河南，为山西新闻网、新疆天山网、海南日报社、哈密日报社等省外媒体提供技术支持。大河网的无障碍适老化改造解决方案已在河南省人民政府及河南省发展和改革委员会等42家省政府部门和洛阳市、平顶山市、安阳市、南阳市人民政府等网站应用。包括舆情监测平台在内的营商环境解决方案也在许昌市、安阳市等10多个县（市、区）落地应用。大河网通过自研与合作开发的方式，研发了4个版本的舆情监测系统，实现了全网信息实时抓取、有效覆盖境内外20余万个新闻网站和活跃的社交平台、7天×24小时监测等一体化定制服务体系，在全省、市、县三级共120多家单位应用[②]。

2023年，大河网营业收入为7600万元，利润为1357万元[③]。

三、河南手机报：借 5G 之力焕新再出发

跟在湖北日报传媒集团调研时的感觉一样，我们对大河网络传媒集团旗下的河南手机报印象深刻。该手机报创办于2006年5月15日。印象中，自2004年中国妇女报率先创办手机报后，与中国移动等合作的手机报很快就在全国蔓延开来。例如，笔者所在城市的深圳报业集团旗下深圳手机报，也于2006年1月10日完成工商注册并“正式试运营”。所以，调研时对方说《河南手机报》是“全国第三份”手机报，似有待确认。不过有一点是肯定的，河南手机报的发展速度很快，绝非深圳手机报等城市媒体的手机报可比。

调研期间，我们专门去河南手机报编辑部现场观摩，并与手机报副总编辑范娟华进行访谈。她介绍，《河南手机报》从2007年2月28日起开始面向全国发

① 据访谈中大河网提供的数据。

②《捷报频传！大河网技术应用研发又获全国报业大奖》，大河网，2024 年 10 月 29 日，https://news.dahe.cn/2024/10-29/1839467.html。

③ 据大河网补充提供的材料。

行，到2008年12月20日时，该手机报的订阅用户已达107万人，成为全国发行量最大的手机报，也成为“全国省级手机报的标杆与楷模”。但很快，各类手机报便层出不穷，包括中国移动和中国联通在内的很多非新闻机构也加入了办“报”行列。到2014年，仅河南一省，登记备案的手机报数量就达277种之多，且质量参差不齐，大多数办“报”者不具备新闻资质。当年，根据中央网信办的管理要求和河南省委宣传部“一省一报”的具体部署，河南277种手机报被统一整合到河南手机报“一省一报”管理平台，用户规模突破千万达1100万，成为河南省历史上第一份“千万大报”，也是仅次于四川、山东的全国第三位省级手机报。新河南手机报由河南省委宣传部主管，河南日报报业集团主办，并成为继河南日报、河南人民广播电台、河南广播电视台、大河网后的省属“第五媒体”。“统一”后的河南手机报，面对社交媒体的移动化冲击，充分发挥手机报点对点传播、无盲点死角、信息可靠、不依赖网络环境等优势，朝专业版和“分刊”方向发展，有效避开网络新媒体的碾压，取得较好效果。2015年5月，《河南手机报》开通“政务版”，向全省约10万名副科级以上干部发送，成为“分刊”运营的初声。2016年到2019年，“分刊统付”（统付指统一平台、统一管理、统一审核、统一结算）呈井喷式增长，分刊数多达103个，分刊发行总人数突破100万。如2017年，河南手机报与许昌报业传媒集团合办河南手机报许昌版，开创由省辖市财政购买服务、党报媒体提供内容、河南手机报提供发布平台的“许昌模式”，上线后覆盖全市10万村支书以上党员干部。随后，河南手机报漯河版、三门峡版、南阳版、驻马店版等相继开通。与此同时，机构版、企业版、行业版也陆续推出，如河南手机报“脱贫攻坚”版覆盖20余万名省、市、县、村四级扶贫干部。且针对手机报早已不完全依赖报纸内容的复制而有原创新闻的新局面，河南手机报经申请，于2015年起进入河南省新闻奖评选范畴。李铮总编辑回忆，他当时还是时政记者，跟着省领导出去，车上一些市委书记见面后互相都问，“你看手机报了没有？”“你收到了没有？”，手机报是当时挺热门的话题。他说他2016年在河南日报社南阳分社当站长时，当时仅一个南阳市，手机报的营业收入就做到七八百万元。

但在新媒体不断更新迭代的时代，手机报在时效性、互动性、多元传播、

河南手机报副总编辑范娟华（左二）陪同参观手机报编辑部并接受访谈中（柏朝阳 摄）

图文并茂、排版布局等方面的先天性缺陷也愈发突出，导致客户不断流失。面对这一困境，河南手机报一方面继续发挥手机报广覆盖、强触达、便捷、安全等优势，并强化内容生产；另一方面不断探索传播新模式，将新媒体技术引入手机报运营，并将内容与技术叠加，创新了手机报新闻的生产传播形态。例如，河南手机报以2015年11月9日上线客户端“新界”为标志，开始探索移动互联网传播新形态。在2017年的全国两会期间，河南手机报推出涵盖全省18个省辖市的系列H5策划《惊艳了的河南@所有人》，“影响了上亿人次”[①]。笔者查阅上线于2017年3月8日的该系列第九章《惊艳了的濮阳@所有人》，发现这是一则包含文、图（H5动图）、音频、视频的多形态信息，正文是包含顺口溜“西汉隋唐看长安，北宋看汴梁，北京看了元明清，上古历史看濮阳”在内的俏皮文字，难怪流传广泛。在2017年党的十九大开幕当日，河南手机报独创手机短信“快闪新闻”，刊发“概述+链接（深读）”的新型短信，秒送全省8664万手机用户，全面呈现河南日报报业集团的10篇大型系列述评《牢记嘱托 出彩中原》，开创手机报进行重大报道的先例。2020年12月，河南手机报在原有短彩信业务的基础上再进行智慧升级，发送出省内第一条5G消息。所谓“5G消息”，

① 李英华：《浅论手机报发展的“河南模式”》，《新闻爱好者》2019年第6期，第70页。

指以短信为入口，以手机号码为用户ID，可实现交互化、多媒体化的信息。截至2021年11月，已向省内具备终端接收能力的5G消息用户累计发送手机报5G消息版1500万人次。2022年6月2日，河南省首个5G消息手机报分刊——河南退役军人5G消息手机报正式上线。2023年，河南手机报又尝试发布AIM消息。“AIM”是“AI Message”（智能短信）的简称，其不仅支持视频、高清图片等多媒体元素和应用互动、信息查询等功能，还可有效提升5G消息的终端覆盖，因而也被归入“富媒体”信息范畴。至2023年9月我们到访时，河南手机报已发布7次AIM消息，发送量有120万条。近年来，河南手机报也积极在微博、微信等第三方平台注册账户，扩大影响，并随着手机“视频彩铃”的出现，推出手机报的视频彩铃，将彩铃作为一个传播新渠道。李铮说，近两年在两会、党代会、国庆等重要节点，都曾成功推广过这一形式。“用户采用河南手机报的视频彩铃，重要信息一夜之间可通达全省。”2023年1月13日至17日，“新时代　豫出彩”2023年河南两会公益视频彩铃向河南省1000万手机用户投放，播放量突破1亿次[①]。笔者查阅了2024年9月30日发布的一则视频彩铃《甲骨文 · 国庆情》。这则在中华人民共和国成立75周年和甲骨文发现125周年之际发布的手机信息时长42秒，音画俱佳，与我们在社交媒体上看到的视频产品毫无差异，却一键投放给1500万用户[②]。河南手机报的微博官方账号，至2024年12月底已有135.1万粉丝。河南手机报现已入选中国通信企业协会5G消息工作组理事单位及中国通信企业协会团体标准参编单位，参与编写《5G消息业务显示规范》。

不过，尽管河南手机报采取多种措施应对新媒体的挑战，但手机报毕竟仍属于传统媒体形态，用户量和营业收入都呈下降趋势，需要探索更加有效的转型路径。2024年，河南手机报营业收入为764.34万元，利润为257.77万元，用户数约为400万[③]。

---

①《“新时代　豫出彩”河南手机报两会公益视频彩铃播放破1亿次》，河南手机报，2023年1月18日。

②《当甲骨文遇上国庆　河南手机报视频彩铃向1500万用户投放》，微博河南手机报账号，2024年9月30日。

③ 据河南手机报补充提供的材料。

后记

中国报纸数字化生存的一次观光之旅

20多年前出版的《走进美国大报》得到市场认可并产生较大影响后，特别是2018年《重走美国大报——美国报业转型：颠覆与重生》出版后，多次有学界和业界的朋友问我：你总是走进美国大报，何时走进中国大报？我的感觉是，“中国大报”就在身边，国人实在太熟悉了，何需我来“走进”？何况多年来，无论学界还是业界，阐述中国报业改革的专著已有不少，文章更是浩如烟海。我自己也指导研究生写过多篇此类题材的论文。

坦率地说，这个题材也在我脑海里闪现过多次。但直到2020年常江教授成功申请到国家社科基金重大项目“数字新闻学理论、方法与实践”（批准号20&ZD318）立项且我获邀成为该项目二级课题负责人，我决定为课题做点什么时，才正式考虑对数字时代中国报纸的改革现状进行一次调研。这方面的文献虽多，但缺陷也是共同和明显的。诸如，对报业改革的实践缺乏中观和宏观层面的系统性深入调研；以融合转型为主题的文献，大多缺乏翔实的数据支撑，检验转型效果的经营数据更是稀缺；传统媒体的融合转型是一项涉及生产流程和组织架构的极其艰巨的改革工程，通常需要主要领导下决心进行自上而下的设计与实施，但对主要操盘者的第一手访谈信息，皆鲜见于各类文献；融合转型作为前所未有的改革类型，需要大量实践探索，因此各报的具体经验就非常可贵，但已有文献恰缺乏探索的细节以及对相关经验的历史观照。凡此种种，我都希望通过新的调研和全新的文本，尽可能适当弥补。但还有点不放心，担心辛苦一番却不为业界所动，于是又和一些老总朋友沟通，得到的反馈出乎意料地正面。例如，时任《新民晚报》总编辑、曾参与创办上海报业集团三大新媒体中第一个新媒体上观新闻的马笑虹女士（现任上海市委宣传部副部长）在电话中就表示，业界现在非常渴求这类调研成果及各报的系统性经验，期待我早日完成。这给了我很大信心，因为我知道她是真诚的，不是在说客套话。

但具体实施起来，才体验到难度之大，超出我的想象。第一是样本的选择与确认。记得很多年前有朋友建议我“走进中国大报”时，我就说过，中国的情况可能比美国复杂。当年我在美国，作为一个陌生的中国报人，可以通过邮件联系，获得与《纽约时报》《华盛顿邮报》《华尔街日报》《今日美国》四大顶尖全国性报纸总编辑的深度访谈机会（虽然过程也不易），在中国深度访谈顶尖报纸的一把手，可能吗？此次调研验证了我当年的猜测。此次我和团队参照各种指标和自己对业界的观感，在全国范围内精选在融合转型中堪称典范的10家省市级报业机构（同时略兼顾地区代表性）。最初本打算在人民日报、光明日报、经济日报之中选一家央媒。其中转型最好的是人民日报，但经长达一年多时间的努力，动用各种资源，最终争取来的是一次以部门负责人为主的集体座谈机会，远离我们一对一深度访谈老总的初衷。而且最初的反馈是，社长、总编辑作为正部级领导，没有接受深度访谈的先例。后来我们干脆放弃所有央媒，因为他们的经验也有很多不可比因素。在确定省、市报纸样本时，在广州日报报业集团和深圳报业集团之间我们也曾纠结：前者是新中国第一个报业集团，后者是五大特区党报集团的领头羊，且各自都有突出转型业绩，难以取舍。后来，在广州听取了范以锦院长等几位有业界影响力的老报人的意见，才选择了深圳报业集团。

第二是新冠疫情干扰与报业领导大更换。省、市报社的联系顺利许多，各大报业机构的主要领导慷慨支持，给足面子，无一拒绝，且对我拟定的看似有点刁钻的一对一访谈提纲全盘接受。访谈期间他们也积极配合，谈话很放得开，通常不公开的各种经营数据也有问必答，对此我是非常感激的。但执行过程也有波折。例如项目启动时，全国尚在新冠疫情期间，行动不便。去浙江日报报业集团调研时，我们按规定先在酒店自我隔离了三天后才得以进入报社。去成都传媒集团调研时，全国刚放开社会面疫情防控，成都已经大面积感染，对方告知集团员工几乎已“阳”了一遍，而我和助手在深圳都还没“阳”过，所以包括家人和同事在内的很多人都劝我们放弃此行。但我们考虑到对方领导百忙中敲定的计划不宜轻易改动，仍如期前往。所幸在圆满完成任务后我们才“中招”，未耽误工作。我回深圳后连续三天高烧40摄氏度，所幸很快康复。再如这两年恰逢各报业机构调整班子，被调研的半数报业集团在访谈之后更换主要领导，有的报业集团受访的一、二、三、四把手都在访谈后一年之内换了新人，因而要求重新访谈或补充访谈的呼声颇高。但为维护调研的历史状态和不影响项目进度，我都婉言谢绝了（个别极特殊情况除外），感谢相关报业集团的理解与支持。

第三是行文与理解。本书放弃了常见的调查总结报告形式，采用的是注重细节、场景、故事、历史发展脉络的叙事方式，并尽量保留访谈痕迹以体现内容真实性，甚至还包括失败案例。此外，全部内容紧扣融合转型的具体事实和经验，较少引经据典，力避穿靴戴帽，拒绝务虚铺陈，少做主观评价。上述叙事方式可能出乎少数领导的意料，以至在文本审阅核查阶段，不仅回稿时间漫长（半数用时2个月以上），且在行文方式和事实取舍方面屡有商讨甚至博弈。有一家报业集团将文本呈交上级部门审阅后，坚持删除包括不成功探索在内的不少事实和数据，还增添了较多政治类宣传报道的内容，后经反复协商，以妥协告终。

关于叙事，除上述特点外，也有意识与《走进美国大报》的风格保持一致，包括一些融合实践的故事化呈现，因为那是经市场检验而被普遍接受的表达方式。亨利·詹金斯在《融合文化》一书中说：“故事是所有人类文化的基本元素，是我们组织、分享共同体验并赋之以意义的基本手段。”[①]只不过限于时间，我们的挖掘还不够深入，故事性呈现未能达到预期。同样也限于篇幅，有些案例无法完全展开。

调研中，深圳大学传播学院的博士研究生狄丰琳、硕士研究生柏朝阳和谭舒月全程参与工作，为项目作出了重要贡献。调研工作中，她们虽面临毕业论文撰

① 亨利·詹金斯：《融合文化：新媒体和旧媒体的冲突地带》，杜永明译，商务印书馆，2017，第189页。

写的压力，但都能服从项目需要，及时圆满完成布置的任务。虽然我本人独自承担了从访谈提纲拟定到全书撰写等全部文本工作，但若没有她们的鼎力支持，特别是大量访谈录音的文字整理，项目断难按期完成。由是心生感激，特向她们表示衷心感谢。如今，两位硕士研究生已顺利毕业并进入工作岗位，狄丰琳的博士毕业论文答辩也举行在即，祝她们都有美好的前程。深圳报业集团博士后科研工作站的在站博士后吴凤颖也参与了部分调研工作，对此一并感谢。

作为国家社科基金重大项目首席科学家的常江教授，深圳大学传播学院院长巢乃鹏教授（2025年4月升任深圳大学副校长），深圳大学传播学院黄春平教授，以及深圳大学传播学院办公室主任余宗蔚女士，都在不同程度上给予本调研工作大力支持，在此表示衷心感谢！

最应感谢的当然还是在百忙中拨冗接受调研和访谈的各报业集团和报社的各级领导，以及在调研过程中穿针引线提供各种支持的业界和学界的朋友，在此一并隆重致谢！

最后要感谢南方日报出版社副总编辑兼本书责任编辑刘志一博士，他以高度的职业敏感，在本调研启动之初就闻讯主动与我联系，并积极谋划全书出版事宜，促成了本书的顺利出版。另两位责编郭海珊、严文玮，也一并致谢。

辜晓进

2025年5月2日

于深圳爽籁居